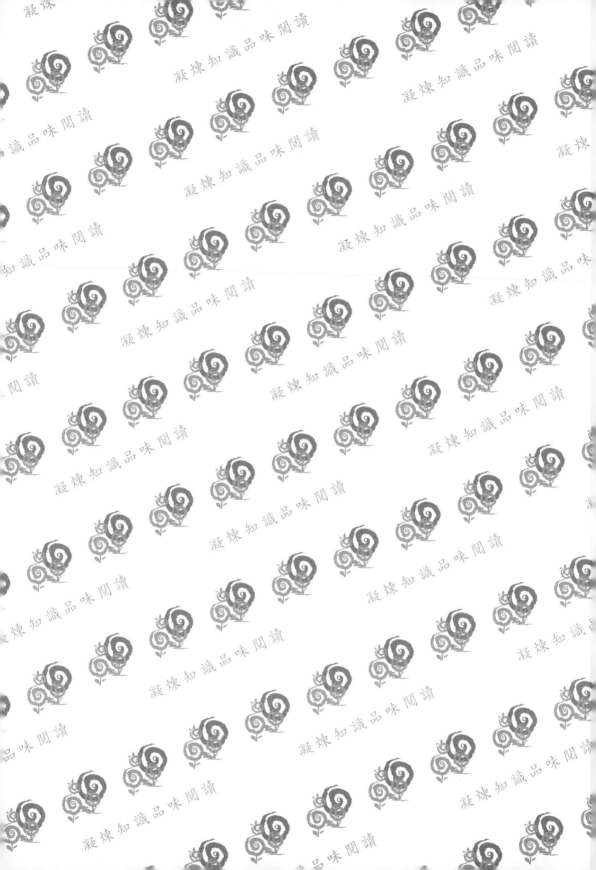

議案審議 | 2024年 增訂第6版

——立法院運作實況

周萬來——著

五南圖書出版公司 印行

六版序 PREFACE

　　第11屆立法院因三黨不過半，而呈現分立政府的生態環境，在議案審議之過程，較往昔更為複雜；而本（113）年6月通過立法院職權行使法部分條文，針對國情報告、質詢制度（另於立法院職權行使法逐條釋論再予補述）、人事同意權及調查聽證權之行使加以增修，對國會立法相關制度有所變革，影響立法運作，亦為外界所關注。本書部分內容實有加以增補的必要，而引發改版的動機。

　　為避免版本更動過大，在增刪內容時，有關各類議案處理實況所整理出的各項型態，如提案主體、議案撤回及復議等部分處理情形，因尚未改變原建構的型態，爰不再重新統計；至於各類議案通過情形、中央政府總預算案付委情形、總預算案審查分配與審查日程表以及同意權案行使情形，則加以增訂，以呈現新的內容。

　　本書得以適時改版，特別感謝五南圖書出版公司副總編輯劉靜芬小姐協助，黃郁婷小姐細心編校，立法院同仁吳東欽、趙俊祥、何弘光提供最新資料，黃美菁協助繕校，謹此一併致謝。

周萬來 謹識

民國113年9月1日

五版序 PREFACE

　　值此立法院第9屆即將屆滿，第10屆立法委員將於明（109）年2月1日就職行使立法權，個人有感於國會成員如能瞭解國會議事運作，將有助於發揮立法功能，加諸條約締結法自民國104年7月1日公布施行後已有相關議事成例，司法院釋字第735號解釋後，不信任案的提出與處理，不受立法院組織法第6條第1項所定臨時會以決議召集臨時會的特定事項的限制。本書部分內容實有加以增補的必要，乃引發改版的動機。

　　為避免版本更動過大，在增刪內容時，有關各類議案處理實況所整理出的各項型態，如提案主體、議案撤回及復議等部分處理情形，因尚未改變原建構的型態，爰不再重新統計；至於各類議案通過情形、中央政府總預算案付委情形、總預算案審查分配與審查日程表以及同意權案行使情形，則加以增訂，以呈現新的內容。

　　本書得以適時改版，特別感謝五南圖書出版公司副總編輯劉靜芬小姐協助，黃郁婷小姐細心編校，立法院同仁郭明政、吳東欽、黃美菁、黃建福提供最新資料，考試院同仁劉秀英協助繕校，謹此一併致謝。

周萬來 謹識

民國108年11月5日

四版序

PREFACE

　　立法院自民國97年2月第7屆起，立法委員席次由225人改為113人，由單一選區兩票制選舉方式產生；其內部所設常設委員會減為8個，各委員會席次修正為至少13席，最高不得超過15席，委員參加委員會改為1年分配1次；各委員會召集委員置2人，議程由輪值召集委員決定。有關黨（政）團總數合計以5個為限，每屆立法委員選舉當選席次達3席且席次較多的5個政黨各組成黨團，每1黨團至少維持3人以上；未能依前項規定組成黨團的政黨或無黨籍的委員，得合組4人以上的政團；至於總預算案則改由各委員會審查，而不再以全院各委員會聯席會議方式處理。值此第8屆即將屆滿，第9屆立法委員將於明（105）年2月1日就職行使立法權，個人有感於國會成員如能瞭解國會議事運作，將有助於發揮立法功能，加諸條約締結法已於本（104）年7月1日公布施行，本書部分內容實有加以增補的必要，乃引發改版的動機。

　　為避免版本更動過大，在增刪內容時，有關各類議案處理實況所整理出的各項型態，如提案主體、議案撤回及復議等部分處理情形，因尚未改變原建構的型態，爰不再重新統計；至於立法院處理覆議案、各類議案通過等情形，以及總預算案分組審查辦法及審查日程表，則加以增訂，以呈現新的內容。

　　本書得以適時改版，特別感謝五南圖書出版公司副總編輯劉靜芬小姐協助，立法院同仁吳東欽、黃美菁、黃建福、李彥緯、藍麗青提供最新資料，考試院同仁劉秀英協助繕校，謹此一併致謝。惟因倉促定稿，錯誤失漏之處在所難免，尚祈先進、學者不吝指正，俾使本書內容得以更為充實。

周萬來 謹識

民國104年9月15日

三版序

PREFACE

　　民國94年6月10日修憲廢除國民大會後，立法院已實質為單一國會。同次修憲並將立法委員總額自第7屆由225人改為113人，立法委員選舉改採單一選區兩票制，更明定各政黨全國不分區與僑居國外國民立委當選名單中，婦女名額不得低於1/2，即不得少於17名。因此，第7屆立法院的結構與生態均有所改變，而為外界所關注的焦點。

　　立法院為因應上述重大變革，於民國96年11月30日及12月7日對立法院組織法等相關法規作了配合修正，將常設委員會數目減為8個，各委員會席次修正為至少13席，最高不得超過15席，而委員參加委員會改為1年分配1次；各委員會召集委員置2人，議程由輪值召集委員決定；黨（政）團總數合計以5個為限，每屆立法委員選舉當選席次達3席且席次較多的5個政黨得各組成黨團，每1黨團至少須維持3人以上，未能依前項規定組成黨團之政黨或無黨籍之委員，得合組4人以上之政團；總預算案不再交由預算及決算委員會召集全院各委員會聯席會議，而逕由各委員會審查；有關立法院職權行使法及議事規則內連署或附議人數，均配合立法委員席次減半的改變而各加以減半，但為避免委員會會議臨時提案及修正動議提出門檻過低，明定須經3人以上的連署或附議始得成立。為使讀者立即瞭解最新內容，本書自須適時修正。

　　立法機關代表人民行使立法權，其成員來自不同背景；為有效發揮立法功能，非藉助一套為全體成員所能共同服膺的議事規範不可。依司法院釋字第342號解釋理由書所述，各國國會的議事內規，除成文規則外，尚包括各種不成文例規。就議事運作而言，兩者均有其拘束力。本人有感於實務工作時，因立法成員對不成文例規未盡瞭解，而時有爭議；外界更難窺立法院整體運作全貌。因此，藉此次改版之際，特增訂「議事規範」專章，其中對現

在仍採行的先例，更完整地闡述其採行過程，俾提供外界對立法實務有進一步的瞭解。

　　本書改版時，承蒙同仁王源森、郭明政、黃建福及徐樹襄助蒐集資料，同仁黃淑芬及林瑞青協助繕校，又承蒙五南圖書出版公司劉靜芬小姐協助，本書始得如期付梓，謹此一併致謝。惟因倉促定稿，錯誤失漏之處在所難免，尚祈先進學者惠予指正。

　　本書3版3刷時，因民國97年4月、5月、12月及98年1月復就立法院組織法等相關法規加以修正，為使讀者立即瞭解最新內容，乃配合修正。

周萬來 謹識

民國98年4月

二版序

　　立法院於民國88年1月12日通過「國會五大改革法案」，固有助於健全該院組織結構，強化委員會專業幕僚功能，建立黨團協商制度及有條件屆期失效之審議議案原則，以及確立立法委員之行為規範。惟經由第四屆實際運作以來，仍出現不少缺失，未符外界期待；諸如黨團協商被譏評為「密室政治」，委員會專業化功能化仍有一段距離，有條件屆期失效審議議案原則導致委員會不經實質審查議案即逕行提報院會處理之缺口，以及立法委員停權期間之計算方式與其效力範圍未予規定之漏洞等。為彌補上述缺失，以適應實際需要，立法院乃分別於民國90年10月30日及91年1月15日再修正立法院組織法等相關法規。將黨團門檻提高為須有8人以上（立法委員選舉得票比率已達百分之五以上之政黨，如無法達到8人，亦可成立黨團）；有條件屆期失效審議議案原則改為屆期失效，以期推動立法計畫及提升立法效能；委員會席次按政黨比例分配，以達委員會專業化功能化之目的；改善黨團協商制度，將委員會與院會審議流程接軌，適度限制協商期限及提高委員異議條件，以避免少數杯葛而延宕議事；並明定委員於停權期間不得進入議場及委員會會議室，停發其歲費及公費，以及不得行使專屬於立法委員之選舉權與被選舉權，以加強國會紀律。此外，對於委員在國是論壇之發言，亦須受立法委員行為法之規範。

　　為適時提供上述修正內容，本書仍有配合改正之必要。除已於初版二刷時將增訂之罷免案的提出與審議予以補述，另為配合90年6月20日立法院職權行使法之修正而將第二章同意權行使部分予以改正外，爰針對前述相關修正，就第一章、第三章、第四章及第七章中有關委員會與院會審議流程、屆期不繼續審議議案原則及黨團協商等相關規定加以改正，以充實本書內容。

至於各類議案處理實況所整理出之各項型態，如提案主體、議案撤回及復議部分等案例分析，均未改變原建構之型態，為免版本更動過大，乃不再重新統計，併予敘明。

　　本書得以適時改版，迅速呈現修法後之新內容，特別感謝五南圖書出版公司李純聆小姐鼎力協助；同仁郭明政、李基勝慨允附載其心血繪製之「完成委員會審查之議案列入院會流程圖」，謹此一併致謝。由於個人學識有所不逮，錯誤失漏之處在所難免，尚祈先進學者不吝指正，俾使本書內容得以更為充實。

周萬來 謹識

民國91年2月

序

　　在民主憲政體制之下，由人民定期選出之代表所組成的立法機關，皆在該國扮演著極為關鍵性角色。我國立法院亦然。依憲法第62條之規定，立法院為國家最高立法機關，代表人民行使立法權。就立法功能而言，實具有舉足輕重之地位。

　　由於主客觀因素所限，立法院在民國81年年底之前，無法進行全面改選，較難有效匯集民意，致影響其立法功能。直至民國82年2月第二屆立法委員進入立法院後，因係全面改選，具有最新民意基礎，立法院乃逐漸成為國內政治舞台中心。嗣至第三屆、第四屆定期全面改選，立法院在立法與監督之影響大為提高，更逐漸為政策形成的焦點。此外，經國民大會多次修憲以後，監察院已成為準司法機關，國民大會亦變為非常設機關，原由監察院行使對總統副總統之彈劾權，對司法院院長、副院長、大法官、考試院院長、副院長、考試委員之同意任命權均改由立法院行使；原由國民大會行使罷免總統副總統權、補選副總統權、領土變更權均改由立法院行使；而監察院院長、副院長、監察委員亦改由立法院同意後任命；又行政院院長雖改由總統逕行任命，但賦予立法院得對其提出不信任案、且覆議制度調整為立法院全體委員二分之一以上贊成，即可維持原決議。上述職權之變更，更使立法院成為立法政策中心而為外界所關注的焦點，亦常為學者研討之主要課題。

　　立法院為配合憲政結構之改變及外界對國會改革之殷切期盼，乃於民國88年1月12日通過立法院組織法修正案、立法院各委員會組織法修正案、立法院職權行使法制定案、立法委員行為法制定案及立法院議事規則修正案五大改革法案。學者雖有專文論述改革法案之重點，如黃秀端教授於政治大學政治學系與中山人文社會科學研究所共同舉辦之「兩岸立法制度」學術研討會

所發表「立法院之改革與未來發展」（民國89年）中予以敘明。但尚無專書就五大改革法案之內容重點加以闡明。本人承蒙長官厚愛，有幸參與改革法案之幕僚工作，有感於上述法案對於立法院之運作與效能，影響甚為深遠，復經友好多方鼓勵，乃不揣愚陋，特將實務體驗所得，就立法院審議各類議案之流程，作一完整地闡述，俾期提供研究立法制度者或有興趣瞭解立法院運作實況者參考。

　　本書得以完成，首先感謝學長蔡政順介紹，得以進入立法院工作，體驗立法院之議事運作實況。撰寫過程中，承蒙同仁陳忠誠、鄭光三、郭明政、張家興襄助蒐集資料，同仁黃淑芬及內子范玉燕協助繕校。又承蒙同仁陳清雲及五南圖書出版公司李純聆小姐協助，本書始得如期付梓，謹此一併致謝。又家人長期來鼓勵，亦為此書得以問世之主因。由於個人學識有所不逮，錯誤失漏之處在所難免，尚祈先進學者惠予指正，俾能有所改正。

周萬來 謹識
民國89年10月

目次 CONTENTS

表目次

圖目次

第一章　緒　論

第一節　論題界定

　　民主政治乃民意政治，即以民意為依歸之政治，而立法則為民意的表現。在民主憲政體制下，代表人民行使立法權的立法機關，扮演著極為關鍵性角色。立法權倘能運作順暢，將有助於政府推展重要施政。依我國憲法第62條之規定，立法院為國家最高立法機關，由人民選舉的立法委員組織之，代表人民行使立法權。由於環境變遷、立法制度變革及職權變更諸因素影響下，立法院已逐漸成為立法政策中心而為外界所關注的焦點，亦常為學者研討的主要範圍。又立法機關係一合議制機關，有關職權之行使，類以會議行之。我國立法院亦然。除質詢權由立法委員個人行使外，其餘職權均透過議案之提出、討論、表決等程序始得完成。欲瞭解立法院當前所扮演的角色與功能，非從議案審議之運作實況加以探討，難以窺其全貌。合上所述，乃將本書命名為「議案審議─立法院運作實況」。

　　為進一步探討立法院何以逐漸成為立法政策中心？依前所述環境變遷、立法制度變革及職權變更三個面向分別加以說明：

一、環境變遷

　　行憲後第1屆立法委員於民國37年5月8日自行集會，行使立法權。嗣因中原板蕩，立法院隨中央政府播遷來台，於民國39年2月24日復會，舉行第1屆第5會期第1次會議。該屆任期原應於民國40年5月7日屆滿，由於事實上不能依法辦理次屆選舉，經總統咨商立法院贊同各於41年及42年暫行繼續行使立法權1年；然若聽任立法院職權行使陷於困頓，顯與憲法樹立五院制度本旨相違，乃經司法院大法官會議於民國43年1月29日以釋字第31號加以解釋，在第2屆立法委員未能依法選出集會與召集以前，仍由第1屆立法委員繼續行使其職權[1]。自

1　參閱總統府公報，台北，第467號，民國43年2月2日，3頁。

民國58年以來，雖多次在自由地區辦理中央民意代表選舉，但未能全面改選。因此，民國79年6月21日司法院釋字第261號解釋「在民國80年12月31日第一屆資深中央民意代表終止行使其職權」[2]之前，較難有效匯合與表達民意，以致影響立法功能，遭致外界譏評立法院爲「行政院立法局」或「橡皮圖章」。直至民國81年年底全面改選，選出第2屆立法委員，因具有民意基礎，立法院乃逐漸成爲國內政治舞台中心。嗣經多次定期全面改選，立法院在立法與監督之影響力大爲增強，更逐漸爲政策形成的焦點。

民國89年3月18日第10任總統副總統選舉後，陳水扁先生當選總統，改變了長久以來的政治生態。但就立法院結構而言，民進黨並未擁有過半席次，國民黨及親民黨等在野政黨，經結合後仍爲立法院多數黨。此種在野黨團主控立法的情勢，即爲分立政府（divided government），而打破長期來一致政府（unified government）的型態[3]。因此，行政院與立法院互動關係乃非如往昔，立法院自主性增強，與過去單獨由行政部門主導政策的情況不同。如民國89年6月16日立法院第4屆第3會期第24次會議討論委員李友吉等17人所提之「勞動基準法第30條條文再修正草案」，此修正案行政院雖於同月8日經跨部會決定自民國90年1月1日起由每週48小時縮短爲44小時，並提報行政院院會通過，但該次會議卻通過國民黨黨團所提修正動議，將現行每週48小時的法定工時，縮減爲每兩週84小時[4]；行政院爲推動機關（構）法人化，於立法院第5、6屆分別函請審議，由於執政黨在立法院並未過半的結構下而無法提報院會審議[5]，

---

2 參閱總統府公報，台北，第5271號，民國79年7月6日，2頁。

3 學者有以行政首長與國會的多數席次所屬政黨作爲分類標準，將政府型態區分爲「一致政府」與「分立政府」。所謂一致政府意指在政府體制中，行政與立法部門皆由同一政黨所控制；而分立政府則指在政府體制中，行政與立法部門分屬不同政黨控制。就政府的運作而言，一致政府的架構下，執政黨因可擔任行政與立法部門間的橋樑，具有政策協調、意見折衝等多項功能；惟在分立政府的架構下，將可能造成下列的影響：(1)行政首長與國會分屬不同的政黨時，國會即扮演監督行政部門的關鍵角色，經常在其掌握的委員會阻撓行政首長所推行的政務，降低行政體系的效率；(2)行政首長與國會多數黨各有立場，易造成兩者關係不協調，導致重要政策的法律制定往往遭致擱置延宕的命運，降低法案的生產力；(3)分立政府在政策的制定或執行過程中，有可能會比一致政府出現較顯著的更迭，而形成政策之間缺乏連續性；(4)執政黨與在野黨的界限不易區分，造成彼此政策混淆、爭功諉過的現象，而使政策制定與執行的疏失責任無法釐清，導致民主政治所強調政治責任與回應性的特質無從體現；(5)就國家政治經濟情況而言，在一致政府時期國家總體經濟表現較佳，而分立政府則造成政策偏失與預算赤字竄升。參閱吳重禮、陳慧玟譯（David R. Mayhew著）：《分立政府：1946~1990年期間之政黨控制、立法與調查》，初版，台北：五南圖書出版公司，民國90年9月，2及9-11頁。

4 參閱立法院公報，89卷，35(上)期，民國89年6月21日，25-36頁。

5 論者以議程阻絕的觀點分析一致政府與分立政府對國會立法的影響，認爲分立政府之下，在野政黨（即國會多數黨）往往透過議程阻絕的方式，阻絕行政部門與執政聯盟所提出的政策與議案，導致

均爲顯例。又自第7屆起，再出現一致政府的型態，第7屆及第8屆由國民黨主導立法院，而第9屆及第10屆由民進黨掌控立法院，海峽兩岸經濟合作架構協議及中央政府前瞻基礎建設計畫特別預算的通過，即爲顯例。第11屆面臨三黨不過半，行政院與立法院兩院關係更顯得複雜，將影響行政部門政策施行。足見環境的改變，大大影響立法院運作。

二、立法制度改革

就常情以觀，制度設計不良，將影響組織原應發揮的功能。我國憲法雖賦予立法院行使立法權，惟由於受限於結構因素及行政權獨大的局勢，立法院的議事效率與品質，長期以來迭爲外界所詬病。除因上述未能全面改選的特殊環境因素外，原有組織結構與運作程序不易發揮立法效能，亦爲主因。

爲適應實際運作需要及第4屆結構改變，立法院乃於民國88年1月12日第3屆第6會期第14次會議通過了「國會五大改革法案」，即立法院組織法修正案、立法院各委員會組織法修正案、立法院職權行使法制定案、立法委員行爲法制定案及立法院議事規則修正案等五法案。上述五法對健全組織結構、強化專業幕僚功能、黨團協商法制化、有條件屆期不繼續審議議案原則及立法委員行爲規範均詳予規定，有助於立法效能之提昇；經由此次國會制度的改革，立法院依賴行政部門提供專業資訊相對減少，對於立法政策的主張增強。但第4屆實際運作以來，仍出現不少缺失，未符外界期待；諸如黨團協商被譏評爲「密室政治」，委員會專業化功能化仍有一段距離，有條件屆期失效審議議案原則導致委員會不經實質審查議案即逕行提報院會處理的缺口，以及立法委員停權期間的計算方式與其效力範圍未予規定的漏洞等。

爲彌補上述缺失，以適應實際需要，立法院復依各黨團所作協商原則[6]，

政策延遲實現。而議程阻絕的基本概念，旨在使議題無法進入決策的環節當中，即議案審議過程中任何阻止議案進入下一個議程階段繼續審議的方式，均屬之。行政法人法草案未能列入議程討論，即爲議程阻絕方式的案例。參閱吳東欽：《一致政府與分立政府對國會立法之影響－議程阻絕觀點之分析》，政大行政管理碩士論文，民國96年6月，6頁；行政院考試院於民國92年4月22日及94年8月8日函請立法院審議「行政法人法草案」，分經程序委員會決議暫緩編列議程。參閱立法院程序委員會會議紀錄。

6　各黨團經由協商，共獲致下列9項重要原則：(1)提高黨團門檻，(2)議案屆期不延續，(3)各黨團以院會席次比例分配委員會席次，(4)簡化議事流程，提高議事效率，(5)除於特殊需要才於第二讀會後進行三讀，以提高法案品質，(6)改進法案協商制度，(7)立法委員遭停權懲戒之效力或範圍應予明定，(8)召集委員維持3人，但得推舉產生，連選得連任，改以合議決定委員會議程，及配合行政機關擬定立

分別於民國90年10月30日及91年1月15日再修正立法院組織法等相關法規。將黨團門檻提高為須有8人以上（立法委員選舉得票比率已達5%以上之政黨，如無法達到8人，亦可成立黨團）[7]；有條件屆期失效審議議案原則改為屆期失效，以期推動立法計畫及提升立法效能；委員會席次按政黨比例分配，以達委員會專業化功能化之目的；改善黨團協商制度，將委員會與院會審議流程接軌，適度限制協商期限及提高委員異議條件，以避免少數杯葛而延宕議事；並明定委員於停權期間不得進入議場及委員會會議室，停發其歲費及公費，以及不得行使專屬於立法委員之選舉權與被選舉權，以加強國會紀律。另就委員會議程的安排改採合議制、召集委員連選連任不受1次之限制、提高少數委員提請召開各委員會會議的人數門檻、保留院會異議權的限制、國是論壇之發言仍受立法委員行為法的規範、強化三讀會的功能、投票或點名表決須具有足以影響表決結果之重大瑕疵時始得要求重付表決、出席委員對報告事項內程序委員會所擬處理辦法提出異議之限制等部分的修正[8]。

　　為因應民國94年6月10日公布之憲法增修條文第4條第1項明定立法委員自第7屆起減半為113人，民國96年11月30日及12月7日復再修正立法院組織法相關法規，將常設委員會數目減為8個，各委員會席次修正為至少13席，最高不得超過15席，而委員參加委員會改為1年分配1次；各委員會召集委員置2人，議程由輪值召集委員決定；黨（政）團總數合計以5個為限，每屆立法委員選舉當選席次達3席且席次較多的5個政黨得各組成黨團，每1黨團至少須維持3人以上，未能依前項規定組成黨團之政黨或無黨籍之委員，得合組4人以上之政團；總預算案不再交由預算及決算委員會召集全院各委員會聯席會議，而逕由各委員會審查；有關立法院職權行使法及議事規則內連署或附議人數，均配合立法委員席次減半的改變而各加以減半，但為避免委員會會議臨時提案及修正動議提出門檻過低，明定須經3人以上之連署或附議始得成立[9]。

　　為積極回應民意，提高議事效率，於民國97年4月25日修正立法院職權行

計畫，(9)國是論壇予以維持，但應加強發言規範。參閱謝芙美：〈概述國會改革法案修正重點〉，立法院院聞，30卷，4期，民國91年4月，114-115頁。

7　有關黨團門檻，於民國94年2月2日復再修正，自第6屆起改為6人以上，第7屆起復再修正為3人以上。

8　參閱周萬來：《立法院職權行使法逐條釋論》，3版，台北：五南圖書出版公司，民國108年12月，17-18頁。

9　參閱立法院公報，96卷，80期，民國96年12月12日，197-212頁；96卷，83期，民國96年12月18日，41-51頁；96卷，85期，民國96年12月21日，35-54及122-144頁。

使法第70條及第71條之1條文；將黨團協商制度改為全程錄影、錄音、記錄，協商結論如與審查會之決議或原提案條文有明顯差異時，應由提出修正之黨團或提案委員，以書面附具條文及立法理由，併同協商結論，刊登公報。此外，併將「4個月」協商期限縮短為「1個月」，以提高議事效率。復為落實憲政精神，建構總統至立法院提出國情報告的完善機制，於民國97年5月9日再修正立法院職權行使法時，增訂第2章之1及第15條之1至第15條之5條文，就國情報告的依據、時機及發動程序，以及立法委員提出問題及發言記錄送請總統參考加以規範[10]。

　　復因民國89年4月25日國民大會修訂憲法增修條文時，業將總統、副總統的彈劾要件予以刪除；而民國94年6月修憲廢除國民大會，並將原提出國民大會的彈劾案改向司法院大法官提出。為配合上述的變革，乃再於民國99年5月18日修正立法院職權行使法第42條為：「立法院依憲法增修條文第4條第7項之規定，對總統、副總統得提出彈劾案。」，第44條修正為：「全院委員會審查後，提出院會以無記名投票表決，如經全體立法委員2/3以上贊成，向司法院大法官提出彈劾案。」[11]

　　此外，為使少數黨易於委員會提出修正動議，於民國97年12月26日修正立法院議事規則第57條，刪除但書「須有3人以上之連署或附議，始可成立」之規定。復為增進委員問政品質及促進委員專業化，於民國98年1月6日修正立法院組織法第10條，將「衛生環境及勞工委員會」修正為「社會福利及衛生環境委員會」。又為使委員會更有擔任召集委員的機會，於民國98年1月23日修正立法院各委員會組織法第3條之4及第22條，明定各委員會召集委員改由每會期互選產生[12]。

三、立法職權變更

　　我國憲法係依據孫中山先生之遺教而制定，於國民大會外，並建立五院。國民大會代表全國國民行使政權，立法院為國家最高立法機關，監察院為國家

---

10 參閱立法院公報，97卷，18期，民國97年5月5日，26-32頁；97卷，25期，民國97年5月16日，126-131頁。
11 參閱立法院公報，99卷，36期，民國99年5月24日，132-136頁。
12 參閱立法院公報，98卷，3期，民國98年1月14日，40-41及500-510頁；98卷，5期，民國98年2月2日，229-230頁。

最高監察機關，均由人民直接、間接選舉之代表或委員所組成，分別行使其職權。由於上述機關所行使之職權，多為民主國家國會重要的職權，雖其職權行使之方式，不盡與各民主國家國會相同，但就憲法上之地位及職權之性質而言，相近於民主國家的國會。因此，司法院大法官於民國46年5月3日以釋字第76號加以解釋，將國民大會、立法院、監察院解釋為共同相當於民主國家的國會[13]。

經國民大會多次修憲後，監察院已改為準司法機關，不再由各省市議會、蒙藏地方議會及華僑團體間接選舉，而國民大會亦已廢除。原由監察院行使總統、副總統的彈劾權，對司法院院長、副院長、大法官，考試院院長、副院長、考試委員的同意任命權均改由立法院行使；原由國民大會行使罷免總統、副總統權，補選副總統權，領土變更權均改由立法院行使。此外，行政院院長雖改由總統逕行任命，但賦予立法院得對其行使不信任案；憲法修正案僅由立法院提出；覆議制度調整為立法院全體委員1/2以上贊成，即可維持原決議；監察院院長、副院長、監察委員改由立法院同意後任命。上述職權的變更，乃走向單一國會，而立法院更成為立法政策的中心。

第二節　分析架構

本書採用制度研究途徑，並輔以案例分析（個案研究）方法，俾以建立議案審議的型態。首先制度研究途徑，可藉以描述各類議案審議之種種規定，分析各類議案適格的提案主體，檢視提出與撤回的程序，以及議決的過程，指出規定轉變的原因，導引審議進行的情形；更透過各種議案案例之間的比較，得以呈現何種議案之原有制度規定最具執行力；亦可呈現原有制度間是否一致，如有不一致，即代表原有制度內容不易實行，而促使制度興革動力。尤有甚者，經由案例研究，可以發現原有制度蘊存問題，透過問題發現，設定解決對策。此外，案例研究亦可累積慣例，作為往後運作遵循的典範。

基於上述研究途徑與方法，在立法院已成政策中心之後，有關議案審議的相關情況，實須就其審議情形的過程加以分析，對制度規定予以剖析，以及解剖運作實況，以窺議案審議的型態及猶存問題，進而提出改革建議，俾益審

13　參閱總統府公報，台北，第808號，民國46年5月10日，24頁。

議品質的向上提昇，議事進行更加精緻。先就立法院議事相關規範予以敘明，次依我國憲法及其增修條文、立法院組織法、立法院各委員會組織法、立法院職權行使法、立法院議事規則以及相關法規之規定，析述立法院各類議案審議的流程。再依立法院公報、立法院院會紀錄、立法院會議議事錄及議案關係文書以及總統府公報內容，探討各類議案處理實況，進而整理出各項有價值的型態，並從中尋找制度在實際運作上猶待優質化之處與對應之處。

　　爲利於分析，先行依據議案的性質，加以類別化，再擬訂立法院審議各類議案的程序如圖1-1、1-2、1-3。

　　依立法院相關規範及上述三個架構，本書抽繹出所欲探討的主題，包括(一)議事之相關規範，(二)議案之類別，(三)議案之提出，(四)議案之審查，(五)議案之討論，(六)議案之復議與覆議，(七)各類議案之處理實況。茲將各主題內容概述如下：

一、議事之相關規範

　　立法機關代表人民行使立法權，其成員來自不同背景；爲有效發揮立法功能，非藉助一套爲全體成員所能共同服膺的議事規範不可。司法院釋字第342號解釋理由書所述，各國國會的議事規範，除成文規則外，尚包括各種不成文例規。因此，議事規範之類別，包括成文與不成文規範。至於其範疇，則依馬遜（Paul Mason）所作分類，將我國立法院議事規範，區分爲(一)成文規範：(1)憲法，(2)實定法，(3)立法院議事內規；(二)不成文規範：(1)大法官解釋，(2)議事手冊，(3)會議規範，(4)議事先例。就上述規範分別予以敘明。

二、議案之類別

　　依憲法第39條、第43條、第55條、第57條、第63條、第104條、第105條、第174條及憲法增修條文第1條至第7條及第12條等相關規定，立法院所處理的議案，包括有憲法修正案、領土變更案、法律案、預（決）算案、戒（解）嚴案、大赦案、宣戰案、媾和案、條約案、行使同意權案、覆議案、不信任案、彈劾案、罷免案、補選案、緊急命令追認案及其他重要決議案。同時描述及解釋各種議案的本質，何以權限擁有的歷史過程，並說明有些議案的審議程序仍待規定補強之處。

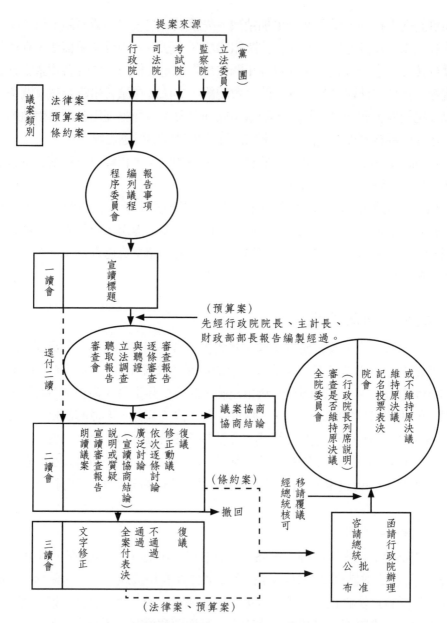

圖1-1　立法院審議議案程序圖（法律案、預算案、條約案部分）

備註：一、依立法院職權行使法第14條之規定，立法委員所提憲法修正案，準用法律案之審
　　　　　議程序。

　　　二、依立法院職權行使法第72條之規定，黨團協商結論經院會宣讀通過後，或依異議
　　　　　議決結果，出席委員不得再提出異議；逐條宣讀時，均不得反對。

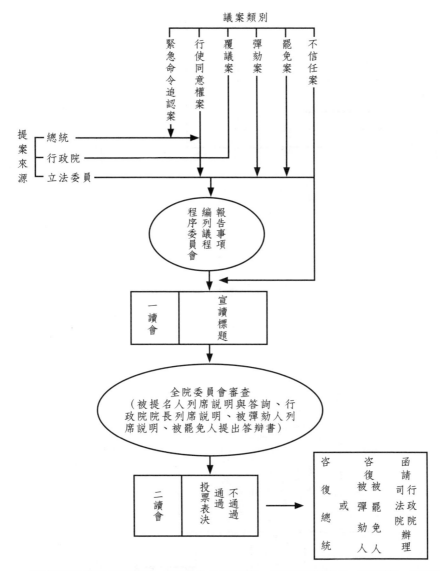

圖1-2　立法院審議議案程序圖（緊急命令追認案、行使同意權案、覆議案、彈劾案、罷免案、不信任案部分）

備註：一、行政院院長、審計長由立法院行使同意權，民國86年7月21日修憲後，行政院院長逕由總統任命。民國89年4月25日修憲後，司法院院長、副院長、大法官、考試院院長、副院長、考試委員、監察院院長、副院長、監察委員，由立法院行使同意權。
　　　二、依憲法增修條文第2條第3項之規定，總統發布緊急命令後10日內提交立法院追認。
　　　三、依憲法增修條文第3條第2項第2款之規定，行政院提出覆議案，先經總統之核可。

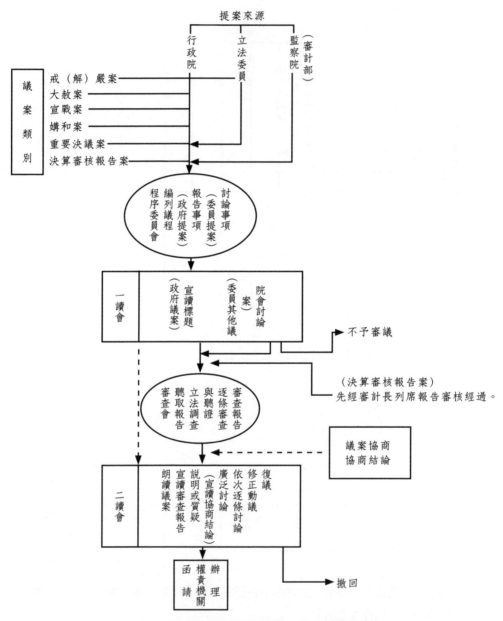

圖1-3　立法院審議議案程序圖（其他議案部分）

備註：一、補選副總統案、領土變更案等議案審議程序尚待研議。
　　　二、依憲法第39條之規定，立法委員得提出解嚴案。
　　　三、依立法院職權行使法第72條之規定，黨團協商結論經院會宣讀通過後，或依異議
　　　　　議決結果，出席委員不得再提出異議；逐條宣讀時，均不得反對。

三、議案之提出

　　議案之提出，本有其一定的要件與程序。除先行確定何者有權提案外，有權提案之主體於提案時，亦須受一定的限制。而議案提出後，爾後如因情勢變遷有撤回必要時，可依規定提出撤回。依上述三個程序圖，總統有權提出緊急命令追認案、行使同意權案（補選副總統案之審議程序尚待研議）；行政院有權提出法律案、預算案、戒（解）嚴案、大赦案、宣戰案、媾和案、條約案、覆議案及其他重要決議案；考試院、司法院及監察院就其所掌事項提出法律案；審計長提出決算審核報告案；而立法委員得提出法律案、憲法修正案、彈劾案、罷免案、不信任案、解嚴案及其他決議案（領土變更之審議程序尚待研議）。政府機關或立法委員如欲撤回議案，須於該議案在完成二讀會前，經院會同意後得予撤回。又各提案主體所提議案，除不信任案不經程序委員會編列議程於院會報告事項進行前逕向院會提出外，其餘均經程序委員會編列議程提報院會處理。立法委員所提法律案以外的其他提案，列入討論事項，於宣讀標題後，得由提案人說明其旨趣，經大體討論後，議決交付審查或逕付二讀或不予審議；其餘議案均列入報告事項。各類議案編列議程後，除緊急命令追認案、行使同意權案、覆議案、彈劾案、罷免案及不信任案宣讀標題後，交全院委員會審查；預算案先邀請行政院院長、主計長、財政部部長報告編製經過並備詢後，交財政委員會依提報院會決定的審查日程及審查分配表分送各委員會審查；決算審核報告案先邀請審計長報告審核經過並備諮詢後，交財政委員會會同有關委員會審查；其餘議案除逕付二讀者外，經宣讀標題後交付相關委員會審查。另依立法院職權行使法第13條之規定，第4屆改採有條件屆期不繼續審議議案原則（嗣於民國90年10月30日修正，復採屆期不繼續審議議案原則），亦一併予以論述。

四、議案之審查

　　立法院設有全院委員會、常設委員會及特種委員會三種。特種委員會掌理特定事項不予論述。全院委員會審查緊急命令追認案、審計長、司法院院長、副院長、大法官，考試院院長、副院長、考試委員，監察院院長、副院長、監察委員之同意權案、覆議案、不信任案、罷免案及彈劾案。在審查上述人員同

意權案時，由立法院咨請總統通知被提名人列席說明與答詢（經黨團協商同意，得舉行公聽會，邀請學者專家列席表達意見。）；審查總統、副總統之彈劾案時，得由立法院邀請被彈劾人列席說明；審查總統、副總統之罷免案時，應通知被提議罷免人在審查前7日內提出答辯書（如不提出答辯書，仍得逕行審查）；審查覆議案時，得由立法院邀請行政院院長列席說明。至於常設委員會審查議案的程序，大抵而言，包括議案旨趣之說明與備詢、立法調查與聽證、逐條審查及審查報告等階段。

五、議案之討論

除全院委員會審查之議案，於審查後提報院會投票表決外，其他議案經委員會審查後，則須提報院會進行二讀會討論。此外，二讀會亦討論經院會議決不經審查逕付二讀的議案。又依立法院職權行使法相關規定及議事實例，除討論各委員會議決不須黨團協商並經院會同意的議案，不須討論逕依審查意見處理外；其餘議案（包括逕付二讀的議案）進行二讀會前，往往先行協商。又議案經協商獲有結論，於院會宣讀通過或經異議議決結果，出席委員不得再提出異議；逐條宣讀時，亦不得反對。因此，上述議案於第二讀會時，經朗讀議案後，即依照審查意見或協商結論或議決結果處理。倘該議案無法完成協商，則由院會依立法院職權行使法第9條及第10條之規定定期處理。即進行廣泛討論、逐條討論，討論時均得提出修正動議。（相關程序如圖1-4）。

除法律案及預算案須經三讀會議決外，其餘僅須二讀會即可議決。因此，法律案及預算案經二讀會後，須進行第三讀會。除發現議案內容有互相牴觸，或與憲法、其他法律相牴觸者可作實質修正外，祇得為文字的修正。文字修正後，並將全案提付表決。

六、議案之復議與覆議

復議與覆議均係已議決之議案，重行審議是否維持原決議的作為。因此，兩者之提出與處理，依現行規定，均有所限制。

依立法院議事規則第42條至第44條之規定，議案於二讀或三讀後，均可提出復議，但須具備(一)動議人確係原案議決時之出席委員，且未曾發言反對原

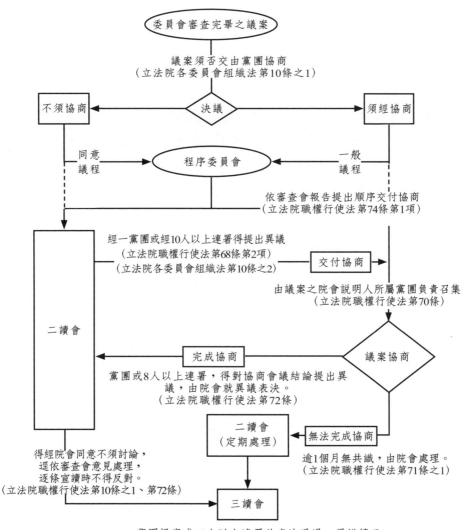

圖1-4 完成委員會審查之議案列入院會流程圖

決議者，(二)必具有與原決議案不同之理由，(三)20人以上之連署或附議（黨團提出時，毋庸連署或附議），(四)必在原案表決後下次院會散會前提出等四種條件。

覆議權係憲法賦予行政院的自衛武器，行政院對於立法院決議之法律案、預算案、條約案，如認爲有窒礙難行時，得經總統的核可，於該決議案送達行政院10日內，移請立法院覆議。立法院將覆議案交付全院委員會審查時，得由立法院邀請行政院院長列席說明。覆議案審查後，應於行政院送達15日內提出院會以記名投票表決。如贊成維持原決議者，超過全體立法委員1/2，即維持原決議；如未達全體立法委員1/2，即不維持原決議；逾期未作成決議，原決議失效。

七、各類議案之處理實況

爲瞭解立法院處理各類議案之實況，案例研究有其必要性。因此，特就憲法修正案、法律案、預（決）算案、戒（解）嚴案、緊急命令追認案、條約案、行使同意權案、不信任案、罷免案、大赦案及重要決議案各舉案例加以說明，除析述議案審議之流程外，並就發現的問題，擬訂解決對策。

第三節　內容特色

本書與其他相關論著比較，具有以下四點特色：

一、闡明各類議案審議之流程

國內有關立法院相關論著，大多偏重於制度的比較，如曾濟群教授所著《中外立法制度之比較》（民國77年出版）、朱志宏教授所著《立法論》（民國84年出版）、陳淞山先生所著《國會制度解讀》（民國83年出版），或專注於議案審議中之某一過程，如許劍英教授所著《立法審查理論與實務》（民國89年出版）。本書所欲呈現的內容，係將立法院審議之各類議案的流程，作一完整地闡述，提供研究者或有興趣瞭解立法院運作實況者參考。因此，撰寫本書時，依現行規範，按議案之類別、提出與撤回、審議、復議與覆議分章予以敘述，用以突出各種規定的情形，程序正義達及的規範，減少諸多不必要的議

事衝突，約束立委本身有效的職權行使，不致有踰越或不當使用權限的情事發生。

二、詳述議事運作之相關規範

任何有組織的團體，爲維持團體的存續與促進團體目標的達成，莫不訂定確保團體成員關係之正式、成文的行爲規則，並有約束其成員行爲的不成文行爲規範。立法機關亦然。各國立法機關的議事規範，除成文規則外，尚包括各種不成文例規，均爲其維持團體存續與目標達成的主要憑藉；而上述成文規範與不成文規範，就其權威性與拘束力而言，兩者並無差別[14]。

國內有關立法院議事規範之相關論者，有以成文規則逐條加以釋義，如蔡政順（前立法院議事組秘書、委員會主任秘書、專門委員）所著《立法院議事規則逐條研究》（民國74年出版），或彙集立法院相關之議事先例，如胡濤（前立法院議事組主任、秘書長）所著《立法學》（民國69年出版）。由於成文規範與不成文規範，就議事運作而言，均有其拘束力。前述論著均有其參考價值；惟因近來立法制度已作重大變革，本書特於此次修正之際，增訂專章，就現行規範作一整體性的闡述；而其中議事先例（Precedents），係爲不成文規範的重要來源，美國參議院更將其列爲規則來源的三個柱石（Pillar）之一[15]。因此，個人以積多年的職務所得，分就已納入國會改革五法中之相關法規的先例及現在仍採行的先例，一一詳予敘明，提供外界對立法院運作實況的瞭解，更有助於相關學子進一步研究的參考。

三、探討國會改革法案之重點

立法院爲因應第4屆結構改變及外界對國會改革的殷切期盼，乃於民國88年1月12日通過了立法院組織法修正案、立法院各委員會組織法修正案、立法院職權行使法制定案、立法委員行爲法制定案及立法院議事規則修正案五大改革法案。上述法案對於立法院之運作與效能，影響甚爲深遠。從事立法研究者對其立法重點，實有必要加以探討。有關改革法案的重點，雖有專文論述，如

14　參閱朱志宏：《立法論》，初版，台北：三民書局，民國84年3月，154-155頁。

15　參議院規則來源有3方面：(1)議事規則，(2)實定法，(3)先例；參閱Martin B. Gold：Senate Procedure and Practice, Maryland：Rowman & Littlefield Inc., 2004, pp.1-11.

黃秀端教授於政治大學舉辦之「兩岸立法制度」學術研討會所發表〈立法院之改革與未來發展〉（民國89年）中予以敘明。惟尚無專書就五大改革法案之內容重點加以闡明。因此，有關法案制定或修正的重點，如議案提出之要件、屆期不繼續審議議案原則、文件調閱之處理、委員會公聽會之舉行、議案協商之程序與效力、覆議權之運用、緊急命令追認程序、彈劾案、罷免案與不信任案之處理及同意權行使程序均予相關章節中加以論述。嗣經多次修正，均予以配合增補。如此一來，得以明晰修憲後立法院職權的變遷及行使新增權限所應遵行的規範，而免除運行上無益插曲的突發。

四、透過案例研究以發現問題

案例研究有助於瞭解運作實況，呈現事實，從而印證理論。本書除於各章中採用案例研究方法闡述審議過程中之某一程序外，亦依上述方法專章探討各類議案。如對法案提出主體的分析，經由案例之間比較，發現委員提案高佔56%的事實；透過案例研究，發現行政院怯於提出覆議案的事實與原因；經由個別案例之研究，發現不信任案制度不易實行；又就復議案例之間比較，更得以累積許多議事慣例。合上所述，本書採行案例研究方法探討立法院審議議案之運作實況，經由問題的發現，提供修法者擬定解決方案的參考。

第二章　議事規範

　　任何決策機關，爲了運作順暢，莫不遵守其議事規範。立法機關亦然。立法機關爲了有效發揮其應有的功能，從議案之提出到最後之議決，必須藉助爲全體成員所共同服膺的議事規範。惟其職權的運作，並非僅由單一規範所能涵括，而係散見於各種規範之中。

　　議事規範之用語，首見司法院釋字第342號解釋，依其解釋理由書所述，各國國會的議事規範，除成文規則外，尚包括各種不成文例規[1]。足見議事規範的類別，包括成文與不成文規範。茲依馬遜（Paul Mason）所作分類[2]，將我國立法院議事規範，區分爲(一)成文規範：(1)憲法，(2)實定法，(3)立法院議事內規；(二)不成文規範：(1)大法官解釋，(2)議事手冊，(3)會議規範，(4)議事先例。上述成文規範與不成文規範，就其權威性與拘束力而言，兩者並無差別；惟適用時仍須遵守規範的優先次序。爰分節析述其內涵。

第一節　成文規範

第一項　憲法

　　依凱爾生（Hans Kelsen）所倡「法律規範層級構造」（Hierarchy of Norms）之理論，法的體系，依序爲(一)基本規範，(二)一般規範，(三)個別規範。而憲法爲基本規範，係最高級的規範，爲一般規範與個別規範的效力泉源[3]。因此，憲法乃被稱爲國家之根本大法，效力最高，自爲立法院行使職權

1　參閱總統府公報，台北，第5872號，民國83年5月20日，4頁。
2　馬遜（Paul Mason）認爲程序規則的來源（Sources of Rules of Procedure），約有(一)憲法上的各種規制（constitutional rules），(二)法律上的各種例規或憲章的各種規定（statutory rule or charter provisions），(三)制定的規則（adopted rules），(四)司法判例（judicial decisions），(五)採用議學權威著作（adopted parliamentary authority），(六)會議規範（parliamentary law）及(七)習慣與慣例（customs and usages）7種。上述7種法源的使用優先次序，依上列順序定之；惟司法判例乃爲例外，視所被解釋的法規定之，如解釋憲法的判例，其次序應與憲法相等，當優先於法律而使用之。如遇上述法源彼此有所衝突，則應依其優先序列以定取捨。參閱羅志淵：《立法程序論》，2版，台北：正中書局，民國67年1月，8頁。
3　參閱段重民：《法學緒論》，修訂3版，台北：國立空中大學，民國94年8月，106-107頁。

的主要根據。舉凡立法院之地位、組織、職權、成員之權利保障與限制，以及與其他機關之關係等等，均明定於憲法與增修條文內。其中憲法第5章「行政」、第6章「立法」、第10章「中央與地方之權限」與憲法增修條文第1條至第7條及第12條，更為立法院行使職權的重要規範。茲舉其要者，條列如下：

一、行政

(一) 行政院院長，由總統提名，經立法院同意任命之。

　　立法院休會期間，行政院院長辭職或出缺時，由行政院副院長代理其職務。但總統須於40日內咨請立法院召集會議，提出行政院院長人選，徵求同意，行政院院長職務，在總統所提行政院院長人選未經立法院同意前，由行政院副院長暫行代理。（第55條）

(二) 行政院依左列規定，對立法院負責：

　　一、行政院有向立法院提出施政方針及施政報告之責。立法委員在開會時，有向行政院院長及行政院各部會首長質詢之權。

　　二、立法院對於行政院之重要政策不贊同時，得以決議移請行政院變更之。行政院對於立法院之決議，得經總統之核可，移請立法院覆議。覆議時，如經出席立法委員2/3維持原決議，行政院院長應即接受該決議或辭職。

　　三、行政院對於立法院決議之法律案、預算案、條約案，如認為有窒礙難行時，得經總統之核可，於該決議案送達行政院10日內，移請立法院覆議。覆議時，如經出席立法委員2/3維持原案，行政院院長應即接受該決議或辭職。（第57條）

(三) 行政院設行政院會議，由行政院院長、副院長、各部會首長及不管部會之政務委員組織之，以院長為主席。

　　行政院院長、各部會首長，須將應行提出於立法院之法律案、預算案、戒嚴案、大赦案、宣戰案、媾和案、條約案及其他重要事項，或涉及各部會共同關係之事項，提出於行政院會議議決之。（第58條）

(四) 行政院於會計年度開始3個月前，應將下年度預算案提出於立法院。（第59條）

(五) 行政院於會計年度結束後4個月內，應提出決算於監察院。（第60條）

二、立法

(一) 立法院為國家最高立法機關，由人民選舉之立法委員組織之，代表人民行使立法權。（第62條）

(二) 立法院有議決法律案、預算案、戒嚴案、大赦案、宣戰案、媾和案、條約案及國家其他重要事項之權。（第63條）

(三) 立法院立法委員依左列規定選出之：

一、各省、各直轄市選出者，其人口在300萬以下者5人，其人口超過300萬者，每滿100萬人增選1人。

二、蒙古各盟旗選出者。

三、西藏選出者。

四、各民族在邊疆地區選出者。

五、僑居國外之國民選出者。

六、職業團體選出者。

立法委員之選舉及前項第2款至第6款立法委員名額之分配，以法律定之。婦女在第1項各款之名額，以法律定之。（第64條）

(四) 立法委員之任期為3年，連選得連任，其選舉於每屆任滿前3個月內完成之。（第65條）

(五) 立法院設院長、副院長各1人，由立法委員互選之。（第66條）

(六) 立法院得設各種委員會。

各種委員會得邀請政府人員及社會上有關係人員到會備詢。（第67條）

(七) 立法院會期，每年2次，自行集會，第1次自2月至5月底，第2次自9月至12月底，必要時得延長之。（第68條）

(八) 立法院遇有左列情事之一時，得開臨時會：

一、總統之咨請。

二、立法委員1/4以上之請求。（第69條）

(九) 立法院對於行政院所提預算案，不得為增加支出之提議。（第70條）

(十) 立法院開會時，關係院院長及各部會首長得列席陳述意見。（第71條）

(十一) 立法院法律案通過後，移送總統及行政院，總統應於收到後10日內公布之，但總統得依照本憲法第57條之規定辦理。（第72條）

(十二) 立法委員在院內所爲之言論及表決，對院外不負責任。（第73條）

(十三) 立法委員，除現行犯外，非經立法院許可，不得逮捕或拘禁。（第74條）

(十四) 立法委員不得兼任官吏。（第75條）

三、中央與地方之權限

(一) 左列事項，由中央立法並執行之：

　　一、外交。

　　二、國防與國防軍事。

　　三、國籍法及刑事、民事、商事之法律。

　　四、司法制度。

　　五、航空、國道、國有鐵路、航政、郵政及電政。

　　六、中央財政與國稅。

　　七、國稅與省稅、縣稅之劃分。

　　八、國營經濟事業。

　　九、幣制及國家銀行。

　　十、度量衡。

　　十一、國際貿易政策。

　　十二、涉外之財政經濟事項。

　　十三、其他依本憲法所定關於中央之事項。（第107條）

(二) 左列事項，由中央立法並執行之，或交由省縣執行之：

　　一、省縣自治通則。

　　二、行政區劃。

　　三、森林、工礦及商業。

　　四、教育制度。

　　五、銀行及交易所制度。

　　六、航業及海洋漁業。

　　七、公用事業。

　　八、合作事業。

　　九、二省以上之水陸交通運輸。

十、二省以上之水利、河道及農牧事業。

十一、中央及地方官吏之銓敘、任用、糾察及保障。

十二、土地法。

十三、勞動法及其他社會立法。

十四、公用徵收。

十五、全國戶口調查及統計。

十六、移民及墾殖。

十七、警察制度。

十八、公共衛生。

十九、振濟、撫卹及失業救濟。

二十、有關文化之古籍、古物及古蹟之保存。

前項各款，省於不牴觸國家法律內，得制定單行法規。（第108條）

四、憲法增修條文第1條至第7條及第12條

(一) 中華民國自由地區選舉人於立法院提出憲法修正案、領土變更案，經公告半年，應於3個月內投票複決，不適用憲法第4條、第174條之規定。

憲法第25條至第34條及第135條之規定，停止適用。（第1條）

(二) 總統、副總統由中華民國自由地區全體人民直接選舉之，自中華民國85年第9任總統、副總統選舉實施。總統、副總統候選人應聯名登記，在選票上同列1組圈選，以得票最多之1組為當選。在國外之中華民國自由地區人民返國行使選舉權，以法律定之。

總統發布行政院院長與依憲法經立法院同意任命人員之任免命令及解散立法院之命令，無須行政院院長之副署，不適用憲法第37條之規定。

總統為避免國家或人民遭遇緊急危難或應付財政經濟上重大變故，得經行政院會議之決議發布緊急命令，為必要之處置，不受憲法第43條之限制。但須於發布命令後10日內提交立法院追認，如立法院不同意時，該緊急命令立即失效。

總統為決定國家安全有關大政方針，得設國家安全會議及所屬國家安全局，其組織以法律定之。

總統於立法院通過對行政院院長之不信任案後10日內，經諮詢立法院院長

後，得宣告解散立法院。但總統於戒嚴或緊急命令生效期間，不得解散立法院。立法院解散後，應於60日內舉行立法委員選舉，並於選舉結果確認後10日內自行集會，其任期重新起算。

總統、副總統之任期為4年，連選得連任1次，不適用憲法第47條之規定。

副總統缺位時，總統應於3個月內提名候選人，由立法院補選，繼任至原任期屆滿為止。

總統、副總統均缺位時，由行政院院長代行其職權，並依本條第1項規定補選總統、副總統，繼任至原任期屆滿為止，不適用憲法第49條之有關規定。

總統、副總統之罷免案，須經全體立法委員1/4之提議，全體立法委員2/3之同意後提出，並經中華民國自由地區選舉人總額過半數之投票，有效票過半數同意罷免時，即為通過。

立法院提出總統、副總統彈劾案，聲請司法院大法官審理，經憲法法庭判決成立時，被彈劾人應即解職。（第2條）

(三) 行政院院長由總統任命之。行政院院長辭職或出缺時，在總統未任命行政院院長前，由行政院副院長暫行代理。憲法第55條之規定，停止適用。

行政院依左列規定，對立法院負責，憲法第57條之規定，停止適用：

一、行政院有向立法院提出施政方針及施政報告之責。立法委員在開會時，有向行政院院長及行政院各部會首長質詢之權。

二、行政院對於立法院決議之法律案、預算案、條約案，如認為有窒礙難行時，得經總統之核可，於該決議案送達行政院10日內，移請立法院覆議。立法院對於行政院移請覆議案，應於送達15日內作成決議。如為休會期間，立法院應於7日內自行集會，並於開議15日內作成決議。覆議案逾期未議決者，原決議失效。覆議時，如經全體立法委員1/2以上決議維持原案，行政院院長應即接受該決議。

三、立法院得經全體立法委員1/3以上連署，對行政院院長提出不信任案。不信任案提出72小時後，應於48小時內以記名投票表決之。如經全體立法委員1/2以上贊成，行政院院長應於10日內提出辭職，並得同時呈請總統解散立法院；不信任案如未獲通過，1年內不得對同一行政院院長再提不信任案。

國家機關之職權、設立程序及總員額，得以法律爲準則性之規定。

各機關之組織、編制及員額，應依前項法律，基於政策或業務需要決定之。（第3條）

(四) 立法院立法委員自第7屆起113人，任期4年，連選得連任，於每屆任滿前3個月內，依左列規定選出之，不受憲法第64條及第65條之限制：

一、自由地區直轄市、縣市73人。每縣市至少1人。

二、自由地區平地原住民及山地原住民各3人。

三、全國不分區及僑居國外國民共34人。

前項第1款依各直轄市、縣市人口比例分配，並按應選名額劃分同額選舉區選出之。第3款依政黨名單投票選舉之，由獲得5%以上政黨選舉票之政黨依得票比率選出之，各政黨當選名單中，婦女不得低於1/2。

立法院於每年集會時，得聽取總統國情報告。

立法院經總統解散後，在新選出之立法委員就職前，視同休會。

中華民國領土，依其固有疆域，非經全體立法委員1/4之提議，全體立法委員3/4之出席，及出席委員3/4之決議，提出領土變更案，並於公告半年後，經中華民國自由地區選舉人投票複決，有效同意票過選舉人總額之半數，不得變更之。

總統於立法院解散後發布緊急命令，立法院應於3日內自行集會，並於開議7日內追認之。但於新任立法委員選舉投票日後發布者，應由新任立法委員於就職後追認之。如立法院不同意時，該緊急命令立即失效。

立法院對於總統、副總統之彈劾案，須經全體立法委員1/2以上之提議，全體立法委員2/3以上之決議，聲請司法院大法官審理，不適用憲法第90條、第100條及增修條文第7條第1項有關規定。

立法委員除現行犯外，在會期中，非經立法院許可，不得逮捕或拘禁。憲法第74條之規定，停止適用。（第4條）

(五) 司法院設大法官15人，並以其中1人爲院長、1人爲副院長，由總統提名，經立法院同意任命之，自中華民國92年起實施，不適用憲法第79條之規定。司法院大法官除法官轉任者外，不適用憲法第81條及有關法官終身職待遇之規定。

司法院大法官任期8年，不分屆次，個別計算，並不得連任。但並爲院

長、副院長之大法官，不受任期之保障。

中華民國92年總統提名之大法官，其中8位大法官，含院長、副院長，任期4年，其餘大法官任期為8年，不適用前項任期之規定。

司法院大法官，除依憲法第78條之規定外，並組成憲法法庭審理總統、副總統之彈劾及政黨違憲之解散事項。

政黨之目的或其行為，危害中華民國之存在或自由民主之憲政秩序者為違憲。

司法院所提出之年度司法概算，行政院不得刪減，但得加註意見，編入中央政府總預算案，送立法院審議。（第5條）

(六) 考試院為國家最高考試機關，掌理左列事項，不適用憲法第83條之規定：
一、考試。
二、公務人員之銓敘、保障、撫卹、退休。
三、公務人員任免、考績、級俸、陞遷、褒獎之法制事項。
考試院設院長、副院長各1人，考試委員若干人，由總統提名，經立法院同意任命之，不適用憲法第84條之規定。
憲法第85條有關按省區分別規定名額，分區舉行考試之規定，停止適用。（第6條）

(七) 監察院為國家最高監察機關，行使彈劾、糾舉及審計權，不適用憲法第90條及第94條有關同意權之規定。
監察院設監察委員29人，並以其中1人為院長、1人為副院長，任期6年，由總統提名，經立法院同意任命之。憲法第91條至第93條之規定停止適用。
監察院對於中央、地方公務人員及司法院、考試院人員之彈劾案，須經監察委員2人以上之提議，9人以上之審查及決定，始得提出，不受憲法第98條之限制。
監察院對於監察院人員失職或違法之彈劾，適用憲法第95條、第97條第2項及前項之規定。
監察委員須超出黨派以外，依據法律獨立行使職權。
憲法第101條及第102條之規定，停止適用。（第7條）

(八) 憲法之修改，須經立法院立法委員1/4之提議，3/4之出席，及出席委員3/4

之決議，提出憲法修正案，並於公告半年後，經中華民國自由地區選舉人投票複決，有效同意票過選舉人總額之半數，即通過之，不適用憲法第174條之規定。（第12條）

第二項　實定法

國會議事之運作，往往涉及其他憲法機關或與人民間的外部關係。此非有法律之依據，不得課予義務或賦予權利，以符法治政治原則。有關規範立法院議事運作的實定法中，較為重要者，有立法院組織法、立法院各委員會組織法、立法院職權行使法、立法委員行為法、公職人員利益衝突迴避法、遊說法、中央法規標準法、預算法、決算法及請願法等。茲分述如下：

一、立法院組織法與立法院各委員會組織法

機關組織法規旨在規範機關之設立、地位、體制、編制、職權及人員等事項所制頒的法規。依中央行政機關組織基準法第7條之規定，機關組織法規的內容，應包括(一)機關名稱，(二)機關設立依據或目的，(三)機關隸屬關係，(四)機關權限及職掌，(五)機關首長、副首長之職稱、官職等及員額，(六)機關置政務職務者，其職稱、官職等及員額，(七)機關置幕僚長者，其職稱、官職等，(八)機關依職掌設有次級機關者，其名稱，(九)機關有存續期限者，其期限，及(十)屬獨立機關者，其合議之議決範圍、議事程序及決議方法。立法院組織法與立法院各委員會組織法所規範的範圍，大抵包括上述事項。就院會與委員會之組織、職權，幕僚長及內部單位名稱、編制、職稱、職等均加以規範。此外，鑑於黨團在議會政治之重要性，亦於組織法中賦予黨團法制的地位。上述組織法自為立法院議事運作的重要準據。

二、立法院職權行使法

為使立法委員對於職權行使之範圍、方法及程序有明確的法令可資依循，使該院之運作能發揮應有的功能，立法院特制定立法院職權行使法。舉凡審議議案、聽取報告與質詢、同意權、覆議權、不信任案、彈劾案、罷免案、文件調閱、公聽會、命令審查、請願文書審查及黨團協商等行使程序均加以規定。

立法院在行使職權時，該法自為其重要準據。

三、立法委員行為法、公職人員利益衝突迴避法及遊說法

前已述及立法院為國家最高立法機關，由人民選舉之立法委員組織之，代表人民行使立法權。由於立法委員的立法行為，經常受立法機關以外之其他機關、團體或個人的影響，如行政部門、政黨、利益團體、選民團體或個人等，其行為規範的建立，實有其必要性。因此，立法院特制定立法委員行為法，將立法委員的倫理規範、義務與基本權益、遊說及政治捐獻、利益之迴避及紀律等加以規範，以作為立法委員在行使職權時應行遵守的行為準據[4]。另為使公職人員廉潔自持，避免不當利益的輸送，而制定公職人員利益衝突迴避法，以規範其利益衝突迴避；復制定遊說法，規範遊說者與被遊說者均須遵循公開透明程序而防止不當利益的輸送，以確保民主政治的正當參與。由於立法委員係屬公職人員，且亦受遊說，併受上述2法的規範。因此，立法委員行為法、公職人員利益衝突迴避法與遊說法皆為立法委員所應遵守的行為準據。

四、中央法規標準法

法規之制定、施行、適用、修正及廢止，乃法律規範的全部過程，而法規由制定至廢止，除可反映國家的政策與政府職權行使的軌跡，亦與人民權義息息相關。中央法規標準法即就上述事項加以規範，全文共分6章，計26條，對於法規之涵義與界限、法規制定之標準、法規施行及生效日期之計算、法規適用之原則、法規編列之方式、法規停止適用制度之建立及法規之修正及廢止等，均有明確的規定[5]。因此，該法亦為立法院議事運作的重要規範。

五、預算法與決算法

預算與決算，為國家財政制度之兩翼。預算制度，係限制政府收支之數額與範圍；而決算制度，則稽核政府之收支，是否恪遵預算之項目與數字及有無不忠不法之行為，以保護國家與人民之利益，並以供其後施政之參考[6]。其中

4　參閱中華民國立法院大事記，立法院編印，51卷（民國87年），民國89年6月，805頁。

5　參閱羅成典：〈中央法規標準法釋論(一)〉，國會，5卷，4期，民國63年4月，5頁。

6　林紀東：《中華民國憲法逐條釋義(二)》，再版，台北：三民書局，民國66年2月，265頁。

預算制度之主要依據爲預算法，該法對於中央政府預算之籌劃、編造、審議、成立及執行等事項均加以規定。因此，立法院行使預算審議權時，自採該法爲主要準據。至於決算之編造、審核及公告，則明定於決算法。立法院審議決算審核報告案時，自以該法爲主要規範。

六、請願法

人民爲表達其意見或維護其權益，向職權所屬機關陳述其心願，乃民主政治的正常現象[7]。各國莫不賦予人民請願之權，我國亦於憲法第16條加以明定。爲使人民請願事項與程序有法規可循，立法院特於民國43年制定請願法，將人民請願之範圍、機關、請願案件之收受及處理等加以規定。立法院處理人民請願案時，該法自爲其規範。

第三項　立法院議事內規

國會議事規則宜由國會自行訂定。惟其所呈態樣不一，有(一)全由國會以內規方式定之，(二)全由國會與行使行政權的君主「協力」以法律方式定之，(三)部分以內規、部分以法律方式定之三種方式[8]。我國現行體例，係採第三種方式。除上述立法院組織法、立法院各委員會組織法、立法院職權行使法及立法委員行爲法以法律定之者外，尚訂定立法院議事規則、中央政府總預算案審查程序、中央政府總決算審核報告案審查程序、立法院紀律委員會組織規程、立法院程序委員會組織規程、立法院經費稽核委員會組織規程、立法院公報指導委員會組織規程[9]、立法院修憲委員會組織規程、立法委員互選院長副院長辦法、立法委員互選院長副院長投票及開票辦法、立法院各委員會召集委員選舉辦法、無黨籍及少數黨團委員參加常設委員會抽籤辦法、黨團所屬委員參加常設委員會抽籤辦法、立法院點名表決辦法、立法院議場規則、立法院會議旁

7　參閱《改進人民陳情案件處理程序之研究》，台北：行政院研究發展考核委員會編印，民國65年5月，7頁。

8　許宗力：《法與國家權力》，初版，台北：元照出版公司，民國88年10月，302-303頁。

9　民國55年11月25日立法院第1屆第38會期第17次會議通過立法院公報指導委員會組織規程，以指導立法院公報、立法專刊編輯發行事宜。依原該規程第3條的規定，公報指導委員會設委員9人，由院會選舉之，每年改選1次；惟自第3屆第3會期起，未再選舉委員組成該委員會。經研議後，由法制局於民國90年1月3日提報同年2月27日第4屆第5會期第2次會議予以廢止該組織規程。

聽規則、立法院會議議事文書印製辦法及立法院會議錄影錄音管理規則[10]等。茲就立法院議事規則、中央政府總預算案審查程序、中央政府總決算審核報告案審查程序及立法院程序委員會組織規程分述如下：

一、立法院議事規則

民國88年1月12日修正立法院議事規則時，為配合憲法增修條文之頒布、立法院組織法與其各委員會組織法之修正，以及立法院職權行使法與立法委員行為法之制定，特將第3章「人民請願案」、第6章「讀會」、第10章「同意權」、第11章「行政院移請覆議案之處理」及第12章「聽取報告與質詢」均移列於立法院職權行使法，第15章「秩序」移列於立法委員行為法中[11]。但該規則仍就一般議事相關程序加以規定，包括議事日程、議事錄、提案、討論、表決、復議、開會及秘密會議等在內。因此，立法院處理議事時，除依憲法、立法院組織法、立法院各委員會組織法、立法院職權行使法及立法委員行為法之規定外，即以該規則為重要準據。

二、中央政府總預算案審查程序

立法院審查中央政府總預算案[12]，除依預算法相關規定外，類採中央政府總預算案審查程序所作規定。有關總預算案，由各委員會依財政委員會提報院會決定的審查分配表及審查時程進行審查。因此，上述審查程序更為審查預算案的主要準據。

三、中央政府總決算審核報告案審查程序

立法院審查中央政府總決算審核報告案時，除依決算法相關規定外，即以

---

10 依立法院組織法第5條規定，立法院應全程轉播院會、委員會會議及黨團協商實況，並應全程錄影、錄音。有關錄影、錄音定有管理規則，其中第二條文字為：「本院會議、委員會會議及黨團協商會議實況，應全程錄影，錄音。影音訊號以不經剪輯，不加旁白，不設主持人之方式播出（第1項）；前項影音訊號不得做為任何形式之商業目的、廣告、促銷、宣傳、政治目的、選舉或訴訟使用（第2項）；第一項會議屬秘密者，不予錄影（第3項）；第一項影像之拍攝，應公開透明、忠實記錄會議實況，其拍攝原則如附表（略）（第4項）。」

11 參閱立法院第3屆第6會期第14次會議印發之院總23號委員提案第2359號議案關係文書，4~1頁。

12 追加預算案與特別預算案，依立法院職權行使法第28條之2規定，其審查程序與總預算案同。但必要時，經院會聽取編製經過報告並質詢後，逕交財政委員會會同有關委員會審查，並提報院會處理。

中央政府總決算審核報告案審查程序爲準據。如總決算審核報告案函送立法院後，定期由審計長列席院會報告審核經過並備諮詢；於交付審查後，由財政委員會按機關別，會同有關委員會聯席審查；審查完竣後，應即起草書面總報告提報院會。上述審查的程序，均明定於該審查程序中。

四、立法院程序委員會組織規程

　　考諸民主國家國會程序委員會的主要權責，乃在於院會議程安排，除了排定一般議案進入院會議程外，法案經相關委員會審查後，仍由程序委員會進行處理，而不由各委員會列入議程。因此，論者乃謂該會具有「交通警察」（Traffic Cop）的功能[13]。立法院依其組織法第7條的規定，亦設程序委員會，以審定院會議事日程。有關該會組織、職權及會議相關事項，均明定於立法院程序委員會組織規程中。因此，立法院程序委員會組織規程的相關規定，自爲處理議事的準據。

第二節　不成文規範

第一項　大法官解釋

　　依憲法第78條：「司法院解釋憲法，並有統一解釋法律及命令之權。」及其增修條文第5條第4項：「司法院大法官，除依憲法第78條之規定外，並組成憲法法庭審理總統、副總統之彈劾及政黨違憲[14]之解散事項。」之規定，我國解釋憲法及統一解釋法律及命令的機關爲司法院大法官會議。就理論上而言，憲法的解釋旨在維持憲法的最高性與固定性；實際上卻賦予憲法新的內容。又因其爲有權的解釋，就法律所表示的見解，對外可發生一定的效力，而爲立法院議事運作的規範[15]。茲就立法院之性質，立法委員之任期、特權及限制，立

13　參閱Walter J. Oleszek, Congressional Procedures and the Policy Process (Washington, D.C.: Congressional Quarterly Inc., 2nd ed,1984), p.107；引自湯德宗譯：《國會程序與政策過程》，1版，台北：正中書局，民國81年3月，148頁。

14　所謂政黨的違憲，依該條第5項之規定，係指政黨之目的或其行爲，危害中華民國的存在或自由民主之憲政秩序者。

15　依司法院釋字第185號解釋（民國73年1月27日），司法院所爲之解釋，有拘束全國各機關及人民之效力，各機關處理有關事項，應依解釋意旨爲之，違背解釋之判例，當然失其效力。參閱司法院大法官解釋彙編，司法院，初版，民國94年8月，97頁。

法院與其他機關之關係，以及立法院職權之行使，分就相關解釋摘述如下：

一、立法院之性質

(一) 釋字第76號（46年5月3日）

我國憲法係依據孫中山先生之遺教而制定，於國民大會外，並建立五院，與三權分立制度本難比擬。國民大會代表全國國民行使政權，立法院為國家最高立法機關，監察院為國家最高監察機關，均由人民直接間接選舉之代表或委員所組成。其所分別行使之職權，亦為民主國家國會重要之職權。雖其職權行使之方式，如每年定期集會、多數開議、多數決議等，不盡與各民主國家國會相同，但就憲法上之地位及職權之性質而言，應認國民大會、立法院、監察院共同相當於民主國家之國會。

(二) 釋字第325號（82年7月23日）

本院釋字第76號解釋認監察院與其他中央民意機構共同相當於民主國家之國會，於憲法增修條文第15條規定施行後，監察院已非中央民意機構，其地位及職權亦有所變更，上開解釋自不再適用於監察院。惟憲法之五院體制並未改變，原屬於監察院職權中之彈劾、糾舉、糾正權及為行使此等職權，依憲法第95條、第96條具有之調查權，憲法增修條文亦未修改，此項調查權仍應專由監察院行使。立法院為行使憲法所賦予之職權，除依憲法第57條第1款及第67條第2項辦理外，得經院會或委員會之決議，要求有關機關就議案涉及事項，提供參考資料，必要時並得經院會決議調閱文件原本，受要求之機關非依法律規定或其他正當理由不得拒絕。但國家機關獨立行使職權受憲法之保障者，如司法機關審理案件所表示之法律見解、考試機關對於應考人成績之評定、監察委員為糾彈或糾正與否之判斷，以及訴訟案件在裁判確定前就偵查、審判所為之處置及其卷證等，監察院對之行使調查權，本受有限制，基於同一理由，立法院之調閱文件，亦同受限制。

我國憲法上立法院之性質，由於合三權憲法與五權憲法為一體，論者有認為政權機關，亦有認為治權機關，更有主張其難謂為治權機關，亦難以政權機

關視之，而實爲治權機關而兼具政權機關的性質[16]。上述第76號所作「國民大會、立法院、監察院共同相當於民主國家之國會」之解釋，正可提供爲立法院職權運作的基礎。其中監察院部分，因民國82年7月23日釋字第325號的解釋，而不再適用。

二、立法委員（任期、特權、限制）

(一) 釋字第1號（38年1月6日）

　　立法委員依憲法第75條之規定不得兼任官吏，如願就任官吏，即應辭去立法委員，其未經辭職而就任官吏者，亦顯有不繼續任立法委員之意思，應於其就任官吏之時視爲辭職。

(二) 釋字第4號（41年6月20日）

　　聯合國韓國委員會我國副代表既係由政府派充，且定有一年任期，不問其機構爲臨時抑屬常設性質，應認其係憲法第75條所稱之官吏。

(三) 釋字第22號（42年8月4日）

　　立法委員、監察委員，係依法行使憲法所賦予之職權，自屬公職，既依法支領歲費、公費，應認爲有給職。

(四) 釋字第24號（42年9月3日）

　　公營事業機關之董事、監察人及總經理與受有俸給之文武職公務員，均適用公務員服務法之規定，應屬於憲法第103條、第75條所稱公職及官吏範圍之內，監察委員、立法委員均不得兼任。

(五) 釋字第25號（42年9月3日）

　　1. 省銀行之董事及監察人，均爲公營事業機關之服務人員，立法委員、監

16　參閱林紀東：前書，277-278頁。

察委員不得兼任。已見本院釋字第24號解釋。

2. 來文所列第1、第3、第4、第5各點，事屬統一法令解釋問題，既未據說明所持見解與本機關或他機關所已表示之見解有何歧異，核與大法官會議規則第4條之規定不合，礙難解答。

(六) 釋字第30號（43年1月15日）

憲法第75條雖僅限制立法委員不得兼任官吏，但並非謂官吏以外任何職務，即得兼任，仍須視其職務之性質與立法委員職務是否相容。同法第27條規定國民大會複決立法院所提之憲法修正案，並制定辦法行使創制、複決兩權。若立法委員得兼國民大會代表，是以一人而兼具提案與複決兩種性質不相容之職務，且立法委員既行使立法權，復可參與中央法律之創制與複決，亦顯與憲法第25條及第62條規定之精神不符，故立法委員不得兼任國民大會代表。

(七) 釋字第31號（43年1月29日）

憲法第65條規定立法委員之任期為3年，第93條規定監察委員之任期為6年，該項任期本應自其就職之日起至屆滿憲法所定之期限為止。惟值國家發生重大變故，事實上不能依法辦理次屆選舉時，若聽任立法、監察兩院職權之行使陷於停頓，則顯與憲法樹立五院制度之本旨相違。故在第2屆委員未能依法選出集會與召集以前，自應仍由第1屆立法委員監察委員繼續行使其職權。

(八) 釋字第150號（66年9月16日）

動員戡亂時期臨時條款第6項，並無變更憲法所定中央民意代表任期之規定，行政院有關第1屆立法委員遇缺停止遞補之命令，與憲法尚無牴觸。

(九) 釋字第261號（79年6月21日）

民意代表之定期改選，為反映民意，貫徹民主憲政之途徑，而本院釋字第31號解釋、憲法第28條第2項及動員戡亂時期臨時條款第6項第2款、第3款，既無使第1屆中央民意代表無限期繼續行使職權或變更其任期之意，亦未限制次屆中央民意代表之選舉。為適應當前情勢，第1屆未定期改選之中央民意代表

除事實上已不能行使職權或經常不能行使職權者，應即查明解職外，其餘應於中華民國80年12月31日以前終止行使職權，並由中央政府依憲法之精神、本解釋之意旨及有關法規，適時辦理全國性之次屆中央民意代表選舉，以確保憲政體制之運作。

(十) 釋字第331號（82年12月30日）

依中華民國憲法增修條文第4條規定，僑居國外國民及全國不分區之中央民意代表，係按該次選舉政黨得票總數比例方式產生，而非由選舉區之選民逐以投票方式選出，自無從由選舉區之選民以投票方式予以罷免，公職人員選舉罷免法第69條第2項規定：「全國不分區、僑居國外國民選舉之當選人，不適用罷免之規定」，與憲法並無牴觸。惟此種民意代表如喪失其所由選出之政黨黨員資格時，自應喪失其中央民意代表之資格，方符憲法增設此一制度之本旨，其所遺缺額之遞補，應以法律定之。

(十一) 釋字第401號（85年4月26日）

憲法第32條及第73條規定國民大會代表及立法委員言論及表決之免責權，係指國民大會代表在會議時所爲之言論及表決，立法委員在立法院內所爲之言論及表決，不受刑事訴追，亦不負民事賠償責任，除因違反其內部所訂自律之規則而受懲戒外，並不負行政責任之意。又罷免權乃人民參政權之一種，憲法第133條規定被選舉人得由原選舉區依法罷免之。則國民大會代表及立法委員因行使職權所爲言論及表決，自應對其原選舉區之選舉人負政治上責任。從而國民大會代表及立法委員經國內選舉區選出者，其原選舉區選舉人得以國民大會代表及立法委員所爲言論及表決不當爲理由，依法罷免之，不受憲法第32條及第73條規定之限制。

(十二) 釋字第435號（86年8月1日）

憲法第73條規定立法委員在院內所爲之言論及表決，對院外不負責任，旨在保障立法委員受人民付託之職務地位，並避免國家最高立法機關之功能遭致其他國家機關之干擾而受影響。爲確保立法委員行使職權無所瞻顧，此項言論免責權之保障範圍，應作最大程度之界定，舉凡在院會或委員會之發言、質

詢、提案、表決以及與此直接相關之附隨行為，如院內黨團協商、公聽會之發言等均屬應予保障之事項。越此範圍與行使職權無關之行為，諸如蓄意之肢體動作等，顯然不符意見表達之適當情節致侵害他人法益者，自不在憲法上開條文保障之列。至於具體個案中，立法委員之行為是否已逾越保障之範圍，於維持議事運作之限度內，固應尊重議會自律之原則，惟司法機關為維護社會秩序及被害人權益，於必要時亦非不得依法行使偵審之權限。

就上述解釋，分述立法委員的任期、特權及限制如下：

1. 任期

依憲法第65條之規定，立法委員的任期為3年，連選得連任，其選舉於每屆任滿前3個月內完成之。因此，第1屆立法委員應於民國40年5月7日任期屆滿。惟值國家發生重大事故，事實上不能依法辦理次屆選舉，乃經第31號解釋，在第2屆立法委員未能依法選出集會與召集以前，仍繼續行使其職權。至於遇有缺額，依第150號之解釋，行政院可命其停止遞補。復為適應當前情勢，依第261號解釋，第1屆未定期改選的立法委員，除事實上已不能行使職權或經常不能行使職權者，應即查明解職外，其餘均於民國80年12月31日以前終止行使職權。

2. 特權

依憲法第73條及第74條之規定，立法委員在院內所為的言論及表決，對院外不負責任；除現行犯外，非經立法院許可，不得逮捕或拘禁[17]。上述規定，旨在保障立法委員之言論免責權及不受逮捕權等特權。其中言論免責權，經第401號解釋，明確闡明立法委員所為言論及表決不負民刑事責任，但仍須負政治上責任，原選舉區選舉人得以立法委員所為言論及表決不當為理由，依法罷免之。惟依釋字第331號的解釋，僑居國外國民及全國不分區之立法委員，則不適用前述罷免的規定。但如喪失其所由選出之政黨黨員資格時，則喪失立法委員的資格。至於言論免責權之保障範圍，則依第435號解釋，作最大程度的界定，舉凡在院會或委員會之發言、質詢、提案、表決以及與此直接相關之附隨行為，如院內黨團協商、公聽會之發言等均屬應予保障的事項。

---

17 依憲法第74條規定，立法委員之不受逮捕權，及於非會期時段而為全年享有；惟自民國86年7月21日憲法增修條文公布後，該特權有所限縮，依第4條第6項（現為第8項）之規定，立法委員的不受逮捕特權，僅限於「會期中」。

3. 限制

依憲法第75條之規定，立法委員不得兼任官吏，一旦就任官吏，即應辭去立法委員職務。依第1號解釋，更明示立法委員未經辭職而就任官吏者，應於其就任官吏之時，視爲辭職。至於官吏，則依第4號、第24號及第25號之解釋，指經政府任命的一切文武官員，包括派駐聯合國工作人員、公營事業機關之董事、監察人及總經理，以及省銀行之董事及監察人。此外，更依第30號的解釋，說明憲法第75條雖僅限制立法委員不得兼任官吏，但並非謂官吏以外之任何職務即得兼任，仍須視其職務之性質與立法委員職務是否相容。由於國民大會代表與立法委員之不相容，乃予以解釋立法委員不得兼任。

三、立法院與他院之關係

(一) 釋字第387號（84年10月13日）

行政院設院長、副院長各1人，各部會首長若干人，及不管部會之政務委員若干人；行政院院長由總統提名，經立法院同意任命之；行政院副院長、各部會首長及不管部會之政務委員，由行政院院長提請總統任命之。憲法第54條、第55條第1項、第56條定有明文。行政院對立法院負責，憲法第57條亦規定甚詳。行政院院長既須經立法院同意而任命之，且對立法院負政治責任，基於民意政治與責任政治之原理，立法委員任期屆滿改選後第1次集會前，行政院院長自應向總統提出辭職。行政院副院長、各部會首長及不管部會之政務委員係由行政院院長提請總統任命，且係出席行政院會議成員，參與行政決策，亦應隨同行政院院長一併提出辭職。

(二) 釋字第419號（85年12月31日）

1. 副總統得否兼任行政院院長，憲法並無明文規定，副總統與行政院院長二者職務性質亦非顯不相容，惟此項兼任如遇總統缺位或不能視事時，將影響憲法所規定繼任或代行職權之設計，與憲法設置副總統及行政院院長職位分由不同之人擔任之本旨未盡相符。引發本件解釋之事實，應依上開解釋意旨爲適當之處理。

2. 行政院院長於新任總統就職時提出總辭，係基於尊重國家元首所爲之禮

貌性辭職，並非其憲法上之義務。對於行政院院長非憲法上義務之辭職應如何處理，乃總統之裁量權限，爲學理上所稱統治行爲之一種，非本院應作合憲性審查之事項。

3. 依憲法之規定，向立法院負責者爲行政院，立法院除憲法所規定之事項外，並無決議要求總統爲一定行爲或不爲一定行爲之權限。故立法院於中華民國85年6月11日所爲「咨請總統儘速重新提名行政院院長，並咨請立法院同意」之決議，逾越憲法所定立法院之職權，僅屬建議性質，對總統並無憲法上之拘束力。

(三) 釋字第461號（87年7月24日）

中華民國86年7月21日公布施行之憲法增修條文第3條第2項第1款規定行政院有向立法院提出施政方針及施政報告之責，立法委員在開會時，有向行政院院長及行政院各部會首長質詢之權，此爲憲法基於民意政治及責任政治之原理所爲制度性之設計。國防部主管全國國防事務，立法委員就行政院提出施政方針及施政報告關於國防事務方面，自得向行政院院長及國防部部長質詢之。至參謀總長在行政系統爲國防部部長之幕僚長，直接對國防部部長負責，自非憲法規定之部會首長，無上開條文之適用。

立法院爲國家最高立法機關，有議決法律、預算等議案及國家重要事項之權。立法院爲行使憲法所賦予上開職權，得依憲法第67條規定，設各種委員會，邀請政府人員及社會上有關係人員到會備詢。鑑諸行政院應依憲法規定對立法院負責，故凡行政院各部會首長及其所屬公務員，除依法獨立行使職權，不受外部干涉之人員外，於立法院各種委員會依憲法第67條第2項規定邀請到會備詢時，有應邀說明之義務。參謀總長爲國防部部長之幕僚長，負責國防之重要事項，包括預算之擬編及執行，與立法院之權限密切相關，自屬憲法第67條第2項所指政府人員，除非因執行關係國家安全之軍事業務而有正當理由外，不得拒絕應邀到會備詢，惟詢問內容涉及重要國防機密事項者，免予答覆。至司法、考試、監察三院院長，本於五院間相互尊重之立場，並依循憲政慣例，得不受邀請備詢。三院所屬非獨立行使職權而負行政職務之人員，於其提出之法律案及有關預算案涉及之事項，亦有上開憲法規定之適用。

就上述解釋，立法院與其他憲政機關確立下列關係：

1. 立法院、行政院與總統之關係

　　基於民意政治與責任政治原理，立法委員任期屆滿改選後第1次集會前，行政院院長自應向總統提出辭職；行政院副院長、各部會首長及不管部會之政務委員係由行政院院長提請總統任命，亦應隨同行政院院長一併提出辭職。至於新任總統就職時，行政院院長須否提出總辭，則非憲法上的義務，乃總統之裁量權限，而為統治行為的一種。

2. 立法院與他院關係

　　(1) 立法委員提案要求議決國家其他重要事項，如逾越憲法所定立法院之職權，僅屬建議性質，對於他院並無拘束力。但憲法所定屬於立法院職權的事項，亦依法定議事程序作出各種決議，則按其性質有拘束全國人民或有關機關之效力[18]。

　　(2) 立法委員有向行政院院長及各部會首長質詢之權，乃憲法所明定。至於非憲法規定之部會首長，則無上述規定的適用。因此，依第461號解釋，立法院不得對參謀總長質詢之權；惟依憲法第67條規定，行政院各部會首長及其所屬公務員，除依法獨立行使職權，不受外部干涉之人員外，於立法院各種委員會邀請到會備詢時，有應邀說明的義務。依上述解釋，參謀總長既為憲法第67條第2項所指政府人員，除非因執行關係國家安全之軍事業務而有正當理由外，不得拒絕應邀到會備詢。又司法、考試、監察三院院長，本於五院間相互尊重之立場，並依循憲政慣例，得不受邀請備詢，但三院所屬非獨立行使職權而負行政職務之人員，於其提出之法律案及有關預算案涉及的事項，不得拒絕應邀到會備詢。

四、立法院職權之行使

(一) 法案提案權

1. 釋字第3號（41年5月21日）

　　監察院關於所掌事項是否得向立法院提出法律案，憲法無明文規定。考試院關於所掌事項，依憲法第87條既得向立法院提出法律案，基於五權分治、平

18　參閱司法院釋字第419號解釋理由書，同註15，405頁。

等相維之體制，參以該條及第71條之制訂經過，監察院關於所掌事項得向立法院提出法律案，實與憲法之精神相符。

2. 釋字第175號（71年5月25日）

司法院為國家最高司法機關，基於五權分治、彼此相維之憲政體制，就其所掌有關司法機關之組織及司法權行使之事項，得向立法院提出法律案。

我國中央體制，採行五院分立，各院本憲法所賦予的職權，各於所掌範圍內，為國家最高機關。因此，各院可否基於本身職務的需要，向立法院提案？依憲法第58條第2項及第87條之規定，行政院及考試院得向立法院提出法律案。至於監察院及司法院可否向立法院提出法律案，憲法並無明文規定，乃經上述第3號及第175號解釋，分就其所掌事項，得向立法院提出法律案。

(二) 預算審議權

1. 釋字第264號（79年7月27日）

憲法第70條規定：「立法院對於行政院所提預算案，不得為增加支出之提議」，旨在防止政府預算膨脹，致增人民之負擔。立法院第84會期第26次會議決議：「請行政院在本（79）年度再加發半個月公教人員年終工作獎金，以激勵士氣，其預算再行追加」，係就預算案為增加支出之提議，與上述憲法規定牴觸，自不生效力。

2. 釋字第391號（84年12月8日）

立法院依憲法第63條之規定有審議預算案之權，立法委員於審議中央政府總預算案時，應受憲法第70條：「立法院對於行政院所提預算案，不得為增加支出之提議」之限制及本院相關解釋之拘束，雖得為合理之刪減，惟基於預算案與法律案性質不同[19]，尚不得比照審議法律案之方式逐條逐句增刪修改，而

---

19 依該號解釋，法律案與預算案有以下3點不同：(1)法律案無論關係院或立法委員皆有提案權，預算案則祇許行政院提出；(2)法律案之提出及審議並無時程的限制，預算案則因關係政府整體年度的收支，須在一定期間內完成立法程序，故提案及審議皆有其時限；(3)法律案係對不特定人之權利義務關係所作之抽象規定，並可無限制的反覆產生其規範效力，而預算案係以具體數字記載政府機關維持其正常運作及執行各項施政計畫所需之經費，每1年度實施1次即失其效力，兩者規定之內容、拘束之對象及持續性完全不同。法律案與預算案雖有上述之不同，但預算案經立法院通過及公布手續為法定預算，仍為措施性法律。因此，大法官於民國90年1月15日所作第520號解釋理由書中，更明確指出第391號解釋係針對預算案之審議方式作成解釋，雖曾論列預算案與法律案性質之不同，並未否定法定預算的拘束力，僅闡明立法機關通過之預算案拘束對象非一般人民而為國家機關。

對各機關所編列預算之數額，在款項目節間移動增減並追加或削減原預算之項目。蓋就被移動增加或追加原預算之項目言，要難謂非上開憲法所指增加支出提議之一種，復涉及施政計畫內容之變動與調整，易導致政策成敗無所歸屬，責任政治難以建立，有違行政權與立法權分立，各本所司之制衡原理，應為憲法所不許。

3. 釋字第463號（87年9月11日）

憲法第164條明確規範中央及地方之教育科學文化之預算，須達預算總額之一定比例，以確保國家及各地方自治團體對於人民之教育、科學與文化生活得有穩定而必要的公共支出，此係憲法重視教育科學文化發展所設之規定。本條所謂「預算總額」，並不包括追加預算及特別預算在內，業經本院釋字第77號及第231號解釋在案。政府就未來1年間之計畫所預期之收入及支出編列預算，以使國家機關正常運作，並規範國家之財政，原則上應制定單一之預算。惟為因應特殊緊急情況，有預算法第75條各款規定之情形時，行政院得於年度總預算外另提出特別預算，其審議依預算法第76條為之。至憲法第164條所稱教育科學文化經費之具體內容如何、平衡省市預算基金等項目，是否應計入預算總額發生之爭論，中華民國86年7月21日修正公布之憲法增修條文第10條第8項既規定：「教育、科學、文化之經費，尤其國民教育之經費應優先編列，不受憲法第164條規定之限制。」有關該等預算之數額、所佔比例、編列方式、歸屬範圍等問題，自應由立法者本其政治責任而為決定。是以與憲法第164條之所謂「預算總額」及教育、科學、文化等經費所佔中央、地方預算之比例等相關問題，已無再行解釋之必要。

4. 釋字第498號（88年12月31日）

地方自治為憲法所保障之制度。基於住民自治之理念與垂直分權之功能，地方自治團體設有地方行政機關及立法機關，其首長與民意代表均由自治區域內之人民依法選舉產生，分別綜理地方自治團體之地方事務，或行使地方立法機關之職權，地方行政機關與地方立法機關間依法並有權責制衡之關係。中央政府或其他上級政府對地方自治團體辦理自治事項、委辦事項，依法僅得按事項之性質，為適法或適當與否之監督。地方自治團體在憲法及法律保障之範圍內，享有自主與獨立之地位，國家機關自應予以尊重。立法院所設各種委員會，依憲法第67條第2項規定，雖得邀請地方自治團體行政機關有關人員到會

備詢，但基於地方自治團體具有自主、獨立之地位，以及中央與地方各設有立法機關之層級體制，地方自治團體行政機關公務員，除法律明定應到會備詢者外，得衡酌到會說明之必要性，決定是否到會。於此情形，地方自治團體行政機關之公務員未到會備詢時，立法院不得因此據以為刪減或擱置中央機關對地方自治團體補助款預算之理由，以確保地方自治之有效運作，及符合憲法所定中央與地方權限劃分之均權原則。

5. 釋字第520號解釋（90年1月15日）

預算案經立法院通過及公布手續為法定預算，其形式上與法律相當，因其內容、規範對象及審議方式與一般法律案不同，本院釋字第391號解釋曾引學術名詞稱之為措施性法律。主管機關依職權停止法定預算中部分支出項目之執行，是否當然構成違憲或違法，應分別情況而定。諸如維持法定機關正常運作及其執行法定職務之經費，倘停止執行致影響機關存續者，即非法之所許；若非屬國家重要政策之變更且符合預算法所定要件，主管機關依其合義務之裁量，自得裁減經費或變動執行。至於因施政方針或重要政策變更涉及法定預算之停止執行時，則應本行政院對立法院負責之憲法意旨暨尊重立法院對國家重要事項之參與決策權，依照憲法增修條文第3條及立法院職權行使法第17條規定，由行政院院長或有關部會首長適時向立法院提出報告並備質詢。本件經行政院會議決議停止執行之法定預算項目，基於其對儲備能源、環境生態、產業關連之影響，並考量歷次決策過程以及一旦停止執行善後處理之複雜性，自屬國家重要政策之變更，仍須盡速補行上開程序。其由行政院提議為上述報告者，立法院有聽取之義務。行政院提出前述報告後，其政策變更若獲得多數立法委員之支持，先前停止相關預算之執行，即可貫徹實施。倘立法院作成反對或其他決議，則應視決議之內容，由各有關機關依本解釋意旨，協商解決方案或根據憲法現有機制選擇適當途徑解決僵局，併此指明。

6. 釋字第601號解釋（94年7月22日）

司法院大法官由總統提名，經立法院同意後任命，為憲法第80條規定之法官，本院釋字第392號、第396號、第530號、第585號等解釋足資參照。為貫徹憲法第80條規定「法官須超出黨派以外，依據法律獨立審判，不受任何干涉」之意旨，大法官無論其就任前職務為何，在任期中均應受憲法第81條關於法官「非受刑事或懲戒處分，或禁治產之宣告，不得免職。非依法律，不得停職、

轉任或減俸」規定之保障。法官與國家之職務關係，因受憲法直接規範與特別保障，故與政務人員或一般公務人員與國家之職務關係不同。

憲法第81條關於法官非依法律不得減俸之規定，依法官審判獨立應予保障之憲法意旨，係指法官除有懲戒事由始得以憲法第170條規定之法律予以減俸外，各憲法機關不得以任何其他理由或方式，就法官之俸給，予以刪減。司法院大法官之俸給，依中華民國38年1月17日公布之總統副總統及特任人員月俸公費支給暫行條例第2條規定及司法院組織法第5條第4項前段、司法人員人事條例第40條第3項、第38條第2項之規定以觀，係由本俸、公費及司法人員專業加給所構成，均屬依法支領之法定經費。立法院審議94年度中央政府總預算案時，刪除司法院大法官支領司法人員專業加給之預算，使大法官既有之俸給因而減少，與憲法第81條規定之上開意旨，尚有未符。司法院院長、副院長，依憲法增修條文第5條第1項規定，係由大法官並任，其應領取司法人員專業加給，而不得由立法院於預算案審議中刪除該部分預算，與大法官相同；至司法院秘書長職司者為司法行政職務，其得否支領司法人員專業加給，自應依司法人員人事條例第39條等相關法令個案辦理，併予指明。

綜合上述解釋，立法院於審議預算案時，須受如下規範：

1. 立法院依憲法第63條之規定，有議決預算案之權；惟應受同法第70條規定之限制，不得為增加支出之提議。如有牴觸，即不生效力。因此，對於立法委員提案要求再行追加預算所作的決議，依第264號之解釋，認為屬於增加預算之支出而不生效力。

2. 各機關所編列預算之數額，立法委員審議時，如在款目節間移動增減並削減原預算的項目，依第391號之解釋，亦認為係屬增加支出提議之一種而不得為之。

3. 依第463號之解釋，除再予闡述預算總額不包括追加預算及特別預算外，更明示為因應特殊緊急情況，而有預算法第75條（現行法第83條）各款情形之一時，其審議依預算法第76條（現行法第84條）為之。另於解釋理由書中說明立法院審議特別預算時，如認為不符法定條件者，自得決議刪除或要求行政院重新編製[20]。

---

20 參閱該號解釋理由書，同註15，492頁。

　　4. 為確保地方自治之有效運作及符合憲法所定中央與地方權限劃分之均權原則，依第498號之解釋，立法院不得以地方自治團體行政機關的公務員未到會備詢為由，而刪減或擱置中央機關對地方自治團體的補助款預算。

　　5. 預算案經立法院通過及公布手續為法定預算，其形式上與法律相當，因其內容、規範對象及審議方式與一般法律案不同，而稱之為措施性法律。主管機關依職權停止法定預算中部分支出項目之執行，是否當然構成違憲或違法，應分別情況而定。如為維持法定機關正常運作及其執行法定職務的經費，倘停止執行致影響機關存續者，即非法之所許；若非屬國家重要政策之變更且符合預算法所定要件，主管機關依其合義務之裁量，自得裁減經費或變動執行。至於因施政方針或重要政策變更涉及法定預算之停止執行時，則應本行政院對立法院負責之憲法意旨暨尊重立法院對國家重要事項的參與決策權，依照憲法增修條文第3條及立法院職權行使法第17條規定，由行政院院長或有關部會首長適時向立法院提出報告並備質詢。行政院提議為上述報告者[21]，立法院有聽取之義務。行政院提出前述報告後，其政策變更若獲得多數立法委員之支持，先前停止相關預算之執行，即可貫徹實施。倘立法院作成反對或其他決議，因此一決議係屬對政策變更之異議，實具有確認法定預算效力之作用，應視其決議的內容，由各有關機關選擇適當途徑解決僵局[22]。

　　6. 司法院院長、副院長及大法官所領取的司法人員專業加給，依第601號之解釋，立法院不得於預算案審議中刪除該部分預算；至於司法院秘書長職司者為司法行政職務，其得否支領司法人員專業加給，自應依司法人員人事條例第39條等相關法令個案辦理。

21　依立法院職權行使法第17條之規定，如有重要事項發生或行政院施政方針變更時，行政院院長或有關部會首長應向立法院院會提出報告並備質詢；上述情事發生時，經立法委員提議，15人以上連署或附議，經院會議決，亦得邀請行政院院長或有關部會首長向立法院院會報告，並備質詢。

22　依該號解釋理由書所示適當途徑，包括：(一)行政院同意接受立法院多數意見繼續執行法定預算；(二)行政院與立法院朝野黨團協商達成解決方案；(三)行政院與立法院不能協商達成解決方案，各有關機關應循憲法現有機制為適當的處理。其中包括：(1)行政院院長以重要政策或施政方針未獲立法院支持，其施政欠缺民主正當性又無從實現總統之付託，自行辭職以示負責；(2)立法院依憲法增修條文第3條第2項第3款對行政院院長提出不信任案，使其去職；(3)立法院通過興建電廠之相關法案。此種法律內容縱然包括對具體個案而制定之條款，亦屬特殊類型法律之一種，即所謂個別性法律，並非憲法所不許。

(三) 立法調查權

1. 釋字第325號（82年7月23日）

　　本院釋字第76號解釋認監察院與其他中央民意機構共同相當於民主國家之國會，於憲法增修條文第15條規定施行後，監察院已非中央民意機構，其地位及職權亦有所變更，上開解釋自不再適用於監察院。惟憲法之五院體制並未改變，原屬於監察院職權中之彈劾、糾舉、糾正權及為行使此等職權，依憲法第95條、第96條具有之調查權，憲法增修條文亦未修改，此項調查權仍應專由監察院行使。立法院為行使憲法所賦予之職權，除依憲法第57條第1款及第67條第2項辦理外，得經院會或委員會之決議，要求有關機關就議案涉及事項，提供參考資料，必要時並得經院會決議調閱文件原本，受要求之機關非依法律規定或其他正當理由不得拒絕。但國家機關獨立行使職權受憲法之保障者，如司法機關審理案件所表示之法律見解、考試機關對於應考人成績之評定、監察委員為糾彈或糾正與否之判斷，以及訴訟案件在裁判確定前就偵查、審判所為之處置及其卷證等，監察院對之行使調查權，本受有限制，基於同一理由，立法院之調閱文件，亦同受限制。

2. 釋字第585號（93年12月15日）

　　立法院為有效行使憲法所賦予之立法職權，本其固有之權能自得享有一定之調查權，主動獲取行使職權所需之相關資訊，俾能充分思辯，審慎決定，以善盡民意機關之職責，發揮權力分立與制衡之機能。立法院調查權乃立法院行使其憲法職權所必要之輔助性權力，基於權力分立與制衡原則，立法院調查權所得調查之對象或事項，並非毫無限制。除所欲調查之事項必須與其行使憲法所賦予之職權有重大關聯者外，凡國家機關獨立行使職權受憲法之保障者，即非立法院所得調查之事物範圍。又如行政首長依其行政權固有之權能，對於可能影響或干預行政部門有效運作之資訊，均有決定不予公開之權力，乃屬行政權本質所具有之行政特權。立法院行使調查權如涉及此類事項，即應予以適當之尊重。如於具體案件，就所調查事項是否屬於國家機關獨立行使職權或行政特權之範疇，或就屬於行政特權之資訊應否接受調查或公開而有爭執時，立法院與其他國家機關宜循合理之途徑協商解決，或以法律明定相關要件與程序，由司法機關審理解決之。

立法院調查權行使之方式，並不以要求有關機關就立法院行使職權所涉及事項提供參考資料或向有關機關調閱文件原本之文件調閱權為限，必要時並得經院會決議，要求與調查事項相關之人民或政府人員，陳述證言或表示意見，並得對違反協助調查義務者，於科處罰鍰之範圍內，施以合理之強制手段，本院釋字第325號解釋應予補充。惟其程序，如調查權之發動及行使調查權之組織、個案調查事項之範圍、各項調查方法所應遵守之程序與司法救濟程序等，應以法律為適當之規範。於特殊例外情形，就特定事項之調查有委任非立法委員之人士協助調查之必要時，則須制定特別法，就委任之目的、委任調查之範圍、受委任人之資格、選任、任期等人事組織事項、特別調查權限、方法與程序等妥為詳細之規定，並藉以為監督之基礎。各該法律規定之組織及議事程序，必須符合民主原則。其個案調查事項之範圍，不能違反權力分立與制衡原則，亦不得侵害其他憲法機關之權力核心範圍，或對其他憲法機關權力之行使造成實質妨礙。如就各項調查方法所規定之程序，有涉及限制人民權利者，必須符合憲法上比例原則、法律明確性原則及正當法律程序之要求。（該號就中華民國93年9月24日公布施行之「319槍擊事件真相調查特別委員會條例」（以下稱真調會條例），有關319槍擊事件真相調查特別委員會（以下稱真調會）之組織、職權範圍、行使調查權之方法、程序與強制手段等相關規定，是否符合上開憲法意旨解釋部分容不列入）。

3. 釋字第729號（104年5月1日）

檢察機關代表國家進行犯罪之偵查與追訴，基於權力分立與制衡原則，且為保障檢察機關獨立行使職權，對於偵查中之案件，立法院自不得向其調閱相關卷證。立法院向檢察機關調閱已偵查終結而不起訴處分確定或未經起訴而以其他方式結案之案件卷證，須基於目的與範圍均屬明確之特定議案，並與其行使憲法上職權有重大關聯，且非屬法律所禁止者為限。如因調閱而有妨害另案偵查之虞，檢察機關得延至該另案偵查終結後，再行提供調閱之卷證資料。其調閱偵查卷證之文件原本或與原本內容相同之影本者，應經立法院院會決議；要求提供參考資料者，由院會或其委員會決議為之。因調閱卷證而知悉之資訊，其使用應限於行使憲法上職權所必要，並注意維護關係人之權益（如名譽、隱私、營業秘密等）。本院釋字第325號解釋應予補充。

我國憲法賦予監察院調查權，但對於立法院之立法調查權，卻無類似監

察院調查權之規定。在第2屆國民大會修憲時，雖將監察院改爲準司法機關，亦未將國會調查權轉移於民意機關之立法院。依上述第325號的解釋，立法院得經院會或委員會之決議，要求有關機關就議案涉及事項提供參考資料，必要時並得經院會決議調閱文件原本，而具有文件調閱權。嗣經第585號的解釋，立法院並不以要求有關機關就立法院行使職權所涉及事項提供參考資料或向有關機關調閱文件原本之文件調閱權爲限，必要時並得經院會決議，要求與調查事項相關之人民或政府人員，陳述證言或表示意見，並得對違反協助調查義務者，於科處罰鍰之範圍內，施以合理之強制手段，而具有完整的立法調查權。但立法院行使調查權之程序，如調查權之發動及行使調查權之組織、個案調查事項之範圍、各項調查方法所應遵守之程序與司法救濟程序等，應以法律爲適當的規範；於特殊例外情形，就特定事項之調查有委任非立法委員之人士協助調查之必要時，則須制定特別法，就委任之目的、委任調查之範圍、受委任人之資格、選任、任期等人事組織事項、特別調查權限、方法與程序等妥爲詳細的規定，並藉以爲監督的基礎。另按司法院釋字第729號解釋，立法院可調閱偵查文件，但須在案件偵查終結後，且需經院會決議，始能調閱。

(四) 條約審議權

1. 釋字第329號（82年12月24日）

憲法所稱之條約係指中華民國與其他國家或國際組織所締結之國際書面協定，包括用條約或公約之名稱，或用協定等名稱而其內容直接涉及國家重要事項或人民之權利義務且具有法律上效力者而言。其中名稱爲條約或公約或用協定等名稱而附有批准條款者，當然應送立法院審議，其餘國際書面協定，除經法律授權或事先經立法院同意簽訂，或其內容與國內法律相同者外，亦應送立法院審議。

我國憲法所稱之「條約」，究係指名爲Treaty，或泛指不同名稱之國際協定。由於學說紛紜，未有定論，以致引發何種條約應送請立法院審議之爭議。依上述第329號之解釋，明指中華民國與其他國家或國際組織所締結之國際書面協定，包括用條約或公約之名稱，或用協定等名稱而其內容直接涉及國家重要事項或人民之權利義務且具有法律上效力者，均屬條約。而條約案之範圍，大抵有下列3項：(一)名稱爲條約或公約者，(二)以協定等爲名稱而附有批准條

款者及(三)上述以外之國際書面協定,而內容直接涉及國防、外交、財政及經濟等國家重要事項或人民之權利義務且具有法律效力者。但如經法律授權或事先經立法院同意簽訂或其內容與國內法律相同者部分,則不為條約案範圍。因此,上述條約案,均須送立法院審議。

(五) 緊急命令追認權

1. 釋字第543號 (91年5月3日)

憲法增修條文第2條第3項規定:「總統為避免國家或人民遭遇緊急危難或應付財政經濟上重大變故,得經行政院會議之決議發布緊急命令,為必要之處置,不受憲法第43條之限制。但須於發布命令後10日內提交立法院追認,如立法院不同意時,該緊急命令立即失效。」由此可知,緊急命令係總統為應付緊急危難或重大變故,直接依憲法授權所發布,具有暫時替代或變更法律效力之命令,其內容應力求周延,以不得再授權為補充規定即可逕予執行為原則。若因事起倉促,一時之間不能就相關細節性、技術性事項鉅細靡遺悉加規範,而有待執行機關以命令補充,方能有效達成緊急命令之目的者,則應於緊急命令中明文規定其意旨,於立法院完成追認程序後,再行發布。此種補充規定應依行政命令之審查程序送交立法院審查,以符憲政秩序。又補充規定應隨緊急命令有效期限屆滿而失其效力,乃屬當然。

緊急命令的本質,乃一應變的制度,故須迅赴事功;倘一時無法就相關細節性、技術性事項鉅細靡遺地加以規範,而須由執行機關另以命令補充時,依上述解釋,該補充規定應依行政命令之審查程序送交立法院審查,以符憲政秩序。且該補充規定應隨緊急命令有效期限屆滿而失其效力。此外,另於解釋理由書中闡述,立法院就緊急命令行使追認權,僅得就其當否為決議,不得逕予變更其內容,如認部分內容雖有不當,然其餘部分對於緊急命令之整體應變措施尚無影響而有必要之情形時,得為部分追認[23]。

---

23 參閱解釋理由書,同註15,669-670頁。

(六) 同意權之行使

1. 釋字第541號（91年4月4日）

中華民國89年4月25日修正公布之憲法增修條文第5條第1項前段規定，司法院設大法官15人，並以其中1人爲院長、1人爲副院長，由總統提名，經立法院同意任命之，自中華民國92年起實施，不適用憲法第79條之規定。關於司法院第6屆大法官於92年任期屆滿前，大法官及司法院院長、副院長出缺時，其任命之程序，現行憲法增修條文未設規定。惟司法院院長、副院長及大法官係憲法所設置，並賦予一定之職權，乃憲政體制之一環，爲維護其機制之完整，其任命程序如何，自不能無所依循。

司法院院長、副院長及大法官由總統提名，經民意機關同意後任命之，係憲法及其增修條文之一貫意旨，亦爲民意政治基本理念之所在。現行憲法增修條文既已將司法、考試、監察三院人事之任命程序改由總統提名，經立法院同意任命，基於憲法及其歷次增修條文之一貫意旨與其規範整體性之考量，人事同意權制度設計之民意政治原理，司法院第6屆大法官於92年任期屆滿前，大法官及司法院院長、副院長出缺時，其任命之程序，應由總統提名，經立法院同意任命之。

2. 釋字第632號（96年8月15日）

「監察院爲國家最高監察機關，行使彈劾、糾舉及審計權」，「監察院設監察委員29人，並以其中1人爲院長、1人爲副院長，任期6年，由總統提名，經立法院同意任命之」，爲憲法增修條文第7條第1項、第2項所明定。是監察院係憲法所設置並賦予特定職權之國家憲法機關，爲維繫國家整體憲政體制正常運行不可或缺之一環，其院長、副院長與監察委員皆係憲法保留之法定職位，故確保監察院實質存續與正常運行，應屬所有憲法機關無可旁貸之職責。爲使監察院之職權得以不間斷行使，總統於當屆監察院院長、副院長及監察委員任期屆滿前，應適時提名繼任人選咨請立法院同意，立法院亦應適時行使同意權，以維繫監察院之正常運行。總統如消極不爲提名，或立法院消極不行使同意權，致監察院無從行使職權、發揮功能，國家憲政制度之完整因而遭受破壞，自爲憲法所不許。引發本件解釋之疑義，應依上開解釋意旨爲適當之處理。

　　自民國92年起，始由立法院行使司法院大法官（並由其中1人為院長、1人為副院長）人事同意權，乃民國89年4月25日修正公布之憲法增修條文第5條所明定。至於司法院第6屆大法官於92年任期屆滿前出缺時，其任命之程序為何？該條文則未予明定。大法官基於同意權須由具有民意基礎之民意機關行使，始符民主政治之基本理念[24]，乃作釋字第541號解釋。在民國92年任期屆滿前，大法官及司法院院長、副院長出缺時，可由總統提名，經立法院同意任命之。又立法院得以行使監察委員人事同意權，亦民國89年4月25日修正公布之憲法增修條文第7條所明定。倘立法院對該院遲未行使其人事同意權，是否違憲問題？經由釋字第632號解釋，立法院若消極不行使同意權，致監察院無從行使職權、發揮功能，國家憲政制度之完整因而遭受破壞，自為憲法所不許，應為適當之處理。

(七)不信任案之處理

1.釋字第735號（105年2月4日）

　　中華民國憲法增修條文第3條第2項第3款規定：「行政院依左列規定，對立法院負責，……三、立法院得經全體立法委員1/3以上連署，對行政院院長提出不信任案。不信任案提出72小時後，應於48小時內以記名投票表決之。……」旨在規範不信任案應於上開規定之時限內，完成記名投票表決，避免懸宕影響政局安定，未限制不信任案須於立法院常會提出。憲法第69條規定：「立法院遇有左列情事之一時，得開臨時會：一、總統之咨請。二、立法委員1/4以上之請求。」僅規範立法院臨時會召開之程序，未限制臨時會得審議之事項。是立法院於臨時會中審議不信任案，非憲法所不許。立法院組織法第6條第1項規定：「立法院臨時會，依憲法第69條規定行之，並以決議召集臨時會之特定事項為限。」與上開憲法規定意旨不符部分，應不再適用。如於立法院休會期間提出不信任案，立法院應即召開臨時會審議之。

　　依立法院組織法第6條第1項之規定，臨時會討論事項之範圍，以決議召集臨時會之特定事項為限；惟不信任案制度係為建立政黨黨紀，化解政治僵局，落實責任政治，並具穩定政治之正面作用。為避免懸宕影響政局安定，盡速處

24　參閱該號解釋理由書，同註15，665頁。

理不信任案之憲法要求，立法院於臨時會審議不信任案，非憲法所不許[25]。不信任案之提出與處理，爰不受前項規定之限制。

(八) 命令監督權

1. 釋字第313號（82年2月12日）

對人民違反行政法上義務之行為科處罰鍰，涉及人民權利之限制，其處罰之構成要件及數額，應由法律定之。若法律就其構成要件，授權以命令為補充規定者，授權之內容及範圍應具體明確，然後據以發布命令，始符憲法第23條以法律限制人民權利之意旨。民用航空運輸業管理規則雖係依據民用航空法第92條而訂定，惟其中因違反該規則第29條第1項規定，而依同規則第46條適用民用航空法第87條第7款規定處罰部分，法律授權之依據，有欠明確，與前述意旨不符，應自本解釋公布日起，至遲於屆滿1年時，失其效力。

2. 釋字第390號（84年11月10日）

對於人民設立工廠而有違反行政法上義務之行為，予以停工或勒令歇業之處分，涉及人民權利之限制，依憲法第23條及中央法規標準法第5條第2款規定，應以法律定之；若法律授權以命令為補充規定者，授權之目的、內容及範圍，應具體明確，始得據以發布命令。工廠設立登記規則第19條第1項規定：「工廠不依照本規則之規定申請設立登記，或不依照核定登記事項經營，或違反其他工廠法令者，得由省（市）建設廳（局）予以局部或全部停工或勒令歇業之處分」，涉及人民權利之限制，欠缺法律授權之依據，與前述意旨不符，應自本解釋公布之日起，至遲於屆滿1年時失其效力。

3. 釋字第394號（85年1月5日）

建築法第15條第2項規定：「營造業之管理規則，由內政部定之」，概括授權訂定營造業管理規則。此項授權條款雖未就授權之內容與範圍為明確之規定，惟依法律整體解釋，應可推知立法者有意授權主管機關，就營造業登記之要件、營造業及其從業人員之行為準則、主管機關之考核管理等事項，依其行政專業之考量，訂定法規命令，以資規範。至於對營造業者所為裁罰性之行政處分，固與上開事項有關，但究涉及人民權利之限制，其處罰之構成要件與法

25　參閱該號解釋理由書，總統府公報，台北，第7239號，民國105年4月6日，附錄2-3頁。

律效果，應由法律定之；法律若授權行政機關訂定法規命令予以規範，亦須爲具體明確之規定，始符憲法第23條法律保留原則之意旨。營造業管理規則第31條第1項第9款，關於「連續3年內違反本規則或建築法規規定達3次以上者，由省（市）主管機關報請中央主管機關核准後撤銷其登記證書，並刊登公報」之規定部分，及內政部中華民國74年12月17日（74）台內營字第357429號關於「營造業依營造業管理規則所置之主（專）任技師，因出國或其他原因不能執行職務，超過1個月，其狀況已消失者，應予警告處分」之函釋，未經法律具體明確授權，而逕行訂定對營造業者裁罰性行政處分之構成要件及法律效果，與憲法保障人民權利之意旨不符，自本解釋公布之日起，應停止適用。

4. 釋字第402號（85年5月10日）

對人民違反行政法上義務之行爲予以裁罰性之行政處分，涉及人民權利之限制，其處分之構成要件與法律效果，應由法律定之，法律雖得授權以命令爲補充規定，惟授權之目的、範圍及內容必須具體明確，然後據以發布命令，方符憲法第23條之意旨。保險法第177條規定：「代理人、經紀人、公證人及保險業務員管理規則，由財政部另訂之」，主管機關固得依此訂定法規命令，對該等從業人員之行爲爲必要之規範，惟保險法並未就上述人員違反義務應予處罰之構成要件與法律效果爲具體明確之授權，則其依據上開法條訂定發布之保險代理人經紀人公證人管理規則第48條第1項第11款，對於保險代理人、經紀人及公證人等從業人員違反義務之行爲，訂定得予裁罰性之行政處分，顯與首開憲法保障人民權利之意旨不符，應自本解釋公布日起，至遲於屆滿1年時，失其效力。

5. 釋字第426號（86年5月9日）

空氣污染防制費收費辦法係主管機關根據空氣污染防制法第10條授權訂定，依此徵收之空氣污染防制費，性質上屬於特別公課，與稅捐有別。惟特別公課亦係對義務人課予繳納金錢之負擔，其徵收目的、對象、用途自應以法律定之，如日法律授權以命令訂定者，其授權符合具體明確之標準，亦爲憲法之所許，上開法條之授權規定，就空氣污染防制法整體所表明之關聯性意義判斷，尚難謂有欠具體明確。又已開徵部分之費率類別，既由主管機關依預算法之規定，設置單位預算「空氣污染防制基金」加以列明，編入中央政府年度總預算，經立法院審議通過後實施，與憲法尚無違背。有關機關對費率類別、支

出項目等，如何為因地制宜之考量，仍須檢討改進，逐以法律為必要之規範。至主管機關徵收費用之後，應妥為管理運用，俾符合立法所欲實現之環境保護政策目標，不得悖離徵收之目的，乃屬當然。空氣污染防制法所防制者為排放空氣污染物之各類污染源，包括裝置於公私場所之固定污染源及機動車輛排放污染物所形成之移動污染源，此觀該法第8條、第23條至第27條等相關條文甚明。上開收費辦法第4條規定按移動污染源之排放量所使用油（燃）料之數量徵收費用，與法律授權意旨無違，於憲法亦無牴觸。惟主管機關自中華民國84年7月1日起僅就油（燃）料徵收，而未及固定污染源所排放之其他污染物，顯已違背公課公平負擔之原則，有關機關應迅予檢討改進，併此指明。

6. 釋字第443號（86年12月26日）

憲法第10條規定人民有居住及遷徙之自由，旨在保障人民有任意移居或旅行各地之權利。若欲對人民之自由權利加以限制，必須符合憲法第23條所定必要之程度，並以法律定之或經立法機關明確授權由行政機關以命令訂定。限制役男出境係對人民居住遷徙自由之重大限制，兵役法及兵役法施行法均未設規定，亦未明確授權以命令定之。行政院發布之徵兵規則，委由內政部訂定役男出境處理辦法，欠缺法律授權之依據，該辦法第8條規定限制事由，與前開憲法意旨不符，應自本解釋公布日起至遲於屆滿6個月時，失其效力。

立法機關委託行政機關訂定命令，雖在母法中已作明確授權，亦難保行政機關於訂定命令時不會有超越母法的情事，而我國法律結構中之委任條款，類採空白授權，更造成行政機關有機會訂定超越母法之命令。司法院大法官所作上述多次解釋，要求立法院在授機行政機關訂定行政命令時，有關授權之目的、內容及範圍應具體明確[26]。因此，立法院於立法授權時，須依上述解釋意旨處理。

(九) 議事自律

1. 釋字第342號（83年4月8日）

立法院審議法律案，須在不牴觸憲法之範圍內，依其自行訂定之議事規範為之。法律案經立法院移送總統公布者，曾否踐行其議事應遵循之程序，除

26　參閱古登美、沈中元、周萬來編著：《立法理論與實務》，修訂4版，台北，國立空中大學，民國94年1月，473頁。

明顯牴觸憲法者外，乃其內部事項，屬於議會依自律原則應自行認定之範圍，並非釋憲機關審查之對象。是以總統依憲法第72條規定，因立法院移送而公布之法律，縱有與其議事規範不符之情形，然在形式上既已存在，仍應依中央法規標準法第13條之規定，發生效力。法律案之立法程序有不待調查事實即可認定為牴觸憲法，亦即有違反法律成立基本規定之明顯重大瑕疵者，則釋憲機關仍得宣告其為無效。惟其瑕疵是否已達足以影響法律成立之重大程度，如尚有爭議，並有待調查者，即非明顯，依現行體制，釋憲機關對於此種事實之調查受有限制，仍應依議會自律原則，謀求解決。關於依憲法增修條文第9條授權設置之國家安全會議、國家安全局及行政院人事行政局之組織法律，立法院於中華民國82年12月30日移送總統公布施行，其通過各該法律之議事錄，雖未經確定，但尚不涉及憲法關於法律成立之基本規定。除此之外，其曾否經議決通過，因尚有爭議，非經調查，無從確認。依前開意旨，仍應由立法院自行認定，並於相當期間內議決補救之。若議決之結果與已公布之法律有異時，仍應更依憲法第72條之規定，移送總統公布施行。

依上述解釋，析述其要義如下：

1. 我國立法權屬於立法院，立法院行使立法權的程序，於不牴觸憲法範圍內，得依其自行訂定之議事規範為之。因此，立法院審議法律案，須在不牴觸憲法之範圍內，依其自行訂定之議事規範為之。

2. 議事規範如何踐行，係立法院內部事項，依權力分立之原則，行政、司法或其他國家機關均應予以尊重。法律案經立法院移送總統公布者，曾否踐行其議事應遵循之程序，除明顯牴觸憲法者外，乃其內部事項，屬於議會依自律原則應自行認定之範圍，並非釋憲機關審查的對象。

3. 法律因牴觸憲法而無效，固不以其內容牴觸憲法者為限，即其立法程序有不待調查事實即可認定為牴觸憲法之重大瑕疵者，釋憲機關得宣告其為無效[27]。倘其瑕疵是否已達足以影響法律成立的重大程度，如尚有爭議，並有待調查者，即非明顯，依現行體制，釋憲機關對於此種事實之調查受有限制，仍

---

27 民國89年3月24日大法官對立法委員就第3屆國民大會於民國88年9月4日第4次會議第18次大會以無記名投票方式表決通過憲法增修條文第1條、第4條、第9條及第10條之修正聲請釋憲案所作釋字第499號解釋，即以國民大會修憲程序違背公開透明原則及當時適用之國民大會議事規則第38條第2項規定，其瑕疵已達明顯重大之程度，而宣告上開修正條文應自本解釋公布之日起失其效力，86年7月21日修正公布之原增修條文繼續適用。參閱註15，558-559頁。

應依議會自律原則，謀求解決。

4.通過法案之議事錄，因非議事日程之討論事項，雖未經確定，尚不涉及憲法關於法律成立的基本規定，亦即並非足以影響各該法律成立的重大瑕疵。

5.國家安全會議組織法曾否經議決通過，因尚有爭議，非經調查，無從確認，仍應由立法院自行認定，並於相當期間內議決補救之。若議決的結果與已公布之法律有異時，仍應依憲法第72條之規定，移送總統公布施行[28]。

第二項　議事手冊

民主先進國家的立法機關，時有採用立法程序手冊（A Manual of Legislative Procedure）作為議事程序的準據，美國傑佛遜手冊（Jefferson's Manual）於1837年，經眾議院採用為正式規則的一部分，即為顯例[29]。國父所撰之「民權初步」，與上述手冊類似，亦可為議事機關處理議事的準據。遇有議事程序之爭議而法規未予規定者，自可援用而為議事規範之一。就實務以觀，如額數、兩面俱呈與同數之意涵、表決之復議、附屬動議之順序及權宜問題秩序問題常為立法院解決該項議事爭議的準則。茲就額數與同數之意涵、表決之復議及權宜問題、秩序問題分述如下：

一、額數與同數之意涵

立法院議事規則第22條第4項僅提及「延長兩次，仍不足法定人數時，主席即宣告延會」，有關法定人數（Quorum）之意涵究係何指？現行法規並無規定，乃援用民權初步第21節「額數」之定義，指會議辦事的必需人數[30]，亦即會議處理議事時，必需在場之委員的至少人數。

28　該號解釋後，在野黨委員認為國家安全會議組織法等3法案之立法程序有瑕疵，應依解釋意旨由立法院議決補救之，並於審議84年度中央政府總預算案時，對國家安全會議部分作此附帶決議：「84年度增列5位諮詢委員，在國家安全會議立法程序未補正前，不得動支預算。」。嗣經朝野協商，同意就程序予以補正，並由委員廖福本等於民國84年1月17日第2屆第4會期第39次會議提案議決補救「國家安全會議組織法」等3法；院會討論該提案時，按朝野協商結論，於各政黨所推派代表發言後，即就國家安全會議組織法進行處理。二讀時，逐條宣讀逐條表決，均照現行條文表決通過；並於二讀後隨即繼續進行三讀，亦照現行條文通過，而完成補正程序。上述經過，參閱古登美、沈中元、周萬來編著：前書，513-514頁。

29　Walter J. Oleszek, Congressional Procedures and the Policy Process, p.4 ；引自湯德宗譯：《國會程序與政策過程》，8-9頁。

30　孫文：《民權初步》，6版，台北：三民書局，民國78年2月，27頁。

依立法院職權行使法第6條之規定，立法院會議之決議，除法令另有規定外，以出席委員過半數之同意行之，可否同數時，取決於主席。其中「同數」之意涵，則採用民權初步第71節「同數」之定義，指表決可者與表決否者之數相同[31]。

二、表決之復議

有關復議之提出與處理，雖明定於立法院議事規則第7章，惟對於復議之意涵與效力，則未規定。此外，該規則第42條及第43條對於何人可提復議動議，時有爭議。立法院就上述情事，常援用民權初步第77節至第80節之規定。有關復議之意涵，依第77節之規定，界定為：「按之常例，凡動議一經表決之後，或通過，或打消，則事已歸了結矣。惟預料議員中過後或有變更意見，遂欲改其表決者，故議會習慣，有許可『復議之動議』，即推反表決而復行開議也，其作用則所以糾正草率之表決及不當之行為也。」[32]而復議動議之效力，則依第78節的規定，該動議若得勝，則其效力有打消表決，而使議案復回於未決前之狀況，以得再從事於種種之討論，然後再行表決也[33]。至於立法院議事規則第42條所指原案議決時之出席委員且未曾發言反對原決議案者，可提出復議動議，亦採民權初步第80節所作釋義，併指得勝方面的人。蓋議案表決後，失敗一方心存不服，固欲復議，以求翻案機會，故乘間抵隙，俟得勝方面人數減少時提出復議，對得勝方面實欠公允，乃有此項限制。而所謂「得勝方面」，則依民權初步第83節之規定，得勝方面非必為可決方面及大多數方面。倘議案經決議打消（未照原案通過），則否決方面之人為得勝者；若須2/3以上多數始得通過，則少數之人為得勝之一方[34]。

三、權宜問題、秩序問題

在民國88年1月12日修正立法院議事規則前，關於權宜問題與秩序問題，立法院相關法規並無明定；而該規則修正後，雖於第21條及第32條加以規定上

---

31 同前註，49頁。
32 同前註，51頁。
33 同前註。
34 同前註，52頁。

述動議，但並未界定其意涵。立法院在處理議事時，乃將民權初步第149節及第152節對於權宜問題與秩序問題所作定義[35]加以援用。

第三項　會議規範

　　內政部為推行民權初步，乃於民國43年5月19日公布試行會議規範。嗣經試行11年後，為使該規範更臻於完備，遂根據各機關試行經驗及反映意見，並參酌歐美最新議事規則，予以修正，用以改進議事秩序，提高議事效率，以收「固結人心，糾合群力」之功效[36]，而於民國54年7月20日公布施行。立法院雖未如其他議會機關，於其議事內規中明定「本規則未規定者，依會議規範之規定」，但在處理議事時，法規所未規定者，亦常準用會議規範的規定，如動議之提出與處理順序、主席之任務與發言、付委案件之抽出、權宜問題與秩序問題之提出與處理等。茲舉動議之種類與處理順序及付委案件之抽出，分述如下：

一、動議之種類與處理順序

　　依會議規範第30條之規定，動議可分為(一)主動議，(二)附屬動議，(三)偶發動議；而主動議又分為(一)一般主動議，(二)特別主動議兩種，其中特別主動議，包括(一)復議動議，(二)取消動議，(三)抽出動議，(四)預定議程動議4項。有關附屬動議，計有(一)散會動議，(二)擱置動議，(三)停止討論動議，(四)延期討論動議，(五)付委動議，(六)修正動議及(七)無期延期動議7種。至於偶發動議，則包括(一)權宜問題，(二)秩序問題，(三)會議詢問，(四)收回動議，(五)分開動議，(六)申訴動議，(七)變更議程動議，(八)暫時停止實施議事規則一部之動議，(九)討論方式動議及(十)表決方式動議等10種。立法院相關議事法規並未就上述各類動議均予明定，如未予規定者，乃援用會議規範所定事項[37]。此外，關於動議的處理順序，依會議規範第36條及第86條之規定，權

35　所謂權宜問題，依第149節之規定，界定為「有關於在場之額外事件問題」；而秩序問題，依第152節之規定，則界定為「在直接關係當議之事件而有所改正或完備其進行手續者」。分見前註，84-85及86-87頁。

36　會議規範，台北：中央文物供應社，民國85年2月，67頁。

37　立法院對於一般主動議、復議動議、散會動議、停止討論動議、付委動議、修正動議、權宜問題、秩序問題、會議詢問、申訴動議、變更議程動議、討論方式動議及表決方式動議有所規定，其餘動議之

宜問題的處理順序最為優先，秩序問題次於權宜問題，先於其他各種動議；而附屬動議優先於主動議，各附屬動議之優先順序依次為(一)散會動議，(二)擱置動議，(三)停止討論動議，(四)延期討論動議，(五)付委動議，(六)修正動議，(七)無期延期動議。上述附屬動議，如有順序較低之附屬動議待決時，得另提出順序較高的附屬動議；但有順序較高之附屬動議待決時，則不得提出順序較低的附屬動議。由於立法院相關議事內規未就上述處理順序予以明定，亦援用會議規範為處理準據。

二、付委案件之抽出

付委案件抽出之動議，又稱之為中止委員會審查或解除委員會責任（Discharge a Committee）之動議。依會議規範第77條之規定，委員會對付委案件延不處理[38]時，得經大會出席人之提議並獲參加表決的多數通過，將該案抽出，另行組織委員會審查或由大會逕行處理之。立法院議事內規並未規定上述動議，但民國81年7月17日立法院第1屆第89會期第46次會議討論「國民大會代表報酬及費用支給條例草案」時，由於該案係逕付二讀，而委員謝長廷等16人所提相關法案卻在委員會審查中。為解決上述法案如何處理之爭議，乃有委員廖福本等21人依會議規範第77條之規定，將委員謝長廷等提案從法制、內政、財政、預算四委員會抽出，與行政院提案併案討論[39]。嗣後如有委員須將議案從委員會抽回院會討論，即按會議規範第77條之規定處理。

第四項　議事先例

立法機關之議事運作，固應依據各種法規的相關規定；惟立法事宜層出不窮，無論法規如何詳盡規定，總有一定的限度。為因應上述情事，乃不得不求諸於先例（Precedents），以為議事運作之規範。

立法院自行憲至今，在其議事運作過程中，確定了不少先例；其中部分先例，更於修正相關法規時予以納入規定。茲就納入民國88年1月12日及91年1月

提出，則常援用會議規範相關規定。

38 有關付委案件延不處理之原因，大抵為(一)委員會對付委案件的敵視，(二)委員會工作的懈怠兩種。參閱李明恭編著：《會議規範之說明及運用》，初版，台北：正中書局，民國83年3月，109頁。

39 立法院議事先例集，立法院秘書處編印，民國82年2月，1頁。

15日所通過之國會改革5法與相關法規之先例及現在仍採行之先例分述如下：

一、納入國會改革5法及相關法規之先例

　　民國88年1月12日所通過之國會5大改革法案時，將「國是論壇」、「臨時提案之提出與處理」、「議案協商」、「當場保留院會發言權」、「開會時間」、「院會多日視爲1次會議」、「延長會期」、「報告事項所列議案，出席委員如有異議而在場委員不足表決人數時，則退回程序委員會重新提出」、「出席委員提出權宜問題、秩序問題、會議詢問或其他程序之動議，應以書面提出，由主席逕爲決定之宣告」、「出席委員對議事錄如認爲有錯誤遺漏時，應以書面提出，由主席逕行處理」、「每屆最後1次會議議事錄之確定」、「委員會禁止旁聽」、「全院各委員會聯席會議舉行會議時，各委員會不得召開會議」及「立法院經費稽核委員會委員，得以推舉方式產生，毋庸票選」納入規定。民國91年1月15日修正立法院職權行使法第11條時，復將「第三讀會，應將議案全案付表決」納入規定。另於民國96年11月30日及12月7日爲配合立法委員席次減半而修正相關內規時，將「全院各委員會聯席會議舉行會議時，各委員會不得召開會議」予以刪除。茲分述如下：

(一) 國是論壇

　　由於立法委員每藉確定議事錄時，作偏離主題之發言，而浪費院會時間。乃有委員倡議仿照美國國會「一分鐘演說」（One Minute Speech）辦法，以替代文不對題之議事錄發言[40]。嗣經朝野協商，並將結論提報民國83年9月16日第2屆第4會期第4次會議，決定院會上午9時至10時爲委員論壇時間。上述委員論壇，自同年9月23日同會期第5次會議起實施[41]，直至民國85年6月14日第3屆第1會期第21次會議，爲處理委員間因發言登記問題造成之衝突，乃決定：「有關國是論壇之登記方式，授權院長、副院長共同擬訂辦法實施」，經擬訂委員參加國是論壇須知[42]，規定自同年6月18日起施行。上述先例於民國88年1月12日

---

40 參閱嚴啓昌：《三年問政記要》，台北：自刊本，241-244頁。
41 有關「委員論壇」名稱，於第2屆第4會期第8次會議，依協商結論所作決定，修正爲「國是論壇」，嗣後改以國是論壇稱之。
42 參加國是論壇須知爲：一、參加者應於「國是論壇」當天7點前親自到議場登記，每天發言以17名爲限。二、7點登記截止，登記人數不超過17名者，有優先發言權。如仍未滿額，缺額依序登記發言。

修正立法院議事規則時，明定於第22條第2項及第3項。文字爲：「出席委員得於每次院會時間上午9時起，就國是問題發表意見，時間不得逾1小時；依其抽籤順序，每人發言3分鐘，發言時間屆至，應即停止發言，離開發言台。（第2項）；前項委員發言之順序，應於每次院會上午7時至8時登記，並於上午8時抽籤定之。（第3項）」嗣於民國91年11月29日第5屆第2會期第12次會議再修正爲：「出席委員得於每次院會時間上午9時起，就國是問題發表意見，時間不得逾1小時；依其抽籤順序，每人發言3分鐘，並應遵守立法委員行爲法第7條第1項之規定，發言時間屆至，應即停止發言，離開發言台。（第2項）；前項委員發言之順序，應於每次院會上午7時至8時15分登記，並於上午8時15分抽籤定之。（第3項）」。民國96年6月14日第6屆第5會期第17次會議復將第3項修正爲：「前項委員發言之順序，應於每次院會上午7時至8時40分登記，並於上午8時40分抽籤定之。」

(二) 臨時提案之提出與處理

民國88年1月12日修正前之議事規則第11條第2項及第3項，明定臨時提案應於報告事項後討論議案前，或當日議案討論截止後宣告散會前提出，而其討論時間，則由主席徵得出席委員同意決定之。惟處理臨時提案時，常有延宕原編定議程，乃於第1屆第88會期加以改變；委員所提臨時提案，由主席請提案人說明或宣讀案由後，即作決定，如有出席委員對裁定表示異議，則該提案留待下午散會前30分鐘依序處理而不作討論；下午散會前處理時，如仍有異議，則決議：「本案於下次會議處理臨時提案時依序討論」。但臨時提案經朝野協商，則不受上述之限制。嗣至第2屆第2會期第12次會議就臨時提案再作如下決定：「一、每次院會，每位委員以提3案爲限，其法律案限提1案；二、法律案朝修改立法院組織法第7條之方向努力，在修法完成前，除具有高度政治性之法案外，一般民生法案予以付委[43]；三、重大決議案應依法定程序處理；四、

三、7點截止，登記人數超過17名時，應依序抽籤，並依抽得號碼次序發言。四、「國是論壇」當天議場應於6時30分即開放。五、本須知於85年6月18日起施行。嗣於民國85年9月6日第3屆第2會期第1次會議再將其中「17人」均修正爲「18人」而沿用至今。

43 有關法案付委事宜，立法院於該屆第4會期第18次會議通過立法院組織法第7條，將第1項修正爲：「政府機關依憲法提出之議案或立法委員提出之法律案，經程序委員會提院會後，交付有關委員會審查，審查後提院會討論。但必要時，得逕提院會討論。」。

委員之臨時提案於上午10時截止收件；五、以上4項，自本（82）年11月16日起施行。」民國88年1月12日修正議事規則時，則將上述規定明定於第9條，條文如下：「出席委員提出臨時提案，以亟待解決事項為限，應於當次會議上午10時前，以書面提出，並應有20人以上之連署。每人每次院會臨時提案以1案為限，於下午5時至6時處理之，提案人之說明，每案以1分鐘為限（第1項）；臨時提案之旨趣，如屬邀請機關首長報告案者，由主席裁決交相關委員會。其涉及各機關職權行使者，交相關機關研處（第2項）；法律案不得以臨時提案提出（第3項）；臨時提案如具有時效性之重大事項，得由會議主席召開黨團協商會議，協商同意者，應即以書面提交院會處理（第4項）。」；民國96年11月30日為配合立法委員席次減半而修正立法院議事規則時，第1項中連署人數由「20人」減為「10人」。

(三) 議案協商

民國86年9月18日立法院第3屆第4會期第2次會議就9月17日朝野協商結論決定如下：「一、法案協商結論列入院會紀錄，刊登公報。二、本次會議審議法案時，已協商完成之法案依協商結論通過；未完成協商之法案，若有爭議，則繼續協商。嗣後院會審議法案，依此方式處理。三、院會處理朝野協商有結論之法案，委員如有不同意見，可提書面意見列入紀錄，但不得發言。」[44]惟部分委員對其中第3點結論持有異見，乃於討論法案時加以程序杯葛。復經協商，於9月25日同會期第4次會議再作決定，將「朝野協商已有結論之法案，委員不得發言」部分，修正為「朝野協商已有結論之法案，各黨團應約束其成員儘量不發言」[45]。嗣於民國87年4月17日第3屆第5會期第9次會議就4月15日朝野協商結論，作如下決定：「一、法案進行協商時，負責召集之黨團應通知各黨團指派代表參加，而各黨團代表應經黨鞭書面簽名指派。二、法案協商所作結論，應於院會宣讀，列入紀錄，刊登公報。三、法案廣泛討論時，經黨團要求，得依政黨比例派員發言。四、法案進行協商時，有關委員會應派員支援，重點紀錄，刊登公報。此項由秘書處通知各委員會辦理。」[46]法案的協商及院

44　立法院第3屆第4會期第2次會議，議事錄，99頁。
45　立法院第3屆第4會期第4次會議，議事錄，66頁。
46　立法院第3屆第5會期第9次會議，議事錄，101-102頁。

會處理協商結論，即按上述方式辦理。民國88年1月12日制定立法院職權行使法時，將上述結論明定於第70條至第73條中。有關條文分列如下：

1. 議案交由黨團進行協商時，負責召集之黨團應通知各黨團指派代表參加，各黨團代表應經黨鞭書面簽名指派。

前項協商時，由秘書長派員支援、重點記錄。（第70條）

2. 黨團協商經各黨團代表達成共識後，應即簽名，作成協商結論，並經各黨團負責人簽名，於院會宣讀後，列入紀錄，刊登公報。（第71條）

3. 黨團協商結論經院會同意後，出席委員不得反對。（第72條）

4. 經協商之議案於廣泛討論時，除經黨團要求依政黨比例派員發言外，其他委員不得請求發言。

經協商留待院會表決之條文，得依政黨比例派員發言後，逕行處理。

前二項議案在逐條討論時，出席委員不得請求發言。（第73條）

上述議案協商之相關規定，復於民國91年1月15日予以修正。有關內容，容於相關章節再予論述。

(四) 當場保留院會發言權（現修正為當場聲明異議權）

立法委員在委員會討論議案時，倘其意見未蒙採納，可聲明保留院會發言權，俾院會討論時，訴諸公決，以求推翻委員會的決定。惟應如何聲明保留，法未明確，乃於立法院第1屆第11會期第6次會議討論法制委員會提報有關委員缺席會議而對委員會所作決議表示異議，可否向召集委員補具書面聲明保留院會發言權之審查報告時，決議：立法院各委員會組織法第10條第2項所謂聲明保留在院會之發言權，須當場為之，缺席委員不得於事後向召集委員補具書面聲明保留院會發言權。嗣後委員保留院會發言權，須當場為之，其事先事後向召集委員聲明保留此項權利者無效[47]。惟就實例以觀，仍有部分委員會未予遵守。特於民國88年1月12日修正立法院各委員會組織法時，將已行之多年「當場聲明保留院會發言權」之成例予以明定。民國91年1月15日第4屆第6會期第13次會議修正立法院各委員會組織法時，業將第10條第2項保留院會發言權之規定刪除，另增訂第10條之2，賦予出席委員提出聲明異議權，惟仍規定須當

---

47 胡濤：《立法學》，初版，台北：漢苑出版社，民國69年11月，132頁。

場爲之。

(五) 開會時間

在民國88年1月12日修正立法院議事規則之前，並無法規明定院會及委員會開會時間。惟自第1屆第1會期第1次預備會議起，即自上午9時開會。民國41年4月11日第1屆第9會期第16次會議並決定：「嗣後本院會議如下午繼續上午會議，下午開會時，不必再依議事規則第25條（現行法第22條）之規定查點人數，可由主席酌量實際情形宣告續議。」嗣後立法院下午會議乃爲上午會議之延續，不再清點人數，出席委員毋庸另行簽到；而院會及委員會開會時間爲上午9時至12時，下午3時至6時。復經立法委員李友吉等27人於民國81年9月25日同屆第90會期第1次會議提請調整本院院會及委員會開會時間，經決議：「本院院會及委員會開會時間調整爲上午9時至12時，下午2時30分至5時30分。」[48]此外，總質詢時間，依朝野協商，多次決定於必要時得予延長。上述所列成例，在民國88年1月12日修正立法院議事規則時，明定於第22條第1項。文字爲：「本院會議開會時間爲上午9時至下午6時。但舉行質詢時，延長至排定委員質詢結束爲止。」

(六) 院會多日視為1次會議

有關院會多日可否視爲1次會議，立法院議事內規並未規定，僅於議事規則第22條（現行法第20條第1項）明定：「本院會議於每星期二、星期五開會兩次，必要時經院會議決，得增減會次。」自民國82年9月24日第2屆第2會期第1次會議，爲利於施政質詢之進行，乃依朝野協商而決定：「總質詢期間，連續舉行數天之總質詢院會視爲1次會議，不受議事規則第22條之限制。」[49]；民國83年3月18日同屆第3會期第8次會議就總預算質詢會議亦作如上決定[50]；而有關法案審議之院會，亦常比照前述方式處理，如同年7月5日同會期第35次會議，即決定：「自7月1日起至15日止所舉行之每週星期二、四、五院會，視爲

48　參閱註39，11-12頁。
49　立法院第2屆第2會期第1次會議，議事錄，600頁。
50　立法院第2屆第3會期第8次會議，議事錄，75頁。

1次會議。」[51]嗣後院會議事時，時有多日視爲1次會議，以節省處理報告事項時間。民國88年1月12日修正立法院議事規則時，更明定於第20條第2項。文字爲：「本院會議超過1日者，經黨團協商之同意，得合併若干日爲1次會議。」

(七) 延長會期

依憲法第68條之規定，立法院會期每年兩次，第1次自2月至5月底，第2次自9月至12月底，必要時得延長之。又依原立法院議事規則第7條：「本院每次會期屆滿而議案尚未議畢，或有其他必要時，得由院長或立法委員提議延長會期，經院會議決行之；立法委員之提議，並應有30人以上之連署或附議。」之規定，立法院每次會期屆滿，得由院長或立法委員提請延長會期。惟就實務以觀，亦常由行政院提請延長會期的成例。民國88年1月12日制定立法院職權行使法時，將該條文移列爲第5條，並將上述先例予以明定。文字爲：「立法院每次會期屆至，必要時，得由院長或立法委員提議或行政院之請求延長會期，經院會議決行之；立法委員之提議，並應有40人以上之連署或附議。」；民國96年11月30日爲配合立法委員席次減半而修正立法院職權行使法時，復將其中連署或附議人數由「40人」減爲「20人」。

(八) 報告事項所列議案，出席委員如有異議而在場委員不足表決人數時，則退回程序委員會重新提出

依民國88年1月12日修正前之立法院議事規則第24條第2項規定，報告事項內程序委員會所擬處理辦法，如有出席委員提出異議，經10人以上連署或附議時，不經討論，逕付表決；惟院會處理報告事項時，在場委員往往不足法定人數而無法議決。爲解決上述情事，自民國81年3月13日第1屆第89會期第7次會議起，主席於處理報告事項時，如有出席委員提出異議，即決定交程序委員會重新提出[52]。嗣後均按此方式處理。民國88年1月12日修正立法院議事規則時，乃於第23條第2項明定：「報告事項內程序委員會所擬處理辦法，如有出席委員提出異議，經30人以上連署或附議，不經討論，逕付表決。如在場委員不

---

51 立法院第2屆第3會期第35次會議，議事錄，106頁。
52 參閱註39，12-13頁。

足表決法定人數時，交程序委員會重新提出。」民國91年1月15日修正該規則時，復將「如有出席委員提出異議，經30人以上連署或附議，不經討論，逕付表決。」修正為「如有出席委員提議，15人以上連署或附議，得提出異議，不經討論，逕付表決。」；另增訂第3項：「前項出席委員提出異議時，不足連署或附議人數，依程序委員會所擬處理辦法通過。」民國96年11月30日為配合立法委員席次減半而修正立法院議事規則時，第2項中連署或附議人數由「15人」減為「8人」。

(九) 第三讀會應將議案全案提付表決

　　立法院於民國88年1月12日第3屆第6會期第14次會議討論立法院職權行使法及立法院議事規則時，將原立法院議事規則第6章「讀會」改列於立法院職權行使法第2章「議案審議」。該規則第36條原規定：「第三讀會應將議案全案付表決」，卻未列入立法院職權行使法第11條中。就議學與實務而言，議案於全部處理完竣後，須將全案提付表決；亦即主席於處理上述程序後，仍須就議案全案提付表決。就實務以觀，主席於第三讀會文字修正後，均將全案提付表決。如民國88年6月15日第4屆第1會期第16次會議處理「政務官退職酬勞金給與條例修正草案」時，主席將全案提付表決，經在場委員103人，99人贊成，多數通過，而決議：「政務官退職酬勞金給與條例名稱修正為政務人員退職酬勞金給與條例，並將條文修正通過」[53]；民國88年10月29日第4屆第2會期第7次會議討論「檔案法草案」時，主席於三讀文字修正（第24條第3項中「違法」訂正為「違反」）後，因在場委員未足表決法定人數，乃決議：「全案另定期表決」[54]，均為顯例。為避免滋生無謂疑義，民國91年1月15日第4屆第6會期第13次會議修正立法院職權行使法時，乃於第11條增訂第3項：「第三讀會，應將議案全案付表決」[55]；而全案既付表決，當然即有選擇，該案可以通過，也可以不予通過。該案如經院會通過而未予下次院會提出復議，該案在立法院之程序乃告完成。倘遭否決而未予通過，則該案即被打消；但自行憲以來，尚無議案於三讀會時遭受否決的情事。此蓋議案就其提出經交付審查，而

53　立法院公報，88卷，37(一)期，民國88年6月30日，90-91頁。
54　立法院公報，88卷，46(上)期，民國88年11月6日，80-84頁。
55　立法院公報，90卷，10(上)期，民國91年2月2日，240-241頁。

後再由院會逐條項討論修正及表決之經過言，層層之手續亦所以審慎議事的進行，如議案有不完備之處，可以重付審查，亦可於二讀會，甚或三讀會中提出修正，議案經過上項嚴密之程序後，如無其他臨時發生變故，則於全案表決時自無須再加否決[56]。

(十) 出席委員提出權宜問題、秩序問題、會議詢問或其他程序之動議，應以書面提出，由主席逕為決定之宣告

原立法院議事規則第43條第1項僅規定出席委員提出程序問題的疑義時，主席應為決定的宣告，以致有部分委員時以程序問題要求發言而影響議事的進行。民國82年9月24日第2屆第2會期第1次會議，為利於施政質詢的進行，乃依朝野協商而決定：「總質詢期間，除重大偶發事件外，不作程序與議事錄發言。」[57]復於民國84年2月21日同屆第5會期第1次會議，對上述情事，另作如下決定：「施政質詢期間，不得對議事錄、程序問題、會議詢問、權宜問題作口頭發言；委員如有意見，應以書面提出，由主席逕行處理。」[58]嗣後即依此方式處理。在民國88年1月12日修正立法院議事規則時，對預備會議與院會作不同規定，於第32條第1項與第2項分別規定為：「預備會議時，出席委員提出權宜問題、秩序問題、會議詢問或其他程序之動議時，主席應為決定之宣告。」及「院會時，出席委員提出權宜問題、秩序問題、會議詢問或其他程序之動議時，應以書面提出，由主席逕為決定之宣告。」

(十一) 出席委員對議事錄如認為有錯誤、遺漏時，應以書面提出，由主席逕行處理

原立法院議事規則第81條第2項規定議事錄如認為有錯誤、遺漏時，由主席徵得出席委員同意後更正之。為利於議事進行，依前所述，於民國82年9月24日第2屆第2會期第1次會議，即決定施政質詢期間，除有重大偶發事件外，不作議事錄發言。復於民國83年10月6日同屆第4會期第8次會議再作決定議事

---

56 參閱曾濟群：《中外立法制度之比較》，初版，台北：中央文物供應社，民國77年6月，300頁。
57 同註49。
58 立法院第2屆第5會期第1次會議，議事錄，200頁。

錄如確有錯誤，應以書面提出，由主席逕行處理[59]。在民國88年1月12日修正立法院議事規則時，乃於第54條第2項明定：「前項議事錄，出席委員如認為有錯誤、遺漏時，應以書面提出，由主席逕行處理。」

(十二) 每屆最後1次會議議事錄之確定

前次會議之紀錄，應於下次會議向院會宣讀，如有錯誤或遺漏之處，當可予以更正，如無前述情事，即為確定，作為日後查考的根據[60]。依憲法第65條之規定，立法委員的任期為3年（民國97年2月第7屆起改為4年），每屆最後1次會議之議事錄，如於下屆提出，其成員已有改變，似非所宜。因此，立法院第2屆、第3屆最後1次會議議事錄，均於當次院會散會前予以宣讀，如民國88年1月15日第3屆第6會期第15次會議時，即決定：「本次會議俟議事錄確定後始得散會」[61]。民國88年1月12日修正立法院議事規則時，乃於第54條第1項明定：「每次院會之議事錄，於下次院會時，由秘書長宣讀，每屆最後1次院會之議事錄，於散會前宣讀。」

(十三) 委員會禁止旁聽（現修正為會議主席同意者除外）

立法院院會雖有會議旁聽規則，但委員會可否予以準用，各委員會處理不一，致引發爭議。為免於上述情事發生，乃在民國86年3月28日第3屆第3會期第10次會議決定：「嗣後各委員會（含程序委員會）開會時，應嚴格遵守禁止旁聽之規定。」[62]民國88年1月12日修正立法院議事規則時，特於第61條明定：「各種委員會開會時，除出、列席及會務工作人員外，不得進入旁聽。」

復因基於議事公開之民主原則，國會之職權與運作，應提供人民監督立法委員問政表現之管道，以作為責任政治、議會政治、民主政治之體現，爰於民國105年11月11日第9屆第2會期第10次會議修正立法院議事規則第61條，明定各種委員會開會時，經會議主席同意，得進入旁聽，文字為：「各種委員會開會時，除出、列席、會務工作人員及持本院核發採訪證人員外，其餘人員經會

---

59 立法院第2屆第4會期第8次會議，議事錄，56頁。
60 參閱楊振萬：《天聲文存議政叢談》，初版，台北：幼獅文化事業股份有限公司，民國88年，252-253頁。
61 立法院第3屆第6會期第15次會議，議事錄，117頁。
62 立法院第3屆第3會期第10次會議，議事錄，84頁。

議主席同意後，始得進入旁聽。」[63]

(十四) 全院各委員會聯席會議舉行會議時，各委員會不得召開會議

依立法院各委員會組織法第5條之規定，各委員會會議於院會日期之外，由召集委員隨時召集之，或經委員1/3以上請求亦得召集。對於全院各委員會聯席會議開會時，各委員會是否停開會議，則未明定。因此，在全院各委員會聯席會議舉行會議時，時有部分委員會另行召開會議。爲便於總預算案之審查，乃在民國82年7月8日第2屆第1會期第45次會議特作如下決定：「今後凡全院各委員會聯席會議開會時，各委員會會議一律停開」[64]。嗣後全院各委員會聯席會議開會時，各常設委員會不得舉行會議；並在民國88年3月16日第4屆第1會期第3次會議修正中央政府總預算案審查程序時，於第3條第2項予以明定，文字爲：「全院各委員會聯席會議開會時，各委員會會議停開」。

民國96年12月7日爲配合立法委員席次減半而修正中央政府總預算案審查程序時，因已刪除全院各委員會聯席會議相關規定，是項先例所作規定，亦一併刪除。

(十五) 立法院經費稽核委員會委員，得以推舉方式產生，毋庸票選

民國88年3月30日第4屆第1會期第5次會議未修正立法院經費稽核委員會組織規程前，該會委員原規定由院會選舉之，惟因選舉方式並未明定，按立法院歷年之實例，均採無記名單記法票選之，直至第1屆第85會期改由朝野協商確定人選，提請院會確認[65]。在修正該組織規程時，乃援用前述成例，特於第3條規定：「本會置委員15人，由各政黨（政團）以在院會席次比例依保障少數政黨（政團）參與之原則，於每會期經朝野協商後互推之。」。民國96年12月7日爲配合立法委員席次減半而修正立法院經費稽核委員會組織規程時，其中委員人數由「15人」減爲「9人」，並將「每會期」修正爲「每年首次會期」。

63　參閱立法院公報，105卷，82期，民國105年11月24日，133-140頁。
64　立法院第2屆第1會期第45次會議，議事錄，3頁。
65　參閱註39，39-40頁。

二、現仍採行之先例

(一) 付委議案抽回院會討論，限於抽回動議當次院會報告事項後討論事項前提出，且須全案抽回。如係併案審查，亦須全部抽回

前已述及，有關付委案件抽出（或稱之為中止委員會審查）之動議，立法院議事內規並未規定，直至民國81年7月17日第1屆第89會期第46次會議討論「國民大會代表報酬及費用支給條例草案」時，始援用會議規範第77條「付委案件之抽出」的規定，將委員謝長廷等提案從委員會抽出，與行政院提案併案討論。嗣後時有委員依此前例，從委員會抽出付委之議案，直接由院會進行審議而為議事成例。此外，立法委員欲將付委議案抽回院會討論，須於院會報告事項後討論事項前提出，且須全案抽回，不得僅就部分條文抽回討論。如有委員提議抽回併案審查之議案時，亦須全部抽回。茲舉民國87年10月13日第3屆第6會期第5次會議處理委員吳克清等提案加以說明。委員吳克清等35人於上述會議報告事項後，提案將「農會法第20條之1、第25條之2及第46條之1條文修正案」由委員會抽出，逕付二讀。事經主席援用議事前例，而作如下裁示：「農會法修正案目前有多案且均在委員會併案審查中，依照議事慣例，不能單獨抽出一案逕送院會討論，若要抽出，必須全部抽出。」經吳委員同意上述裁示而撤回其提案[66]。

(二) 立法委員於討論事項前所提變更議程之提案，須在處理前提出，處理中提出者不予處理

議事日程為會議進行的指針，議事的次序當依此而行，非有特殊事故，不宜隨便變更，即使變更，亦必經由特別的程序。依立法院議事規則第17條之規定，立法院變更議事日程，有(1)未列入議程而予補列於議事日程，(2)已列入而順序在後，須提前討論之變更議事日程等兩種情形。就實務而言，主席或出席委員欲將未列入議程而予補列的議案提報院會處理，僅限於報告事項後討論事項前。至於已列入議程而順序在後者，則無此限制，但該提議須於無其他議案討論時始可提出。由於部分委員或黨團在處理變更議程之提案時，因無法變

66　參閱立法院公報，87卷，40(上)期，民國87年10月21日，30-31頁。

更其所提議案,乃在處理中,再接續提出多項變更議程提案,以致延宕原定議程。因此,民國86年11月11日第3屆第4期第18次會議決定:「委員於討論事項前所提變更議程議案,須於處理前提出,在處理中提出者不予處理。嗣後會議仍依此處理」[67]。

(三) 出席委員提議變更議程所列議案順序時,在表決確定前,議案之討論,仍照議事日程所列順序依次進行

依立法院議事規則第16條及第17條之規定,程序委員會有審定議事日程之權,而院會有變更議事日程的權。但在確定變更議事日程動議未表決前,有關議案之討論究應如何進行?現行法規並無規定。民國53年8月4日第1屆第33會期第39次會議在進行討論委員吳延環提議將第2案所列內政、司法兩委員會報告審查之人民請願案改列為第1案,經委員張子揚指出請願案依其處理程序無法與業已討論之醫師法合併處理,並主張不予變更。由於在場人數不足以進行表決,主席乃宣告:「出席委員提議變更議程所列議案順序時,在表決確定前,議案之討論,仍照議事日程所列順序依次進行。」[68]嗣後即按上述成例處理。

(四) 非經程序委員會列入議程,而逕由立法委員於院會中提出之個別提案,院會均不予處理。但經朝野協商同意者,則不受此限制

依民國88年1月12日未修正前之立法院組織法第7條、立法院議事規則第29條及前述臨時提案所作成例,政府機關提出之議案或立法委員提出之法律案,應先送程序委員會,提報院會後,交付有關委員會審查,但經表決通過,亦得逕付二讀,而立法委員提出之其他議案,應先經院會討論。因此,非經上述程序,逕由委員於當次院會中提出議案者,院會均不予處理。惟經黨團協商同意者,則不受限制。如民國86年2月25日第3屆第3會期第2次會議處理委員施明德等50人於當日所提「228事件處理及補償條例第4條條文修正草案(即修正2月28日應予放假)」,即經協商同意而予以處理[69]。民國88年1月12日雖將上述規

67 立法院第3屆第4會期第18次會議,議事錄,85頁。
68 胡濤:前書,151頁。
69 立法院公報,86卷,4(一)期,民國86年3月1日,164-166頁。

定，另明定於立法院職權行使法第8條，但前述議事成例並未改變。凡非經程序委員會列入議程，而逕由立法委員於院會中提出之個別提案，院會均不予處理。但經朝野協商同意者，則不受此限制。

(五) 逕付二讀之議案（包括從委員會抽回院會討論），須交付黨團協商；並由提案委員所屬黨團或提案黨團負責召集協商（現已明定為立法院職權行使法第74條之1條文，但從委員會抽回院會討論部分，仍依此議事例。）

　　民國91年1月15日修正立法院相關法規時，為改善黨團協商制度，將委員會與院會審議流程得以接軌，並簡化議事流程，提高議事效率，特於立法院各委員會組織法第10條之1、立法院職權行使法第10條之1、第68條及第70條加以修正，明定付委議案是否協商之處理程序。但依立法院職權行使法第8條第2項及第3項之規定而逕付二讀的議案，在經院會決議逕付二讀後是否協商之相關處理程序，則未予明定。民國92年4月4日第5屆第3會期第6次會議處理報告事項第18案：「本院委員高志鵬等79人擬具『公職人員選舉罷免法第69條條文修正草案』，請審議案。」時，民進黨黨團及台聯黨團提議逕付二讀，經決定：逕付二讀，並由民進黨黨團召集協商[70]。嗣後委員或黨團提議逕付二讀，該議案即依此例須交付黨團協商；並由提案委員所屬黨團或提案黨團負責召集協商。民國113年5月28日修正立法院職權行使法時，明定於該法第74條之1條文：「依第8條所定逕付二讀之議案，應交付黨團協商，並由提案委員或所屬黨團負責召集，並適用本法第70條至第74條之規定。」[71]另委員或黨團依第1項議事成例將付委議案抽回院會討論逕付二讀時，究應如何處理？民國92年7月10日第5屆第3會期第1次臨時會第1次會議處理「公民投票法草案」時，經民進黨黨團提議交付黨團協商，即依前述議事成例，決議：本案交付黨團協商，並由民進黨黨團、國民黨黨團負責召集協商[72]。嗣後從委員會抽回院會討論逕付二讀之議案，亦須交付黨團協商；並由提案委員所屬黨團或提案黨團負責召集協商。

　　另依立法院職權行使法第14條：「立法委員提出之憲法修正案，除依憲

70　立法院公報，92卷，17(上)期，民國92年4月16日，5頁。
71　立法院公報，113卷，47期，民國113年6月12日，97-100頁。
72　立法院公報，92卷，37(下)期，民國92年7月19日，163-164頁。

法第174條第2款之規定處理外，審議之程序準用法律案之規定。」的規定，修憲案之審議程序，準用法律案的規定。立法委員柯建銘等87人所提「中華民國憲法增修條文第4條條文修正案」，經提民國93年3月12日第5屆第5會期第6次會議決定：依協商結論逕付二讀[73]。該案復經提報同月19日下（第7）次會議討論，因無黨聯盟認為在選前強迫通過該案，時機有所不宜，且無配套設計下通過單一選區兩票制及30%婦女保障名額，確有窒礙難行之處，同時任務型國大相關議題亦未定論，乃提議交付協商而經院會決議：「交付黨團協商，並由民進黨黨團、國民黨黨團共同召集。[74]」因此，修憲案逕付二讀，亦須交付黨團協商，並由提案委員所屬黨團負責召集協商。

(六) 法律案如係制定或全案修正時，在其所附具條文之外，另提議增加條文，應視為修正動議，毋庸依照委員提案程序辦理

民國58年6月27日第1屆第43會期第27次會議討論「發展觀光事業條例草案」時，立法委員吳延環於通過第13條條文後，提議增訂1條文，而委員鄧翔宇認為該提議係在原草案條文之外新增條文，係為法律案的提出，須有30人以上之連署（現行立法院議事規則第8條修正為15人）才能成立，惟吳委員認為本條例因屬一新創制的法律案，對於新創制的法律案在原草案條文之外提議增刪條文，均為修正動議，只要有10人以上即可成立，經院會接受吳委員意見，通過該新增條文。嗣後法律案如係制定或全案修正時，在其所附具條文之外，

---

73 民國88年1月12日制定立法院職權行使法時，有關立法院修憲之審議程序，為保持彈性的處理空間，特於該法第14條明定準用法律案之規定。嗣於民國89年3月24日司法院釋字第499號解釋文中略以：「憲法為國家根本大法，其修改關係憲政秩序之安定及全國國民之福祉至鉅，應由修憲機關循正當修憲程序為之。又修改憲法乃最直接體現國民主權之行為，應公開透明為之，以滿足理性溝通之條件，方能賦予憲政國家之正當性基礎。國民大會……係代表全國國民行使修改憲法權限之唯一機關。其依修改憲法程序制定或修正憲法增修條文須符合公開透明原則，並應遵守憲法第174條及國民大會議事規則有關之規定，俾副全國國民之合理期待與信賴。……」。因此，修憲程序須符合公開透明原則。又同年4月25日公布之憲法增修條文第1條第2項之規定，國民大會依憲法第174條第1款修憲權已不再適用，僅由立法院擬具憲法修正案，提請國民大會複決。立法院在審議修憲案時，對於上述「公開透明原則」必須予以遵守。因此，論者認為法律案審議之相關規定，如議案逕付二讀、交付黨團協商及表決方式等，與司法院釋字第314號、第499號之「國民參與原則」、「公開透明原則」有所違背。倘立法院審議修憲案時，違背前述原則，恐將引發程序上之爭議與衝突，甚且影響議事效果之效力。此次修憲案在黨團協商時，亦曾就可否逕付二讀提付協商，嗣經同意逕付二讀。參閱謝芙美：〈立法院修改憲法之議事程序〉，收錄於憲政制度與陽光法案之研究，立法院法制局編印，21-28頁；立法院公報，93卷，15(上)期，民國93年3月24日，4頁。

74 參閱立法院公報，93卷，16期，民國93年3月27日，3-7頁。

另提議增加條文，均視爲修正動議，毋庸依照委員提案程序辦理。

(七) 委員會審查議案時，須俟全案審查完竣後，始得提報院會討論

　　立法院委員會在審查法案時，可否將法案中部分條文逐條審查後，即先行提報院會，而將其餘條文仍留該審查會繼續審查，現行法規並未明定。第2屆第6會期內政及邊政、經濟、司法三委員會審查「勞動基準法修正案」時，將該法第3條、第3條之1、第24條、第30條、第32條及第49條等6條條文先行審查完畢提請院會討論，而其餘條文仍留該聯席會繼續審查。經提報民國84年12月14日同屆第6會期第13次會議討論時，由於全案未審查完竣，不宜提報院會二讀，亦即未完成審查的法案不得送院會分割審查，主席乃裁定本案重付內政及邊政、經濟、司法三委員會，俟全案審查完竣後，再提報院會討論[75]，並將上述決定通知各委員會。嗣後內政及邊政、法制、司法三委員會於民國86年10月24日將「公職人員選舉罷免法修正案」中第42條提報院會公決，亦依前述成例處理。因此，委員會審查法案時，須俟全案審查完竣後，始得提報院會討論。

　　另有關其他議案可否在全案尚未全部處理完竣前，即就該案先經處理完成部分先行提報院會？民國95年3月10日立法院第6屆第3會期第4次院會決定交國防、預算及決算兩委員會處理行政院國軍退除役官兵輔導委員會主管95年度預算所提決議事項應至相關委員會提出專案報告並獲同意後始得動支預算案明細表（5項），經查同年3月27日國防、預算及決算兩委員會聯席會議時，議程僅列3項，聯席會議處理結果同意第1目「醫學臨床教學研究」及第4目「退除役官兵服務救助與照顧」2項動支，1項未作決議，並決議：下次會議繼續討論。嗣國防委員會在全案尚未全部處理完竣前，即於同年4月27日將處理完成之2項先行分離，函請提報院會；此顯與「委員會審查法案時，須俟全案審查完竣後，始得提報院會討論」之議事成例有違。經於同年5月2日提報程序委員會第6屆第3會期第12次會議討論，並作如下決議：「一、本案退回國防委員會，俟全案處理完竣後再提報院會。二、嗣後如委員會未將全案審查完竣，即函請提報院會，均由議事處逕予退回。」[76]嗣後委員會審查議案時，須俟全案審查完竣後，始得提報院會討論。

75　參閱立法院公報，84卷，62期，民國84年12月20日，41頁。
76　參閱立法院程序委員會第6屆第3會期第12次會議，議事錄，5頁。

(八) 對於審查修正或刪除之原提案條文，凡非審查委員會委員及參加審查而保留發言權（現修正為聲明異議）的委員，於院會主張維持原案原條文時，毋庸另作提案手續

　　民國66年10月28日第1屆第60會期第9次會議討論法制委員會報告院會交付研究「院會於第二讀會中討論政府提案時，究應以政府提案為原案或以審查案為原案之程序問題案」，經院會決議：「對於審查修正或刪除之原提案條文，凡非審查委員會委員及參加審查而保留發言之委員，於院會主張維持原案原條文時，毋庸另作提案手續。」[77]復如民國70年10月16日第1屆第68會期第11次會議討論「幼稚教育法草案」第4條時，立法委員林棟提出修正動議，主張恢復原草案條文，但委員王清波認為所提恢復原草案的修正動議，應先經主席徵求附議，始可參加表決，嗣經主席裁決：「以往在討論事項中有個決議，就是恢復行政院原條文者，不需要經過提案的手續，只要有人提出，就可以參加表決。」[78]嗣後對於審查修正或刪除的原提案條文，凡非審查委員會委員及參加審查而保留發言權之委員，於院會主張維持原案原條文時，即依上述成例，毋庸另作提案手續。嗣於民國91年1月15日第4屆第6會期第13次會議修正立法院各委員會組織法時，業將第10條第2項保留院會發言權的規定刪除，另增訂第10條之2，賦予出席委員提出聲明異議權。因此，參加審查而提出聲明異議者，得依上述成例，於院會主張維持原案原條文時，毋庸另作提案手續[79]。

(九) 尚未議決之法案，如內容有所變更，或為配合其他法律之修正，提案機關得不提修正案而改將變更情形函請立法院參酌方式處理

　　民國78年3月14日第1屆第83會期第6次會議，對於司法院函為77年司法會議討論「推事名稱宜否更動」議題之結論，建議將各級法院推事更名為法官，請於審議「法院組織法修正草案」及「司法人員人事條例草案」時予以卓酌的查照案，決定：「交法制、司法兩委員會。」，經審查結果，將條文中「推事」均修正為「法官」[80]。因此，尚未議決的法案，如內容有所變更，或為配

77　立法院第1屆第60會期第9次會議，議事錄，4頁。
78　參閱立法院公報，70卷，83期，民國70年10月17日，16頁。
79　同註55，235及239頁。
80　同註39，41頁。

合其他法律的修正，提案機關可援上述成例，得不提修正案而將變更情形函請立法院參酌的方式處理。

(十) 行政院各部會首長於同一時間接獲立法院多數委員會邀請列席備詢，究應列席何一委員會而有所疑義時，得函請立法院，並由院會決定之

依立法院各委員會組織法第2條之規定，各委員會審查院會交付審查之議案及人民請願書，並得邀請相關部會作業務報告。因此，各委員會在邀請部會報告業務並備質詢時，應以相關業務之部會為宜。然行政院各部會首長於同一時間接獲立法院多數委員會邀請列席備詢，究應如何處理？就現行法規以觀，僅於程序委員會組織規程第5條規定立法院各委員會審查議案，應由程序委員會依下列規定分配，提報院會決定：一、內政委員會：審查內政、選舉、蒙藏、大陸、原住民族、客家、海岸巡防政策及有關內政部、中央選舉委員會、蒙藏委員會、行政院大陸委員會、行政院原住民族委員會、行政院客家委員會、行政院海岸巡防署掌理事項之議案。二、外交及國防委員會：審查外交、僑務、國防、退除役官兵輔導政策與宣戰案、媾和案、條約案、戒嚴案及有關外交部、僑務委員會、國防部、行政院國軍退除役官兵輔導委員會掌理事項之議案。三、經濟委員會：審查經濟、農業、經濟建設、公平交易、能源、科技政策及有關經濟部、行政院農業委員會、行政院經濟建設委員會、行政院公平交易委員會掌理事項之議案。四、財政委員會：審理財政、金融政策、預算、決算、主計、審計及有關財政部、中央銀行、行政院金融監督管理委員會、行政院主計處掌理事項之議案。五、教育及文化委員會：審查教育、文化政策及有關教育部、行政院文化建設委員會、國立故宮博物院、行政院新聞局、行政院青年輔導委員會、行政院體育委員會、中央研究院、行政院國家科學委員會、行政院原子能委員會掌理事項之議案。六、交通委員會：審查交通、公共工程、通訊傳播政策及有關交通部、行政院公共工程委員會、國家通訊傳播委員會掌理事項之議案。七、司法及法制委員會：審查民事、刑事、行政訴訟、懲戒、大赦、機關組織、研考與有關法務部、行政院研究發展考核委員會、行政院人事行政局掌理事項及其他不屬於各委員會審查之議案；國營事業機構組織之議案應視其性質由有關委員會主持。八、社會福利及衛生環境委員會：審

查衛生、環境、社會福利、勞工、消費者保護政策及有關行政院衛生署、行政院環境保護署、內政部社會司及兒童局、行政院勞工委員會、行政院消費者保護委員會掌理事項之議案。在民國80年10月15日第1屆第88會期第7次會議處理「行政院函為該院大陸委員會接奉內政及法制兩委員會通知於10月16日同一時間列席備詢，究應列席何委員會，請查照見復案[81]」，經院會依前述分配議案原則而決定：「應列席內政委員會備詢」[82]。同年10月22日同會期第9次會議復於處理「行政院函為該院政黨審議委員會接奉內政及司法兩委員會通知於10月24日同一時間列席備詢，究應列席何委員會，請查照見復案」，院會亦依前述原則而決定：「行政院政黨審議委員會今後應列席內政委員會備詢」[83]。嗣後行政院各部會首長於同一時間接獲立法院多數委員會邀請列席備詢，究應列席何一委員會而有所疑義時，得函請立法院，並由院會決定之。

(十一) 新增部會應列席何一委員會，在立法院相關法規尚未明定之前，得經黨團協商提報院會決定之

國家通訊傳播委員會組織法於民國95年2月22日成立，該會應否列席立法院何一委員會，相關法規並未予以明定（民國96年11月30日為配合立法委員席次減半而修正立法院程序委員會組織規程時，已予明定該會應列席交通委員會）。因此，同年3月16日透過朝野黨團協商，並將結論提報次（17）日第6屆第3會期第5次院會，決定：「有關國家通訊傳播委員會主任委員比照內閣閣員隨同行政院院長赴本院備詢，其相關業務職掌由本院科技及資訊委員會為主審委員會，並向該會做業務報告並備質詢。[84]」因此，新增部會首長列席何一委員會而有所疑義時，除函請立法院提報院會決定外，亦得透過朝野黨團協商，提報院會決定之。

81　有關大陸委員會相關業務應由何一委員會處理，民國88年3月16日第4屆第1會期第3次會議修正立法院程序委員會組織規程之前，並未加以明定。

82　立法院第1屆第88會期第7次會議，議事錄，5頁。

83　立法院第1屆第88會期第9次會議，議事錄，8頁。

84　參閱立法院公報，95卷，10期，民國95年3月27日，35頁。

(十二) 立法院議決條約案時，二讀會毋庸逐條討論（註：在條約締結法制定前，立法院議決條約案時，僅有批准權，不得加以修正。）

民國53年11月10日第1屆第34會期第14次會議討論外交、交通兩委員會報告審查行政院函請審議「1948年及1960年國際海上人命安全公約及國際海上避碰規則案」時，由於該案厚達428頁，爲節省時間，委員吳延環乃提議由召集委員說明修正重點即可，未修正部分免予宣讀；惟部分委員認爲議案應全文宣讀，才能構成「讀會」。嗣經主席裁決：「照議事規則第30條第2項的規定，二讀會是逐條討論，但是條約案是不逐條討論的，因爲它只討論通過或不通過，不能作條文或文字修正。」[85]民國80年1月17日第1屆第86會期第50次會議討論外交、司法兩委員會報告審查行政院函請審議「中華民國與多米尼克引渡條約案」時，委員李慶雄認爲本條約文句生硬，多處不符法律用語，應予修正，亦經主席宣告：「依照憲法規定，總統有行使締結條約之權，立法院有批准權。對於『中多引渡條約』立法院只能做批准與否的決定，而無法逐條審查修改。」[86]因此，立法院在議決條約案時，僅有批准權，不得加以修正，二讀會時亦毋庸逐條討論。此外，立法院外交及僑務、司法兩委員會於民國91年1月2日審查行政院函請審議「駐美國台北經濟文化代表處與美國在台協會間之刑事司法互助協定草案」時，將該草案部分文字予以修正，朝野協商認爲有違前述成例而改爲附帶決議，經提報民國91年1月15日第4屆第6會期第13次會議討論，照協商結論通過，並函請行政院參辦[87]。

民國104年7月1日公布施行的條約締結法，依該法第10條規定，立法院審議條約案得予修正或保留，至於二讀會時，是否毋庸逐條討論，本議事例是否仍予採行，須由嗣後院會處理條約案時加以確認。民國105年4月22日立法院第9屆第1會期第10次會議討論外交及國防、社會福利及衛生環境兩委員會報告審查行政院函請審議我國擬加入聯合國「身心障礙者權利公約案」時，依條約案處理成例，二讀會未作逐條討論，逕作以下決議：「身心障礙者權利公約照案通過」[88]。又民國106年10月31日立法院第9屆第4會期第6次會議討論外交及國

---

85 立法院公報，第34會期，5期，民國53年11月17日，92頁。
86 立法院公報，80卷，6(上)期，民國80年1月19日，271頁。
87 參閱立法院公報，90卷，10(中)期，民國91年2月2日，614-615、674-675及682頁。
88 參閱立法院公報，105卷，23期，民國105年5月2日，255頁。

防、經濟兩委員會報告審查行政院函請審議「中華民國與巴拉圭共和國經濟合作協定案」時，除依審查會結論，將中文文本協定名稱及內文於中華民國之後均加註（臺灣）外，並依條約案處理成例，未作逐條討論，即作以下決議：「中華民國與巴拉圭共和國經濟合作協定修正通過」[89]。因此，院會處理條約案，除依條約締結法規定得予修正或保留外，二讀會時毋庸逐條討論。

(十三) 立法院依憲法行使同意權時，按立法院職權行使法相關規定，交全院委員會審查，審查後提報院會以無記名投票表決，經超過全體立法委員1/2之同意為通過；依相關法律規定所行使之同意權時，則交相關委員會審查，審查後提報院會以無記名投票表決，並經出席立法委員過半數之同意為通過（現修正為兩者同意權之行使，均以記名投票表決，經超過全體立法委員1/2之同意為通過。）

　　立法院依憲法第104條或憲法增修條文第5條第1項、第6條第2項、第7條第2項之規定，對審計長、司法院院長、副院長、大法官，考試院院長、副院長、考試委員，監察院院長、副院長及監察委員行使同意權時，依立法院職權行使法相關規定之處理程序，交全院委員會審查，審查後提報院會以無記名投票表決，經超過全體立法委員1/2之同意為通過。但依相關法律規定所行使之同意權時，如依中央行政機關組織基準法第21條第1項：「獨立機關之首長、副首長及其合議制之成員，均應明定其任職期限及任命程序；相當二級機關者，由一級機關首長提名經立法院同意後任命之；其他機關由一級機關首長任命之。」之規定，立法院對獨立機關之首長、副首長及其合議制的成員可行使人事同意權，惟有關處理程序則未定有明文。民國94年12月29日行政院函送該院提名劉幼琍等13人為國家通訊傳播委員會委員，請查照同意案，立法院因未明定處理程序，乃於次（30）日透過朝野黨團協商，並將協商結論提報同日第6屆第2會期第17次會議，決定：「行政院函請本院行使國家通訊傳播委員會委員同意權乙案，由程序委員會編列民國95年1月6日同會期第18次會議報告事項，並立即交付科技及資訊、教育及文化兩委員會審查，審查後隨即提報95年1月12日院會，上午行使同意權；同意權之行使方式，以秘密投票方式行之，

89　參閱立法院公報，106卷，87期，民國106年11月16日，97頁。

並以出席委員過半數同意通過。」[90]立法院行使國家通訊傳播委員會委員同意權乙案，即依上述決定之程序處理。民國95年3月1日總統依法院組織法第66條第7項[91]之規定，提名謝文定為最高法院檢察署檢察總長，咨請同意案，因未定有處理程序，乃於次（2）日經朝野黨團協商，同意：「比照國家通訊傳播委員會所提名之委員同意權處理程序，交司法、法制、內政及民族三委員會審查；於該三委員會完成審查後，提報院會以無記名投票表決，並以出席委員過半數同意為通過。」並將協商結論提報3月3日同屆第3會期第3次會議[92]。因此，立法院依相關法律規定所行使之同意權時，交相關委員會審查；審查後提報院會以無記名投票表決，並經出席立法委員過半數之同意為通過。民國113年6月24日公布修正之立法院職權行使法第29條，改規定為：「立法院依憲法第104條、憲法增修條文第5條第1項、第6條第2項、第7條第2項規定行使同意權時，不經討論，交付全院委員會審查，審查後提出院會以記名投票表決，經超過全體立法委員1/2之同意為通過（第1項）；立法院依法律規定行使前項規定以外之人事同意權時，不經討論，交付相關委員會審查，審查後提出院會以記名投票表決，經超過全體立法委員1/2之同意為通過（第2項）。」

(十四) 院會討論法案，對同一事項如有兩個以上修正動議，應就與「原案」旨趣距離較遠者，依次提付表決，無距離遠近，則依其提出之先後。而所謂「原案」，在二讀會時，係指審查案；三讀會時，則指經過二讀之議案

　　依立法院議事規則第11條（原為第31條）第4項之規定，對同一事項有兩個以上修正動議，應俟提出完畢並成立後，就其與原案旨趣距離較遠者，依次提付討論；其無距離遠近者，依其提出之先後。惟「原案」究係何指？相關法條並未明定。在民國54年4月20日第1屆第35會期第15次會議討論財政、內政、預算、教育四委員會報告審查行政院函請審議「財政收支劃分法修正草案」第16條後，於付諸表決時，委員高廷梓提出與表決有關之程序問題，主張應以行

90　參閱立法院公報，95卷，2期，民國95年1月10日，67頁。

91　法院組織法第66條第7項：「最高法院檢察署檢察總長由總統提名，經立法院同意任命之，任期4年，不得連任。」

92　參閱立法院公報，95卷，8期，民國95年3月15日，19-20頁。

政院修正草案為「原案」來計算修正動議之距離，亦即應先表決刪除審查案第16條第2項末句「優先撥充教育經費之用」10字之動議，次表決恢復行政院修正草案第16條條文。但委員莫萱元等則認為應以委員會之審查案為「原案」計算修正動議之距離，即應先表決恢復行政院草案第16條條文之動議。嗣經主席就表決先後問題提付表決，贊成刪除第16條第2項末句「優先撥充教育經費之用」先付表決者52人，贊成恢復行政院草案先付表決者111人，而確定以審查案為原案[93]。嗣後院會討論法案，對同一事項如有兩個以上修正動議，應就與「原案」旨趣距離較遠者，依次提付表決，無距離遠近，則依其提出之先後。而所謂「原案」，在二讀會時，係指審查案；三讀會時，則指經過二讀之議案。

(十五) 出席委員對表決結果提出疑問，要求重付表決，應於表決後，即時賡續為之，不得定期表決；且須以同一表決方式行之。重付表決時，經清點不足法定人數，仍以原表決結果為準

出席委員對於表決結果，得要求重付表決。就議事處理程序，自應賡續為之。民國61年3月7日第1屆第49會期第6次會議曾就法制委員會報告審查委員牛踐初等所提重付表決可否移至下次會議舉行案，經決議：「一、重付表決應於第1次表決後，即時賡續為之，不得定期表決。二、重付表決經清點不足法定人數時，仍以第1次表決結果為準。」[94]上述決議予以確定重付表決應賡續進行之議理。又重付表決的表決方法可否改換他種表法方法，於民國52年6月12日第1屆第33會期第26次會議重付表決委員冷彭所提著作權法第1條修正動議時，曾因上述情事引發爭辯，事經同月16日下次會議主席宣告不予執行[95]。出席委員對表決結果提出疑問，須重付表決時，應以第1次表決同一方法為之，不得換用他種表決方法亦告確定。嗣後出席委員對表決結果提出疑問，要求重付表決，應於表決後，即時賡續為之，不得定期表決；且須以同一表決方式行之。重付表決時，經清點不足法定人數，仍以原表決結果為準。民國82年7月16日第2屆第1會期第50次院會討論「中央政府興建重大交通建設計畫第2期工

---

93 立法院公報，第35會期，6期，民國54年4月27日，85-91頁。
94 立法院第1屆第49會期第6次會議，議事錄，5頁。
95 胡濤：前書，249-250頁。

程特別預算案」，因多數委員對高速鐵路的興建並不反對，但認為應以鼓勵民間參與交通建設為宜，應退回交通部重新規劃評估。因此，在處理委員王建煊等所提「有關興建高速鐵路之預算，建議全數刪除，由民間興建。」的修正動議時，由於執政黨黨團並未提出記名表決方式處理，致使院會通過此修正動議（表決結果，在場委員97人，贊成刪除由民間興建者49人，反對者48人。），嗣經重付表決時，始要求改以記名方式，惟查立法院不成文例規，在重付表決時，須以同一表決方式行之。執政黨黨團是項提議，不為王委員建煊、陳委員水扁、謝委員長廷所接受，仍依議事前例，以無記名方式進行表決，致無法翻案而通過委員王建煊等所提的修正動議（表決結果，在場委員107人，贊成刪除由民間興建者58人，反對者49人。），即為顯例[96]。

(十六) 院會採用表決器進行表決時，在表決前須先按鈴7分鐘，但連續表決時，則不受此限制

依大法官所作釋字第261號之解釋，第1屆資深中央民意代表在民國80年12月31日終止行使其職權。因此，民國81年1月3日第1屆第88會期第33次會議，乃係全為改選之立法委員所召集的首次會議。該次會議在處理立法委員郁慕明等所提「建請本院成立議事規則研修小組，以15位委員為限，依政黨比例組成之，並在延會期內儘速討論議事規則各條之問題」之臨時提案時，委員吳梓提議採用表決器表決。由於此項表決，因屬首例，有關表決前究須按鈴多少時間，現行法規並無規定。主席原宣告5分鐘，然部分委員認為委員無法在上述時間內從研究室（青島會館）趕至議場，乃引起出席委員討論。事經主席折衷各方意見，再行宣告7分鐘，並於7分鐘後進行表決[97]。嗣後院會採行表決器表決時，即按此方式進行。

(十七) 法律案如係修正部分條文，其中條文若於二讀時，經決議維持現行法，該條文毋庸提出三讀

民國58年11月4日第1屆第44會期第11次會議討論行政院函請審議「戡亂時

96　參閱立法院公報，82卷，49(上)期，民國82年7月24日，45-47頁。

97　郁慕明等委員提案，經表決結果，出席委員59人，贊成者43人，反對者11人，多數通過。有關表決相關問題之討論，參閱立法院公報，81卷，3期，民國81年1月8日，29-42頁。

期竊盜犯贓物犯保安處分條例第2條、第4條及第6條條文修正草案」時，經決議：「第6條照審查意見不予修正，仍維持現行法條文；第2條及第4條俟下次會議進行三讀。」。因此，在下次會議三讀時，第6條條文即未提出三讀；惟委員吳延環、黃雲煥認為政府提案之內容具有整體性不能割裂，且不應排除三讀會中修改文字之程序，但委員溫士源等認為二讀會決議維持現行法之條文不應提出三讀，否則現行法再次咨請總統公布，實係重複之舉。經主席裁定毋庸提出三讀[98]。嗣後法律案如係修正部分條文，其中條文若於二讀時，經決議維持現行法，該條文毋庸提出三讀。如民國96年11月21日第6屆第6會期第11次會議討論刑事訴訟法部分條文修正案時，其中第288條之2及第288條之3兩條文於二讀時均維持現行法，上述條文不再提出三讀，即為顯例[99]。

(十八) 復議案之範圍，包括報告事項的決定案件，即議程報告事項處理後，出席委員得提出復議動議

　　復議案之範圍應否包括報告事項「決定」案件，亦即議事日程所列報告事項，經院會決定後，可否援用立法院議事規則第42條所指「決議」案件，於下次會議散會前，依復議之程序提出，以求重行討論決定，現行法規未予明定。就議事上之效力而言，決定事項與決議事項應屬一體之兩面，無分軒輊，二者效力因屬一體，以復議動議變更原決定尚無不合[100]。因此，立法院處理上述情事，即業已確定報告事項之「決定」案件，如需改變，同意以復議的程序為之。如民國85年4月12日第3屆第1會期第7次會議行政院函請備查「行政院開發基金收支保管及運用辦法第8條修正條文」，原決定交預算、財政兩委員會，嗣經委員張俊宏等50人提請復議改交預算、財政兩委員會審查，即為一例[101]。

(十九) 復議動議之提案人與連署人的資格一致，原案議決時之缺席委員及反對原決議案委員均不得連署復議案

　　復議是議會機關欲廢棄原決議而重行討論的作為，自須有會員相當人數

---

98 立法院公報，58卷，81期，民國58年11月8日，2-10頁。
99 參閱立法院公報，96卷，80期，民國96年12月12日，244-245頁。
100 曾濟群：前書，352-353頁。
101 立法院公報，85卷，16期，民國85年4月20日，4及29頁。

的連署或附議，以昭慎重。立法院會議須20人以上之連署或附議，約爲總額之1/5。而各委員會會議，依立法院議事規則第57條之規定，則須4人以上之連署或附議。至於連署或附議之人，應否加以限制其資格，則有不同意見。或謂動議人與連署人之身分不同，自無適用動議人資格限制規定的必要。惟主張須加限制者，則認爲法條雖未明定連署人之資格要件，但連署人與提案人須採同一立場，兩者的資格自需一致。因此，民國46年11月19日立法院第1屆第20會期第15次會議處理覃勤等132人爲同會期第13次會議對於新聞業五團體請修訂營業稅法免徵廣告營業稅一案議決免予修訂有欠允當所提復議案，即發生前述兩方不同意見。該復議動議雖經主席採取毋庸資格限制而裁決成立，嗣經出席委員提出申訴動議，表決結果，通過主席的裁決無效，主席乃宣告：「本復議不予提出」[102]。就民國82年5月起立法院採用表決器記名表決的實況以觀，經記名表決之議案，嗣後提出復議時，其連署人與提案人的資格一致，原案議決時的缺席人及反對原決議者均不得連署復議案。因此，復議動議之連署人或附議人，仍適用動議人的資格限制。亦即復議動議之提案人與連署人的資格一致，原案議決時的缺席委員及反對原決議案委員均不得連署復議案。

(二十) 法律案或預算案經過二讀後，如有立法委員對於部分提出復議，應俟該復議動議討論得有結果後，再行三讀，不受立法院職權行使法第11條（原立法院議事規則第34條）規定的限制；經過三讀後，如有立法委員提出復議，在未討論議決前，亦不得咨請總統公布

　　依立法院職權行使法第7條之規定，憲法第63條所定議案，除法律案及預算案須經三讀會議決外，其他議案僅須二讀會議決。有關法律案及預算案於二讀會後，如有委員對其部分或全案提出復議，依復議動議提出後之效力，該決議案當即暫停執行。就立法院實務以觀，均俟該復議動議討論得有結果後，再進行三讀。如民國85年11月22日第3屆第2會期第19次會議二讀通過「組織犯罪防制條例草案」，委員曾永權等35人於二讀後隨即提請復議第15條，主席乃裁定：「復議案處理後，繼續進行組織犯罪防制條例草案三讀。」嗣經協商，通

---

102 參閱立法院公報，第20會期，4期，民國46年12月26日，109-124頁；第20會期，5期，民國47年1月16日，24-36頁。

過復議案後繼續進行三讀[103]。同理，法律案及預算案於三讀會全案表決後，如有委員提出復議，則在復議動議未討論議決前，該議案不得咨請總統公布。如民國83年12月29日第2屆第4會期第31次會議通過刪除「財務罰鍰處理暫行條例」第4條條文，嗣因委員彭百顯等31人於同次會議提請復議，經決議另定期處理，而未咨請總統公布。直至民國84年6月13日同屆第5會期第27次會議通過復議，並照提案條文修正後始咨請總統公布[104]。關於法律案或預算案經過二讀後，如有立法委員對於部分提出復議，應俟該復議動議討論得有結果後，再行三讀，不受立法院職權行使法第11條（原立法院議事規則第34條）規定的限制；經過三讀後，如有立法委員提出復議，在未討論議決前，亦不得咨請總統公布，均已成立法院議事成例。

(二十一) 復議動議之討論時間，由主席徵得出席委員同意後決定之。但施政質詢（含專案報告質詢）的各次院會，除經黨團協商同意立即處理外，均另定期處理

依立法院議事規則第43條：「復議動議，應於原案表決後下次院會散會前提出之。但討論之時間，由主席徵得出席委員同意後決定之。」之規定，復議動議成立後，由主席徵得出席委員同意後，決定討論之時間。申言之，復議動議之討論時間，可立即進行討論，亦可另定期討論。就實務以觀，院會進行施政質詢時，均已排定委員發言次序，倘立即處理復議動議，恐將延宕，類多決定另定期處理。行政院為91年度中央政府總預算追加（減）預算案內所編國債付息經費支付在即，乃於民國91年10月4日函請立法院同意於該案完成法定程序前，先行由國庫墊支，俾確保政府債信，經黨團協商，並提報同年10月8日第5屆第2會期第3次會議決定：「一、91年度中央政府總預算追加（減）預算案內所編國債付息在11月15日前所需經費部分，於完成立法程序前，同意先行由國庫墊支。類此情形下不為例，如有違背，應予追究行政責任。二、無黨聯盟之政黨質詢，依立法院職權行使法第19條第1項規定辦理。三、有關政黨不當取得財產處理條例相關法案，暫緩編列議程，俟協商後再行處理。」[105]嗣後

103 立法院公報，85卷，61(上)期，民國85年11月27日，87-89頁。
104 立法院公報，84卷，2期，民國84年1月7日，147頁；84卷，37期，民國84年6月17日，38-39頁。
105 立法院公報，91卷，58期，民國91年10月16日，54-55頁。

台灣團結聯盟黨團對上述決定提出復議，若依前述議事成例，即決定另定期處理，立法院將無法於同會期第4次會議同意行政院先行由國庫支付10月14日公債利息24.5億元。因此，各黨團於同月11日同會期第4次會議再經協商而另作決定：「一、台聯黨團所提復議案，同意本日立即進行處理，不作發言。施政質詢期間所提復議案，除經黨團協商同意立即處理外，均另定期處理。」[106]自此，施政質詢各次院會對於委員（或黨團）所提復議動議，除經黨團協商同意立即處理外，均作另定期處理的決定。復於民國111年3月1日第10屆第5會期第1次會議行政院專案報告「日本福島及周邊食品輸入管制措施」及「我國因應俄羅斯入侵烏克蘭相關事項」並備質詢，當次會議，國民黨黨團對「國家通訊傳播委員會組織法部分條文修正案」之院會決議提請復議，亦經主席宣告：本件復議案循施政質詢之例，作另定期處理之決定[107]。

(二十二) 為節省復議時間，復議動議得經由黨團協商決定或不復議同意書，予以排除復議之適用

立法院議事規則第7章復議，明定復議程序為法定程序，並無明文規定可以例外排除不予適用。惟實務上或基於該法律案具有時間之急迫性，或該法律案並無任何爭議等情況下，為節省復議時間，經由黨團協商會議討論並決定，各黨團同意該法律案不提出復議，予以排除復議適用。立法院第9屆第3會期第7次會議（民國106年3月31日），黨團協商結論（民國106年3月31日），決定事項：「一、各黨團同意『前瞻基礎建設特別條例草案』交經濟、財政、內政、教育及文化、交通、社會福利及衛生環境六委員會審查，並不提出復議……。」主席：「請問院會，對以上朝野黨團協商結論有無異議？（無）無異議，通過。」[108]

另由各黨團對該法律案各別提出蓋有黨團戳及負責人簽名之「不復議同意書」，或於同一張「不復議同意書」上，分別由各黨團蓋上黨團戳及負責人簽名，送交議事處，亦為實務上常見排除復議期間之做法，該「不復議同意書」並無法定格式，只要載明「各黨團同意對○○法律案之決定不提出復議」等文

---

106 立法院公報，91卷，59期，民國91年10月23日，24頁。
107 參閱立法院公報，111卷，34期，民國111年3月1日，96頁。
108 立法院公報，106卷，29(下)期，民國106年4月12日，1頁。

字即可。至於該「不復議同意書」得否撤回？解釋上只要議事單位尚未發文將法律案送委員會者，似可以撤回之。反之。如議事單位因收到該「不復議同意書」，予以發文將法律案送委員會者，而解除復議期間之限制者，即屬原決議案已著手執行，則無法再受理其撤回之申請。立法院第9屆第5會期財政委員會第12次全體委員會議（民國107年4月9日），討論事項：「一、審查行政院函請審議『證券交易稅條例第2條之2條文修正草案』案。二、審查本院委員曾銘宗等16人擬具『證券交易稅條例第2條之2條文修正草案』案。三、審查本院委員盧秀燕等23人擬具『證券交易稅條例第2條之2條文修正草案』案。四、審查本院委員賴士葆等18人擬具『證券交易稅條例第2條之2條文修正草案』案。五、審查本院委員施義芳等17人擬具『證券交易稅條例第2條之2條文修正草案』案。（本案業經各黨團簽署「不復議同意書」在案）」即為實例。[109]

(二十三) 立法院三讀通過之法律案，為配合相關法律案一併公布，或應行政機關或審查會召集委員之要求，得延緩咨請總統公布

依憲法第72條：「立法院法律案通過後，移送總統及行政院，總統應於收到後10日內公布之。但總統得依照本憲法第57條之規定辦理」之規定，法律案經立法院通過後，應即移送總統及行政院；而總統除已核可行政院移請立法院覆議該決議案之外，應於收到立法院移送議決通過之法律案10日內予以公布。惟為配合相關法律案一併公布或因應行政機關或審查會召集委員的要求，就立法院議事成例，得以延緩咨請總統公布。如民國42年11月10日第1屆第12會期第9次會議就考試院函請將業已通過之公務人員任用、俸給、考績等3法延至下月底送請總統公布施行以資配合案，而決定上述3法延至下月底咨請總統公布[110]；民國88年6月4日第4屆第1會期第14次會議通過之「菸酒管理法」，為配合「菸酒稅法」及「財政部國庫署組織條例」之制定與修正，乃依附帶決議之決議，俟上述2法三讀通過後，再一併咨請總統於民國89年4月19日公布施行[111]；另民國86年10月30日第3屆第4會期第14次會議通過之「毒品危害

---

109 立法院公報，107卷，37期，民國107年5月4日，40頁；參閱何弘光：《解讀立法院精選案例：了解立法院立法、修法的運作模式》，初版，台北：五南圖書出版公司，民國112年3月，259-261頁。
110 立法院第1屆第12會期第9次會議，議事錄，5頁。
111 參閱立法院公報，88卷，31(上)期，民國88年6月9日，785-786頁。

防制條例」，亦因配合「法務部戒治所組織通則」、「觀察勒戒處分執行條例」及「戒治處分執行條例」的修正，而應主審該條例之司法委員會召集委員的請求，延緩至上述3法通過三讀後，併同咨請總統於民國87年5月20日公布施行[112]。

(二十四) 秘書長所編擬之院會議程草案分送程序委員會委員後，各黨團或程序委員會委員如需增列議案，應於該會開會日前1日中午12時前提出，並將資料於下午5時前分送該會委員

依立法院職權行使法第8條第2項之規定，政府機關提出之議案或立法委員（依同法第75條之規定，黨團亦包括在內）提出之法律案，應先送程序委員會。復依立法院議事規則第16條之規定，議事日程由秘書長編擬，經程序委員會審定後付印。因此，為配合程序委員會開會準備事宜，乃於民國89年10月13日立法院程序委員會第4屆第4會期第7次會議決定：「本會受理委員提案時間，於開會當日上午9時截止。」[113]；民國90年3月2日立法院程序委員會第4屆第5會期第3次會議復將提案截止時間延至上午10時，而決定：「委員及黨團之法律提案，請於本會開會當日上午10時前送議事處，以便印刷資料；逾時則列入本會下次會議議程草案。」[114]民國91年3月29日立法院程序委員會第5屆第1會期第4次會議再將提案截止時間改為開會前1日下午5時，而決定：「本會收受各項議案截止時間，訂為會議召開之前1日下午5時；並於召開會議當日上午10時，將各項議案關係文書函送本會委員及各黨團辦公室。」[115]因此，委員及黨團所提議案，應於程序委員會開會前1日下午5時前，向議事處提出，逾時則改列入下次會議議程草案。為利於程序委員會委員先行查閱各項提案內容，復經各黨團於民國91年9月17日協商，並將結論提報同年9月24日第5屆第2會期第1次會議決定：「嗣後行政機關及本院委員之提案，於收文1週後，再送請程序委員會編列議程。」[116]自第5屆第2會期起，行政機關及立法院委員所提各項議

112毒品危害防制條例咨請總統公布前，主審該條例的委員會召集委員應行政部門請求，函請延緩咨請總統公布，以便配合「法務部戒治所組織通則」等相關法案完成立法程序後一併公布；經援引前述議事先例處理。
113立法院程序委員會第4屆第4會期第7次會議紀錄。
114立法院程序委員會第4屆第5會期第3次會議紀錄。
115立法院程序委員會第5屆第1會期第4次會議紀錄。
116立法院公報，91卷，56(一)期，民國91年10月2日，140頁。

案，議事處於收文1週後，始送請程序委員會審定，編列下次院會議程。此項決定實施以來，時有窒礙，各黨團乃於同年10月18日再予協商，同意取消上述決定，修正爲：「議程草案外欲增列之提案，由各黨團於程序委員會開會日前1日中午12時前提出，並於下午5時前，將資料分送委員。」，並提報同會期第5次會議[117]。嗣後秘書長所編擬的院會議程草案分送程序委員會委員後，各黨團如需增列議案，應於該會開會日前1日中午12時前提出，並將資料於下午5時前分送該會委員。民國94年11月15日立法院程序委員會第6屆第2會期第11次會議再作如下決定：「各黨團或本會委員於議程草案外欲增列之議案，應於本會開會前1日中午12時前提出，相關資料並於下午5時前分送本會委員。」因此，程序委員會委員於議程草案外欲增列議案，自可比照黨團方式辦理[118]。

(二十五) 施政質詢時間，得經黨團協商，每週星期五及次週星期二視為1次會議。每週星期五上午9時至10時為國是論壇時間（行政院官員須列席），次週星期二下午1時50分至2時30分為處理臨時提案時間

　　在民國88年1月12日修正立法院議事規則之前，有關院會多日視爲1次會議、國是論壇及臨時提案的處理相關事宜，類依議事成例處理。民國85年3月26日第3屆第1會期第3次會議，經朝野協商決定：「施政質詢時間，每週星期五及次週星期二視爲1次會議，不受議事規則第22條之限制。每週星期五上午9時至10時爲「國是論壇時間」（官員須列席），每週星期二下午1時15分至2時15分爲處理臨時提案時間。」[119]嗣至民國89年9月29日第4屆第4會期第5次會議復經協商，將處理臨時提案的時間改爲自下午1時50分起[120]，民國90年2月20日同屆第5會期第1次會議再經協商，明定臨時提案處理時間爲次週星期二下午1時50分至2時30分[121]。嗣後各會期施政質詢期間處理臨時提案及國是論壇，均經協商依上述成例處理。

---

117 立法院公報，91卷，61(上)期，民國91年10月30日，139頁。
118 立法院程序委員會第6屆第2會期第11次會議紀錄。
119 立法院第3屆第1會期第3次會議，議事錄，201頁。
120 立法院第4屆第4會期第5次會議，議事錄，29頁。
121 立法院第4屆第5會期第1次會議，議事錄，329頁。

(二十六) 委員尚未簽到出席，不得登記發言；而委員發言順序若須調
　　　　整，當事人應親自簽名，如以橡皮章或印章提出者，一概不予
　　　　受理

　　立法院議事規則第6條之規定，立法院會議出席者及列席者均應署名於簽
到簿。但委員如尚未簽到，可否登記發言，因法未明文，於民國83年2月25日
第2屆第3會期第2次會議時，由於多位委員並未簽到，即登記議事錄發言，上
台發言，致引發委員王天競質疑。事經主席宣告：「嗣後委員尚未簽到出席，
不得登記發言。」[122]又因立法委員行使職權，應親自為之，為避免助理代為蓋
章而引發爭議，亦於民國83年6月3日第2屆第3會期第26次會議決定：「嗣後委
員發言順序調整，當事人須親自簽名，如以橡皮章或印章提出者，一概不予
受理。」[123]因此，委員尚未簽到出席，不得登記發言；而委員發言順序若須調
整，當事人應親自簽名，如以橡皮章或印章提出者，一概不予受理。

(二十七) 各委員會僅負責議案之審查，並無法案提案權；非經院會交付
　　　　審查議案所作的決議，不得向院會提出

　　立法院各委員會組織法第2條僅規定：「各委員會審查本院會議交付審查
之議案及人民請願書，並得於每會期開始時，邀請相關部會作業務報告，並備
質詢。」可否起草法案提報院會討論，因法無明文，在立法院第1屆第12會期
第2次會議討論請願法的提案問題時，則有所爭辯。此案緣於立法院同屆第10
會期第1次會議，程序委員會建議對於人民請願案件處理程序擬由程序委員會
先送有關委員會審查待成為議案後再予編列議程，經院會決定交法制委員會擬
訂人民請願案件處理辦法；法制委員會審查結果，認為人民請願案件處理辦法
規定於本院議事規則內為宜，並以為該項條文亦有相當規範人民之處，似應於
制訂之初，先為設定法律根據，擬於立法院組織法中增列條文，由當次會議主
席張子揚委員領銜連署全體委員併案送提院會，經提同會期第14次會議討論，
院會決議交法制委員會起草請願法，並先行擬訂本院對人民請願案件之處理辦
法，以應目前需要；法制委員會審查結果，認為委員會祗負審查議案之責，請

122 立法院公報，83卷，11期，民國83年3月2日，9頁。
123 立法院第2屆第3會期第26次會議，議事錄，134頁。

由原動議人起草提報院會後再交本會審查，經提報同屆第11會期第27次會議決定，改列討論事項，院會復於第12會期第2次會議，再將其改列報告事項，並接受法制委員會所提報告。有關請願法草案既經法制委員會擬訂，可由各委員依法定程序提出。因此，請願法草案乃由委員徐漢豪等32人於同會期第10次會議提出。委員會無權提出法案乃告確定[124]。委員會既無提案權，非經院會交付審查之議案所作的決議，自不得向院會提出，立法院法制、司法、預算三委員會於民國81年5月15日第1屆第89會期第25次會議向院會提報：「考試院未遵照本院對預算審查之決議，逕行會同行政院曲解預算法相關條文之法意，變更使用，經決議：『移請審計部剔除該項違法不當之支出』案」，經決定：「本案退回法制、司法、預算三委員會」[125]，即爲顯例。因此，各委員會僅負責議案的審查，並無法案提案權；非經院會交付審查議案所作的決議，不得向院會提出。

(二十八) 各委員會審查完竣之議案，於提報院會時，僅能列委員1人向院會說明，其列有2人者，由主席宣布將其中第2說明人劃除

依立法院各委員會組織法第11條之規定，各委員會審查完竣的議案，於提報院會時，僅能列委員1人向院會說明。如於審查報告中列有2位說明人時，究應如何處理？現行法規並無規定。立法院第1屆第32會期第28次會議討論實施都市平均地權條例修正草案時，委員朱有爲指出該審查報告中列潘廉方與楊寶琳2人爲本案說明人，與立法院各委員會組織法第11條規定不符，請依法更正，事爲院會同意，將審查報告中第2說明人劃除，以第1人爲說明人[126]。嗣後各委員會審查完竣之議案，於提報院會時，僅能列委員1人向院會說明，其列有2人者，主席得逕行宣布將其中第2說明人劃除。

(二十九) 在各委員會召集委員尚未選出前，仍由上會期委員及召集委員處理各該委員會工作

民國37年9月7日第1屆第2會期第1次會議討論「主席提出程序委員會召集

---

124 同註39，32-33頁。
125 立法院第1屆第89會期第25次會議，議事錄，3頁。
126 胡濤：前書，128頁。

委員陳顧遠報告，第2會期程序委員會依該會組織規程之規定，應由各委員會各推委員1人組織之，在未成立前，程序委員會職務如何進行，請公決案。」經院會決議：「第2會期程序委員會在未成立前，第1會期程序委員會仍繼續執行職務」[127]。民國42年9月11日第1屆第12會期第2次會議時，立法院院長報告本會期各委員會召集委員未選出前，議案審查工作如何進行案？亦經院會決定：「仍由第11會期各委員會委員及召集委員負責審查」[128]。因此，在各委員會召集委員尚未選出前，仍由上會期委員及召集委員處理各該委員會工作。

(三十) 各委員會召集委員選舉結果彙報院會，如其中部分委員會對選舉結果有爭議而提報院會決定時，院會不予處理，仍退回該委員會處理，並儘速將結果提報院會

依立法院各委員會召集委員選舉辦法第9條之規定，票選或推選結果，應當場宣告，並通知人事處彙報院會。因此，院會不宜介入委員會選舉爭議。委員會對選舉結果如有爭議而提報院會決定時，院會例不處理，而退回該委員會，並要求其儘速將結果提報院會。如第2屆第3會期內政及邊政委員會選舉召集委員發生代為填寫選票及投入票匭情事，由於涉及選舉是否有效問題，而提報第3次會議決定，經決定退回該會重行選舉，並將選舉結果儘速提報院會[129]；第4屆第5會期衛生環境及社會福利委員會因召集委員選舉唱票時，監票員對其中1票有異議，認為廢票，經在場委員暨朝野黨團協商後決議，選票全數封存送院會處理，於提報第2次會議時，亦經決定退回該會處理，並將結果儘速提報院會[130]。第4屆第6會期財政及司法兩委員會選舉召集委員，各因委員羅明才及委員林進春連任3次，有違上述選舉辦法第4條：「連選得連任，但以1次為限」（現行法業已修正為連選得連任）之規定，而引發爭議，人事處將該會期召集委員名單提報第2次會議時，亦經決定：「除財政委員會及司法委員會退回該會處理，並將結果儘速提報院會外，餘均備查。」其中財政委員會復將選舉爭議再行提報第4次會議，請求院會處理，亦經決定：「關於財政委

---

127 立法院第1屆第2會期第1次會議，議事錄，7頁。
128 立法院第1屆第12會期第2次會議，議事錄，5頁。
129 立法院第2屆第3會期第3次會議，議事錄，7頁。
130 立法院第4屆第5會期第2次會議，議事錄，21頁。

員會召集委員之選舉爭議，請財政委員會依本院相關內規處理，並將結果儘速提報院會[131]。」

(三十一) 黨團推派代表所組成之專案委員會或小組，嗣後得由各黨團改推派所屬其他成員擔任。至於程序委員會雖亦由黨團推派代表所組成，除出缺遞補或出任黨團負責人外，不得更換

民國90年4月17日新黨黨團函請更替兩岸事務因應對策小組成員，經提報第4屆第5會期第10次會議，改推派委員張世良及營志宏為小組成員[132]，因此，黨團推派代表所組成的小組，嗣後得由各黨團改推派所屬其他成員擔任，另依立法院職權行使法第45條之規定，為行使文件調閱權，得經院會同意設調閱委員會，上述委員會，例由黨團推派代表組成，得援前述議事成例，嗣後由各黨團改推派所屬其他成員擔任。如第4屆第5會期第13次會議為處理90年度「補助台灣省各縣市政府」科目預算而成立的調閱委員會，民進黨黨團於民國90年5月24日函請將原推派參加委員林忠正，因另有要務，改推派委員李俊毅擔任，並提報同會期第15次會議[133]；第6屆第1會期第14次會議經朝野協商成立「通訊保障及監察調閱委員會」，親民黨黨團亦於民國95年3月7日函請將原推派參加委員高思博，改推派委員張顯耀擔任，並提報同屆第3會期第5次會議[134]。

民國88年3月16日立法院第4屆第1會期第3次會議修正立法院程序委員會組織規程後，該會改由各黨團依其在院會席次比例分配成員組成；依本項議事成例，得由各黨團改推派所屬其他成員擔任，如民國90年3月23日中國國民黨立法院黨團函，依同月22日朝野黨團協商結論所作決定，請將原推派委員鄭永金出任第4屆第5會期程序委員會委員，改推派委員李全教擔任，經提報程序委員會第4屆第5會期第6次會議同意，即為1例[135]。嗣因該會委員更換頻仍，致引發爭議。因此，第6屆第2會期透過朝野黨團協商提報院會決定，各黨團成員

---

131 分見立法院公報，90卷，45(上)期，民國90年10月6日，95-96頁；90卷，47(上)期，民國90年10月20日，18頁。

132 立法院第4屆第5會期第10次會議紀錄，14頁。

133 參閱立法院第4屆第5會期第13次會議，議事錄，126-127頁；立法院第4屆第5會期第15次會議，議事錄，26頁。

134 參閱立法院第6屆第1會期第14次會議，議事錄，185-186頁；立法院第6屆第3會期第5次會議，議事錄，16-17頁。

135 參閱立法院程序委員會第4屆第5會期第6次會議紀錄。

名單確定後嗣後不予更換[136]；第3會期後均依前例，提報院會決定成員名單確定後嗣後不予更換[137]。第5會期因民進黨不分區委員盧天麟就任行政院勞工委員會主任委員，辭去立法委員，而由楊芳婉委員遞補。楊芳婉委員遞補盧天麟委員離職後程序委員會的缺額，是否違背上述名單確定後嗣後不予更換的院會決定，因有疑義，經提民國96年5月29日程序委員會第6屆第5會期第15次會議討論決議，同意楊芳婉委員遞補爲該會委員[138]。民國102年3月5日第8屆第3會期第2次會議，依黨團協商結論，決定如下：「本（第3）會期程序委員會依政黨比例由國民黨黨團11人、民進黨黨團6人、台灣團結聯盟黨團及親民黨黨團各1人推派代表組成，各黨團成員名單請於3月7日（星期四）下午5時前送至議事處彙整，上述名單送交議事處後即不予更換，但因出任黨團負責人[139]而更換者，不在此限。」

(三十二) 立法院得先舉行全院委員談話會，決定臨時會召開相關事宜

依憲法第68條之規定，立法院每年2個會期，自行集會。但每會期開議日期如何決定，則未予明定。自第1屆第21會期起，按第20會期第24次會議所作：「立法院每會期集會日期，俟報到委員已足開會法定人數時，由秘書處邀請報到委員舉行談話會決定之」之決議，立法院每會期例由委員報到後，舉行全院委員談話會決定開議日期；直至同屆第85會期起，改由朝野雙方事先商議決定，並提報院會通過[140]。民國88年1月12日制定立法院職權行使法時，將後述成例規定於第2條第1項，開議日由各黨團協商決定之。至於我國憲法第69條明定遇有總統咨請或立法委員1/4以上之請求，得召開臨時會；依立法院職權行使法第15條及第35條之規定，總統於立法院休會期間發布緊急命令或於立法院解散後發布緊急命令提交立法院追認時，立法院應召開臨時會；立法院休會期間，行政院移請覆議案，亦須於送達7日內舉行臨時會。上述臨時會如何召開？究應如何處理？現行法規亦無規定。行憲以來，立法院共召開38次臨

---

136 參閱立法院公報，94卷，44期，民國94年9月26日，339-340頁。
137 參閱立法院公報，95卷，7期，民國95年3月3日，17-18頁；95卷，37(上)期，民國95年10月2日，444-445頁；96卷，21期，民國96年3月21日，121頁。
138 參閱立法院程序委員會第6屆第5會期第15次會議紀錄。
139 參閱立法院公報，102卷，7期，民國102年3月8日，820頁；何弘光：前書，306-308頁。
140 同註39，29-30頁。

時會。第1次臨時會於民國40年7月18日舉行，係由委員潘廉方等214人為討論對日和約草案未將我國列入多邊簽約國家而提議召開，第2次臨時會則於民國41年7月15日舉行，係由總統咨請召開，以便審議中華民國與日本國間和平條約。第3次臨時會於民國90年1月30日舉行，係由立法委員鄭永金等91人為請行政院院長就停建核四或有無替代方案等相關事宜提出報告並備質詢，且依憲法第63條之規定，作成應否停建的決議而提議召開。第4次臨時會於民國90年6月26日舉行，係由總統咨請召開，以便審議「存款保險條例第17條之1修正草案」等6項具急迫性及重要性之金融改革法案。第5次臨時會於民國91年7月15日舉行，係由立法委員賴勁麟等85人為加速基隆河整治工作，保障基隆河沿岸居民之基本權益，以便儘速審議通過「基隆河整治特別預算案」而提議召開。第6次臨時會於民國92年7月8日舉行，係由立法委員柯建銘等83人為請審議「行政院金融重建基金設置及管理條例部分條文修正草案暨加值型及非加值型營業稅法部分條文修正草案」、「行政院金融監督管理委員會組織法草案」、「台灣地區與大陸地區人民關係條例修正草案」、「自由貿易港區設置管理條例草案」、「農業金融法草案」及「不動產證券化條例草案」等6項財經改革法案與立法委員曾永權等88人為請審議「公民投票法草案」而請求召開。第7次臨時會，係由立法委員柯建銘等81人為請審議「憲法增修條文部分條文修正草案」等18項具急迫性議案及立法委員曾永權等59人為請審議「319槍擊事件真相調查特別委員會條例草案」等8項議案及重要民生法案13案而請求召開。第8次臨時會係由立法委員柯建銘等88人為請審議「中央政府易淹水地區水患治理計畫第1期特別預算案」等8項法案、委員曾永權等102人為請審議「罷免陳水扁總統提案」等14項法案及委員黃適卓等100人審議「中央政府易淹水地區水患治理計畫第1期特別預算案」等13項法案而請求召開。第9次臨時會係由立法委員柯建銘等85人為請審議「96年度中央政府總預算附屬單位預算營業及非營業部分」等18項法案及委員曾永權等105人為審議「中央選舉委員會組織法草案」等19項法案而請求召開，第10次臨時會係由立法委員林益世、張碩文等44人為請審議「98年度中央政府總預算案」案及委員葉宜津等23人為針對「電子票證發行管理條例」之決定提出復議案而請求召開（第11次至第38次臨時會部分，不再贅述。）上述第2次臨時會係經召開全院委員談話會決定開會

日期[141]。第3次至第38次臨時會，均援引前例先行召開全院委員談話會，決定召開臨時會之相關事宜[142]。

(三十三) 各機關函送立法院查照的行政命令，應由院會決定是否交付有關委員會審查；程序委員會不得於編列議事日程時，逕行建議交付審查

依立法院職權行使法第60條（原規定於立法院議事規則第8條）之規定，各機關依其法定職權或基於法律授權訂定的行政命令送達立法院後，應提報立法院會議，出席委員對於前項命令，認爲有違反、變更或牴觸法律者，或應以法律規定事項而以命令定之者，如有15人以上連署或附議，即交付有關委員會審查。準此，各機關函送立法院查照的行政命令，應由院會決定是否交付有關委員會審查；程序委員會是否可於編列議事日程時，逕行建議交付審查？現行法規並未明定。民國81年10月20日第1屆第90會期第10次會議於處理報告事項第8案：行政院函送修正「山胞身分認定標準」時，由於程序委員會擬請院會將本案交內政委員會審查，但委員李友吉認爲應由院會決定是否交付委員會審

---

141 該談話會於民國41年7月12日舉行。見中央日報，民國41年7月13日，1版。
142 第3次臨時會談話會於民國90年1月29日舉行，並作如下決定：「1月30日及1月31日舉行臨時會，並將30日及31日視爲1次會議。」，見立法院公報，90卷，6期，民國90年2月7日，111頁；第4次臨時會談話會於民國90年6月22日舉行，並作如下決定：「6月26日及6月27日舉行第4屆第5會期第1次臨時會第1次會議，兩日並作爲1次會議。」，見立法院公報，90卷，43期，民國90年7月18日，452頁；第5次臨時會談話會於民國91年7月15日舉行，並作如下決定：「7月15日至7月17日召開臨時會，7月15日及7月17日並作爲1次會議。」，見立法院公報，91卷，55期，民國91年8月7日，151頁；第6次臨時會談話會於民國92年7月8日舉行，決定：「7月8日（星期二）、7月9日（星期三）及7月10日（星期四）召開臨時會，並作爲1次會議。於全院委員談話會後，立即改開臨時會」，見立法院公報，92卷，37期，民國92年7月19日，165頁；第7次臨時會談話會於民國93年8月10日舉行，並作如下決定：「定於8月11日至8月24日召開第5會期第1次臨時會。」，並表決該臨時會所處理特定事項之相關議案，見立法院公報，93卷，36期，民國93年8月23日，415-422頁；第8次臨時會談話會於民國95年6月12日舉行，並作如下決定：「一、定於6月13日至6月30日召開第6屆第3會期第1次臨時會。二、本次臨時會處理特定事項之議案照委員曾永權等102人提案通過」，見立法院公報，95卷，35期，民國95年7月3日，53-68頁；第9次臨時會談話會於民國96年7月9日舉行，先依協商結論決定：「一、定於96年7月10日（星期二）至96年7月20日（星期五）召開第5會期第1次臨時會；二、同意7月10日（星期二）、13日（星期五）及17日（星期二）視爲第5會期第1次臨時會第1次會議；另7月19日（星期四）加開院會並與7月20日（星期五）視爲第2次會議。」，復依表決確定本次臨時會處理特定事項之議案，照委員曾永權等105人提案通過，見立法院公報，96卷，57期，民國96年7月17日，435-448頁。第10次臨時會談話會於民國98年1月15日舉行，並作如下決定：「一、本會期第1次臨時會第1次會議定於1月15日下午2時30分起及1月16日舉行。二、98年度中央政府總預算案及委員葉宜津等23人爲針對『電子票證發行管理條例』之決定提出復議案等二案列爲本次臨時會特定議案」，見立法院公報，98卷，5期，民國98年2月2日，103頁。

查，程序委員會不能替院會決定是否交付審查。經主席裁示：「本案是行政命令，程序委員會只能依立法院議事規則第8條之規定，建議院會交那一個委員會，至於是否要審查，則由院會決定。」[143]嗣後有關院會處理命令，乃按此案例進行。即各機關函送立法院查照的行政命令，應由院會決定是否交付有關委員會審查；程序委員會不得於編列議事日程時，逕行建議交付審查。

(三十四) 各機關依中央法規標準法規定，送請立法院查照的行政命令，應附具總說明；修正者，應附具新舊條文對照表及修正理由；廢止者，則應檢附原條文

依中央法規標準法第7條之規定，各機關依其法定職權或基於法律授權訂定之命令，應視其性質分別下達或發布，並即送立法院。為便於瞭解行政命令是否有違反、變更或牴觸法律，或應以法律規定事項而以命令定之等情事，各機關送請立法院查照之行政命令，理應附具理由。因此，立法院在院會處理行政命令時，亦多次決定各機關依中央法規標準法規定所送請立法院查照的行政命令，應附具總說明；修正者，應附具新舊條文對照表及修正理由；廢止者，則應檢附原條文。茲舉例加以說明。民國79年12月11日第1屆第86會期第34次會議處理報告事項第13案至第15案有關僑務委員會函送之行政命令修正案時，委員盧修一認為所送關係文書中，均未附具現行條文和修正條文對照表，亦未敘明修正理由，建請秘書處去函僑務委員會，請其補送相關資料，俟瞭解有關問題後，再決定是否准予查照，經院會決定：「再函行政院，請其今後於修正行政命令條文時，能附上現行條文和修正條文對照表，並敘明修正理由，以供本院參考。」[144]。民國80年1月9日同會期第45次會議亦作如下決定：「嗣後行政命令送本院查照時，應附送總說明。」[145]

---

143 立法院公報，81卷，66期，民國81年10月21日，4頁。
144 立法院公報，79卷，99期，民國79年12月12日，14-15頁。
145 立法院第1屆第86會期第45次會議，議事錄，64頁。

(三十五) 立法委員對於涉及個人利益之相關法案，不得參與表決。但涉及整體委員利益，如增設立法委員助理等，自不受此限制，均有參與表決的權利

　　立法委員行使職權，如有涉及個人利益時，自應予以迴避，不得參與議案審議與表決。惟在何種情況下，始得迴避？原立法院議事規則第46條規定立法委員對於關係其個人本身之議案，不得參與表決。但於民國80年5月28日第1屆第87會期第29次會議討論「資深民代自願退職金優惠存款利息補助應全數刪除」時，委員王志雄提議資深立委爲本案當事人，不得參與表決。事經主席裁決：「所謂立法委員對於關係其個人本身之議案，不得參與表決，係指與立法委員個人之利益有關者，並非指與立法委員整體利益有關者，資深立委不能參與本案之表決實無法律依據」，資深立委仍參與是項表決[146]。民國88年1月12日第3屆第6會期第14次會議雖通過立法委員行爲法，專章明定「利益之迴避」；其中第22條規定立法委員行使職權就有利益迴避情事之議案，應迴避審議及表決。而所稱之利益，於該法第19條明指立法委員行使職權不當增加其本人或其關係人金錢、物品或其他財產上之價值。民國89年6月27日第4屆第3會期第27次會議所通過之「公職人員利益衝突迴避法」第10條第1項第1款也明定民意代表不得參與個人利益相關議案之審議及表決。但上述有關迴避範圍的規定，仍援用上述前例。立法委員對於涉及個人利益的相關法案，不得參與表決。但涉及整體委員利益，自不受此限制，均有參與表決的權利。

(三十六) 立法委員為參加選舉或助選活動，得經院會決議，停開院會及委員會

　　依立法院議事規則第20條第1項（原爲第22條）：「本院會議於每星期二、星期五開會，必要時經院會議決，得增減會次」之規定，立法院於必要時，得加開或停開院會。因此，立法委員爲參加選舉或助選活動，得經院會決議，停開院會及委員會。上述情事已爲成例，立法委員在會期中參加選舉或助選活動，得經院會決議，予以停開院會及委員會。茲舉數例概述如下：(一)民國81年10月30日第1屆第90會期第15次會議時，委員華加志等19人爲配合委員

146立法院公報，80卷，43期，民國80年5月29日，159頁。

參加第2屆立法委員選舉，擬請本會期之院會及委員會自11月2日起暫時休會，至12月22日起再行復會案，經決議：自11月2日起至12月21日止，停開院會及委員會會議。[147]；(二)民國85年3月1日第3屆第1會期第2次會議，委員饒穎奇等32人，因第9任總統、副總統選舉，建議自3月1日起至3月25日止，停開院會及各委員會案，經決議：「(一)自即日起至25日止停開院會及委員會；(二)3月26日第3次會議，邀請行政院院長報告施政方針並備質詢。」[148]；(三)爲縣市長選舉助選，民國86年10月1日朝野黨團協商，並將結論提報同月2日第3屆第4會期第6次會議，決定：自11月15日起至11月28日止，停開院會及委員會[149]。有關停會期間可否召開臨時會，因未定有明文，立法院曾爲此而有所爭議[150]。由於停會期間並不等於休會期間，依憲法第69條規定，自無召開會議之可能。惟衡酌憲政原理，倘停會期間遇有重要急迫情事而需立法院行使職權時，重行開會之機制設計有其必要性。爲改進上述缺失，立法院於民國88年1月12日第3屆第6會期第14次會議修正立法院組織法時，於第6條第2項明定：「停開院會期間，遇重大事項發生時，經立法委員1/4以上之請求，得恢復開會」。

(三十七) 每屆立法委員任期屆滿，未連任委員得作惜別演說；辭職就任官吏者，亦得發表感言

爲使未連任委員得以發抒感想及提供建言，民國82年1月15日第1屆第90會期第23次會議時，委員蔡中涵、蔡勝邦等18人提請院會公決1月16日由卸任委員發表臨別感言每人5分鐘案。經決議：「明（16）日院會時，未連任委員可發表臨別感言5分鐘。」[151]。嗣後第2屆至第5屆委員任期屆滿時，均援前例，分別於民國85年1月18日第2屆第6會期第23次會議、民國88年1月15日第3屆第6會期第15次會議、民國91年1月18日第4屆第6會期第13次會議及民國94年1月21

---

147 立法院第1屆第90會期第15次會議，議事錄，24頁。

148 立法院第3屆第1會期第2次會議，議事錄，50-51頁。

149 立法院第3屆第4會期第6次會議，議事錄，42頁。

150 緣於民國85年第9任總統副總統選舉，立法院經院會決議：「自即日起至25日止停開院會及委員會；3月26日第3次會議，邀請行政院長報告施政方針並備質詢。」；但在停會期間，由於中共在臨近我台灣本島之海域進行軍事演習，試射地對地導彈，引起國內外嚴重關切。委員郁慕明及張俊宏分別提案要求召開臨時會，秘書處遍查現行法規，並無明文規定，亦無前例，乃以「臨時會之舉行，應於休會期間爲之，會議未便召開」及「停會期間尚無舉行會議之相關規定」爲由函復未便處理，以致引發爭議。

151 立法院第1屆第90會期第23次會議，議事錄，23頁。

日第5屆第6會期第16次會議舉行未連任委員惜別演說而爲議事成例[152]。又立法委員辭職就任官吏時，亦基於上述理由，類多發表臨別感言，如現任總統陳水扁先生擔任立法委員時，因當選台北市長，於民國83年12月20日第2屆第4會期第27次會議發表臨別感言，行政院院長張俊雄先生因就任總統府秘書長，亦於民國89年5月19日第4屆第3會期第17次會議發表臨別感言，均爲顯例[153]。

(三十八) 外國元首、總理及國會議長得蒞臨立法院院會發表演說，其他外賓蒞臨立法院訪問時，得邀請其在談話會或於立法院院會休息時間發表演說。上述國賓或外賓於演說前均坐在行政院院長備詢時所坐席位，以示禮遇

　　立法院可否邀請外賓蒞臨院會發表演說，在民國51年1月23日訂定立法院議場規則前，並無相關內規加以規定。民國40年5月11日韓國國會議長申翼熙先生來訪，有關歡迎外賓方式，並無法規及前例可循，院會就此多加討論，爲免創下不合式之例，乃決定舉行談話會歡迎其發表演說。第1屆第9會期第19次會議美國議員代表來訪，亦援此例接待。迨同屆第21會期第20次會議土耳其孟德勒斯總理及第25會期第19次會議菲律賓共和國賈西亞總統來訪，因係外國總理與元首，乃在院會時間請其發表演說，藉表隆重並符國際慣例[154]。直至民國51年1月23日同屆第28會期第34次會議訂定前述規則，於第7條加以明定：「總統或國賓蒞臨本院發表演講時，於主席之右設特別席」；惟國賓究係何指，仍未明確。同屆第39會期第2次會議韓國國會議長李孝祥先生來訪，院會依此變更前例，請其蒞臨院會演說[155]。嗣後有關國賓的範圍，即指現任外國元首、總理與國會議長，得邀請其蒞臨院會發表演說。至於卸任元首、總理或其他外賓蒞院訪問，則不得在院會發表演說，改以談話會或院會休息方式進行演說。就實務以觀，立法院遷入現址後，已有哥斯大黎加羅德里格斯總統於民國88年3月26日第4屆第1會期第4次會議、薩爾瓦多共和國佛洛瑞斯總統於民國89年12

---

152 立法院第2屆第6會期第23次會議，議事錄，42頁；立法院第3屆第6會期第15次會議，議事錄，99頁；立法院第4屆第6會期第13次會議，議事錄，170頁；立法院第5屆第6會期第16次會議，議事錄，189頁。
153 分見立法院公報，83卷，81期，民國83年12月24日，298-300頁；89卷，27期，民國89年5月24日，30-31頁。
154 胡濤：前書，112頁。
155 同前註。

月8日第4屆第4會期第21次會議及馬紹爾群島共和國湯敏彥總統於民國97年3月11日第7屆第1會期第3次會議蒞臨院會發表演說[156]；法國前總統季斯卡、蘇聯前總統戈巴契夫及波蘭前總統華勒莎等先生分別於民國81年5月8日第1屆第89會期第23次會議、民國83年3月24日第2屆第3會期第9次會議及民國85年11月1日第3屆第2會期第14次會議院會休息時間發表演說[157]。至於席位事宜，依上述規則第7條之規定，國賓應坐於主席旁（民國78年5月16日同屆第83會期第25次會議將「主席之右」修正爲「主席旁」）；惟爲便於發言並顧及國際禮儀，前述哥斯大黎加總統蒞臨院會發表演說時，經徵詢同意，即坐在行政院院長備詢時席位。爲符實況，復將條文中「於主席旁」四字予以刪除[158]；而其他外賓與國賓同，亦坐於行政院院長備詢席位，以示禮遇。

(三十九) 行政院院長、副院長及各部會首長應親自出席立法院院會，以備質詢；如因故不能出席者，須向立法院請假，於開會前檢送必須請假之理由及行政院院長批准之請假書。但各部會首長因故不能出席請假時，非政務官之部會副首長不得上發言台備詢，必要時，得提供資料，由行政院院長答復。另各部會首長除非出國或有特別重要且迫切的公務需要其親自處理，不宜請假而委由副首長代表出席本院院會，以示對憲法之尊重，並重視本院委員之質詢權利（其中「各部會首長因故不能出席請假時，非政務官之部會副首長不得上發言台備詢，必要時，得提供資料，由行政院院長答復」已明定於立法院職權行使法第26條第2項。）

依立法院職權行使法第26條之規定，行政院院長、副院長及各部會首長應親自出席立法院院會，並備質詢；如因故不能出席者，應於開會前檢送必須請假的理由及行政院院長批准的請假書。由於行政院院長及各部會首長列席立法院院會備詢，係就其政策答復委員質詢。因此，非政務官之部會副首長不宜

---

156 分見立法院公報，88卷，12期，民國88年3月31日，69頁；89卷，70(上)期，民國89年12月13日，3頁；97卷，3期，民國97年3月18日，117-119頁。

157 分見立法院公報，81卷，38期，民國81年5月9日，63頁；83卷，19期，民國83年3月26日，35頁；85卷，55(上)期，民國85年11月6日，32頁。

158 民國89年12月26日第4屆第4會期第26次會議修正立法院議場規則時，將第7條修正爲：「總統或國賓蒞臨本院發表演講時，設特別席。」。

上台答復，乃於立法院第5屆第3會期第3次會議由主席作如下宣告：「行政院院長、副院長及各部會首長應親自出席立法院院會，以備質詢；如因故不能出席者，須向立法院請假，於開會前檢送必須請假之理由及行政院院長批准之請假書。但各部會首長因故不能出席請假時，非政務官之部會副首長不得上發言台備詢，必要時，得提供資料，由行政院院長答復。」[159]民國93年3月2日第5屆第5會期第4次會議輪由羅明才委員進行質詢時，由於連續指定多位部會首長備詢，多因請假而未出席，致引發羅委員不滿，主席於散會時作如下宣告：「本院對行政院院長施政報告進行口頭質詢期間，行政院各部會及直屬機關首長，依憲法有親自出席院會並備質詢之義務，除非出國或有特別重要且迫切的公務需要首長親自處理的公務，致不克出席本院院會之事由，不宜請假而委由副首長代表出席，以示對憲法之尊重，並重視本院委員之質詢權利，請游院長確實督促各部會首長注意，也請在請假時，註明具體的公務。」[160]嗣於民國94年2月25日第6屆第1會期第1次會議輪由林益世委員質詢時，因新聞局局長請假而未出席致引發爭議，主席即依上述前例而作如下宣告：「本院對行政院院長施政報告進行口頭質詢期間，行政院各部會首長有親自出席院會並備質詢之義務；本院第5屆第5會期第4次會議院會主席已就部會首長請假情事裁定『除非出國或有特別重要且迫切的公務需要首長親自處理，不宜請假委由副首長代表出席。』上述裁定並經行政院轉知各部會遵照辦理，請行政院仍依前述裁定辦理。」[161]民國113年6月24日公布修正立法院職權行使法時，將其中「各部會首長因故不能出席，請假時，非政務官之部會副首長不得上發言台備詢，必要時，得提供資料，由行政院院長答復。」於第26條第2項予以明定[162]。

　　本章所述議事規範，依Samuel C. Patterson與Gerhard Loewenberg兩位學者所指，能使立法行為產生一定程度的可預測性（predictability），立法行為可預測性高，議會不可預測的突發事件就會相對減少，從而議事程序便能運作順暢；此外，議事規範亦能降低議員間之衝突，增加議會的整體和諧，有助於議

---

159 參閱立法院公報，92卷，13期，民國92年3月26日，36頁。
160 參閱立法院公報，93卷，11(上)期，民國93年3月6日，161-165及198頁。
161 參閱立法院公報，94卷，9期，民國94年3月7日，242頁。
162 參閱立法院公報，113卷，44期，民國113年6月4日，221-223頁。

事效率的提高及其目標的達成[163]。倘不遵守議事規範，甚或曲解其原意，將引發無謂爭議，而破壞國會正常運作[164]。

---

[163] 朱志宏：《立法論》，初版，台北：三民書局，民國84年3月，155頁。

[164] 立法院於民國106年7月13日至同年8月31日第9屆第3會期臨時會處理前瞻基礎建設特別條例及中央政府前瞻基礎建設計畫第1期特別預算等案，院會主席因立法時程的迫切性，乃有心或無意未照立法院職權行使法及議事規則等相關規定，致引發爭議。在野黨委員林為洲、李鴻鈞、高金素梅等38人以程序有重大瑕疵的違憲疑義而聲請大法官解釋，大法官於民國107年5月4日第1476次會議決議不予受理，並在決議第8點提出議事規範選擇權與少數委員大量提案有違民主原則所蘊涵服從多數的見解。是項決議固無通案拘束力，但其故意曲解議事法則，勢將影響爾後各級議會的議事運作，並引發相當爭議。本章業已述及議事規範雖包括成文規則與不成文例規；惟其使用時，仍須遵守規範的優先次序；倘有彼此衝突之時，則應依其優先序列以定取捨。因此，立法院或其他各級議會在處理議事時，自應先適用成文規範，在法規未規定時，始有適用會議規範的空間。爰特舉該例加以釐清。參閱司法院公報，60卷，6期，民國107年6月，253-260頁；李念祖：《大法官釋憲的政治空氣》，中國時報，民國107年6月7日，14版；羅傳賢：《大法官助長多數暴力？》，中國時報，民國107年7月9日，14版。

第三章　議案之類別

　　所謂「議案」係指相關機關或委員對立法院所提之案，亦即議學上所稱的動議[1]；其與一般通稱之「法案」有何差異？一般而言，所謂法案，僅指法律案，即向立法機關提出以便審議制定的法律草案，其經立法機關通過並經公布，便可成為法律[2]。復就現行法令以觀，議案與法案亦有所差別。依立法院職權行使法第7條：「立法院依憲法第63條規定所議決之議案，除法律案、預算案應經三讀會議決外，其餘均經二讀會議決之」及立法院議事規則第7條：「議案之提出，以書面行之，如係法律案，應附具條文及立法理由」之規定，可知議案的範圍較廣，包括法案在內，而法案僅為議案的一種。依上所述，立法院所處理的議案，除法律案外，尚包括其他議案。復依憲法第39條、第43條、第55條、第57條、第63條、第104條、第105條、第174條、憲法增修條文第1條至第7條及第12條等相關規定，立法院所處理的議案，包括憲法修正案、領土變更案、法律案、預（決）算案、戒（解）嚴案、大赦案、宣戰案、媾和案、條約案、行使同意權案、覆議案、不信任案、彈劾案、罷免案、補選案、緊急命令追認案及其他重要決議案。除覆議案另於第6章第2節論述外，餘分節加以說明。

第一節　憲法修正案與領土變更案及法律案

第一項　憲法修正案

　　憲法雖為國家的根本大法，惟國家社會情勢時有演變，為因應社會及人民需要，亦不宜一成不變。依憲法第174條之規定，我國國民大會代表總額1/5之提議，2/3之出席，及出席代表3/4之決議，即可修改憲法；而立法院立法委員如有1/4之提議，3/4之出席，及出席委員3/4之決議，亦得擬定憲法修正案，提

1　依民權初步第31節所述，動議者，即為對於事體處分的提案；會議規範第34條亦規定，動議以書面為之者稱提案。可知提案實即為動議，兩者可謂通稱互訓之詞。

2　吳堯峰：《民政議事工作辭典》，再版，台北：五南圖書出版公司，民國78年1月，114頁。

請國民大會複決。但此項憲法修正案，應於國民大會開會前半年公告。因此，立法委員得擬具憲法修正案，提請立法院院會議決。復依民國89年4月25日公布的憲法增修條文第1條第2項之規定，國民大會依憲法第174條第1款的修憲權已不再適用。有關憲法修正案，僅由立法委員提出[3]。

行憲以來，立法院僅於民國93年8月23日通過中華民國憲法增修條文第1條、第2條、第4條、第5條、第8條及增訂第12條條文修正案，並於民國94年6月10日經國民大會複決通過[4]。另於民國111年3月25日第10屆第5會期第5次會議通過中華民國憲法增修條文第1條之1條文[5]。

第二項　領土變更案

領土為國家構成要素之一，指某一定土地為自國行使權力區域之意。從積極面而言，係自己可以對於領土內的一切人和物行使權力；從消極面來說，則可以禁止他國在其領土內行使權力[6]。

各國憲法對於領土之規定，其所採的主義，可分為(一)列舉主義及(二)概括主義兩種。所謂列舉主義，即憲法對於領土的範圍，列舉規定組成領土的地域；而概括主義，則指憲法對於土地的範圍，僅為簡單的概括規定[7]。我國憲法對於領土所採的主義，依第4條：「中華民國領土，依其固有之疆域，非經國民大會決議，不得變更之」之規定，乃採概括主義。

有關一國領土的變更，有因自然或不可抗力之原因致變更領土的自然變更；亦有因人為因素的人為變更，如領土之割讓、取得、交換、合併，而予變更。自然變更非為憲法討論的範圍，而憲法對於人為變更領土，有採(一)憲法限制主義及(二)法律限制主義兩種。所謂憲法限制主義，即惟制憲機關或修憲

3　依該增修條文第1條第2項第1款之規定，立法院所提的憲法修正案，仍由國民大會複決；復依第1項之規定，國民大會代表300人，於立法院提出憲法修正案、領土變更案，經公告半年，或提出總統、副總統彈劾案時，應於3個月內採比例代表制選出之。

4　參閱立法院公報，93卷，37(上)期，民國93年9月13日，95-125頁；國民大會會議實錄，國民大會秘書處編，民國94年10月，113-124頁。

5　依憲法增修條文第12條規定，憲法修正案於公告半年後，經中華民國自由地區選舉人投票複決，有效同意票過選舉人總額之半數，即通過之。該修正案經投票結果不通過（選舉人數19,239,392人，有效同意票數5,647,102票）。參閱立法院公報，111卷，42期，民國111年4月13日，104-105頁；中央選舉委員會民國111年12月2日公告。

6　洪應灶：《中華民國憲法新論》，6版，台北：自刊本，民國59年8月，24頁。

7　同前註。

機關得為變更領土的決定，而行政機關、立法機關不得為之。所謂法律限制主義，乃謂變更領土，非行政機關所可得為，但立法機關得依照立法程序以通過變更領土案[8]。前述憲法第4條之規定，係採憲法限制主義；但依現行憲法增修條文第4條第5項：「中華民國領土，依其固有疆域，非經全體立法委員1/4之提議，全體立法委員3/4之出席，及出席委員3/4之決議，提出領土變更案，並於公告半年後，經中華民國自由地區選舉人投票複決，有效同意票過選舉人總額之半數，不得變更之。」之規定，改採偏向法律限制主義。因此，領土變更案，改由立法委員提出，並提請院會議決後，經公告半年後，交由中華民國自由地區選舉人投票複決。

第三項　法律案

憲法及其他法律上所謂法律案，論者認為應包括法律之制定案、法律之修正案、法律之廢止案等意義在內[9]。惟依現行中央法規標準法的規定，法律案尚包括法律之停止（或暫停）適用案。茲分述如下：

一、法律制定案

國家目的之實現，有賴於政府政策的執行，而政策乃政府機關與其他社團組織，關於其業務目標與重心達成長程計畫或工作綱領，以為管理者確定與估計所負責任與進行程序的工具[10]。因此，政策乃是一種執行行動之指引。若欲成為政府行事的依據與人民行為的規範，則必透過立法形式，而為法律[11]。

法律既常為政策的具體化，政策須透過法律始得以施行。因此，為達政策需要的目標，乃由提案主體擬具法案，提請立法院議決，而制定為法律。如行政院為保障兩性工作平等及兩性工作的和諧，認為有必要建構完整之兩性工作平等的法律規範，乃於民國88年3月31日函請立法院審議「兩性工作平等法草案」（該法名稱嗣於民國97年1月16日公布修正為「性別工作平等法」）[12]。

8　參閱羅志淵：《中國憲法與政府》，3版，台北：國立編譯館，民國68年11月，464-465頁。

9　管歐：《法學緒論》，增訂40版，台北：自刊本，民國70年2月，167頁。

10　湯絢章編著：《現代行政管理學》，增訂版，台北：自刊本，民國63年10月，60頁。

11　參閱羅成典：〈中央法規標準法釋論（三）〉，國會，5卷，6、7期，民國63年7月，16頁。

12　參閱立法院公報，90卷，58(上)期，民國90年12月15日，332頁。

二、法律修正案

　　所謂法律之修正，係就現有的法律予以修改、增減或變更其內容[13]。依前所述，法律既係因應需要而制定，其目的旨在講求實用；倘法律未具實效，自應予以修正。依中央法規標準法第20條第1項：「法規有左列情形之一者，修正之：一、基於政策或事實之需要，有增減內容之必要者。二、因有關法規之修正或廢止而應配合修正者。三、規定之主管機關或執行機關已裁併或變更者。四、同一事項規定於二以上之法規，無分別存在之必要者。」之規定，如有上述4種情形之一時，自可提出修正案，送請立法院議決。茲分述如下：

(一) 政策或事實需要有增減內容必要

　　法律公布施行後，社會情勢有所改變，基於政策或事實的需要，法律之內容，自應隨之改變而有增減內容的必要。為達成上述目標，則須向立法院提案修正現行法律。如為因應國軍實施「精實案」，兵員補充需求減少，社會變遷及建軍備戰需要，行政院乃於民國88年11月30日函請立法院審議「兵役法修正草案」[14]；又為考量台灣郵政發展的沿革及便於在國際上推動各項郵政業務，行政院乃分別於民國96年2月16日及同年3月3日函請立法院審議「郵政法部分條文修正案」、「中華郵政股份有限公司設置條例第1條條文修正案」、「郵政儲金匯兌法修正案」及「簡易人壽保險法部分條文修正案」，將其中「中華郵政股份有限公司」修正為「台灣郵政股份有限公司」[15]。

(二) 有關法規之修正或廢止應配合修正

　　各種法律之間的內容應力求其完整妥適，而不容彼此分歧、重複與矛盾等現象存在。因此，在相互關係的法規中，倘其中某一法規的內容，業已修正或廢止，為避免造成分歧與矛盾之後果，其他法規自應配合修正[16]。如中央警官學校係依內政部組織法第8條而設立，該法條於民國84年1月17日立法院第2屆

13　管歐：前書，164頁。
14　立法院公報，89卷，9(三)期，民國89年1月29日，352-353頁。
15　由於上述法案尚未送請立法院審議之前，中華郵政股份有限公司即逕行變更公司名稱為台灣郵政股份有限公司，有違法治原則而引發爭議，致立法院程序委員會至今仍未編入院會處理。參閱立法院程序會第6屆第5會期及第6會期各次會議議事錄。
16　參閱羅傳賢：《立法程序與技術》，6版，台北：五南圖書出版公司，民國101年7月，316頁。

第4會期第39次會議修正爲：「內政部設警政大學，以研究高深警察學術，培養警察專門人才爲宗旨，其組織以法律定之。」中央警官學校組織條例自應配合修正。行政院乃於同年10月11日函請立法院審議「中央警官學校組織條例修正草案」，即爲有關法規之修正而修正[17]。又「懲治盜匪條例」係爲國家動盪不安之特殊情勢下的產物，其構成要件充斥治安刑法色彩，與現實環境不符，或與刑法之相關要件重複而分歧，或將不法內涵與罪責之行爲，均規定爲唯一死刑，殊有苛重情事。行政院爲期符合現代刑法思潮，兼顧保障人權，乃與司法院等相關機關研商，咸認懲治盜匪條例之規定，除少數條文於刑法均有相關或類似的規定，如能稍事修正或增設刑法相關規定，即足以兼顧保障人權與維護社會秩序的需求。因此，行政院爲確立廢止「懲治盜匪條例」並同步修正刑法相關規定的原則，乃於民國89年8月31日與司法院會銜函請立法院審議「中華民國刑法部分條文修正草案」並廢止「懲治盜匪條例」，即爲配合廢止「懲治盜匪條例」而修正「中華民國刑法」部分條文。此乃有關法規之廢止而修正之顯例[18]。

　　另依中央法規標準法第5條第1款明定應由法律規定之事項，在法源關係上，係由母法產生子法，即子法的產生淵源於母法之規定者[19]。因此，子法的產生，既基於母法的明定或授權而來。倘母法如經修正或廢止時，子法亦應配合修正。如兵役法施行法依兵役法第51條的規定而來，兵役法於民國89年1月15日第4屆第2會期第17次會議立法院通過後，並經總統於同年2月2日公布。行政院爲配合兵役法的修正，乃於民國89年2月29日函請立法院審議「兵役法施行法修正草案」，即爲一例[20]。

(三) 主管機關或執行機關已裁併或變更

　　國家所以要有政府機關，旨在賦予一定職權，期以產生一定的作用。因此，行政機關是執行行政任務時所憑藉的工具與手段[21]。所謂行政機關，係依法組織之國家機關，就一定行政事務有作成決定並對外表示國家意思的權限

17　參閱立法院公報，84卷，61期，民國84年12月16日，32頁。
18　參閱立法院公報，90卷，58(一)期，民國90年12月15日，229頁。
19　羅成典：〈前文(二)〉，國會，5卷，5期，民國63年5月，5頁。
20　立法院第4屆第3會期第3次會議議案關係文書，政91-130頁。
21　張金鑑：《行政學典範》，增訂再版，台北：中國行政學會，民國60年3月，204頁。

者[22]。由於機關的設置，關係制度之建立、職權之歸屬、員額之編制以及預算之編擬等；爲昭愼重，自應以法律加以規定。因此，我國乃於中央法規標準法第5條規定：「國家各機關之組織應以法律定之。」。

該業務之主管機關或執行機關若已裁併或變更，相關法律自應配合加以修正。如爲配合台灣省政府功能業務與組織調整的變更，特修正相關法律；行政院於民國89年2月1日函請立法院審議「糧食管理法部分條文修正草案」等14案，即爲一例[23]。

(四) 同一事項規定於二以上法規無分別存在必要

同一事項先後有兩個同類之法律予以規定，在適用之際，雖可依「後法優於前法」之原則，以施行在後的法律，代替施行在前的法律；惟就立法技術而言，實無分別存在的必要，宜予以修正。如行政院於民國88年11月20日函請立法院審議「土地法部分條文修正草案」，其中第30條所定事項因「農業發展條例修正草案」第15條（後經修正爲第16條）已有規定，乃無存在的必要而予以刪除[24]。

由上觀之，現行法律在發生上列4種情形時，相關職司機關即應提出修正，以因應情勢變遷，強化法律的回應性，統合法律的分歧性而收簡化之功效。

三、法律停止（暫停）適用案

法律缺乏實效性之因素甚多，倘因國家遭遇非常事故，致法律一時不能適用而失其實效者，固可依法定的方式予以宣告廢止，而終止其形式與實質的效力。惟基於法律制定往往曠日費時，一旦國家恢復常態，勢將面臨舊法已廢，新法尚待制定之窘境的考慮；法律如因特殊之原因致暫時失其效力者，則採用暫停適用的方式，俾於停止原因消滅後，即可恢復適用[25]。因此，民國59年制定中央法規標準法時，特於第19條第1項明定：「法規因國家遭遇非常事故，

---

22 翁岳生：《行政法與現代法治國家》，5版，台北：國立台灣大學法學叢書編輯委員會，民國74年6月，10頁。
23 立法院公報，89卷，21期，民國89年5月3日，142-145頁。
24 參見立法院公報，89卷，4期，民國89年1月12日，4(1)299及4(2)110頁。
25 參閱林紀東：《法學緒論》，再版，台北：五南圖書出版公司，民國68年9月，68頁。

一時不能適用者，得暫停適用其一部或全部。」，使法律更得隨國家或社會情勢之轉變而應付裕如。現暫停適用及停止適用的法律，即係此法制定後，提案送請立法院議決並經總統公布暫停適用者[26]。

四、法律廢止案

法律在長久期間未具實效，無法適應當前需要，除依法予以修正或暫停適用外，自可加以廢止。依中央法規標準法第21條：「法規有左列情形之一者，廢止之：一、機關裁併，有關法規無保留之必要者。二、法規規定之事項已執行完畢，或因情勢變遷，無繼續施行之必要者。三、法規因有關法規之廢止或修正，致失其依據，而無單獨施行之必要者。四、同一事項已定有新法規，並公布或發布施行者。」可知我國法律廢止的原因，約可分為(一)機關裁併；(二)業務執行完畢；(三)情勢變遷；(四)有關法律之廢止或修正；(五)新法公布施行5種。茲分述如下：

(一) 機關裁併

行政機關既是達成一定目的時所運用的手段與工具，已如前述。因此，一旦設立目的之任務達成，該機構自無再予存在的理由，理宜加以裁撤。如「石門水庫建設委員會組織條例」，原為建設石門水庫之目的而制定，於完成石門

---

26 依立法院編印之中華民國法律彙編所載，我國停止適用與暫停適用的法律，計有48種。名稱如下：1.國立北平故宮博物院組織條例；2.海南特區行政長官公署組織條例；3.海南建省籌備委員會組織條例；4.設治局組織條例；5.省參議會組織條例；6.省參議員選舉條例；7.市參議會組織條例；8.市參議員選舉條例；9.縣參議會組織條例；10.縣參議員選舉條例；11.鄉鎮代表選舉條例；12.國立邊疆文化教育館組織條例；13.疏濬河北省海河工程短期公債條例；14.民國18年遼寧省整理金融公債條例；15.民國18年南京特別市特種建設公債條例；16.漢口特別市市政公債條例；17.鐵道部收回廣東粵漢鐵路公債條例；18.民國19年建設委員會電器事業長期公債條例；19.浙江省杭州市自來水公債條例；20.上海市市政公債條例；21.民國20年四川省善後公債條例；22.河南省民國20年善後公債條例；23.民國20年江蘇省運河工程短期公債條例；24.民國20年財政部整理山西省金融公債條例；25.民國21年江浙絲業短期公債條例；26.民國21年湖北省善後公債條例；27.上海市災區復興公債條例；28.民國23年玉萍鐵路公債條例；29.民國23年上海市市政公債條例；30.民國13年江蘇省水利建設公債條例；31.民國24年青島市市政公債條例；32.民國24年漢口市建設公債條例；33.民國24年廣東省建設公債條例；34.民國25年江西省整理土地公債條例；35.民國25年青島市建設公債條例；36.民國25年北平市市政公債條例；37.廣東省政府短期金庫券條例；38.民國29年江蘇省整理地方財政公債條例；39.民國30年滇緬鐵路公債條例；40.民國19年廣東省整理金融庫券章程；41.民國26年關濬廣東省港河工程美金公債條例；42.節約建國儲金條例；43.節約建國儲蓄券條例；44.民國30年糧食庫券條例；45.民國32年糧食庫券條例；46.中華民國37年短期國庫券條例；47.民國37年短期國庫券條例（以上47案為停止適用）；48.中華民國常駐聯合國代表團組織條例（暫停適用）。

水庫後，其設立目的之任務完成，該組織條例乃經立法院於民國57年4月26日第1屆第41會期第17次會議議決予以廢止[27]。又各機關執行的業務，倘有重複或趨於萎縮時，依精簡機構之原則，則亦有加以裁併的必要。如「行政院體育委員會組織條例」已於民國87年1月12日公布施行，其中規定該會掌理有關國民體育宣導之規劃與推動事項，與「教育部國民體育委員會」的任務重疊。因此，行政院鑒於行政院體育委員會已正式成立，教育部國民體育委員會所掌事項已由該會辦理，「教育部國民體育委員會組織條例」自應配合廢止，乃於民國88年3月26日函請立法院審議廢止該條例[28]。

(二) 業務執行完畢

國家目的之實現，既有賴於政府政策之執行；倘其執行結果經評估而認為已經達到目的，自可予以終結（Termination）；如煤業安定基金條例於民國74年7月5日公布施行，依該條例第7條之規定，基金的徵收期限為6年，業已屆滿，其法規規定之事項已執行完畢，且於民國84年將該煤業合理化基金予以裁撤。因此，行政院乃於民國86年5月8日函請立法院審議廢止；嗣因立法院職權行使法第13條屆期不予繼續審議議案之規定，復於民國88年5月20日及91年4月17日兩次再函請立法院審議廢止，而於民國93年6月11日第5屆第5會期第21次會議予以議決廢止[29]。

(三) 情勢變遷

法律是一種社會生活規範，亦即社會控制（Social Control）的主要工具之一[30]。就法律制度作為社會控制的主要工具之一的觀點而言，任何法律之制定，自不能與特定社會、特定時期的眾人之實際生活與需要背道而馳。然社會變化無窮，倘因情勢發生變遷，致使法律無法適應當前需要；亦即法律所冀期之行為，與社會的實際情況不相符合，固可依立法程序予以廢止。如「農林事業人員任用條例」，係民國36年12月13日國民政府公布，並於同年12月22日施

---

27 參閱立法院公報，57卷，30期，民國57年4月27日，2703-2704頁。
28 參閱立法院公報，88卷，54(上)期，民國88年12月11日，182-184頁。
29 參閱立法院公報，93卷，34(一)期，民國93年6月30日，208-213頁。
30 參閱施啟揚：〈談法律與道德〉，憲政時代，2卷，3期，中國憲法學會，民國66年1月，20頁。

行，至今已逾50年，現有行政院所屬農林機關人員均係依公務人員任用法等規定辦理，已無適用該條例。由於制定當時環境已有變遷，而無適用的需要，行政院乃於民國88年7月2日函請立法院審議廢止，並於同年11月26日第4屆第2會期第10次會議議決予以廢止[31]。

(四) 有關法律之廢止或修正

前已述及，子法之產生，係基於母法的明定或授權而來。倘母法經修正或廢止，子法自然失其依據。因此，該子法自無單獨存在的必要，自應予以廢止。如「機關營繕工程及購置定製變賣財物稽察條例」，因其母法審計法第59條之修正而失所依據，監察院乃於民國88年3月12日函請立法院審議，並於同年5月11日第4屆第1會期第11次會議議決該條例自民國88年5月27日予以廢止[32]；至於「出版獎助條例」係依出版法第23條第2項之規定而制定，因其母法「出版法」業經總統於民國88年1月25日公布廢止而失所依據，行政院乃於民國91年3月18日函請立法院審議廢止[33]，則為有關法律之廢止而廢止的顯例。

(五) 新法公布施行

某一政策的目標業已達成，或因情勢變遷而不存在，政策自可予以終結。倘該政策經評估而認為無法達到預期效果，自須予以終結，而另擬新的政策，以完成目標。

由於法律常為政策具體化，此一新的政策之實施，仍應予以立法方式來施行。為維持法律之統一起見，其施行在前的法律理宜予以廢止。因此，新法公布施行，原有的法律應予明令廢止。如民國59年8月18日立法院第1屆第45會期第37次會議通過「中央法規標準法」，並同時將「中央法規制定標準法」、「法律廢止條例」及「法律施行日期條例」一併議決予以廢止[34]。

就實務以觀，提案主體提案廢止法律，亦有將新法案與舊法廢止案一併函請立法院審議之情事，如前述審議「中央法規標準法」並廢止「中央法規制

31　立法院公報，88卷，52(上)期，民國88年12月4日，117-120頁。
32　參閱立法院公報，88卷，25(一)期，民國88年5月19日，66-84頁。
33　參閱立法院公報，91卷，77(一)期，民國91年12月25日，100-102頁。
34　立法院公報，59卷，63期，民國59年8月19日，6頁。

定標準法」等法，即為1例。立法院處理上述廢止案，依例先由院會決定交付有關委員會審查，委員會收到院會交付審查新法案與舊法廢止案後，則一併審查，審查完竣後，亦同時提報院會討論，院會亦一併討論，僅於三讀通過時，先決議新法修正通過，再作舊法廢止之決議[35]。

依中央法規標準法第22條第1項：「法律之廢止，應經立法院通過，總統公布」及第23條：「法規定有施行期限者，期滿當然廢止，不適用前條之規定」之規定，我國法律的廢止，分為公布廢止與當然廢止2種方式[36]。除定有施行期限，期滿當然廢止而毋庸提請立法院廢止[37]外，其餘均應向立法院提案，經其議決通過，送請總統公布，始可廢止。

依立法院職權行使法第7條及第11條第2項（該廢止案適用原立法院議事規則第37條）之規定，我國法律案應經三讀會議決之。但第三讀會，除發現議案內容有互相牴觸或與憲法、其他法律相牴觸者外，祗得為文字之修正。法律廢止案旨在審議法律之應否廢止，固無修正文字的必要。因此，法律廢止案向例均省略三讀[38]。

第二節　預（決）算案

預算與決算，為國家財政制度之兩翼。預算制度，係限制政府收支之數額與範圍；而決算制度，則稽核政府的收支，是否恪遵預算之項目與數字及有無不忠不法之行為，以保護國家與人民的利益，並以供其後施政的參考[39]。依憲法第59條及第105條之規定，行政院及審計長應分別向立法院提出預算案及決算審核報告案。茲分述如下：

---

35 周萬來：《行憲以來我國法律廢止之研究》，初版，台北：馬陵出版社，民國74年10月，26-27頁。

36 鄭玉波：《法學緒論》，6版，台北：三民書局，民國67年3月，44-45頁。

37 法規定有施行期限，主管機關認為需要延長時，可依中央法規標準法第24條之規定，於期限屆滿前1個月送立法院審議，如其期限在立法院休會期內屆滿者，則應於立法院休會1個月前送立法院。立法院審議時，如認為需要延長，則准予延長；如認為無延長之必要者，則決議廢止。立法院第1屆第12會期第10次秘密會議討論民刑商法委員會報告審查行政院函為特種刑事案件訴訟條例及復員後辦理刑事訴訟補充條例之施行期間擬請酌予延長請查照復議案時，決議復員後辦理刑事訴訟補充條例無延長必要，應予廢止，即為一例。

38 所謂「省略」，係指事實上的省略，不能認為程序上的省略，既曰：「程序」，何能省略？故曰：「省略三讀」，而不可曰：「省略三讀程序」。引自胡濤：《立法學》，初版，台北：漢苑出版社，民國69年11月，138頁。

39 林紀東：《中華民國憲法逐條釋義(二)》，再版，台北：三民書局，民國66年2月，265頁。

第一項　預算案

　　為使國家財政上的收入與支出不至於浮濫，各國立法機關對於種種財政案類有議決之權。我國亦同。依憲法第58條第2項：「行政院院長、各部會首長，須將應行提出立法院之法律案、預算案……，提出於行政院會議議決之」、第59條：「行政院於會計年度開始3個月前，應將下年度預算案提出於立法院」及第63條：「立法院有議決法律案、預算案……之權」之規定，我國預算案係由行政院向立法院提出，並由立法院議決後，始得成為法定預算；且預算案的提案主體，專屬於行政院[40]。復依預算法的相關規定，除總預算案外，尚包括追加（減）預算案與特別預算案。茲分述如下：

一、總預算案

　　立法院審議中央政府總預算案的程序，依預算法第12條：「政府會計年度於每年1月1日開始，至同年12月31日終了，以當年之中華民國紀元年次為其年度名稱」及第46條：「中央政府總預算案與附屬單位預算及其綜計表，經行政院會議決定後，交中央主計機關彙編，由行政院於會計年度開始4個月[41]前提出立法院審議，並附送施政計畫」之規定，行政院應於8月底前將總預算案送至立法院審議。又依預算法第48條：「立法院審議總預算案時，由行政院長、主計長及財政部部長列席，分別報告施政計畫及歲入、歲出預算編製之經過」及中央政府總預算案審查程序第2條：「總預算案函送本院後，定期由行政院院長、主計長及財政部部長列席院會，分別報告施政計畫及歲入、歲出預算編製之經過（第1項）；立法委員對於前項各首長報告，得就施政計畫及關於預算上一般重要事項提出質詢；有關外交、國防機密部分之質詢及答復，以秘密會議行之（第2項）」之規定，行政院院長、主計長、財政部部長須列席立法院院會報告施政計畫及編製經過，並備質詢；經詢答後，決定該預算案是否交付審查。

　　依中央政府總預算案審查程序第3條：「總預算案由各委員會分別審查，

40　同前註，262頁。
41　民國87年10月15日修正預算法改採曆年制前，行政院依憲法第59條之規定，於每年3月底（即會計年度開始3個月）前，將總預算案送至立法院審議。而預算法修正後，即依該法第46條之規定，於每年8月底前送至立法院審議。

其分配如下：一、內政委員會：(一)內政部、中央選舉委員會、大陸委員會、原住民族委員會、客家委員會、海洋委員會、不當黨產處理委員會預算案。(二)前目各機關之所屬機關、特種基金及其捐助之財團法人預算案。(三)行政院預算案。二、外交及國防委員會：(一)外交部、僑務委員會、國防部、國軍退除役官兵輔導委員會預算案。(二)前目各機關之所屬機關、特種基金及其捐助之財團法人預算案。(三)國家安全局預算案。三、經濟委員會：(一)經濟部、農業部、國家發展委員會、公平交易委員會預算案。(二)前目各機關之所屬機關、特種基金及其捐助之財團法人預算案。四、財政委員會：(一)財政部、中央銀行、金融監督管理委員會、行政院主計總處、審計部預算案。(二)前目各機關之所屬機關、特種基金及其捐助之財團法人預算案。(三)災害準備金、第二預備金及其他不屬於各委員會審查之預算案。五、教育及文化委員會：(一)教育部、文化部、國立故宮博物院、中央研究院、國家科學及技術委員會、核能安全委員會預算案。(二)前目各機關之所屬機關、特種基金及其捐助之財團法人預算案。六、交通委員會：(一)交通部、數位發展部、行政院公共工程委員會、國家通訊傳播委員會、國家運輸安全調查委員會預算案。(二)前目各機關之所屬機關、特種基金及其捐助之財團法人預算案。七、司法及法制委員會：(一)法務部、行政院人事行政總處預算案。(二)司法院、考試院預算案。(三)前二目各機關之所屬機關、特種基金及其捐助之財團法人預算案。(四)總統府、國史館及其所屬機關、國家安全會議預算案。(五)立法院、監察院預算案。八、社會福利及衛生環境委員會：(一)衛生福利部、環境部、勞動部預算案。(二)前目各機關之所屬機關、特種基金及其捐助之財團法人預算案（第1項）；總預算案提報院會前，應由財政委員會研擬年度總預算案審查日程，並依前項規定研擬年度總預算案審查分配表併同總預算案提報院會後，交付財政委員會依分配表及日程將預算書分送各委員會審查（第2項）」之規定，由財政委員會依第1項規定研擬年度總預算案審查日程及審查分配表提報院會後，依分配表及日程將預算書分送各委員會審查。又依該審查程序第5條：「各委員會審查總預算案時，得邀請有關機關首長列席報告、備詢及提供有關資料，並進行詢答、處理」及第6條：「各委員會審查總預算案完竣後，應將審查報告函送財政委員會（第1項）；財政委員會應於院會決定之時限內，依各委員會審查報告彙總整理提出年度總預算案審查總報告提報院會；

如發現各委員會審查意見相互牴觸時，應將相互牴觸部分併列總報告中（第2項）」之規定，由各委員會審查總預算案時，有關機關首長須列席報告並備詢；並由財政委員會彙總整理提出年度總預算案審查總報告提報院會；如發現各委員會審查意見相互牴觸時，應將相互牴觸部分併列總報告中。經院會二讀、三讀後，始完成立法程序。又依預算法第51條：「總預算案應於會計年度開始1個月前由立法院議決，並於會計年度開始15日前由總統公布之；預算中有應守秘密之部分，不予公布」之規定，立法院須於11月底前完成立法程序，並由總統於12月15日前公布之。倘總預算案之審議，如有部分未經通過，致總預算全案不能依預算法第51條期限完成時，則依該法第54條之規定，各機關預算之執行，依下列規定為之：一、收入部分暫依上年度標準及實際發生數，覈實收入。二、支出部分：(一)新興資本支出及新增計畫，須俟本年度預算完成審議程序後始得動支。但依第88條規定辦理或經立法院同意者，不在此限。(二)前目以外計畫得依已獲授權之原訂計畫或上年度執行數，覈實動支。三、履行其他法定義務收支。四、因應前3款收支調度需要之債務舉借，覈實辦理。

二、追加（減）預算案

依預算法第79條之規定，各機關如有(一)依法律增加業務或事業致增加經費時，(二)依法律增設新機關時，(三)所辦事業因重大事故經費超過法定預算時，(四)依有關法律應補列追加預算者的情形之一，均得請求提出追加預算。至於追加預算案的審查程序，依立法院職權行使法第28條之2規定，與總預算案同，但必要時經院會聽取編製經過報告並質詢後，逕交財政委員會會同有關委員會審查；並於審查後提報院會二讀、三讀。

三、特別預算案

依預算法第83條之規定，如有(一)國防緊急設施或戰爭，(二)國家經濟重大變故，(三)重大災變，(四)不定期或數年1次之重大政事情事之一者，行政院均得於年度總預算外，提出特別預算案。另依特別法的規定，亦可提出特別預算案，如行政院於民國91年6月14日所提「中央政府基隆河整體治理計畫（前

期計畫）特別預算案」，即依基隆河流域整治條例第5條：「爲有效整治基隆河，改善排水防洪系統，其所需經費應循特別預算辦理」之規定處理[42]。至於審查程序，與總預算案同，但必要時經院會聽取編製經過報告，予以質詢後，逕交財政委員會會同有關委員會審查；並於審查後提報院會二讀、三讀。

第二項　決算審核報告案

前已述及，決算制度旨在稽核政府的收支，是否恪遵預算之項目與數字及有無不忠不法之行爲，以保護國家與人民的利益，並以供其後施政的參考。因此，決算之審核，乃在稽查政府之財務收支是否符合預算；而其審核報告，更可供立法機關審議下年度預算案的參考。我國亦然，於憲法第105條明定：「審計長應於行政院提出決算後3個月內，依法完成審核，並提出審核報告於立法院。」依上述條文後段之規定，審計長須向立法院提出決算審核報告案。復依決算法第27條第1項之規定，立法院係就審核報告中有關預算之執行、政策之實施及特別事件之審核、救濟等事項予以審議。

立法院審議決算審核報告案，係依決算法、審計法及中央政府總決算審核報告案審查程序處理。依上述審查程序第2條之規定，總決算審核報告案函送立法院後，由立法院定期邀請審計長列席院會報告審核經過並備諮詢。復依決算法第27條第2項、審計法第34條第3項及前述審查程序第3條之規定，總決算審核報告案交付審查後，由財政委員會按機關別，會同有關委員會聯席審查，並由財政委員會召集委員擔任主席；聯席審查會議審查時，亦得邀請審計長列席說明並備諮詢及提供各項有關資料。又依上述審查程序第4條之規定，總決算審核報告案審查完竣後，應即起草書面總報告提報院會。復依決算法第28條第1項之規定，立法院應於審核報告送達後1年內完成其審議，如未完成，視同審議通過。

第三節　戒（解）嚴案與緊急命令追認案

國家時值非常，爲應付緊急事變，各國憲法多賦予國家「緊急權」

（Emergency Power）。所謂「緊急權力」，乃指國家應付緊急事變的權力[43]。依現行憲法之規定，我國國家緊急權力，包括戒嚴與緊急命令兩部分。茲分述如下：

第一項　戒（解）嚴案

　　所謂戒嚴，係指國家在戰爭狀態或發生叛亂的時會，爲維持國境治安，於全國或特定地方施以兵力戒備的行爲；而當戒嚴原因消滅，解除兵力戒備，以恢復常態，則爲解嚴[44]。由於戒嚴影響人民之自由權利甚鉅，自須謹慎將事。依憲法第39條：「總統依法宣布戒嚴，但須經立法院之通過或追認，立法院認爲必要時，得決議移請總統解嚴。」、第58條第2項：「行政院院長、各部會首長，須將應行提出於立法院之……戒嚴案……，提出於行政院會議議決之」及第63條：「立法院有議決……戒嚴案……之權。」之規定，戒嚴案應經行政院議決，立法院通過後，再由總統宣布之；或總統宣布後再咨請立法院追認。有關戒嚴的原因、程序、地域、性質及宣告結果則明定於戒嚴法。依該法第1條之規定，國家遇有戰爭或叛亂發生的原因，對於全國或某一地域應施行戒嚴時，總統得經行政院會議之議決，立法院之通過的程序，宣告戒嚴；或於情勢緊急的原因，經行政院之呈請，依法宣告戒嚴。但應於1個月內提交立法院追認。在立法院休會期間，應於復會時即提交追認。如行政院於民國38年11月22日將全國包括海南島台灣一併劃作接戰區域實施戒嚴，並經民國39年3月14日第1屆第5會期第6次會議議決追認[45]。至於戒嚴之地域，依該法第2條之規定，分爲警戒地域與接戰地域；警戒地域，係指戰爭或叛亂發生時受戰爭影響應警戒地區；接戰地域，則指作戰時攻守的地域。而戒嚴的性質，包括(一)臨時戒嚴，(二)通常戒嚴及(三)軍事佔領地戒嚴三種。凡戰爭或叛亂發生之際，某一地域猝受敵匪之攻圍，或非常事變驟然發生的戒嚴，係屬臨時戒嚴，非臨時性的戒嚴，則爲通常戒嚴，至於戰時佔領敵國領土後，在占領期間及依媾和條約結果，割讓而成本國領土，在該區人民尚未完全馴服前，以兵力警備藉以鎮壓

43　涂懷瑩：〈論「國家緊急權力」與「戰時憲政獨裁」〉，台北：憲政思潮，53期，民國70年3月，168頁。
44　羅志淵：前書，478頁。
45　中華民國39年立法院大事記，3卷，台北，立法院編印，35-36頁。

反抗而作之軍事特殊措置，則為軍事佔領地戒嚴[46]。依該法第3條之規定，臨時戒嚴，係由該地陸海空軍最高司令官，或分駐團長以上之部隊長宣告，但須迅速按級呈請，提交立法院追認。又依該法第6條至第11條等相關規定，戒嚴的宣告，因地域之不同而發生兩種結果，在警戒地區，警戒地域內地方行政官及司法官處理有關軍事之事務，應受該地最高司令官的指揮。在接戰地域，接戰地域內之地方行政事務及司法事務，移歸該地最高司令官掌管，其地方行政官及司法官應受該地最高司令官的指揮；接戰地區內關於「刑法」上之內亂罪、外患罪、妨害秩序罪、公共危險罪、偽造貨幣有價證券及文書印文各罪、殺人罪、妨害自由罪、搶奪強盜及海盜罪、恐嚇及擄人勒贖罪、毀棄損壞罪及犯其他「特別刑法」之罪者，軍事機關得自行審判或交法院審判之；如接戰地區內，無法院或與其管轄的法院交通斷絕時，其刑事或民事案件，均得由該管軍事機關審判之；但以上的判決，均得於解嚴之翌日起，依法上訴。此外，在所有戒嚴地區內，舉凡人民身體、集會結社、居住遷徙、出版言論、秘密通訊等自由，以及所有權不可非法侵犯權利的法律效力，一律停止，最高司令官有權不依法律規定，發布拘束此種自由權利之命令並強制之。

依憲法第39條之規定，立法院認為必要時，得決議移請總統解嚴。此乃指立法院事先雖同意戒嚴，但事後認為無繼續戒嚴的必要；以及事先未經同意，於提請追認之際，認為無戒嚴之必要等兩種情形[47]。此外，依戒嚴法第12條之規定，戒嚴的情況終止，亦得宣告解嚴。上述解嚴之日起，一律恢復原狀，以免人民的自由權利受到多餘的妨害。

第二項　緊急命令追認案

無論個人或團體，在其生活過程中，難免遭遇不可預測的緊急情況；為確保其生存或利益，實有必要採取相對措施，以資因應。國家亦然，仍有可能遭受各種不同之緊急狀態，諸如戰爭、天然災害、癘疫或財政、經濟上之重大變故；為克服上述危難，亦有必要採取緊急措施，以資應變。因此，緊急命令權的行使，是有其必要性。

所謂緊急命令，依照通說，係指國家於非常時期，由國家元首公布，其效

46　涂懷瑩：前文，175頁。
47　林紀東：《中華民國憲法釋論》，重訂32版，台北：朝陽大學法律評論社，民國66年8月，198頁。

力超過法律，甚且可停止憲法若干條款效力之命令[48]。按此定義，緊急命令雖屬行政命令的一種，但與一般命令有所不同，而具有下述三個特點：

(一) 緊急命令須在國家處於非常時期，始得為之

非常狀態乃國家緊急權存在的前提，國家如遇有戰爭、天然災害、癘疫或財政經濟上有重大變故等情事，為因應緊急之需要，始得發布。

(二) 僅國家元首有權發布緊急命令，一般行政機關無此權力

身為國家元首，對國家的存續安危負有重大責任，一旦面臨突發狀況，本於正當防衛或緊急避難之法理，理宜賦予緊急應變的權力。而國家元首擁有前述緊急命令的權力，首先明定於1918年德國威瑪憲法。嗣因20世紀為一變動世紀，隨時發生劇變而陷國家於危急混亂之中，為避免國家環境突變而發生的緊急危難，乃於憲法中規定國家元首有緊急權以為肆應，而成為2次大戰後新憲法的共同趨勢[49]。我國於制憲時，亦採上述制度，而明定於憲法第43條，以應付緊急事變。

(三) 緊急命令效力，不僅超過法律，且可停止憲法若干條款之效力

緊急命令之本質，係一應變的制度，故須劍及履及，迅赴事功，而不受常態法律的規範。因此，其效力不僅超過法律，甚且於一定期間內，代替憲法若干規定。

憲法第43條規定：「國家遇有天然災害、癘疫，或國家財政、經濟上有重大變故，須為急速處分時，總統於立法院休會期間，得經行政院會議之決議，依緊急命令法，發布緊急命令，為必要之處置。但須於發布命令後1個月內提交立法院追認，如立法院不同意時，該緊急命令立即失效。」，增修條文第2條第3項規定：「總統為避免國家或人民遭遇緊急危難或應付財政經濟上重大變故，得經行政院會議之決議發布緊急命令，為必要之處置，不受憲法第43條之限制。但須於發布命令後10日內提交立法院追認，如立法院不同意時，該緊

---

48 林紀東：《中華民國憲法逐條釋義(二)》，108頁。
49 董翔飛：〈從憲法中的緊急命令談到臨時條款的緊急處分〉，台北：憲政思潮，53期，民國70年3月，196頁。

急命令立即失效。」就上述條文以觀，兩者均先經行政院會議的決議及立法院不同意該緊急命令立即失效相同外，增修條文對總統發布緊急命令的限制規定，則較爲寬鬆。茲再就權力行使範圍、程序要件及追認時限申述如下：

一、權力行使範圍

依憲法第43條之規定，總統於國家遇有天然災害、癘疫或財政經濟上重大變故，須爲急速處分時，始得發布緊急命令。但增修條文第2條第3項，則援用緊急處分之規定，只爲避免國家或人民遭遇緊急危難或應付財政經濟上重大變故，總統即可發布緊急命令。因此，緊急命令權的行使範圍，已由天然災害、癘疫等特殊事實改爲概括性質之避免國家或人民遭遇緊急危難的情況，而作適切的擴展。

二、程序要件

總統行使緊急命令權，依憲法第43條之規定，須於立法院休會期間，經行政院會議之決議，依緊急命令法的規定，始得爲之。而依增修條文第2條第3項之規定，僅須先經行政院會議的決議，即得爲之，不受立法院休會期間之時間上的嚴格限制，亦擺脫緊急命令的發布，須依緊急命令法爲之的規定。因此，增修條文賦予總統發布緊急命令，可免除上述程序要件的拘束，以利應變，迅速處置突發的重大事變。

三、追認時限

憲法第43條規定總統發布緊急命令後1個月內，必須提交立法院追認，而依增修條文第2條第3項之規定，將其追認時限縮減爲10日，此乃較能符合現代民主國家尊重國會的表現；蓋總統發布緊急命令，固有其事實必要，但顯已侵犯國會的立法權限，理應適時提請院會追認。

在民國88年1月12日制定立法院職權行使法之前，有關立法院對於緊急命令的追認程序，並無規定。依立法院職權行使法第15條之規定，總統在立法院開會期間或於新任立法委員選舉投票日後發布緊急命令提交追認時，即提報院會，不經討論，交全院委員會審查；如於休會期間，立法院應即召開臨時會，

不經討論，交全院委員會審查；而總統於立法院解散後發布緊急命令提交追認時，須於3日內召開臨時會，不經討論，交全院委員會審查。而全院委員會進行緊急命令追認案的審查時，類由院長擔任主席，且依立法院職權行使法第15條之規定，行政院院長毋庸到會說明。審查後，提請院會以無記名投票表決（民國113年6月24日公布修正為記名投票表決）。立法院在議決時，得否決議變更緊急命令的部分內容？學者卡爾・史密特（Carl Schmitt）提出「整體性」原則，認為總統的緊急應變方案皆有其整體性與一貫性，牽一髮而動全身，故不宜由國會決議更改其中之部分內容，只能全案接受或否決[50]。基於上述原則，論者乃主張立法院對於緊急命令之內容，只得接受或反對，而不能決議修改之，避免破壞緊急命令的完整效力[51]。民國91年5月3日司法院所作釋字第543號解釋，亦採上述原則，於其解釋理由書中闡述，立法院就緊急命令行使追認權，僅得就其當否為決議，不得逕予變更其內容，如認部分內容雖有不當，然其餘部分對於緊急命令之整體應變措施尚無影響而有必要之情形時，得為部分追認[52]。

第四節　宣戰案與媾和案及條約案

　　宣戰、媾和及條約締結均屬外交權。有關外交權的行使，無論總統制或內閣制國家，均非國家元首或行政機關所能獨斷獨行，而有其一定程序[53]。我國亦然，依憲法第38條、第58條及第63條之規定，上述外交權由行政院發動提案，經由立法院議決後，再由總統行使之。茲分述如下：

第一項　宣戰案

　　所謂宣戰者，係指宣示以國家之武力解決國際事件的爭執[54]。依憲法第38條：「總統依本憲法之規定，行使締結條約及宣戰媾和之權」之規定，我國總統有行使宣戰權，但須依「本憲法之規定」。所謂「本憲法之規定」，即指

---

50 陳新民：〈總統緊急權力和總統角色之定位－由卡爾・史密特的學說談起(上)〉，軍法專刊，38卷，10期，民國81年10月，19頁。
51 陳新民：前文(下)，38卷，11期，民國81年11月，23頁。
52 總統府公報，台北，第6466號，民國91年6月5日，21頁。
53 羅志淵：前書，476頁。
54 洪應灶：前書，143頁。

憲法第58條及第63條。憲法第58條第2項規定：「行政院院長、各部會首長，須將應行提出於立法院之法律案、預算案、戒嚴案、宣戰案、媾和案、條約案及其他重要事項，或涉及各部會共同關係之事項，提出於行政院會議議決之。」；第63條規定：「立法院有議決法律案、預算案、戒嚴案、大赦案、宣戰案、媾和案、條約案及國家其他重要事項之權」。準此2條之規定，總統行使宣戰權，須先由行政院向立法院提出宣戰案，經立法院議決通過後，始得爲之。

第二項　媾和案

所謂媾和者，係指恢復已經武力破壞之國交[55]。媾和與宣戰，均攸關一國的榮辱，依憲法第38條、第58條及第63條之規定，兩者處理的程序相同，在總統行使媾和權之前，由行政院向立法院提出媾和案，經立法院議決通過後，始得爲之。

第三項　條約案

何謂條約？學說紛紜，至今尚無定論，因此，國內學者乃有以1969年維也納條約法公約第2條規定，界定條約爲國家所締結而以國際法爲準之國際書面協定，而不論其載於一項單獨文書或兩項以上相關之文書內，亦不論其特定名稱爲何[56]。由於國家所締結之條約，常有其許多不同的名稱。因此，「條約」一語，在學理上乃有廣狹之分。所謂廣義之條約，係泛指不同名稱的各種國際協定[57]。蓋並非所有的國際協定，都以條約稱之，有許多名非條約，實係條約的國際協定，亦包括在廣義的條約之中，最常見的有公約、專約、協定、換文、議定書、臨時辦法、備忘錄與會議記錄等[58]；而狹義之條約，則專指形式莊嚴，內容重要，而名爲Treaty者[59]。

55　同前註。

56　陳治世：《條約法公約析論》，初版，台北：台灣學生書局，民國81年8月，2頁。

57　按國際協定與條約，在美國有很大的區別。所謂國際協定，係未經參議院批准之外交關係文件。而條約，則必須經參議院同意；同意時，必有出席參議員2/3多數通過。上述二者，在我國之情勢，並未予以嚴格劃分。參閱傅崑成等編譯：《美國憲法逐條釋義－附模範州憲法》，台北：三民書局，民國80年8月，80-81頁。

58　楊國棟：《中華民國條約與協定的批准制度》，台大政治學研究所碩士論文，民國61年5月，3頁。

59　吳昆吾：《條約論》，台1版，台北：台灣商務印書館，民國66年10月，7頁。

　　我國現行憲法所稱之「條約」，究係指廣義的條約，抑僅指狹義的條約。依司法院大法官於民國82年12月24日所作釋字第329號之解釋，明指憲法所稱的條約，係中華民國與其他國家或國際組織所締結的國際書面協定，包括用條約或公約之名稱，或用協定等名稱而其內容直接涉及國家重要事項或人民之權利義務且具有法律上效力者[60]。民國104年7月1日公布之條約締結法，對於條約之界定，亦採廣義的條約，並不僅限於名為「條約」者。

　　依前所述，我國對於條約的內涵，並不僅限於具有「條約」名稱。因此，何種條約應依憲法第58條第2項及第63條之規定，須經行政院及立法院之議決，則涉及條約案的範圍。我國條約案的範圍，依條約締結法第3條第1項之規定，係指國際書面協定而有下列情形之一者：一、具有條約或公約名稱。二、定有批准、接受、贊同或加入條款。三、內容涉及人民之權利義務。四、內容涉及國防、外交、財政或經濟上利益等國家重要事項。五、內容與國內法律內容不一致或涉及國內法律之變更。

　　依憲法第38條、第58條及第63條之規定，總統締結條約時，仍須先由行政院向立法院提出條約案，經立法院議決通過後，始得行使。

第五節　行使同意權案與補選案

第一項　行使同意權案

　　同意權制度，源自於美國，而為總統制國家所普遍採行。所謂同意權（Consent），即指總統任用一部分重要行政或司法人員，必須先得國會同意[61]。許多國家所以採行同意權，旨在該制具有(一)能防止不適當的任命；(二)能防止因總統個人好惡而任用不適當人員所導致的危險；(三)總統一人見聞有限，不可能對他所將任命為數很多的人都有適當了解，而國會議員來自民間和各地，見聞較廣，所以總統應請教他們，並由他們對任命加以審查；(四)在聯邦制國家，總統派赴各邦的官員，自應徵詢各邦的民意，而參議員是各邦的代

60　總統府公報，台北，第5829號，民國83年2月2日，2及10頁。
61　論者有認為同意權，應包括對人的同意權及對事的同意權。前者為「人事同意權」（或稱任用同意權），後者為「政策同意權」。本項專指對人的同意權。參閱常澤民：《中國現代監察制度》，初版，台北：台灣商務印書館，民國68年10月，303-304頁。

表，應有過問那些任命的權利；(五)同意權固有導致「分贓」的流弊，但任命全權交由總統一人，可能發生任用私人或黨派作用的流弊，反而更甚[62]。我國制憲國民大會所以採用同意權，其主要理由，大抵為上述1、2、3、5項，而同意權行使之對象，較美國為少，只有行政院、考試院和司法院院長、副院長，大法官，考試委員和審計長，可取其利而去其弊[63]。

　　依憲法相關規定，我國同意權的行使，分屬於立法院與監察院。依憲法第55條第1項：「行政院院長，由總統提名，經立法院同意任命之」及第104條：「監察院設審計長，由總統提名，經立法院同意任命之」之規定，行政院院長及審計長均須經立法院同意，始得任命。依憲法第79條：「司法院設院長、副院長各1人，由總統提名，經監察院同意任命之（第1項）；司法院設大法官若干人，掌理本憲法第78條規定事項，由總統提名，經監察院同意任命之（第2項）。」及第84條：「考試院設院長、副院長各一人，考試委員若干人，由總統提名，經監察院同意任命之。」之規定，司法院及考試院院長、副院長，大法官及考試委員均須經監察院同意，始得任命。依民國81年5月28日公布的憲法增修條文第11條、第13條、第14條及第15條之相關規定，原由監察院行使同意權部分，均改由國民大會行使，並將監察院院長、副院長及監察委員，亦須經國民大會同意，始得任命。復依民國86年7月21日公布的憲法增修條文第3條第1項之規定，行政院院長逕由總統任命之，毋庸立法院同意。民國89年4月25日修憲後，有關國民大會行使的職權，轉由立法院職司其事。合上所述，立法院所得行使同意權的對象，包括司法院院長、副院長、大法官，考試院院長、副院長、考試委員，監察院院長、副院長、監察委員及審計長。

　　另依中央行政機關組織基準法第21條第1項：「獨立機關合議制之成員，均應明定其任職期限、任命程序、停職、免職之規定及程序。但相當二級機關之獨立機關，其合議制成員中屬專任者，應先經立法院同意後任命之；其他獨立機關合議制成員由一級機關首長任命之。」之規定，立法院對獨立機關合議制之成員可行使人事同意權；依法院組織法第66條第2項：「最高法院檢察署檢察總長由總統提名，經立法院同意任命之，任期4年，不得連任。」之規定，立法院對最高法院檢察署檢察總長亦得行使人事同意權。另依促進轉型正義條例

62　陶百川：《比較監察制度》，初版，台北：三民書局，民國67年7月，197-199頁。
63　同前註，199頁。

第2條之規定，促進轉型正義委員會隸屬於行政院的二級獨立機關，該條例第8條第1項前段規定：「促轉會置委員九人，由行政院長提名經立法院同意後任命之。行政院長為提名時，應指定一人為主任委員，一人為副主任委員。」因此，立法院對該會主任委員、副主任委員及委員亦得行使人事同意權。

立法院依憲法及相關法律規定所行使之同意權的程序不同，茲分述如下：

一、依憲法所行使之人事同意權的程序

立法院依憲法所行使之人事同意權，按立法院職權行使法第29條至第31條相關規定處理。依該法第29條之規定，立法院行使上述同意權時，不經討論，交全院委員會審查，審查後提出院會以無記名投票表決（民國113年6月24日公布修正為記名投票表決），經超過全體立法委員1/2之同意為通過。復依同法第30條之規定，全院委員會審查時，就被提名人的資格及是否適任的相關事項進行審查與詢問，並由立法院咨請總統通知被提名人列席說明與答詢（民國113年6月24日公布修正為被提名人有數人者，應分別為之）。全院委員會於必要時，亦得就司法院院長副院長、考試院院長副院長及監察院院長副院長與其他被提名人分開審查。茲分就被提名人的資格及是否適任的相關事項分述如下：

(一) 被提名人的資格

目前立法院依憲法所得行使同意權的對象，包括司法院院長、副院長、大法官，考試院院長、副院長、考試委員，監察院院長、副院長、監察委員及審計長。除考試院院長、副院長未規定資格要件外，其餘均於相關組織法中加以明定。依司法院組織法第4條之規定，大法官應具有下列資格之一：(1)曾任實任法官15年以上而成績卓著者。(2)曾任實任檢察官15年以上而成績卓著者。(3)曾實際執行律師業務25年以上而聲譽卓著者。(4)曾任教育部審定合格之大學或獨立學院專任教授12年以上，講授法官法第5條第4項[64]所定主要法律科目8年以上，有專門著作者。(5)曾任國際法庭法官或在學術機關從事公法學或比

---

64 法官法第5條第4項文字為：「第1項第6款、第7款及第3項第6款、第7款所稱主要法律科目，指憲法、民法、刑法、國際私法、商事法、行政法、民事訴訟法、刑事訴訟法、行政訴訟法、強制執行法、破產法及其他經考試院指定為主要法律科目者而言。」

較法學之研究而有權威著作者。(6)研究法學，富有政治經驗，聲譽卓著者[65]；而具有前項任何一款資格的大法官，其人數不得超過總名額1/3。依考試院組織法第4條之規定，考試委員應具有下列各款資格之一：(1)曾任大學教授10年以上，聲譽卓著，有專門著作者。(2)高等考試及格20年以上，曾任簡任職滿10年，成績卓著，而有專門著作者。(3)學識豐富，有特殊著作或發明者。至於監察委員（含院長、副院長），則依監察院組織法第3條之1之規定，監察院監察委員，須年滿35歲，並具有下列資格之一：(1)曾任立法委員1任以上或直轄市議員2任以上，聲譽卓著者。(2)任本俸12級以上法官、檢察官10年以上，並曾任高等法院、高等行政法院以上法官或高等檢察署以上檢察官，成績優異者。(3)曾任簡任職公務員10年以上，成績優異者。(4)曾任大學教授10年以上，聲譽卓著者。(5)國內專門職業及技術人員高等考試及格，執行業務15年以上，聲譽卓著者。(6)清廉正直，富有政治經驗或主持新聞文化事業，聲譽卓著者[66]。(7)對人權議題及保護有專門研究或貢獻，聲譽卓著者，或具與促進及保障人權有關之公民團體實務經驗，著有聲望者（此款人數應為7人，不得從缺，並應具多元性，由不同族群、專業領域等代表出任，且任一性別比例不得低於1/3，提名前並應公開徵求公民團體推薦人選。）依審計部組織法第2條之規定，審計長應具有左列資格之一：(1)曾任審計長，成績卓著者。(2)曾任副審計長5年以上，或審計官9年以上，成績優良者。(3)曾任專科以上學校會計、審計課程教授10年以上，聲譽卓著，或具有會計、審計學科之權威著作者。(4)曾任高級簡任官6年以上，聲譽卓著，並富有會計、審計學識經驗者。(5)曾任監察委員6年以上，富有會計、審計學識經驗，聲譽卓著者。

　　綜合上述，大法官（含院長、副院長）、考試委員，監察委員（含院長、副院長）及審計長被提名人如有上述各組織法規定中資格條件之一，總統即可提名。因此，總統咨請立法院同意時，須將被提名人所適用條款予以敘明。

(二) 被提名人適任的相關事項

　　被提名人是否適任該項職務的基準為何，並未明定其相關事項。大抵而言，論者咸以專業能力及品德操守為主要考量條件；另亦有以健康及政治態度

65　依該條第3項之規定，第1項資格之認定，以提名之日為準。
66　有關服務或執業年限，依該條第3項之規定，均計算至次屆監察委員就職前1日止。

爲適任條件[67]。

　　復依該法第31條之規定，全院委員會於審查後提報院會表決，立法院須將表決結果咨復總統；如被提名人未超過立法院全體立法委員1/2的同意而不通過時，總統應另提他人咨請立法院同意。依此意旨，總統不得將未獲同意的被提名人再咨請立法院同意。

二、依相關法律規定所行使之人事同意權的程序

　　立法院依相關法律規定所行使之同意權的程序，在民國113年6月24日公布修正前，依議事例處理。民國94年12月29日行政院函送該院提名劉幼琍等13人爲國家通訊傳播委員會委員，請查照同意案時，立法院即依通過「中央行政機關組織基準法」時所列附帶決議：「立法院行使獨立機關[68]之人事同意權時，由院會交相關委員會審查後，報請院會處理，並須經出席委員1/2同意始爲通過。」[69]於次（30）日透過朝野黨團協商，並將協商結論提報同日第6屆第2會期第17次會議，決定：「行政院函請本院行使國家通訊傳播委員會委員同意權乙案，由程序委員會編列民國95年1月6日第18次會議報告事項，並立即交付科技及資訊、教育及文化兩委員會審查，審查後隨即提報95年1月12日院會，上午行使同意權；同意權之行使方式，以秘密投票方式行之，並以出席委員過半數同意通過。」[70]而民國95年3月1日總統依法院組織法第66條第7項之規定，提名謝文定爲最高法院檢察署檢察總長，咨請同意案，因未定有處理程序，乃依前述程序，於次（2）日經朝野黨團協商，同意：「比照國家通訊傳播委員會所提名之委員同意權處理程序，交司法、法制、內政及民族三委員會審查；於該三委員會完成審查後，提報院會以無記名投票表決，並以出席委員過半數同意爲通過。」並將協商結論提報3月3日同屆第3會期第3次會議[71]。因此，立法院依相關法律規定所行使的同意權時，交相關委員會審查，審查後提報院會以無記名投票表決，並經出席立法委員過半數之同意爲通過。又立法院須否將

67　參閱民國92年9月5日學者專家就大法官被提名人之審查意見，立法院公報，92卷，38(下)期，民國92年9月24日，151-240頁。

68　依行政院組織法第9條之規定，行政院所屬獨立機關總數共有3個，國家通訊傳播委員會爲其中1個機關；復依該會組織法第4條第1項之規定，該會委員由行政院院長提名，經立法院同意後任命之。

69　立法院公報，93卷，34(一)期，民國93年6月30日，243頁。

70　參閱立法院公報，95卷，2期，民國95年1月10日，67頁。

71　參閱立法院公報，95卷，8期，民國95年3月15日，19-20頁。

表決結果函復行政院或咨復總統，法雖未予明定，惟就立法實務以觀，皆將表決結果函復行政院或咨復總統[72]。至於被提名人未獲出席委員1/2以上的同意而不通過時，可否同提原被提名人，就立法院同意權的行使意旨，似不宜於同屆期間重提未獲同意的被提名人。（民國113年6月24日公布修正為審查後提出院會以記名投票表決，經超過全體立法委員1/2之同意為通過；同意權行使之結果，由立法院咨復總統或函復行政院院長。如被提名人未獲同意，總統或行政院院長應另提他人咨請或函請立法院同意。且被提名人有數人者，其說明與答詢，應分別為之。）

　　除了前述說明外，此次修正後另有以下規定：第29條第3項：「前2項人事同意權案交付全院委員會或相關委員會審查，自交付審查之日起，期間不得少於1個月，且應於審查過程中舉行公聽會，邀集相關學者專家、公民團體及社會公正人士共同參與審查，並應於院會表決之日10日前，擬具審查報告。」；第29條之1：「被提名人之學歷、最高學歷學位論文、經歷、財產、稅務、刑案紀錄表及其他審查所需之相關資料，應由提名機關於提名後7日內送交立法院參考（第1項）；立法院各黨團或未參加黨團之委員，得以書面要求被提名人答復與其資格及適任性有關之問題並提出相關之資料；被提名人之準備時間，不得少於10日（第2項）；被提名人應於提出書面答復及相關資料之同時，提出結文，並應於結文內記載已據實答復，絕無匿、飾、增、減，並已提出相關資料，絕無隱匿資料或提供虛偽資料。但就特定問題之答復及資料之提出，如有行政訴訟法所定得拒絕證言之事由並提出書面釋明者，不在此限（第3項）」；第30條：「全院委員會或相關委員會就被提名人之資格及是否適任之相關事項進行審查與詢問，由立法院咨請總統或函請提名機關通知被提名人列席說明與答詢（第1項）；被提名人有數人者，前項之說明與答詢，應分別為之（第2項）；被提名人列席說明與答詢前，應當場具結，並於結文內記載當據實答復，絕無匿、飾、增、減等語。但就特定問題之答復，如有行政訴訟法所定得拒絕證言之事由並當場釋明者，不在此限（第3項）；全院委員會應就司法院院長副院長、考試院院長副院長及監察院院長副院長與其他被提名

72　立法院通過劉幼琍等13人為國家通訊傳播委員會委員同意案後，即於民國95年1月16日函復行政院；立法院對總統咨請同意謝文定為最高法院檢察署檢察總長案，於民國95年4月11日咨復總統；立法院對總統咨請同意陳聰明為最高法院檢察署檢察總長案，於民國96年1月19日咨復總統。

人分開審查（第4項）」；第30條之1：「被提名人拒絕依第29條之1第2項規定答復問題或提出相關資料，拒絕依該條第3項規定提出結文、或拒絕依前條第3項規定具結者，委員會應不予審查並報告院會（第1項）；被提名人違反第29條之1第3項或前條第3項規定，於提出結文或具結後答復不實、隱匿資料或提供虛偽資料者，委員會應不予審查並報告院會。經院會決議者，得處新臺幣2萬元以上20萬元以下之罰鍰（第2項）；前項罰鍰處分，受處分者如有不服，得於處分書送達之次日起2個月內，向立法院所在地之行政法院提起行政訴訟（第3項）。」（其中第29條之1第3項、第30條第3項、第30條之1第1項及第2項，經憲法法庭裁定暫時停止適用。）

第二項　補選案

依憲法第49條：「總統缺位時，由副總統繼任，至總統任期屆滿爲止。總統、副總統均缺位時，由行政院院長代行其職權，並依本憲法第30條之規定，召集國民大會臨時會，補選總統、副總統，其任期以補足原任總統未滿之任期爲止。總統因故不能視事時，由副總統代行其職權。總統、副總統均不能視事時，由行政院院長代行其職權。」之規定，僅於總統、副總統均缺位時，始有補選相關問題。至於副總統缺位時，應否進行補選，則未予明定。就實務以觀，均未召集國民大會補選；亦即行憲以來，歷任副總統出缺時，已形成不補選的慣例[73]。嗣至民國81年5月27日修憲時，總統、副總統改由人民直接選舉產生[74]，乃於憲法增修條文第12條第5項明定副總統缺位時，由總統於3個月內提名候選人，召集國民大會臨時會補選，繼任至原任期屆滿爲止。其採國民大會補選，而非由全體人民，旨因副總統究屬備位性質，實無必要勞師動眾，另行舉辦普選以補選之[75]。民國83年7月28日修憲時，上述條文移列爲第2條第7項，並將「國民大會臨時會」修正爲「國民大會」。依前所述，國民大會復於民國89年4月25日修憲時，原由國民大會行使之職權，改由立法院行使；乃將憲法增修條文第2條第7項中「國民大會」修正爲「立法院」。因此，有關副總統之

73　陳新民：《憲法學釋論》，7版，台北：三民書局，民國100年9月，475頁。
74　該次憲法增修條文第12條第1項規定，總統、副總統由中華民國自由地區全體人民選舉之，自中華民國85年第9任總統、副總統選舉實施。
75　法治斌、董保城：《憲法新論》，初版，台北：三民書局，民國92年9月，234頁。

補選，由總統於3個月內提名候選人，送由立法院補選。至於補選之相關處理程序，尚待立法院立法予以規範。

第六節　彈劾案與罷免案及不信任案

第一項　彈劾案

　　彈劾（Impeachment）是監察權的一種，係監察機關或其他機關對違法或失職之人員所行使的一種監察權或監督權[76]。我國因採行政、立法、司法、考試、監察五權憲政體制，乃於憲法第90條（或增修條文第7條）明定由監察院行使彈劾權。監察院對中央、地方公務人員、司法院、考試院或監察院人員違法或失職，可依憲法第98條、第99條及增修條文第7條之規定提出彈劾案；而對總統、副總統提出彈劾案，依憲法第100之規定，係由監察院行使；惟依民國86年7月21日公布之憲法增修條文第4條第5項的規定，有關總統、副總統的彈劾案改由立法院行使，但將其彈劾要件限縮於犯內亂或外患罪。民國89年4月25日國民大會修憲時，復將彈劾要件予以刪除，並將「第5項」修正為「第7項」；亦即立法院對於總統、副總統行使彈劾案，不限於總統、副總統犯有內亂或外患罪時，始得提出。

　　民國86年修憲後雖賦予立法院此項職權，但立法院直至民國88年1月12日制定立法院職權行使法時，始定專章明定彈劾案提出之對象與程序。茲分述如下：

一、彈劾對象

　　依立法院職權行使法第42條：「立法院依憲法增修條文第4條第7項之規定，對總統、副總統得提出彈劾案」之規定，立法院所彈劾的對象為總統、副總統。

二、彈劾程序

　　依立法院職權行使法第43條之規定，立法院彈劾總統、副總統，須經全體

76　洪應灶：前書，225頁。

立法委員1/2以上提議，以書面詳列彈劾事由，交由程序委員會編列議程，提報院會；提報院會時，不經討論，交付全院委員會審查。全院委員會審查時，得邀請被彈劾人列席說明。又依同法第44條之規定，全院委員會審查後，提出院會以無記名投票表決（民國113年6月24日公布修正為記名投票表決），如經全體立法委員2/3以上贊成，即向司法院大法官提出彈劾案。依憲法增修條文第2條第10項規定，立法院聲請司法院大法官審理，經憲法法庭判決成立時，則被彈劾人應即解職。

第二項　罷免案

　　罷免權（Recall）為近代民主政治的產物，與選舉權相輔而行。凡具有公民資格者，均有罷免不良代表或官吏之權[77]。我國憲法亦於第17條明定人民有行使罷免之權，惟對於總統、副總統的罷免權，依第27條之規定，賦予國民大會行使。嗣經國民大會多次修憲，有關罷免權的行使機關及程序已有更迭。茲分述如下：

一、民國81年5月28日憲法增修條文之規定

　　依該次增修條文第12條第4項之規定，總統、副總統的罷免，依下列兩種方式處理：一由國民大會代表總額1/4之提議，代表總額2/3之同意，即可通過罷免；一由監察院提出之彈劾案，國民大會為罷免之決議時，經代表總額2/3之同意，即可通過罷免。

二、民國83年8月1日憲法增修條文之規定

　　依該次增修條文第2條第9項之規定，總統、副總統的罷免案，須經國民大會代表總額1/4之提議，2/3之同意後提出，並經中華民國自由地區選舉人總額過半數的投票，有效票過半數同意罷免時，即為通過。

三、民國89年4月25日憲法增修條文之規定

　　依該次增修條文第2條第9項之規定，總統、副總統的罷免案，須經全體立

77 謝瑞智：《憲法大辭典》，增訂3版，台北：自刊本，民國82年4月，425頁。

法委員1/4之提議，全體立法委員2/3之同意後提出，並經中華民國自由地區選舉人總額過半數的投票，有效票過半數同意罷免時，即爲通過。

綜上所述，有關總統、副總統的罷免案，改由立法院提出。至於行使程序，則依立法院職權行使法第44條之1的規定。茲依提出、審查、議決分述如下：

一、提出

依立法院職權行使法第44條之1第1項之規定，立法院提出罷免總統或副總統案時，須經全體委員1/4的連署，並附具罷免理由。該提案須交由程序委員會編列議程提報院會，並不經討論，交付全院委員會審查；全院委員會必須於15日內完成審查[78]；惟是項「15日內」期間的起算，就實務以觀，乃依行政程序法第48條第2項：「期間以日、星期、月或年計算者，其始日不計算在內。但法律規定即日起算者，不在此限」及第4項：「期間之末日爲星期日、國定假日或其他休息日者，以該日之次日爲期間之末日；期間之末日爲星期六者，以其次星期一上午爲期間末日」之規定處理[79]。

二、審查

爲保障被提議罷免人的權益，依上述條文第2項至第4項之規定，在全院委員會審查前，立法院應通知被提議罷免人於審查前7日內提出答辯書；而立法院於收到答辯書後，應立即分送全體立法委員。如被提議罷免人放棄其權益，不提出答辯書時，爲利程序的進行，全院委員會仍得逕行審查。

三、議決

爲使提議罷免案成爲民主政治運作中重要制衡機制，第5項明定院會議決

---

78 參閱立法院公報，89卷，61(上)期，民國89年11月11日，32頁。

79 若遇連續3日以上之國定假日或休息日時，則依法務部函釋延長若干日數，參閱羅傳賢：《行政程序法論——兼論聽證與公聽會制度》，5版，台北：五南圖書出版公司，民國106年9月，158-159頁；另有關該法第48條第4項後段規定：「期間之末日爲星期六者，以其次星期一上午爲期間末日。」亦依法務部92年4月8日函釋，細繹其立法意旨，係考量立法當時國內星期六上午，仍爲行政機關之工作日。惟目前行政機關已遵照「公務人員週休二日實施辦法」，原則上以星期六與星期日爲休息日，故上開規定已無適用機會，如期間之末日爲星期六者，應適用該法同條項前段規定，以星期日之次日（星期一）爲期間末日。

時，以記名投票表決，表示負責[80]。該項後段復規定表決結果，如經全體立法委員2/3之同意，該罷免案即為成立；並當即宣告，且須咨復被提議罷免人。換言之，罷免案如不成立，則毋庸咨復被提議罷免人。就實務以觀，立法院於第6屆期間，共對陳水扁總統行使3次罷免案，均不成立，皆未將處理結果咨復陳水扁總統。

第三項　不信任案

不信任制度，乃為內閣制國家國會用以監督政府的運作方式之一。所謂不信任（Want of Confidence），係指國會反對政府的政策，以為它有反於民意，出而勸告政府辭職之方法；其結果可以引起內閣的更迭，而發生政府的變更[81]。有關國會對政府表示不信任的方法，約有下列兩種：第一為暗示的不信任，即否決政府提出的重要法案，或通過政府反對的重要法案或修改政府提出的重要法案；第二為明示的不信任，即攻擊某一個內閣閣員，或舉行不信任投票[82]。民國86年7月18日修憲時，停止適用憲法第55條及第57條，依其同月21日公布之增修條文第3條第1項的規定，行政院院長由總統任命，無需經由立法院同意；惟行政院對立法院負責之憲政機制並未改變，乃於該條第2項第3款賦予立法院得對行政院院長提出不信任案，明定：「立法院得經全體立法委員1/3以上連署，對行政院院長提出不信任案。不信任案提出72小時後，應於48小時內以記名投票表決之。如經全體立法委員1/2以上贊成，行政院院長應於10日內提出辭職，並得同時呈請總統解散立法院；不信任案如未獲通過，1年內不得對同一行政院院長再提不信任案。」此不信任案之方法，即前述不信任投票。

有關不信任案之處理，立法院直至民國88年1月12日制定立法院職權行使法時，始於第6章明定不信任案提出的要件、處理程序及再提出不信任案的限制。茲分述如下：

80　參閱註78。
81　薩孟武、劉慶瑞：《各國憲法及其政府》，增訂版，台北：自刊本，民國67年10月，64頁。
82　參閱前註，64-65頁。

一、提出條件

依立法院職權行使法第36條之規定，立法院依憲法增修條文第3條第2項第3款之規定，經全體立法委員1/3以上連署，得對行政院院長提出不信任案。因此，只要全體立法委員1/3以上的連署，即可對行政院院長提出不信任案。

二、處理程序

依憲法增修條文第3條第2項第3款之規定，不信任案提出72小時後，應於48小時內完成。此72小時應自何時起算，易引起爭議，乃於立法院職權行使法第37條第1項明定不信任案應於院會報告事項進行前提出，主席收受後應即報告院會，並不經討論，交付全院委員會審查；亦即立法委員提出不信任案，毋庸先送程序委員會而逕送院會處理。由於不信任案於全院委員會審查前，有72小時的「冷卻期」[83]，立法委員經考慮後，如認爲以撤銷原案或撤銷連署或參與連署爲宜，理宜尊重其意願。因此，同法第38條乃規定不信任案於審查前，連署人得撤回連署，未連署人亦得參加連署；提案人亦得撤回原提案，但須經連署人同意。而不信任案經主席宣告審查後，提案人及連署人均不得撤回提案或連署。又審查時，如不足全體立法委員1/3以上連署者，該不信任案視爲撤回。

依立法院職權行使法第37條第3項之規定，全院委員會審查及提報院會表決時間，應於48小時內完成，未於時限完成者，視爲不通過；復依同法第39條之規定，不信任案的表決，以記名投票表決之。如經全體立法委員1/2以上贊成，方爲通過。

依憲法增修條文第2條第5項之規定，總統於立法院通過對行政院院長的不信任案後10日內，經諮詢立法院院長後，得宣告解散立法院。因此，立法院處理不信任案的結果，有必要咨送總統瞭解；乃於立法院職權行使法第40條明定立法院處理不信任案的結果，應咨送總統。此不信任案處理的結果，係包括前

---

83 依我國憲法增修條文第3條第2項第3款之規定，立法院在48小時內完成記名投票表決之前，有72小時的期間，以留待委員再予深思，此爲「冷卻期」。而依法國憲法第49條之規定，國民議會對政府提出不信任案，必須至少1/10以上議之連署，且在提出48小時之後，始得舉行表決；亦即經過48小時的「冷卻期」，始得表決。足見我國冷卻期間較長，意氣之爭可望冷卻。

述第37條第3項所定未於時限完成表決之擬制不通過與第39條表決的結果[84]。

三、再提出之限制

依憲法增修條文第3條第2項第3款後段之規定，如經全體立法委員1/2以上贊成，行政院院長應於10日內提出辭職，並得同時呈請總統解散立法院。但不信任案如未獲通過，則1年內不得對同一人再提不信任案，以求政局穩定。因此，立法院職權行使法第41條乃作同樣規定。條文為：「不信任案未獲通過，1年內不得對同一行政院院長再提不信任案。」。

上述條文通過後，於民國88年2月26日立法院第4屆第1會期第1次會議，由委員張俊雄等82人及委員馮定國等81人分別提出對行政院長蕭萬長不信任案[85]，因贊成不信任案者83人，未達所定全體立法委員1/2以上人數，不信任案不通過[86]。另於民國101年9月18日第8屆第2會期第1次會議及民國102年10月11日同屆第4會期第5次會議分別對行政院院長陳冲及江宜樺提出不信任案，但均未通過[87]。

第七節　大赦案與重要決議案

第一項　大赦案

赦免權在君主時代，本視為元首對臣民法外施恩的手段，又稱之為恩赦。現代民主國家，即為法治國家，有關罪刑之輕重減免，應以法律的規定為準，不宜再由個人示惠性的赦免。但一般刑事學者認為即使民主國家，元首的赦免權仍有需要。因為它可以補救法律的不完備及法院判斷錯誤，亦可以鼓勵犯人遷善；另基於政治上的理由，赦免制度也有存在的價值[88]。我國亦於憲法第40條明定總統有赦免權。

84　參閱立法院公報，88卷，5(上)期，民國88年1月16日，100-101頁。

85　立法委員陳金德等74人曾於民國96年6月14日第6屆第5會期第17次會議對行政院長張俊雄院長提出不信任案，但該會期須於次（15）日立即休會，無法進行是項不信任案的處理；嗣經黨團與連署人協商而同意撤簽，該不信任案乃不予處理。參閱立法院公報，96卷，54期，民國96年7月3日，1頁。

86　立法院公報，88卷，9(上)期，民國88年3月6月，52-56頁。

87　參閱立法院公報，101卷，51(一)期，民國101年9月27日，1-7及98-102頁；102卷，52期，民國102年10月21日，1及28-38頁。

88　參閱陸潤康：《美國聯邦憲法論》，3版，台北：自刊本，民國72年4月，136頁。

依憲法第40條：「總統依法行使大赦、特赦、減刑、復權之權」之規定，赦免可分為(一)大赦，(二)特赦，(三)減刑及(四)復權4種。所謂大赦，是對某時期某類的刑事罪犯，不論已未起訴裁判，一概予以赦免。因此，大赦非僅為罪犯執行之免除，亦為刑事訴追的免除。所謂特赦，是對已受確定判決的罪犯，赦免其刑罰的執行，但所赦免者，僅為刑的執行，並未赦免其罪。所謂減刑，是對已受確定判決的罪犯，減輕其所宣告之刑。所謂復權，是以命令恢復因確定判決褫奪的公權[89]。

前述4種赦免權，因範圍之大小與效力之強弱不同，其實施程序乃有區別。大赦因其範圍最大，效力最強，依憲法第58條第2項：「行政院院長、各部會首長，須將應行提出於立法院之法律案、⋯⋯、大赦案⋯⋯，提出於行政院會議議決之」及第63條：「立法院有議決法律案⋯⋯大赦案⋯⋯之權」之規定，大赦案須經行政院會議及立法院的議決；亦即由行政院提大赦案，送請立法院審議。而特赦、減刑及復權之審議，依赦免法第6條及第7條之規定，由總統命令行政院轉令主管部研議，並經其核可即可，但關於全國性的減免，得依大赦程序辦理。

行憲至今，僅有1例；即行政院於民國86年6月21日函請立法院審議「228事件大赦案」；惟依立法院職權行使法第13條之規定，該案不予繼續審議。

第二項　重要決議案

依憲法第57條第2款前段：「立法院對於行政院之重要政策不贊同時，得以決議移請行政院變更之。」、第58條第2項：「行政院院長、各部會首長，須將應行提出於立法院之法律案、⋯⋯其他重要事項。」及第63條：「立法院有議決法律案、⋯⋯國家其他重要事項之權。」之規定，立法院變更行政院的重要政策及法律案等議案以外的國家其他重要事項，均得予以議決。有關決議變更行政院的重要政策，因較為明確而無爭議；至於議決國家其他重要事項，則不明確而易引發論辯。茲分述如下：

89　林紀東：《中華民國憲法逐條釋義(二)》，84-85頁。

一、變更行政院的重要政策

依憲法第57條第2款前段之規定，立法院對於行政院的重要政策不贊同時，自可提案要求行政院予以變更。如立法委員張俊宏等53人於民國85年5月24日第3屆第1會期第15次會議針對行政院持續興建核能電廠的重要政策提案要求變更；即立刻廢止所有核能電廠之興建計畫，刻正進行的建廠工程應即停工善後，並停止動支任何相關預算且繳回國庫，即為1例[90]。

依民國86年7月21日公布之憲法增修條文第3條第2項的規定，上述條款業已停止適用，立法院對於行政院的重要政策不贊同時，自此已無要求變更的權能。

二、議決國家其他重要事項

「國家其他重要事項」究何所指？論者因採廣義與狹義解釋而有別。就廣義而論，國家其他重要事項，乃指概括國家之其他事項，不論行政、司法、監察、考試等重要事項，立法院均得以議決案拘束之[91]。從狹義而言，則限於與立法院列舉各職權有最密切之關係，而非總統及其他各院所能單獨決定者[92]。就實務以觀，係採狹義說。立法委員依憲法第63條之規定，提案要求議決國家其他重要事項，如逾越憲法所定立法院的職權，所作決議僅屬建議性質而無拘束力。如立法委員張俊宏等54人於民國85年6月11日第3屆第1會期第20次會議提案咨請總統李登輝儘速重新提名行政院院長，並咨請立法院同意案，經討論決議：「咨請總統儘速重新提名行政院院長，並咨請立法院同意」[93]。

由於各界對於上述決議產生疑義，乃分由立法委員郝龍斌等82人、張俊雄等57人、馮定國等62人及饒穎奇等80人聲請大法官解釋；經大法官於同年12月31日以釋字第419號加以解釋，認為依憲法的規定，向立法院負責者為行政院，立法院除憲法所規定之事項外，並無決議要求總統為一定行為或不為一定行為的權限。因此，立法委員提案要求議決國家其他重要事項，如逾越憲法所

90　立法院公報，85卷，27期，民國85年5月29日，29-48頁。

91　洪應灶：前書，180頁。

92　林紀東：《中華民國憲法逐條釋義(二)》，310頁。

93　立法院公報，85卷，32期，民國85年6月15日，33-38頁。

定立法院的職權,所作決議僅屬建議性質而無拘束力[94]。

　　綜合本章所述,吾人可知:(一)立法院有17種議案的審議權;(二)有些議案因係新增權限而尚未擬定審議規範,仍待立法院儘速立法規定;(三)各項議案的實際審議情形,有待進一步加以剖視,始得窺其全貌。

94　參閱總統府公報,台北,第6140號,民國86年2月26日,6頁。

第四章　議案之提出

　　議案之提出，有其一定的要件與程序。亦即立法機關之提案，須受一定的限制。論者認爲我國立法院之提案，須受下列4項的限制：(一)法權上之限制；(二)格式上之限制；(三)程序上之限制；(四)時間上之限制[1]。而議案提出後，若因爾後情勢變遷而認爲有撤回（Withdrawl）之必要時，多數國家於其國會議事法規中明定得予撤回，我國立法院亦於立法院職權行使法及議事規則中規定提案主體經院會同意得予撤回提案。此外，多數民主國家國會對於議案之審議，類採會（屆）期不繼續原則。我國立法院於第3屆以前採行會期繼續審議議案原則，第4屆改採有條件屆期不繼續審議議案原則，第5屆起始採屆期不繼續審議議案原則。茲就提案主體、提出與撤回及議案屆期失效分節加以論述。

第一節　提案主體

　　考諸各國政制，有關立法提案權之誰屬，規定極不一致。提案權有專屬於議員或政府者，亦有屬於議員及政府雙方者。更有以提案權除政府或議員外，尚有其他提案主體者。茲以Valentine Herman和Francoise Mendel所歸納整理之56國議會有關提案的規定，列示如表4-1[2]。

　　依現行法令之規定，我國有權向立法院提出議案者，政府機關與立法委員兼而有之；而人民請願文書經審查決定後雖亦得成爲議案，惟此乃爲委員提案的另一種形態，不得謂爲請願人的提案[3]。茲依政府機關與立法委員分項加以論述。

1　所謂法權上之限制，即提案人不能提出越權的法案，我國憲法第10章對於中央與地方之權限，已作詳密的劃分。因此，中央立法事項以憲法第107條及第108條暨其他有關條文所定者爲限，立法院所能討論的法案即以這些事項爲範圍。又依我國憲法第59條及第70條之規定，預算案係由行政院提出，並限制立法委員對預算案不得爲增加支出的提議。而格式上之限制，依立法院議事規則第7條之規定，議案的提出，以書面行之，如係法律案，應附具條文及立法理由，即屬格式上的限制。有關程序上之限制，依立法院職權行使法第8條第2項之規定，政府機關與立法委員所提法律案，在提報院會之前，必先送程序委員會。至於時間上之限制，則依立法院議事規則第9條之規定，臨時提案應於當次會議上午10時前以書面提出；同規則第10條規定經否決之議案，除復議外，不得再行提出。參閱羅志淵：《立法程序論》，2版，台北：正中書局，民國67年1月，391-396頁。

2　Valentine Herman and Francoise Mendel ,eds., Parliaments of the World (London: Macmillan, 1976), p.597；引自朱志宏：《立法論》，初版，台北：三民書局，民國84年3月，148頁。

3　陳顧遠：〈立法程序之研究〉，收入於憲法論文集(二)，台北：國民大會秘書處編印，民國51年5月，387頁。

表4-1　各國議會之提案主體

提案者	議會數目
議員	54
委員會	20
政府	41
國家元首	19
地方、聯邦之州政府	7
選民	4
司法機構	9
社會與經濟組織	6
其他	6

第一項　政府機關

　　我國中央政制，採行五院分立，各院本憲法所賦與之職權，各於所掌範圍內，為國家的最高機關。又我國於五院之外，另設有總統府及國民大會。各機關可否基於本身職務之需要，就其所掌事項，向立法院提案？茲依現行法令及司法院相關解釋，分述如下：

一、行政院

　　憲法第58條第2項規定：「行政院院長、各部會首長，須將應行提出立法院之法律案、預算案、戒嚴案、大赦案、宣戰案、媾和案、條約案及其他重要事項，……，提出於行政院會議議決之」。準此，行政院有權向立法院提案，除法律案外，尚可提出預算案、戒嚴案、大赦案、宣戰案、媾和案、條約案及其他重要事項等議案。

二、考試院

　　憲法第87條規定：「考試院關於所掌事項，得向立法院提出法律案」，憲法增修條文第6條第1項規定：「考試院為國家最高考試機關，掌理左列事項，

不適用憲法第83條[4]之規定：一、考試。二、公務人員之銓敘、保障、撫卹、退休。三、公務人員任免、考績、級俸、陞遷、褒獎之法制事項」；準此2條規定，考試院得向立法院提出法律案，惟其提案範圍，自以憲法增修條文第6條第1項所定事項爲限。

三、監察院

　　監察院可否向立法院提出法律案，憲法並無明文規定。在行憲之初，監察院曾向立法院提出法律案2件，即立法院第1屆第1會期第15次會議時提出之監察法及第16次會議時提出之監察院各委員會組織條例，但未爲立法院所接受而退回咨文[5]；並將上述所擬提出的法案，分別改由毛委員翼虎領銜提出監察法草案及杜委員光塤領銜提出監察院各委員會組織條例草案[6]。監察院對立法院此項作爲，自始便不表贊同；乃先咨請總統依憲法第44條規定召集有關各院院長會商解決監察院的立法提案權問題；總統於是依法召集立法、監察、司法三院院長會商；經會商結果，認爲由關係院作成決議案方能貫徹，其手續上之複雜有過於大法官的解釋，仍以交大法官會議解釋爲妥[7]。因此，監察院再轉函司法院大法官會議解釋。民國41年5月21日司法院大法官會議以釋字第3號解釋。該號解釋云：

　　「監察院關於所掌事項，是否得向立法院提出法律案，憲法無明文規定，而同法第87條，則稱考試院關於所掌事項，得向立法院提出法律案。論者因執『省略規定之事項應認爲有意省略』（Casus omissus pro omisso habendus est），以及『明示規定其一者應認爲排除其他』（expressis unius est exclusis alterius）之拉丁法諺，認爲監察院不得向立法院提案。實則此項法諺並非在任何情形之下，均可援用，如法律條文顯有闕漏或有關法條尙有解釋之餘地時，則此項法諺即不復適用。我國憲法間有闕文，例如憲法上由選舉產生之機關，

4　憲法第83條規定考試院所掌理事項爲考試、任用、銓敘、考績、級俸、陞遷、保障、褒獎、撫卹、退休、養老等事項。
5　監察院咨送監察法草案請審議案，經交付法制委員會審查完竣後，提報院會討論，決議：「照審查意見，本案未便審查」；而監察院咨送監察院各委員會組職條例草案請查照完成立法程序案，經交付法制委員會審查完竣後，提報院會，決定：「本案由監察院提出未有依據，改由本院法制委員會委員提出，原咨退回」。分見第1屆立法院第1會期第16次會議，議事錄，9及7頁。
6　毛委員翼虎及杜委員光塤等提案，分見第1屆立法院第1會期第16次會議及第19次會議，議事日程。
7　司法院大法官會議解釋彙編，台北：司法院秘書處，民國53年1月，21頁。

對於國民大會代表及立法院立法委員之選舉，憲法則以第34條、第64條第2項載明「以法律定之」；獨對於監察院監察委員之選舉，則並無類似之規定，此項闕文，自不能認為監察委員之選舉，可無需法律規定，或憲法對此有意省略，或故予以排除，要甚明顯。

憲法第71條，即憲草第73條原規定：『立法院開會時，行政院院長及各部會首長，得出席陳述意見』，經制憲當時出席代表提出修正，將『行政院院長』改為『關係院院長』，其理由為『考試院、司法院、監察院就其主管事項之法律案，關係院院長自得列席立法院陳述意見』，經大會接受修正如今文。足見關係院院長，係包括立法院以外之各院院長而言。又憲法第87條即憲草第72條，經出席代表提案修正，主張將該條所定：『考試院關於所掌事項，提出法律案時，由考試院秘書長出席立法院說明之』，予以刪除，其理由即為『考試院關於主管事項之法律案，可向立法院提送與他院同，如須出席立法院說明，應由負責之院長或其所派人員出席，不必於憲法中規定秘書長出席』，足徵各院皆可提案，為當時制憲代表所不爭。遍查國民大會實錄及國民大會代表全部提案，對於此項問題曾無一人有任何反對或相異之言論，亦無考試院應較司法、監察兩院有何特殊理由，獨需提案之主張。

我國憲法，依據孫中山先生創立中華民國之遺教而制定，載在前言。依憲法第53條（行政）、第62條（立法）、第77條（司法）、第83條（考試）、第90條（監察）等規定，建置五院。本憲法原始賦予之職權，各於所掌範圍內為國家最高機關，獨立行使職權，相互平等，初無軒輊。以職務需要言，監察、司法兩院各就所掌事項需向立法院提案，與考試院同。考試院對於所掌事項，既得向立法院提出法律案，憲法對於司法、監察兩院就其所掌事項之提案，亦初無有意省略或故予排除之理由。法律案之議決雖為專屬立法院之職權，而其他各院關於所掌事項，知之較稔，得各向立法院提出法律案，以為立法意見之提供者，於理於法均無不合。

綜上所述，考試院關於所掌事項，依憲法第87條，既得向立法院提出法律案，基於五權分治、平等相維之體制，參以該條及第71條之制訂經過，監察院關於所掌事項，得向立法院提出法律案，實與憲法之精神相符。」[8]

8　同前註，19-21頁。

　　依據上述解釋，監察院就其所掌事項，得向立法院提出法律案，自此乃告確定。又依憲法第105條：「審計長應於行政院提出決算後3個月內，依法完成審核，並提出審核報告於立法院。」之規定，審計長須向立法院提出決算審核報告案。

四、司法院

　　司法院是否應有法律提案權問題，學者間仁智互見，時有爭論。嗣至民國70年6月11日監察院舉行第1665次院會時，委員陳翰珍等53人以「監察院關於所掌事項得向立法院提出法律案，業經司法院釋字第3號解釋予以確認。但關於司法院是否亦有提案權，該解釋雖曾提及，而意義不明，分歧堪慮。但因目前審檢分隸，司法院所掌事項法律之提案權問題，更有解決之必要」，乃提請函送司法院補充解釋見復。經討論決議交司法委員會審議[9]。經審議後認應先函請司法院答覆後再行處理，乃函請司法院答復。司法院於同年12月14日函復監察院略稱：

　　「司法院大法官會議釋字第3號解釋，原係就監察院可否提出法律案而為，故其末段僅謂監察院關於所掌事項，得向立法院提出法律案，實與憲法精神相符，而未將司法院並列。司法院曾於40年4月25日將公務員懲戒法修正案，以（40）院台字第0182號咨送請立法院審議。經立法院法制委員會改為立法委員提案，由該會委員聯名提出，列報院會。嗣行政院分函立法院及司法院請暫緩修正，司法院據此函請立法院查照。經立法院於41年5月9日決議保留。司法院可否就所掌事項向立法院提出法律案，以大法官會議釋字第3號解釋末段，未將司法院部分明白敘明，參以上述公務員懲戒法修正草案處理經過，似非全無疑義。」

　　監察院以司法院既認提案權之有無，因憲法無明文規定，尚有疑義，則與所認依據我國憲法建制的五院，各於其所掌之權責範圍內，為國家最高機關，獨立行使職權，相互平等，基於五權分治，彼此相維之體制，由於職務需要，各就所掌事項，得向立法院提出法律案之見解相左，即屬適用憲法發生爭議。乃依司法院大法官會議法第4條第1項第1款規定，聲請解釋[10]。司法院大法官會

9　陳翰珍等53位委員提案的內容，參閱監察院公報，台北，1295期，民國70年7月26日，479頁。
10　參閱總統府公報，台北，第3989號，民國71年6月2日，4頁。

議於民國71年5月25日以釋字第175號解釋云：

「查司法院關於所掌事項，是否得向立法院提出法律案，本院釋字第3號解釋，雖係就監察院可否提出法律案而為之解釋，但其第3段載有：『我國憲法依據　孫中山先生創立中華民國之遺教而制定，載在前言。依憲法第53條（行政）、第62條（立法）、第77條（司法）、第83條（考試）、第90條（監察）等規定，建置五院。本憲法原始賦予之職權，各於所掌範圍內為國家最高機關，獨立行使職權，相互平等，初無軒輊。以職務需要言，監察、司法兩院各就所掌事項需向立法院提案，與考試院同，考試院對於所掌事項，既得向立法院提出法律案，憲法對於司法、監察兩院就其所掌事項之提案，亦初無有意省略或故予排除之理由。法律案之議決，雖為專屬立法院之職權，而其他各院關於所掌事項，知之較稔，得各向立法院提出法律案，以為立法意見之提供者，於理於法，均無不合。』等語，業已明示司法院得向立法院提出法律案。蓋司法院為國家最高司法機關，基於五權分治，彼此相維之憲政體制，並求法律之制定臻於至當，司法院就所掌事項，自有向立法院提出法律案之職責。且法律案之提出，僅為立法程序之發動，非屬最後之決定，司法院依其實際經驗與需要為之，對立法權與司法權之行使，當均有所裨益。

次按尊重司法，加強司法機關之權責，以保障人民之權利，乃現代法治國家共赴之目標。為期有關司法法規，更能切合實際需要，而發揮其功能，英美法系國家最高司法機關，多具有此項法規之制定權；大陸法系國家，亦有類似之制度。晚近中南美各國憲法，復有明定最高司法機關得為法律案之提出者。足見首開見解，不僅合乎我國憲法之精神，並為世界憲政之趨勢。且自審檢分隸後，司法院所掌業務日益繁重，為利司法之改進，符合憲法第77條、第78條、第82條，設置司法院及各級法院，掌理民事、刑事，行政訴訟之審判，及公務員之懲戒；並由司法院行使解釋憲法，暨統一解釋法令之職權，以貫徹弘揚憲政之本旨，司法院就其所掌有關司法機關之組織及司法權行使之事項，得向立法院提出法律案。」[11]

依此解釋，司法院就其所掌有關司法機關的組織及司法權行使的事項，得向立法院提出法律案。

---

11 同前註，3-4頁。

五、總統府及國民大會

總統府、國民大會可否提出法律案，現行法令因未定有明文。其中國民大會於民國82年7月10日及民國84年8月31日兩次就「國民大會代表全國國民行使政權，基於權能平衡、彼此相維之憲政體制，就其組織及所掌事項得否向立法院提出法律案」，因發生適用上疑義，函請司法院解釋。司法院以「中華民國89年4月25日公布之憲法增修條文第1條規定，國民大會之功能已有調整，原據以聲請解釋之前提事實已不存在，即無再爲解釋之必要」，而不予受理[12]。事涉上述機關所掌事項，就實務而言，類由行政院代爲提案，或由立法委員提案。如民國82年12月30日制定公布之「國家安全會議組織法」及「國家安全局組織法」均由行政院提案[13]。民國85年1月31日公布修正之中華民國總統府組織法亦由行政院提案[14]，而在民國86年5月2日公布修正之國民大會組織法，係由行政院代爲提案[15]。目前兩者均無提案權；而其中國民大會已於民國94年6月10日因修憲而予以廢除。

依憲法第69條之規定，總統得向立法院提出召開臨時會處理特定事項，如民國90年6月26日所舉行的第4次臨時會，係由總統咨請召開，以便審議「存款保險條例第17條之1修正草案」等6項具急迫性及重要性之金融改革法案，即爲1例[16]。依憲法及其增修條文相關規定，總統亦得提出緊急命令追認案、副總統補選案及司法院考試院監察院人事同意權案。另總統依法院組織法第66條第7項之規定，更可向立法院提出最高法院檢察署檢察總長人事同意權案，如總統

---

12 參閱司法院公報，台北，42卷，9期，民國89年9月，58頁。

13 行政院於民國82年4月2日分依總統府秘書長函，將「國家安全會議組織法草案」及「國家安全局組織法草案」轉送立法院審議，經提民國82年6月29日第2屆第1會期第42次會議，分別決定交付「法制、國防、內政、外交四委員會審查」及「法制、國防兩委員會審查」。上述2案並經同年12月30日同屆第2會期第28次會議審議通過，由總統於當日公布施行。提案內容分見立法院第2屆第1會期第16次會議，議案關係文書，報1-16及報17-34頁。

14 行政院於民國84年6月30日依總統府秘書長函，將「中華民國總統府組織法修正草案」送請立法院審議，經提民國84年7月14日立法院第2屆第5會期第38次會議，決定：「交法制委員會審查」，並於民國85年1月5日同屆第6會期第20次會議審議通過由總統於同年1月31日公布施行。提案內容見立法院第2屆第5會期第34次會議，議案關係文書，報55-84頁。

15 行政院於民國84年9月23日依國民大會秘書處函，將「國民大會組織法修正草案」送請立法院審議，經提民國84年10月5日第2屆第6會期第3次會議，決定：「交法制委員會審查」，並於民國86年4月25日第3屆第3會期第17次會議通過，由總統於同年5月2日公布施行。該提案內容見第2屆第6會期第3次會議，議案關係文書，21-39頁。

16 該次臨時會召開及法案處理經過，參閱周萬來：《立法院職權行使法逐條釋論》，3版，台北：五南圖書出版公司，民國108年12月，55-61頁。

於民國95年5月26日提名陳聰明爲最高法院檢察署檢察總長，咨請同意案，即爲顯例[17]。

第二項　立法委員

依憲法、憲法增修條文、立法院職權行使法及立法院議事規則之相關規定，立法委員得提出法律案、憲法修正案、領土變更案、罷免或彈劾總統副總統案、對行政院院長提出不信任案及其他議案，並得以黨團名義提案（憲法另有規定者除外）；至於委員會則無提案權。茲分述如下：

一、委員提案

(一) 法律案

憲法第62條規定：「立法院爲國家最高立法機關，由人民選舉之立法委員組織之，代表人民行使立法權」。同法第63條規定：「立法院有議決法律案、預算案、戒嚴案、大赦案、宣戰案、媾和案、條約案及國家其他重要事項之權」。依此2條規定，憲法對於立法院之立法提案權，並未作明確而具體的規定。因此，學者間乃有爭議。惟就現實而言，立法委員之立法提案權，立法院職權行使法及立法院議事規則均有規定。立法院職權行使法第8條第2項規定：「政府機關提出之議案或立法委員提出之法律案，應先送程序委員會，提報院會朗讀標題後，即應交付有關委員會審查。但有出席委員提議，20人以上連署或附議，經表決通過，得逕付二讀。」；立法院議事規則第8條第1項規定：「立法委員提出之法律案，應有15人以上之連署；其他提案，除另有規定外，應有10人以上之連署。」。綜上所述，立法委員有權提出法律案，是有法令上之依據。職是之故，立法委員有權提出法律案，應無疑義。

(二) 憲法所賦予之相關提案

依憲法及其增修條文之相關規定，立法委員得提出憲法修正案，並對總

---

[17] 該同意案經司法、法制、內政及民族3委員會審查後，提報院會無記名投票表決通過之經過，參閱立法院公報，96卷，15期，民國96年2月2日，329-376頁；16期，民國96年2月5日，65-70頁；17期，民國96年2月7日，55-82及329-376頁。

統、副總統提出彈劾案與罷免案、對行政院院長提出不信任案及對領土提議變更案。依憲法第174條第2款及增修條文第12條之規定，立法委員1/4之提議，3/4之出席及出席委員3/4之決議，得擬定憲法修正案；依憲法增修條文第2條第9項之規定，全體立法委員1/4之提議，全體立法委員2/3之同意，得提出總統、副總統之罷免案；依憲法增修條文第3條第2項第3款之規定，全體立法委員1/3以上之連署，得對行政院院長提出不信任案；依憲法增修條文第4條第5項之規定，全體立法委員1/4之提議，全體立法委員3/4之出席及出席委員3/4之決議，得提出領土變更案；又依憲法增修條文第4條第7項之規定，全體立法委員1/2之提議，全體立法委員2/3以上之決議，對總統、副總統得提出彈劾案。

(三) 其他議案

依立法院職權行使法第8條第3項：「立法委員提出之其他議案，於朗讀標題後，得由提案人說明其旨趣，經大體討論，議決交付審查或逕付二讀，或不予審查。」及前述立法院議事規則第8條第1項之規定，立法委員得提出非法律案的其他提案。如立法院新黨黨團、國民黨黨團及親民黨黨團於民國89年6月13日立法院第4屆第3會期第23次會議分別提出「為台中縣大甲鎮鎮瀾宮媽祖赴大陸湄州尋根接火活動，行政院應基於尊重民俗與民意，宜採專案特許之方式，允許其直航大陸湄州，並於1個月內專案核准，以利成行案」及「為金馬兩地實施小三通，行政院應即遵照離島建設條例第18條之立法意旨，從速訂定施行細則或相關執行辦法，並於3個月內完成案」，即為顯例[18]。

(四) 臨時提案

依立法院議事規則第9條第1項之規定，對亟待解決的事項，出席委員更可以臨時提案方式提出。此乃因立法機關為維持公共討論之秩序，均須依一定之議程進行議事，惟此種普通之程序往往不能適應突發性臨時事件的處理。故議事機關類有臨時提案之規定，以取得優先討論的地位，以便解決問題[19]。惟就實務以觀，立法委員所提臨時提案，包羅萬象，且多數非為亟待解決事項，而

---

18 立法院公報，89卷，34(上)期，民國89年6月17日，52-67頁。
19 曾濟群：《中外立法制度之比較》，初版，台北：中央文物供應社，民國77年6月，231頁。

有流於泛濫情事[20]。爲減少其流弊，立法院在民國88年1月12日修正立法院議事規則時，特於該規則第9條第1項中明定每位委員每次院會僅能提出1件臨時提案，更於第3項中規定法律案不得以臨時提案提出，以爲限制。

(五) 黨團提案

　　鑑於黨團在議會政治之重要性，立法院於民國88年1月12日修正立法院組織法時，特別賦予黨團之法源依據，於該法第33條明定：「立法委員依其所屬政黨參加黨團，每1黨團至少須有5人以上，政黨席次不足5人或無黨籍之委員得合組5人以上之聯盟；黨團辦公室由立法院提供之」[21]。黨團既在議事運作中扮演相當重要角色，乃於同日制定立法院職權行使法及修正立法院議事規則時，明定黨團得以黨團名義提案，但僅限於符合跨越政黨門檻的政黨，始得爲之[22]。民國89年3月18日第10任總統副總統選舉後政黨重組，立法院黨團隨之改變，新成立的親民黨黨團要求比照國民黨黨團等黨團，得以黨團名義提案；嗣經協商，同意修正立法院職權行使法及立法院議事規則相關條文，賦予各黨團提案權。因此，依民國89年5月12日修正後之立法院職權行使法第75條：「符合立法院組織法第33條規定之黨團，除憲法另有規定外，得以黨團名義提案，不受本法有關連署或附議人數之限制。」及立法院議事規則第59條：「符合立法院組織法第33條規定之黨團，除法律另有規定外，得以黨團名義提案，不受本規則有關連署或附議人數之限制。」之規定[23]，各黨團均得以黨團名義提案。茲爲健全農業金融機構之經營，保障存款人權益，促進農、漁村經濟發

20　參閱蔡達棠：《立法院臨時提案之剖析》，初版，台北：致良出版社，民國84年4月，24-39頁。
21　民國100年1月26日公布修正之條文爲：「每屆立法委員選舉當選席次達3席且席次較多之5個政黨得各組成黨團；席次相同時，以抽籤決定組成之。立法委員依其所屬政黨參加黨團。每1政黨以組成1黨團爲限；每1黨團至少須維持3人以上（第1項）；未能依前項規定組成黨團之政黨或無黨籍之委員，得加入其他黨團。黨團未達5個時，得合組4人以上之政團；依第4項將名單送交人事處之政團，以席次較多者優先組成，黨（政）團總數合計以5個爲限（第2項）；前項政團準用有關黨團之規定（第3項）；各黨團應於每年首次會期開議日前1日，將各黨團所屬委員名單經黨團負責人簽名後，送交人事處，以供認定委員所參加之黨團（第4項）；黨團辦公室由立法院提供之（第5項）；各黨團置公費助理10人至16人，由各黨團遴選，並由其推派之委員聘用（第6項）；前項現職公費助理於中華民國87年3月1日至94年6月30日間，由各黨團遴選並由其推派之委員或各該政黨聘用，並實際服務於黨團之助理年資，得辦理勞動基準法工作年資結清事宜（第7項）」。
22　依公職人員選舉罷免法第65條第3項第6款（現行法爲第67條第2項第5款）之規定，第4屆立法委員選舉時，超過5%以上得票比率之政黨爲國民黨（46.4%），民進黨（29.6%），新黨（7.1%）；亦即國民黨、民進黨及新黨得以黨團名義提案。
23　立法院公報，89卷，25期，民國89年5月17日，33-34頁。

展，台灣團結聯盟黨團、國民黨黨團、親民黨黨團及民進黨黨團乃分別提案制定「農業金融法草案」，即為1例[24]。

二、委員會不得提案

　　立法院各委員會可否提案，有關法制亦乏規定。立法院各委員會組織法第2條僅規定：「各委員會審查本院會議交付審查之議案及人民請願書，並得於每會期開始時，邀請相關部會作業務報告，並備質詢。」，可否起草法案提報院會討論，因法無明文，在立法院第1屆第12會期第2次會議討論請願法的提案問題時，則有所爭辯。此案緣於立法院同屆第10會期第1次會議，程序委員會建議對於人民請願案件處理程序擬由程序委員會先送有關委員會審查待成為議案後再予編列議程，經院會決定交法制委員會擬訂人民請願案件處理辦法；法制委員會審查結果，認為人民請願案件處理辦法規定於本院議事規則內為宜，並以為該項條文亦有相當規範人民之處，似應於制訂之初，先為設定法律根據，擬於立法院組織法中增列條文，由當次會議主席張子揚委員領銜連署全體委員併案送提院會[25]，經提同會期第14次會議討論，院會決議交法制委員會起草請願法，並先行擬訂本院對人民請願案件之處理辦法，以應目前需要；法制委員會審查結果，認為委員會只負審查議案之責，請由原動議人起草提報院會後再交本會審查，提報同屆第11會期第27次會議決定，經改列討論事項，後於第12會期第2次會議，院會再改列報告事項，並接受法制委員會所提報告，請願法草案既經法制委員會擬訂，可由各委員依法定程序提出。因此，請願法草案乃由委員徐漢豪等32人於該屆同會期第10次會議提出。委員會無權提出法案乃告確定。嗣後非經院會交付審查之議案所作決議，不得向院會提出[26]。

第三項　法案提出主體之分析

　　為便於統計及分析，本項僅就法案部分加以析述。

---

24 各黨團分別於第5屆第2會期第6、7、12、13次會議提報院會決定：交經濟及能源、財政、法制三委員會審查，與行政院提案（第3會期第1次會議交付併案審查）併案審查後，提報第3會期第1次臨時會第1次會議審議通過，完成立法程序。參閱立法院公報，92卷，37(上)期，民國92年7月19日，171-285頁；37(下)期，115-149頁。

25 參閱第1屆立法院第10會期第14次會議，院總第23號委員提案第48號關係文書。

26 立法院議事先例集，立法院秘書處編印，民國82年2月，32-33頁。

　　法案之提出，乃立法過程的第一階段。依前所述，我國立法之提案權，政府機關與立法委員兼而有之；而人民請願文書經審查決定成爲議案者，因係委員提案之另一形態，自應併計於委員提案中。又2個或2個以上提案主體會同函請審議者，以第1個提案主體計算之。茲依上述分類標準，就第5屆各提案主體所提法律案情形，統計如表4-2。

表4-2　立法院第五屆各提案主體提案情形表

提案主體會期	行政院	考試院	司法院	監察院	立法委員	合計
一	372	5	10	0	422	809
二	100	14	16	0	121	251
三	83	0	2	0	95	180
四	89	4	1	0	104	198
五	39	2	4	0	156	201
六	21	1	0	0	70	92
合　計	704	26	33	0	968	1,731

　　依表4-2觀之，立法院第5屆提案主體所提法案共計1,731件，其中政府提案763件，佔44%，委員提案968件，佔56%。又政府提案763件中，行政院提出者計704件，佔92.3%；考試院提出者計26件，佔3.4%；司法院提出者計33件，佔4.3%；監察院提出者0件。可知立法委員提案最多，而行政院又比其他機關所提法案爲多。茲就上述情形論述如下：

一、立法院審議之法案，何以立法委員提出者最多？就現行體制以觀，約有下列三點原因

(一) 委員主動立法盛行

　　第2屆立法院全面改選以前，由於當時資深立法委員所佔人數較多，所受民意壓力較少，缺乏自主與積極之立法功能。惟自第2屆起，全體立法委員均須定期改選，其任期受選民之取決與控制，時時反應民意，爲連任鋪路；加諸

黨團對所屬成員提案的約束力，較第1屆減弱[27]。因此，委員主動立法盛行。甚有同一事項而多位委員提出類似法案的情事，如民國89年2月3日公布施行之「921震災重建暫行條例」，除行政院提案外，尚包括民進黨黨團、新黨黨團、委員蘇煥智等42人及委員陳其邁等48人提出相關提案，即為一例[28]。足見委員提案之數量自為增多。

(二) 立法委員所提法案與政府提案之處理程序相同

在民國83年11月10日立法院組織法第7條及立法院議事規則第29條修正前，政府與立法委員提出之議案，其處理程序不同。亦即政府提出之法案於朗讀標題後，即應交付有關委員會審查；而立法委員提出之法案於朗讀後，提案人得說明其旨趣，經大體討論，應即議決交付審查或逕付二讀或不予審議。因此，時有委員所提法案先於政府提出，卻於政府提案交付審查時，再列院會議程討論事項處理，而影響其提案；如委員洪文棟等43人所提「人體器官移植條例草案」，早於民國75年5月9日連署提出，卻在行政院函請審議之「人體器官及組織移植法草案」於民國75年10月3日第1屆第79會期第4次會議決定交付內政、司法兩委員會審查後，始提報同年10月14日同會期第6次會議，經討論決議交內政、司法兩委員會，與行政院提案併案審查，即為1例[29]。上述法規修正，改列為立法院職權行使法第8條第2項後，立法委員所提法律案與政府提案處理程序相同，其提案數量自為增加。

(三) 提案範圍不受限制

政府機關提出的法案，除行政院外，其他機關均限於職掌事項。立法委員所提法案，則與行政院相同，不受範圍的限制。因此，其提案數量較多。

---

27 由於議會係政黨與政黨間角逐之場合，法律既為政策之具體化。執政黨對所屬成員的提案，自須加以約束。依中國國民黨立法委員黨部組織規程第24條之規定，該黨部黨員擬向立法院提出之重要法案或法案之立法原則或要點，均應先送該黨部研討轉報中央，並依中央核定之原則處理之；但屬重大機密性或緊迫時間性者，得逕行報請中央指示。因此，第1屆國民黨立法委員提出重要之法案，往往先透過黨內討論。嗣經改組為立法院黨團後，對委員提案未再有前述之規定，加以黨內民主化及第2屆全面改選後，國民黨對黨團成員的提案，已較少干預。至於其他黨團對其成員的提案，則甚少干涉。

28 參閱立法院公報，89卷，9(二)期，民國89年1月29日，331-537頁。

29 立法院公報，76卷，2期，民國76年1月7日，106-107頁。

二、在政府機關的提案中，行政院何以提案最多？其理由約有下列3點

(一) 行政院居於國家政務之衝要地位

行政院為推行其重要政策，須透過立法以執行。由於該院身負國家政務之衝要地位，為政府施政重心的所在，所掌理事項的範圍較廣，其提案數量自較其他3院為多。如為加入世界貿易組織[30]、配合台灣省政府功能業務與組織調整[31]，均提出許多法案。

(二) 提案範圍不受限制

依憲法第58條之規定，行政院提案的範圍並不受限制；除本身提案外，尚可代其他機關提出法案。如前述「中華民國總統府組織法」、「國家安全會議組織法」、「國家安全局組織法」均係代總統府提出，「國民大會組織法」則代國民大會提出。

(三) 行政資源與法制人才優於他院

行政院所擁有之行政資源及法制人才均倍於其他四院，有助該院的法案研議，提案數量自為較多。

第二節　提出與撤回

第一項　提出程序

依現行法令之規定，我國議案的提出，因提案主體不同而其程序有所不同。茲分別說明如下：

---

30 我國為加入世界貿易組織，行政院乃提出相關法案，即以第3屆第2會期而言，在該會期所提55件法案中，有關為加入世界貿易組織而提出之法案，即有27件，幾近半數。

31 「台灣省政府功能業務與組織調整暫行條例」由總統於民國87年10月28日公布，並自同年12月21日起施行。行政院為配合上述功能業務與組織調整，自第4屆第1會期起，陸續提出200多件。

一、政府提案

政府機關向立法院提出議案之前，為求慎密起見，均曾經過討論。憲法第58條第2項規定：「行政院院長、各部會首長，須將應行提出立法院之法律案、預算案、戒嚴案、大赦案、宣戰案、媾和案、條約案……，提出於行政院會議議決之」。足見行政院提出議案於立法院之前，必須先經過行政院會議討論，方屬合法。因此，行政院送請審議議案函中，均說明此案提經本院第幾次會議決議通過。至於考試院、司法院、監察院向立法院提出法律案，各依該院會議規則第11條、第4條或第3條之規定，須經院會討論，再送請立法院審議。

各機關向立法院提出議案時，應附上相關附件；如係法律案，更須附上總說明及草案條文[32]，立法院於收到公文後，即交由程序委員會；程序委員會除將人事同意權案、覆議案、緊急命令追認案依立法院職權行使法相關規定提報院會決定交付全院委員會審查，預算案提報院會決定邀請行政院院長、主計長及財政部部長列席院會分別報告施政計畫及總預算案編製經過並備質詢，總決算審核報告案提報院會決定邀請審計長列席報告審核經過並備諮詢外，其餘議案，則依該會組織規程第5條之規定，按法案性質[33]分配有關委員會審查後，提報院會決定。復依立法院議事規則第23條第2項及第3項之規定，院會決

---

32 依行政院所頒「中央行政機關法制作業應注意事項」之規定，法律制定案應包括(一)標題，(二)總說明及(二)逐條說明；法律修正案應包括(一)標題，(二)總說明，(三)條文對照表。有關法案之格式，參閱古登美、沈中元、周萬來編著：《立法理論與實務》，修訂4版，台北：國立空中大學，民國94年1月，354-385頁。

33 依程序委員會組織規程第5條之規定，立法院各委員會審查議案，由程序委員會依下列規定分配，提報院會決定：一、內政委員會：審查內政、選舉、大陸、原住民族、客家、海洋政策及有關內政部、中央選舉委員會、大陸委員會、原住民族委員會、客家委員會、海洋委員會、不當黨產處理委員會掌理事項之議案。二、外交及國防委員會：審查外交、僑務、國防、退除役官兵輔導政策與宣戰案、媾和案、條約案、戒嚴案及有關外交部、僑務委員會、國防部、國軍退除役官兵輔導委員會掌理事項之議案。三、經濟委員會：審查經濟、農業、國家發展、公平交易、能源政策及有關經濟部、農業部、國家發展委員會、公平交易委員會掌理事項之議案。四、財政委員會：審查財政、金融政策、預算、決算、主計、審計及有關財政部、中央銀行、金融監督管理委員會、行政院主計總處掌理事項之議案。五、教育及文化委員會：審查教育、文化、科技政策及有關教育部、文化部、國立故宮博物院、中央研究院、國家科學及技術委員會、核能安全委員會掌理事項之議案。六、交通委員會：審查交通、數位發展、公共工程、通訊傳播政策及有關交通部、數位發展部、行政院公共工程委員會、國家通訊傳播委員會、國家運輸安全調查委員會掌理事項之議案。七、司法及法制委員會：審查民事、刑事、行政訴訟、懲戒、大赦、機關組織與有關法務部、行政院人事行政總處掌理事項及其他不屬於各委員會審查之議案；國營事業機構組織之議案應視其性質由有關委員會主持。八、社會福利及衛生環境委員會：審查衛生、環境、社會福利、勞工、消費者保護政策及有關衛生福利部、環境部、勞動部掌理事項之議案（第1項）；前項議案審查之分配，其性質與其他委員會有關聯者，配由主持審查之委員會與有關委員會會同審查之（第2項）。

定該項議案時，如出席委員對程序委員會擬具處理辦法無異議，即照程序委員會意見；倘有異議，經8人以上連署或附議，不經討論，逕付表決。在場委員如不足表決法定人數時，則交程序委員會重新提出；又出席委員提出異議時，不足連署或附議人數，依程序委員會所擬處理辦法通過。另依立法院職權行使法第8條第2項後段之規定，如有出席委員提議，20人以上連署或附議，經表決通過，該議案得逕付二讀；有關逕付二讀的議案，依議事成例，須交付黨團協商，協商時，類由執政黨黨團負責協商。

二、委員提案

立法院議事規則第7條規定：「議案之提出，以書面行之，如係法律案，應附具條文及立法理由。」第8條第1項規定：「立法委員提出之法律案，應有15人以上之連署；其他提案，除另有規定外，應有10人以上之連署。」準此2條規定，立法委員所提法律案，應附具條文及立法理由，並有15人以上委員的連署，始可成立，又依立法院職權行使法第8條第2項之規定，立法院處理立法委員所提法律案的程序，因與政府提案同，應先送程序委員會，提報院會決定。即院會決定該項議案時，如出席委員對程序委員會擬具處理辦法無異議，即照程序委員會意見；倘有異議，經8人以上連署或附議，不經討論，逕付表決。在場委員如不足表決法定人數時，則交程序委員會重新提出；又出席委員提出異議時，不足連署或附議人數，依程序委員會所擬處理辦法通過。另依立法院職權行使法第8條第2項後段之規定，如有出席委員提議，20人以上連署或附議，經表決通過，該議案得逕付二讀；有關逕付二讀的議案，依議事成例，須交付黨團協商，協商時，類由提案委員所屬黨團或提案黨團負責協商。至於其他提案，應有10人以上委員的連署，始可成立；其處理程序，則依立法院職權行使法第8條第3項之規定，於朗讀標題後，得由提案人說明其旨趣，經大體討論，議決交付審查或逕付二讀，或不予審議。倘議決逕付二讀時，亦依前述成例，由提案委員所屬黨團或提案黨團負責協商。

立法委員提案何以須有15人或10人以上立法委員的連署，旨在慎重議案之提出。蓋如立法委員的提案無連署人，或連署人不足，當然是因為議案提案人找連署人發生困難，亦即議案不為同僚所重視，假如一個大家均不支持的議案，提經審查會或院會，自然亦難獲得多數人的支持。因此，立法委員提案之

前提，要求15人或10人以上的連署，用以測定立法委員對該議案的支持度，而後再進行另一階段程序[34]。

依憲法所賦予立法委員的相關提案，如對行政院院長提出的不信任案、對總統、副總統所提的彈劾案及罷免案，則依立法院職權行使法的有關規定，交付全院委員會審查，審查後提報院會處理。

依立法院議事規則第9條之規定，出席委員提出臨時提案，應於當次會議上午10時前，以書面提出，並有10人以上的連署，於下午5時至6時處理之。（施政質詢期間的會議，則依議事成例，改於次週星期2下午1時50分至2時30分處理）。有關提案人對於議案的說明，每案以1分鐘為限。臨時提案之旨趣，如屬邀請機關首長報告者，即由主席裁決交相關委員會；其涉及各機關職權行使者，則交相關機關研處。如臨時提案具有時效性之重大事項，得由會議主席召開黨團協商會議，協商同意者，應即以書面提交院會處理。

第二項　撤回程序

議案經提案主體提出後，若因爾後情勢變遷而認為有撤回之必要時，多數國家於其國會內規中規定得予撤回。我國立法院亦同，於立法院相關內規中明定議案得予撤回。

在民國84年1月5日第2屆第4會期第33次會議未修正立法院組織法第7條之前，議案在未經決議前，提案主體均得撤回原案；該議案撤回時，一經編列議程報告事項，即可撤回，毋庸院會同意。但依修正後的立法院組織法第7條：「政府機關依憲法提出之議案或立法委員提出之法律案，經程序委員會提院會後，交付有關委員會審查，審查後提院會討論。但必要時，得逕提院會討論。立法委員提出之其他議案應先經院會討論。前二項議案於完成二讀會前，原提案者得提出修正案或經院會同意後得撤回原案。」之規定，政府機關或立法委員如欲撤回議案，須於該議案在完成二讀會前，經院會同意後始可撤回。上述撤回之規定，在民國88年1月12日制定立法院職權行使法時，改列於該法第12條第1項，文字為：「議案於完成二讀前，原提案者得經院會同意後撤回原案」。又依立法院議事規則第8條第2項：「連署人不得發表反對原提案之意

34　曾濟群：《中國立法提案之研究》，台北：正中書局，民國64年，68頁。

見，提案人撤回提案時，應先徵得連署人之同意」之規定，立法委員撤回提案時，須先經連署人同意後，始可提出。

為瞭解議案撤回的實況，爰就第5屆及第6屆各會期處理法案撤回情形，統計如表4-3。

表4-3　立法院第五屆及第六屆各會期撤回法案處理情形表

序號	法案名稱	提案主體	提出會次	撤回原因	處理情形
1	公民投票法	蔡委員同榮等	5/1/2	部分內容已納入相關版本等由接受黨團指示撤回	不同意
2	法院組織法部分修正條文	司法院、行政院	5/2/12	另提新案	同意
3	行政院金融重建基金設置及管理條例第4條修正條文與加值型及非加值型營業稅法第8條之2及第11條修正條文	行政院	5/2/15	另提新案	同意
4	司法人員人事條例部分修正條文	司法院、行政院、考試院	5/3/2	另提新案	同意
5	財團法人國家運動訓練中心設置條例	林委員岱樺等	5/3/7	內容仍待加強	同意
6	菸酒管理法部分修正條文	行政院	5/3/6	另提新案	同意
7	行政院農業委員會組織條例部分修正條文	行政院	5/3/15	另提新案	同意
8	醫事放射師法部分修正條文	邱委員創良等	5/4/9	未敘明理由	同意
9	中正文化中心設置條例	李委員永萍等	5/4/10	未敘明理由	同意
10	創制複決法	行政院	5/4/12	政治情事已有變遷另提公民投票法。	另定期處理。
11	國防教育法	趙委員良燕等	5/4/12	未敘明理由	同意
12	傳染病防治法部分修正條文	行政院	5/4/15	另提新案	同意
13	鹽政條例第25條修正條文	行政院	5/4/16	另提案廢止該條例	同意
14	行政院衛生署組織法第17條修正條文及行政院衛生署醫院營運局組織條例	行政院	5/4/19	另提新案	同意
15	行政院農業委員會農業試驗所組織條例等9案	行政院	5/5/15	另提新案	同意

序號	法案名稱	提案主體	提出會次	撤回原因	處理情形
16	內政部組織法等58案修正案	行政院	5/6/2	重新檢討	同意
17	國土綜合發展計畫法及廢止區域計畫法	行政院	5/6/2	另提新案	同意
18	行政院組織法	行政院	5/6/3	另提新案	同意
19	行政院功能業務與組織調整暫行條例	行政院	5/6/3	另提新案	同意
20	宗教團體法	賴委員士葆等	6/1/12	內容需加修改	同意
21	重大軍事採購條例	行政院	6/2/1	重新研議	同意
22	行政訴訟法部分修正條文、行政訴訟法施行法及行政訴訟費用法	司法院	6/4/9	重新研議	同意
23	國家台灣文學館設置條例	行政院	6/6/4	另成立其他機構推動該館業務	同意
24	食品衛生管理法部分修正條文	行政院	6/6/4	另提新案	同意

依表4-3觀之，提案主體撤回其提案者，第5屆及第6屆共有24件，其中經院會同意撤回者22件，不同意撤回者1件，另定期處理者1件。至於提案撤回的原因，除3件未敘明理由者外，因另提新案而將舊案撤回者12件，須重行研議或檢討或修正者5件，另提案廢止該法者1件，其他者3件。茲按撤回原因與處理情形予以分述。

一、提案主體撤回提案之原因

提案主體撤回其提案的原因，依前所述，除未敘明理由者3件外，大抵有(1)另提新案而將舊案撤回，(2)須重行研議或檢討或修正而撤回，(3)另提案廢止該法而撤回及(4)其他理由等4種。茲分述如下：

(一) 提案主體因另提新案而將舊案撤回者

就表4-3以觀，提案主體因另提新案而將舊案撤回者，計有(1)司法院、行政院函請撤回「法院組織法部分條文修正草案」，(2)行政院函請撤回「行政院金融重建基金設置及管理條例第4條條文與加值型及非加值型營業稅法第8條

之2及第11條條文修正草案」，(3)司法院、行政院、考試院函請撤回「司法人員人事條例部分條文修正草案」，(4)行政院函請撤回「菸酒管理法部分條文修正草案」，(5)行政院函請撤回「行政院農業委員會組織條例部分條文修正草案」，(6)行政院函請撤回「傳染病防治法部分條文修正草案」，(7)行政院函請撤回「行政院衛生署組織法第17條修正條文及行政院衛生署醫院營運局組織條例草案」，(8)行政院函請撤回「行政院農業委員會農業試驗所組織條例草案」等9案，(9)行政院函請撤回「國土綜合發展計畫法草案及廢止區域計畫法」，(10)行政院函請撤回「行政院組織法修正草案」，(11)行政院函請撤回「行政院功能業務與組織調整暫行條例草案」，(12)行政院函請撤回「食品衛生管理法部分條文修正草案」等12案。茲舉第9案加以說明，行政院函請撤回「國土綜合發展計畫法草案及廢止區域計畫法」加以說明。行政院為因前送「國土綜合發展計畫法草案」須將水、土、林業務整合，宜重行修正，乃另提新案，於民國93年6月10日函請立法院審議「國土計畫法草案」，並將前送「國土綜合發展計畫法草案及廢止區域計畫法」撤回，經提第5屆第6會期第2次會議決定：「一、『國土計畫法草案』交內政及民族委員會審查，二、同意行政院撤回『國土綜合發展計畫法草案』及廢止之區域計畫法」[35]。

(二) 提案因須重行研議或檢討或修正而撤回者

提案主體因原提案須重行研議或檢討或修正者，計有(1)委員林岱樺等函請撤回「財團法人國家運動訓練中心設置條例草案」，(2)行政院函請撤回「內政部組織法修正草案」等58案，(3)委員賴士葆等函請撤回「宗教團體法草案」，(4)行政院函請撤回「重大軍事採購條例草案」，(5)司法院函請撤回「行政訴訟法部分條文修正草案」、「行政訴訟法施行法草案」及「行政訴訟費用法草案」等5案。茲就上述撤回原因，各舉第1案及第4案分別說明如下：

1.委員林岱樺等41人為原體委會所屬國家訓練中心因係公務體制，在法令限制下無法充分實施，宜改設為財團法人國家運動訓練中心，乃提出「財團法人國家運動訓練中心設置條例草案」，提報第5屆第2會期第9次會議決定：「交教育及文化委員會審查」，嗣於民國92年3月17日來函，以「本案已由院

35　提案內容見立法院第5屆第6會期第2次會議，議案關係文書，政17-44頁。

會一讀通過交付教育及文化委員會審查，已詢答完畢，因考量本案尚有須加強部分。」為由而提請撤回[36]，經提報第5屆第3會期第7次會議決定：「同意其撤回」。

2.行政院為因應日趨嚴重的敵情威脅而積極增強飛彈能力及制海戰力，預定將「愛國者3型飛彈」等3項重大軍事採購案所需經費，分15年編列特別預算逐年籌獲，於民國94年3月16日向立法院提出「重大軍事採購條例草案」；嗣於同年8月24日以「為周全考量及兼顧當前政策，建議依立法院職權行使法第12條第1項之規定，撤回重新研擬」為由來函撤回。兩案經併提第6屆第2會期第1次會議決定：「同意行政院撤回前送請審議之重大軍事採購條例草案」[37]。

(三) 提案主體因另提案廢止該法而撤回者

提案主體因另提案廢止該法而將原送請審議之法案予以撤回者，計有行政院函請撤回「鹽政條例第25條條文修正草案」1案。行政院因鹽政條例已不合時宜，及我對世界貿易組織會員國已承諾台鹽實業股份有限公司民營化時開放國內鹽品市場，為避免台鹽實業股份有限公司民營化後，國內鹽品市場因本條例未能即時廢止而無法順利自由化，致引發國際爭議，乃於92年9月16日函請立法院審議「鹽政條例第25條條文修正草案」，提報第5屆第4會期第4次會議決定：「交經濟及能源委員會審查」。嗣因台鹽實業股份有限公司已於同年11月14日完成民營化，行政院復於同年12月5日函請立法院審議廢止「鹽政條例」，並請同意撤回前送請審議之「鹽政條例第25條條文修正草案」，經提報第5屆第4會期第16次會議決定：「一、廢止『鹽政條例』交經濟及能源委員會審查；二、『鹽政條例第25條條文修正草案』，同意其撤回。」[38]。

(四) 其他

就表4-3以觀，提案主體撤回其提案，非如前3項所述原因者，計有(1)委員蔡同榮等函請撤回「公民投票法草案」；(2)行政院函請撤回「國家台灣文學館設置條例草案」；及(3)行政院函請撤回「創制複決法草案」3件。茲分別說明

---

36 撤回函見立法院第5屆第3會期第7次會議，議案關係文書，委161-162頁。

37 提案及撤回函分見立法院第6屆第2會期第1次會議，議案關係文書，政409-411及413頁。

38 兩次提案分見立法院第5屆第4會期第4次及第16次會議，議案關係文書，政1-4及19-24頁。

如下：

　　1.委員蔡同榮等114人所提「公民投票法草案」，經提報第5屆第1會期第2次會議決定：「交內政及民族委員會審查」；嗣於同屆第3會期第1次臨時會第1次會議，將該草案從內政及民族委員會抽回院會逕付二讀，而於同屆第4會期第12次會議進行表決時，委員蔡同榮基於(一)民進黨黨團及行政院所提版本對公投適用範圍已經納入本人版本，(二)相關人士認為國旗、國歌、國號等字太刺眼，會增加台海緊張和國際壓力等由，同意照黨團指示撤回提案[39]。

　　2.行政院為推動台灣文學的研究及振興文學發展，乃採行政法人型態，設置國家台灣文學館，於民國95年6月20日函請立法院審議「國家台灣文學館設置條例草案」，提報第6屆第4會期第1次會議決定：「交法制、教育及文化兩委員會審查」；嗣以該館業務已依4級機構成立「國立台灣文學館」來推動而於民國96年9月7日函請撤回前送請審議之「國家台灣文學館設置條例草案」，經提報第6屆第6會期第4次會議決定：「同意撤回」[40]。

　　3.行政院以創制、複決二權為憲法賦予人民參與國家政策制定的基本權利，為落實直接民權，並使日後類似興建核四的政策爭議得以獲致根本性的解決，乃於民國91年4月4日函請立法院審議「創制複決法草案」，提報第5屆第1會期第10次會議決定：「退回程序委員會重新提出」，直至同會期第15次會議始決定：「交內政及民族、法制、司法三委員會審查」。嗣以社會各界對於制定「公民投票法」已有共識，「創制複決法草案」在法案名稱及運作機制上均已未合時宜，復於民國92年10月3日函請立法院同意撤回[41]，經提報第5屆第4會期第9、10、11次會議均決定：「退回程序委員會重新提出」，直至同會期第12次會議始決定：「同意其撤回」；惟國民黨黨團於該次會議提出復議而決議：「另定期處理」[42]。

二、立法院處理提案主體所撤回之提案情形

　　前已述及，提案主體所撤回的提案，經院會同意者22件；而不同意者1

39　參閱蔡同榮：〈公投列車終於啓動〉，中國時報，民國92年11月29日，15版。
40　兩次提案分見立法院第6屆第4會期第1次會議及第6會期第2次會議，議案關係文書，政73-82及225頁。
41　兩次提案分見立法院第5屆第1會期第10次會議及第4會期第9次會議，議案關係文書，政1-27及189-190頁。
42　參閱立法院公報，92卷，54(上)期，民國92年12月6日，296頁。

件，另定期處理者1件。茲分述如下：

(一) 同意撤回者

　　依表4-3觀之，經院會同意撤回的22件中，政府機關提出者17件，立法委員提出者5件。茲舉第18案行政院所提「行政院組織法修正草案」為例加以說明。由於「中央行政機關組織基準法」於民國93年6月23日經總統公布施行，依該法第35條第1項：「行政院應於本法公布後3個月內，檢討調整行政院組織法及行政院功能業務與組織調整暫行條例，函送立法院審議」及立法院附帶決議，行政院乃重行檢討修正「行政院組織法修正草案」，並請撤回91年4月26日所送修正草案，經提報第5屆第6會期第3次會議決定：「一、『行政院組織法修正草案』交法制、內政及民族、預算及決算三委員會審查，二、同意撤回前送請審議之『行政院組織法修正草案』」[43]。

(二) 不同意撤回者

　　依表4-3觀之，經院會不同意撤回者，僅有委員蔡同榮等114人所提「公民投票法草案」。該案經民國91年2月26日第5屆第1會期第2次會議決定：交內政及民族委員會審查。內政及民族委員會於民國92年5月28日審查該案時，因委員間未有共識，主席乃處理「公民投票法草案如在今日散會之前未能審查完畢，移送院會處理」之動議，並經表決通過；但依立法院各委員會組織法第10條之1規定，各委員會於議案審查完畢後，須就該議案應否交由黨團協商予以議決。因此，經由黨團協商同意，於同年6月5日第3會期第15次會議決定，將內政及民族委員會提報「公民投票法草案」之審查報告退回內政及民族委員會重付審查[44]。

　　民國92年7月9日及10日舉行第5屆第3會期第1次臨時會第1次會議，將該草案從內政及民族委員會抽回院會逕付二讀，臨時會結束前，由民進黨黨團提議交付協商，經院會決定：交黨團協商，並由民進黨黨團、國民黨黨團負責召集

43　提案見立法院第5屆第6會期第3次會議，議案關係文書，政1-13頁。
44　上述處理經過，分見立法院公報，92卷，35(下)期，民國92年6月21日，55-74頁；34(一)期，民國92年6月18日，105頁。

協商[45]。立法委員蔡同榮等所提的公民投票法草案在進行黨團協商時，台聯黨團、民進黨黨團、國民黨及親民黨黨團、以及行政院先後提出相關草案，並分經院會（民國92年9月23日第4會期第2次會議、10月24日第7次會議、10月31日第8次會議、11月7日第9次會議）決定：逕付二讀，與相關提案併案討論。嗣於同會期第12次會議依黨團協商結論，決定本案於11月27日上午9時起進行廣泛討論，下午4時起進行表決，不再發言；各黨團修正版本於下午2時前送議事處處理，4時表決時，以行政院版本為基礎，按修正案內容距離遠近，依序表決[46]。當日進行表決時，委員蔡同榮撤回提案；惟未為院會接受，表決時，在場委員209人，贊成者95人，反對者113人，該提案因不同意撤回而與其他提案併同處理[47]。

(三) 另定期處理者

依表4-3觀之，經院會決議另定期處理者，為行政院函請撤回「創制複決法草案」。該案處理情形業於前項敘明撤回原因時已有說明，不再贅述。

第三節　議案屆期失效

第一項　英（美）會（屆）期不繼續審議議案原則

所謂會期不繼續原則，係指在一會期內未能議決之議案，其後的會期不得繼續審議；亦即在會期中任何未經審議通過之議案，因會期結束而全部歸於消滅，不能在下會期繼續進行，如須審議該案，則必須重新提案。採行此原則的主因，大抵為：(一)避免因要處理前會期所遺留的舊議案，致使無法優先處理其他急迫且必要的新議案；(二)基於議會政治傳統，應給居於少數的反對黨運用此原則的可能，使其對堅決反對的議案，可藉拖延戰術的方式，使其成為廢案[48]。

前述會期不繼續審議議案的原則，產生於英國；而英國採用此原則，乃

45　參閱立法院公報，92卷，37(上)期，民國92年7月19日，88-91頁；37(下)期，164頁。
46　參閱立法院公報，92卷，54(上)期，民國92年12月6日，7頁。
47　同前註公報，214-217頁。
48　參閱許慶雄：《憲法入門》，初版，台北：月旦出版社，民國81年9月，258頁；W. J. Keefe & M. S. Ogul, 1997 The American Legislative Process (Upper Saddle River, NJ: Prentice-Hall)。

緣於議事習慣。英國法律並未規定國會必須每年集會1次，惟其集會必以英王之詔令召集之；亦即英王認爲必要時，始召集開會，任務終了，即命其閉會。因此，每次開會所議者，自爲新的議案。英國現仍維持是項原則，任何提案的有效期間，僅有一會期；若該議案在會期終了前未能通過，則該提案即成爲死案。依日本國會法第68條前段：「會期中尚未議決之案件，不繼續於後會」之規定，日本亦採用會期不繼續審議議案原則。惟日本學者對於此原則，抱持懷疑的態度，認爲議會如因改選而由新當選議員組成，此時議院之組織與以前有所不同，其議事自可完全重新開始；倘議院的成員並未改變，縱令會期不同，實無更新議事程序不可的理由[49]。

所謂屆期不繼續原則，係指議案於會期終了，得繼續審議，但該屆議員任期屆滿[50]，未經審議通過的議案，則立即視同廢棄。此項原則的採行，認爲議院可能因解散或期滿改選，此時議院與以前有所不同，倘過去議案的審議，能拘束新議員反映最新民意，將有違民主政治之基本原理。亦即新國會代表新民意，依舊民意所草擬之議案，其先後順序與內容，有待重新界定，以符新民意的需求。如爲不同政黨執政，舊政府所提草案更無存在的合理性，而此合理性並非涉及草案內容，乃基於責任政治的要求；故新政府可就原草案一字不改地再函請國會審議[51]。

美國國會係採用屆期不繼續審議議案之原則，任何在國會提出的議案，皆得面臨兩年任期的期限；如法案須在2年期限內，以完全相同的內容分別於參議院與眾議院通過，始能成爲法律；倘未能於2年內走完必要程序的法案，便自動死亡；若需審議，則在新國會重新提出[52]。

49　彭忠義：《日本國會眾參兩院關係研究》，文化大學日本研究所碩士論文，民國71年6月，97-98頁。

50　所謂屆期，即指議員任期之意。各國國會議員之任期不同，一院制的立法機關，議員任期期間即爲屆期；而兩院制的立法機關，則以眾議院（或稱下議院）議員任期爲其屆期。我國立法院爲一院制之立法機關，立法委員任期4年，是以4年爲1屆期。美國眾議院議員任期爲2年，參議院議員任期爲6年，每2年改選1/3，是以2年爲1屆期；而英國下議院任期爲5年，如經解散，其任期結束；上議院議員則無任期的限制。至於日本眾議院議員任期爲4年，如經解散，其任期結束；參議院議員任期6年，每3年改選1/2。上述英、日下（眾）議院如未經解散，其任期分別爲5年、4年。

51　參閱立法委員林濁水等20人所提立法院議事規則修正案提案說明，立法院第3屆第5會期第9次會議，議案關係文書，報453-454頁。

52　參閱湯德宗譯：《國會程序與政策過程》，台北：正中書局，民國81年3月，24頁；引自Walter J. Oleszek, Congressional Procedures and the Policy Process (Washington D. C.: Congressional Quarterly Inc., 2nd ed, 1984), p.16。

第二項　三屆前會期繼續審議議案原則

　　立法院職權行使法於民國88年1月25日公布施行以前（亦即第3屆以前），我國立法院長期來審議議案，係採會期繼續原則，即歷次會期未能審畢的議案均未廢棄，可隨時抽出審議。

　　此項原則的採行，造成立法院議案長久累積，更有因時勢變遷而難以審議的窘境。如民國75年6月18日行政院曾函請立法院審議「公用氣體燃料事業法草案」，直至民國84年12月22日第2屆第6會期第16次會議始進行討論。因多位委員認為該案攸關公共安全，且為能源有關的重要法案，但當初所提法案內容已與現今實務頗有落差，致難以繼續審議；經院會決議重付經濟、司法兩委員會審查，並請委員會與有關主管機關進行協商，再送院會審查[53]。嗣經行政院於民國86年1月17日再將「公用氣體燃料事業法部分條文草案」函請立法院審議，並提報民國86年3月4日第3屆第3會期第3次會議，經決定：交經濟、司法兩委員會，併前送草案審查[54]。

第三項　四屆有條件屆期不繼續審議議案原則

　　立法院秘書處在民國87年3月草擬立法院職權行使法時，鑒於外界訾議立法院累積上千法案，議事效率低落；乃採美制屆期不繼續審議議案原則，於草案第13條規定：「每屆立法委員任期屆滿時，尚未議決之議案，下屆不予繼續審議。」。嗣經徵詢立法委員及其他部門意見，有以立法院延宕議案審議，將影響政務推動，除消極地採取議案屆期不繼續審議外，似應另行規範立法委員積極立法；如有延宕，即授權行政機關先行訂定命令執行；而主張立法院在若干會期內未能審議完畢的政府提案，得授權行政機關暫以命令執行，至於立法委員的提案，則仍採屆期不繼續審議原則。基於上述意見，秘書處乃將該法條再修正為：「政府機關提出之議案，立法院未於提出後兩會期內完成審議時，提案機關得另定辦法先行執行之（第1項）；前項議案經立法院審議通過，總統公布施行後，提案機關所定辦法立即自動失效（第2項）；立法委員提出之議案，於每屆任期屆滿而尚未議決者，下屆不予繼續審議（第3項）。」朝野

53　立法院公報，84卷，65期，民國84年12月30日，69-75頁。
54　參閱立法院公報第3屆第3會期第3次會議，議案關係文書，報41-49頁。

黨團協商立法院職權行使法時，就第13條條文審慎研討後，改採民進黨黨團所提版本[55]，院會討論時，亦照該版本條文通過，其條文爲：「政府機關及立法委員提出之議案，每屆立法委員任期屆滿時，尚未完成委員會審查之議案，下屆不予繼續審議。」依此規定，每屆立法委員任期屆滿時，委員會審查通過的議案，下屆仍得繼續審議；而委員會尚未完成審查者，則依屆期不繼續審議議案原則，予以廢棄。倘該議案仍需審議時，則需重新提出。

第四項　五屆後屆期不繼續審議議案原則

屆期不繼續審議議案原則，除符合責任政治的要求外，更可提升立法品質與議事效率。此次立法院制定立法院職權行使法時，未能全然採行美制屆期不繼續審議議案原則，旨因多位委員及行政部門認爲每屆立法委員任期屆滿，所有議案即予廢棄，將導致提案程序費時，最後會期將不再提案，以免浪費其立法資源情事。上述理由似屬牽強，提案主體除可藉此檢討原案是否因立法環境改變而需修正外，倘認爲毋庸修正，則只照原案再提請立法院審議即可，其提案程序甚爲簡易。至於最終會期將不再提案以免資源浪費，則可透過立法計畫[56]而予以解決。倘該議案確須適時立法，則可透過協商，列爲優先審議議案。因此，最終會期所提議案，自能依立法計畫而適時通過。至於未連任委員所提議案，如未能適時通過，而確有制定或修正的必要，衡酌實況，當爲委員提案的重要參考依據。

就實務以觀，立法院有條件屆期不繼續審議原則以來，若干委員會爲迴避此原則的適用，更將未經實質審查的法案逕行提報院會討論，實不利於委員會專業化的功能[57]。因此，民進黨黨團及親民黨黨團乃採行美國、德國的屆期不繼續審議法案原則，提案修正立法院職權行使法第13條，經民國90年10月30日第4屆第6會期第6次會議決定逕付二讀，並照提案內容通過。文字爲：「每屆立法委員任期屆滿時，除預（決）算案及人民請願案外，尚未議決之議案，下屆不予繼續審議。」[58]因此，除預（決）算案及人民請願案外，每屆立法委員

55　立法院公報，88卷，5(上)期，民國88年1月16日，31頁。
56　所謂立法計畫（Legislative Program），係指爲達成立法政策或目的之一種特定的方法與步驟。參閱 David R. Miers & Alan C. Page, Legislation, 2nd ed. (London: Sweet & Maxwell,1990), p.32。
57　參閱立法院第4屆第6會期第6次會議，議案關係文書，委115頁。
58　同前註。

任期屆滿時，尚未議決的議案，下屆均不予繼續審議。至於將預（決）算案及人民請願案排除在外，旨在考量立法實務。由於預算法自民國87年10月29日公布修正後，依該法第12條：「政府會計年度於每年1月1日開始，至同年12月31日終了，以當年之中華民國紀元年次爲其年度名稱」之規定，會計年度改爲曆年制，而立法委員任期4年（第6屆前爲3年），其任期屆滿日爲1月31日，就實務以觀，營業預算無法於屆滿前如期完成審議；至於人民請願案，則在保障人民請願的基本權利[59]。

　　總結前述，本章提供提案主體、提出與撤回及屆期失效的知識，以爲相關職司機關應用，俾以符合規範，減少時間的浪費，進而提升議事品質。再者，對法案提出的主體作一經驗的統計分析，以明那個主體提案最多及因由所在。

59　參閱周萬來：《立法院職權行使法逐條釋論》，135-136頁。

第五章　議案之議決

　　提案固爲處理議案的第一步驟，但議決則爲主要過程，包括委員會審查與院會審議兩個階段[1]。由於議案之內容，多具有專門性與技術性，且現代立法機關的構成分子呈多元化，如議案皆由院會審議，非但眾口囂囂，亦難獲定論。故各國立法機關處理議案，大都先經委員會審查，而後提出院會審議。至於不經審查而逕由院會審議者則屬例外[2]。我國立法院處理議案，與各國相同。依前述立法院職權行使法第8條之規定或相關議事成例，除逕付二讀或從委員會抽出逕付二讀者外，必先經有關委員會審查後再提報院會審議。爰依委員會審查與院會審議分節予以敘述。

第一節　委員會審查

　　各國立法機關委員會的體制互有不同，惟就其作用而言，大抵可分爲下列三種：一爲全院委員會（Committee of the whole House）；二爲常設委員會（Standing Committee）；三爲特別委員會（Select or Special Committee）。我國立法院亦有上述三種委員會之設，以審查議案或掌理特定事項；其中常設委員會爲審查議案之機體，進行對議案的審查與報告。全院委員會所議事項，依立法院職權行使法第15條、第29條、第33條、第37條、第43條及第44條之1的規定，分別審查緊急命令之追認案、人事同意權案、覆議案、對行政院院長之不信任案及對總統副總統之彈劾案與罷免案，其審查程序已予第3章（覆議案於第6章）予以敘明，不再贅述。而依立法院組織法第7條至第9條之規定，立法院設有程序委員會、紀律委員會及修憲委員會三個特種委員會；另依立法院相關內規，設有經費稽核委員會一個特種委員會。上述委員會分別掌理院會議程之編擬、立法委員之懲戒案件、憲法修正案之審查及稽考立法院經臨各費之收

1　議案之處理，在委員會稱「審查」，院會稱「審議」；兩者就其內容、對象雖大致相同，但仍有差異。在委員會就議案及其他案件聽取說明主旨、質疑、討論、表決等整個程序，叫做「審查」；在就議案及其他案件、委員長作報告，必要時聽取議案等的主旨說明、質疑、討論、表決等一切行爲的程序，則稱爲「審議」。參閱許劍英：《立法審查理論與實務》，4版，台北：五南圖書出版公司，民國95年11月，3-4頁。

2　參閱羅志淵：《立法程序論》，2版，台北：正中書局，民國67年1月，111頁。

支等事項。本章僅就常設委員會的運作加以論述。各委員會審查議案的程序，因各國所採體制不同，其處理程序亦未盡一致。大抵而言，包括議案旨趣的說明與備詢、立法調查與聽證、逐條審查及審查報告等階段。茲就常設委員會的功能及上述處理程序分項加以說明。

第一項　常設委員會之功能

常設委員會為審查議案之機體，而為議案審查過程的中心場所，位居立法過程的柱石（Keystone），各國皆然[3]。我國立法院各委員會組織法第2條亦作相同的規定，常設委員會審查院會交付審查的議案及人民請願書。歸納論者所述，常設委員會大抵具有(一)協助立法，(二)溝通意見，(三)監督行政及(四)冷卻作用等功能。茲分述如下：

一、協助立法

由於委員會人數較少，委員們發言次數比較不受限制，會議進行的程序也較富彈性。因此，委員會得以充裕之時間，對技術性、專門性之議案詳加審核。又委員會透過審查程序，對一些認為不必向院會報告的議案擱置不理，使其無疾而終；對一些認為可以向院會報告或提付討論的議案，則經由審查程序，或作條文的補充，或刪除，或予以重新整理，務必提付院會討論時能減少院會時間[4]。足見議案經委員會的審查，得以節省院會時間，並發揮篩選作用，而達到協助立法的功能。

二、溝通意見

許多國家立法機關在審查議案時，常於委員會審查階段舉行聽證會，邀請學者、專家及可能受到議案影響的個人或團體列席作證，以達集思廣益之效。而立法機關在聽取各方意見後，所制定的議案，較能符合社會的需要，政策推行時，更能為社會大眾所接受[5]。

在內閣制國家，閣員因由議員兼任，自可出席會議，參與議案討論，達到

3　許介鱗：〈現代立法過程的種種問題〉，台北：憲政思潮，17期，民國61年1月，73頁。
4　參閱曾濟群：《中外立法制度之比較》，初版，台北：中央文物供應社，民國77年6月，71-72頁。
5　同前註，72-73頁。

行政與立法間意見的溝通。但三權分立的國家，行政官員不能由議員兼任，為瞭解行政部門的意見，亦藉由邀請政府官員出席聽證會，作為兩者間溝通意見的橋樑。此外，委員會亦可作為各黨團協商的場所。此均為委員會表現在溝通意見之功能。

三、監督行政

現代行政國家中，行政部門的肥大化早已為論者所詬病。行政部門的人員充足，資源豐富，聚各種專家於一堂，執行服務行政的工作。但行政事務之無所不在，卻使行政權凌駕於立法權之上，亦造成人民對行政霸權的恐懼。為求制衡行政權的不當運作，立法機關內部即應設置專業組織，以有效監督行政事務的運作；同時強化國會議員之專業問政能力，以維持國會的自主性與功能。而委員會及內部諮詢組織之設計，即為議員監督相關行政事務的理想場所[6]。依立法院職權行使法相關規定，委員會透過議案審查、質詢、命令審查及人民請願文書之處理等方式，監督行政機關的事務處理。

四、冷卻作用

由於院會人數較多，對可能引起爭議的議案，倘逕由院會審議，將造成發言盈庭，莫衷一是，不僅浪費時間，甚且引發紛爭。如先交由委員會審查，將可使各方情緒得到緩和，再由委員會從長計議，對議案作最為合理的處理。此乃為一種冷卻或緩和作用的功能[7]。

第二項　議案旨趣之說明與備詢

所謂議案旨趣的說明與備詢，係就提案的立法意旨提出說明，並答復詢問之意，且由提案主體為之。立法機關在審議議案時，有必要邀請政府官員列席說明並備詢，以免議案通過後實施時造成窒礙難行。

由於各國體制不同，美國因採權力分立原則，行政部門不僅無提案權，亦不得出席院會或委員會為議案提出說明並備詢，只得列席委員會聽證會作證，

6　古登美、沈中元、周萬來編著：《立法理論與實務》，修訂4版，台北：國立空中大學，民國94年1月，142頁。

7　參閱曾濟群：前書，75頁。

以為意見溝通的管道（容於聽證項再予說明）；而採議會內閣制國家，如英國、日本等，因議員兼任內閣閣員，自可在委員會說明議案的旨趣並備詢。我國憲法第67條第2項規定：「各種委員會得邀請政府人員及社會上有關係人員到會備詢」；立法院各委員會組織法第8條規定：「各委員會開會時，應邀列席人員得就所詢事項說明事實或發表意見」。準上述條文以觀，立法院各委員會審查議案時，得邀請政府機關首長、行政幕僚人員、學者專家或社會人士等列席備詢。就實務而言，議案如由政府提出者，應先請有關部門之官員列席說明並備質詢，說明詢答完畢後，再進行審查；如由委員所提出者，則由提案委員到會說明，並邀請提案所涉及的政府單位派員列席備詢，說明詢答後，始進行審查。

第三項　立法調查與聽證

國會於行使職權，為發現事實、蒐集資訊，往往運用調查權或透過聽證會的舉行，俾以達成上述目的。因此，委員會在審查議案前，得先進行調查與聽證。茲分述如下：

一、立法調查

立法機關行使立法權，如缺乏相關資料，實難以明智而有效執行其職權。當其缺乏必要資料時，乃有賴資料持有人提供。倘請其自由提供而無法獲取完整資料時，調查權之運作，則為適當且必要的手段。因此，國會調查權，乃在體現從行政機關取得立法資料而有效發動立法程序的技術作用[8]。

國會調查權之行使，類由委員會行使。依我國憲法第95條：「監察院為行使監察權，得向行政院及其各部會調閱其所發布之命令及各種有關文件。」及第96條：「監察院得按行政院及其各部會之工作，分設若干委員會，調查一切設施，注意其是否違法或失職。」之規定，憲法賦予監察院調查權。但對於立法院之立法調查權，卻無類似監察院調查權的規定。在第2屆國民大會修憲時，雖將監察院改為準司法機關，亦未將國會調查權轉移於民意機關的立法院；惟立法調查權係立法院行使其憲法職權所必需的輔助性權力，經由司法院

8　陳淞山：《國會制度解讀》，1版，台北：月旦出版社，民國83年4月，205頁。

釋字第325號及第585號兩次解釋，立法院乃擁有是項權力。

　　依司法院釋字第585號所作解釋，立法院調查權行使的方式，並不限於要求有關機關就立法院行使職權所涉及事項提供參考資料或向有關機關調閱文件原本的文件調閱權；得經院會決議，要求與調查事項相關之人民或政府人員，陳述證言或表示意見，並得對違反協助調查義務者，於科處罰鍰之範圍內，施以合理的強制手段。但其相關程序，如調查權之發動及行使調查權之組織、個案調查事項之範圍、各項調查方法所應遵守之程序與司法救濟程序等，應以法律爲適當的規範。現行立法院職權行使法有關調查權行使部分，直至民國113年6月24日始公布配合修正。茲就該法原第8章行使文件調閱權（章名修正爲調查權之行使），依文件調閱主體的設立、權責及限制，受要求調閱機關的義務，行使文件調閱阻礙的排除，文件調閱結果的效力及對立法院院會的作用先予分述如下：

(一) 文件調閱主體的設立、權責及限制

　　依立法院職權行使法第45條之規定，立法院經院會或委員會之決議，得要求有關機關就特定議案涉及事項提供參考資料；必要時，經院會之決議，可調閱前述議案涉及事項的文件原本。另按司法院釋字第729號解釋，立法院可調閱偵查文件，但須在案件偵查終結後，且需經院會決議，始能調閱。由於議案在院會或委員會係不同之處理階段，該法條乃賦與不同的名稱。經院會之決議，設調閱委員會；經委員會之決議，設調閱專案小組[9]。復依該法第46條及第49條之規定，調閱委員會或調閱專案小組的設立，均應於立法院會期中爲

---

[9] 依立法院職權行使法第45條之規定，調閱委員會或調閱專案小組的設立，須有特定議案存在爲其前提要件。惟第4屆第1會期甫開議時，部分委員會於相關部會報告業務之會議決議設立調閱專案小組；包括財政委員會於民國88年3月24日該會第4屆第1會期第2次會議成立「金檢資料調閱專案小組」，同月29日衛生環境及社會福利委員會設立「核四環境影響評估調閱專案小組」及交通委員會通過「調閱北宜高速公路工程案調閱專案小組」，乃引發委員會業務報告會議中所作設立調閱專案小組決議之程序合法性的疑義。衡酌立法院職權行使法相關規定、立法調閱權之性質及立法院委員會之權限等面向以觀，論者認爲委員會決議設立調閱專案小組，應係於委員會審查議案時，爲輔助立法委員立法權之行使，當透過質詢或詢問，被質詢或被詢問人所爲答復或說明，仍無法明瞭的不得已情況下，始就審查該特定議案，本於審查權衍生的決議權而決議設立調閱專案小組，要求相關部會提供參考資料。但前述財政委員會所設立之「金檢資料調閱專案小組」，未在審查相關法律案或預算案時，即於民國89年5月25日進行彰化銀行、中興銀行、華僑銀行及台開信託公司等銀行金檢資料之調閱；並於同年7月14日將調閱報告書提報院會，經院會決定：「交財政委員會，俟處理相關議案時參考」。爲避免本法條適用的爭議，修正立法院職權行使法時，實有必要加以明定須依特定議案始可設立調閱專案小組。參閱許劍英：前書，267-275頁。

之；但調閱文件之時間，則不限於會期，以發揮文件調閱之功能。有關調閱委員會所需工作人員，由秘書長指派；調閱專案小組所需工作人員，由立法院各委員會或主辦委員會就各該委員會人員中指派。上述委員會或小組於必要時，得請求院長指派專業人員協助[10]。又依該法第50條及第52條之規定，立法院所調取的文件，限由各該調閱委員會、調閱專案小組的委員或院長指派的專業人員親自查閱；而查閱人員對機密文件不得抄錄、攝影、影印、誦讀、錄音或爲其他複製行爲，亦不得將文件攜離查閱場所。在調閱報告書及處理意見未提出前，工作人員、專業人員、保管人員或查閱人員負有保密義務，不得對文件內容或處理情形予以揭露；如涉及外交、國防或其他依法令應秘密事項，於調閱報告及處理意見提出後，仍應依相關法令規定保密，並依秘密會議處理之。

(二) 受要求調閱機關的義務

爲落實立法監督，立法院職權行使法第47條明定受要求調閱文件之機關，除依法律或其他正當理由得拒絕文件調閱外，應於5日內提供之。若相關資料或文件原本業經司法機關或監察機關先爲調取時，應敘明理由，並提供複本；如有正當理由，無法提供複本時，則應提出已被他機關調取的證明。又爲利委員查閱及確保文件的安全，亦明定被調閱文件之機關在調閱期間，應指派專人將調閱文件送達立法院指定場所。

(三) 行使文件調閱阻礙的排除

爲利文件調閱之進行，立法院職權行使法第48條特予明定政府機關或公務人員違反該法規定，於立法院調閱文件時拒絕、拖延或隱匿不提供，得經立法院院會的決議，將其移送監察院，請監察院依法提出糾正、糾舉或彈劾。

---

10 院長指派時，就實務以觀，類多指派立法院法制局及預算中心相關人員協助。但經黨團協商同意，亦可推派院外專業人員調閱相關資料。如立法院90年度補助台灣省各縣市政府科目預算調閱時，除院內專業人員外，併由各黨團推派院外專業人員調閱相關資料；而委員會所設調閱專案小組，其專業人員皆指派立法院法制局及預算中心相關人員協助，直至民國101年5月25日始經黨團協商同意由各黨團推派人員，送經議事處彙整，由院長指派；前述協商會議，決定如下：有關經濟委員會成立「台灣電力公司燃煤採購及購入電力合約調閱專案小組」、「禽流感防治之相關行政、實驗、試驗、檢驗等相關作爲及文件調閱專案小組」、「台灣中油公司原油採購合約調閱專案小組」；教育及文化委員會成立「核能四廠資料調閱專案小組」，請各黨團推派專業人員1人並敘明負責工作，涉及機密部分各由其負責，其報酬由各推派黨團負責，於5月28日（星期一）下午5時前送至本院議事處彙整，由院長指派。參閱立法院公報，90卷，38期，民國90年6月30日，267-326頁。

(四) 文件調閱結果的效力

依立法院職權行使法第51條之規定，調閱委員會或調閱專案小組應於文件調閱處理終結後20日內，分向院會或委員會提出調閱報告書及處理意見，作為處理該特定議案的依據。因此，文件調閱之結果，作為處理該特定議案的依據。

(五) 對立法院院會的作用

依立法院職權行使法第53條之規定，調閱專案小組在未提出調閱報告書及處理意見前，委員會對該特定議案不得為最後的決議，但已逾議決時限者，則不在此限；而上述調閱報告書及處理意見，應經該委員會議決後提報院會處理。調閱委員會亦同；該會在未提出調閱報告書及處理意見前，院會對該特定議案不得為最後的決議，如已逾議決時限者，則不在此限。

茲再就配合第585號解釋而所作修正條文簡列如下：

(一) 第45條

立法院為有效行使憲法所賦予之職權，得經院會決議，設調查委員會，或得經委員會之決議，設調查專案小組，對相關議案或與立法委員職權相關之事項行使調查權及調閱權。

調查委員會或調查專案小組得要求有關機關就特定議案涉及事項提供參考資料，並得舉行聽證，要求有關人員出席提供證言及資料、物件；聽證相關事項依第9章之1之規定。

調查委員會之名稱、調查事項、目的、方法及成員人數，由院會議決之。調查專案小組之名稱、調查事項、目的、方法及成員人數，由委員會議決之。

(二) 第46條

調查委員會或調查專案小組之設立，均應於立法院會期中為之。但行使調查權及文件調閱權之時間不在此限。

調查委員會及調查專案小組於議案調查完畢並提出調查報告、調閱報告及處理意見後即行解散，或於該屆立法委員任期屆滿時自動解散。

(三) 第46條之1

調查委員會之成員，由立法院各黨團依其在院會之席次比例推派之，並得視實際情況予以改派。

調查專案小組之成員，由各該委員會委員推派之。

調查委員會及調查專案小組應置召集委員1人，由所屬成員互選之。

(四) 第46條之2

立法院行使調查權，不得逾越調查目的、事項與範圍，並應尊重其他國家機關受憲法保障獨立行使之職權，及行政首長就特定機密決定不予公開之行政特權[11]。

裁判確定前之訴訟案件就其偵查或審判所為之處置及其卷證，立法院不得行使調查權。尚未確定之訴願事件，或其他依法應獨立行使職權之機關本於職權處理中之案件，亦同。

調查委員會成立後，其他依法應獨立行使職權之機關亦本於職權進行處理相關案件時，調查委員會得停止調查。

(五) 第47條

調查委員會或調查專案小組為行使調查權，得要求政府機關、部隊、法人、團體或社會上有關係人員於5日內提供相關文件、資料及檔案。但相關文件、資料及檔案原本業經司法機關或監察機關先為調取時，應敘明理由，並提供複本。

調查委員會或調查專案小組為行使調查權於必要時，得詢問相關人員，命其出席為證言，但應於指定期日5日前，通知相關人員於指定地點接受詢問。

被調閱文件、資料及檔案之政府機關、部隊、法人、團體或社會上有關係人員在調閱期間，應指派專人將調閱資料送達立法院指定場所，以供參閱，由立法院指派專人負責保管。

---

11 依釋字第585號解釋理由書所述，行政首長依其行政權固有之權能，對於可能影響或干預行政部門有效運作的資訊，包括涉及國家安全、國防或外交之國家機密事項、有關政策形成過程之內部討論資訊、有關正在進行中之犯罪偵查之相關資訊，基於行政特權（Executive Privilege），均有決定不予公開之權力。總統府公報，第6618號，民國94年2月16日，19頁。

(六) 第48條

政府機關或公務人員違反本法規定，於立法院調閱文件、資料及檔案時拒絕、拖延或隱匿不提供者，得經立法院院會之決議，將其移送監察院依法提出糾正、糾舉或彈劾。

法人、團體或社會上有關係人員違反本法規定，於立法院調閱文件、資料及檔案時拒絕、拖延或隱匿不提供者，得經立法院院會之決議，處新臺幣1萬元以上10萬元以下之罰鍰，並得按次處罰至改正為止。

前項罰鍰處分，受處分者如有不服，得於處分書送達之次日起2個月內，向立法院所在地之行政法院提起行政訴訟。

(七) 第49條

調查委員會所需之工作人員，由秘書長指派之。

調查專案小組所需之工作人員，由立法院各委員會或主辦委員會就各該委員會人員中指派之。

調查委員會及調查專案小組於必要時，得請求院長指派專業人員協助之。

(八) 第50條

調查委員會所調取之文件、資料或物件，限由該調查委員會之委員或院長指派之專業人員親自查閱之。

前項查閱人員，對依法應保密之文件、資料或物件不得抄錄、攝影、影印、誦讀、錄音或為其他複製行為，亦不得攜離或傳輸至查閱場所外。

第1項查閱人員對依法應保密之文件、資料或物件內容或其存在，負有保密之義務；其離職後，於解密前之期間內，亦同。

(九) 第50條之1

調查委員會或調查專案小組至少需1/3以上委員出席時，始得依第47條第2項規定詢問相關人員。

詢問須出以懇切之態度，不得有強暴、脅迫或以其他易導致心理強制的狀態，並不得強迫證人為不利己之供述。

詢問前，應令其宣誓當據實答復，絕無匿、飾、增、減，告以立法院成立本調查委員會或調查專案小組之任務，並告知其有拒絕證言之權利及事由。

前項拒絕證言之事由，準用行政訴訟法相關規定。

接受調查詢問之人員，認為調查委員會或調查專案小組已逾越其職權範圍或涉及法律明定保護之個人隱私而與公共事務無關者，應陳明理由，經會議主席裁示同意後，得拒絕證言或交付文件、資料及檔案。

(十) 第50條之2

接受調查詢問之人員，經主席同意，於必要時得協同律師或相關專業人員到場協助之。

(十一) 第51條

調查委員會或調查專案小組應於調查、調閱終結後30日內，分向院會或委員會提出調查、調閱報告書及處理意見，作為處理該特定議案或與立法委員職權相關事項之依據。

(十二) 第52條

調查、調閱報告書及處理意見未提出前，其調查人員、工作人員、專業人員、保管人員或查閱人員負有保密之義務，不得對調查、調閱內容或處理情形予以揭露。但涉及外交、國防或其他依法令應秘密事項者，於調查、調閱報告及處理意見提出後，仍應依相關法令規定保密，並依秘密會議處理之。

(十三) 第53條

調查委員會或調查專案小組未提出調查、調閱報告書及處理意見前，院會或委員會對該特定議案不得為最後之決議。但已逾院會或各該委員會議決之時限時，不在此限。

前項調查專案小組之調查、調閱報告書及處理意見，應經該委員會議決後提報院會處理。

(十四) 第53條之1

調查報告或期中報告之內容，不受司法審查。

檢察機關、法院、訴願或其他行政救濟之先行程序審議機關對案件之偵查、審判或審議，不受調查報告或期中報告之拘束。

(十五) 第53條之2

調查委員會之會議，本法未規定者，準用立法院組織法、立法院各委員會組織法、立法委員行為法及立法院議事規則相關之規定。

(十六) 第53條之3

調查委員會之成員、專業人員、工作人員、保管人員、幕僚人員或其他相關人員，其利益迴避事項，準用立法委員行為法及公職人員利益衝突迴避法之規定。

（其中第45條、第46條之2第3項、第47條及第48條第2項，經憲法法庭裁定暫時停止適用；原第45條及第47條得暫予適用。）

二、立法聽證

聽證（Hearing）即聽訊證言，原運用於司法訴訟程序中，以免審判之偏頗不公，由審判者聽取雙方當事人的意見，而非僅採片面之辭。此種制度後為其他部門所引用。聽證制度用於立法方面，即國會為制訂合理可行的法律，一方面能符合民意，有益於公眾，固然要聽取利害關係人或有關團體的意見；另一方面，為期有效可行，也要聽取專家學者或有關人士的意見。這樣的立法，積極方面才能民主與效能得兼，消極方面才不致偏頗缺失，窒礙難行。因此，必須聽聽各方面之意見，才能制訂合理可行的法律。此為立法聽證（Legislative Hearing）[12]。

立法聽證類由委員會舉行，聽取正反利害關係人及具有學識經驗的專家之意見。由於聽證提供了一份委員會及各利益團體關於某一法案所持立場的永久

---

12 張劍寒：〈民主國家之法規聽證制度〉，台北：憲政思潮，23期，民國62年7月，1頁。

公開紀錄，以作法案審議的參考。因此，美國學者Walter J. Oleszek乃認為聽證是立法程序中不可或缺的一部分[13]。至於聽證在立法程序中的作用，論者認為約有下列6項[14]：

(一) 發現事實

在聽證時，由於有主管機關之代表、利害關係人、專家學者或公共團體的代表等各種人，從各種觀點來表達意見或提出質疑。如此不但可使利益的表白制度化及利益衝突的理性化，而且能集思廣益，博采周諮，使法案內容更為妥當，更為合理可行。故聽證是事實發現的主要手段，可免除立法的粗疏，防止制定機關的偏頗。

(二) 正當程序

現代民主國家反對只為目的不擇手段，故特別強調程序的價值，而程序的優先性也成為法治極重要的原則，認為「公正之程序，才能使激進的統治權，不致為虐」、「程序公正與合適為自由不可或缺之本質」，而聽證即是蒐集資料，制定法律過程中的公正及正當程序，經過聽證程序所制定的法律，不致閉門造車，窒礙難行且較易被遵守，其在執行過程中所可能遭遇到的阻力也比較少。

(三) 政治溝通

政治民主化的途徑，政治溝通為其中之一。蓋能使政府與人民的意見溝通，才可增進民主意識，消弭誤會，消除歧見，加強團結，而國會的聽證，就是從事政治溝通的任務，經由這種途徑，蒐集民意或使民意得以表達，得以匯集，從而判斷民意，此對立法委員而言，亦有好處，其為代表選區選民表示意見的好機會。

---

13 參閱Walter J. Oleszek , Congressional Procedures and the Policy Process (Washington, D. C.; Congressional Quarterly Inc., 2nd ed,1984)，p.87；引自湯德宗譯：《國會程序與政策過程》，台北：正中書局，民國81年3月，121頁。
14 參閱羅傳賢：《立法程序與技術》，6版，台北：五南圖書出版公司，民國101年7月，577-578頁。

(四) 教育公民

透過聽證可使專業的研究者，或是實務工作者就一項問題作深入而切實的分析與陳述，對立法者、行政官員及社會大眾，都會產生一定的教育功能。再者，一般公民也可藉傳播媒體獲得聽證會的發言情形，不僅可以瞭解到擬議立法政策的內容及其可能產生的後果，而且可以學到正當法律程序與「知」的權利等公法知識，可堅定人民的民主信念，消除人民的「政治冷漠」（political apathy）。

(五) 緩和社會緊張情緒

法案或重大政策問題往往牽涉到社會之利害衝突，而國會可藉聽證的舉行，使反對者感覺受到尊重，及瞭解其他不同意見，然後加以折衷調和，減少政治衝突。另一方面社會上主張不同利益的個人團體，可利用公開之聽證會，來表達他們的要求、質疑、或者宣洩他們的怨憤，這有助於緩和社會緊張情緒。由此可見，此種聽證不僅具有「安全瓣」（safety valve）的功能，並可進而引發民眾支持，故有論者認為，聽證是政治藝術的運用。

(六) 衡量政治態度

委員會的聽證，尚可用來評估某個法案贊成或反對的強度，測試某位行政官員的能力，突顯那些具有政治野心的委員會主席及成員的角色。因為委員往往藉著聽證會中對兩種力量的估計以及可能在政治利益上造成的得失，表示自己的政治態度。

我國憲法第67條第2項規定：「各種委員會得邀請政府人員及社會上有關係人員到會備詢」，立法院各委員會組織法第8條規定：「各委員會開會時，應邀列席人員，得就所詢事項說明事實或發表意見」。就上述條文以觀，我國並未明定立法院各委員會得舉行公聽會。惟因各委員會開會時，因得邀請有關人員列席陳述意見，頗具美日國會各委員會公聽會的意涵。茲再就前述條文及實務而論，應委員會邀請列席人員所陳述意見與事實，僅限於「所詢事項」，而應邀人員如不接受邀請，或不出席，或雖出席但所言不實或作其他敷衍之陳述，均無任何處罰的規定；如須社會人士列席陳述意見時，亦多以座談會方式

行之,此又與美日國會委員會公聽會有所不同。近年來,立法院各委員會多以上述條文作爲舉辦「公聽會」的法令依據,邀請政府官員、專家學者到會聽證。惟程序上仍有未明確之處。爲改善當前舉辦公聽會的缺失,實有將聽證制度予以法制化。

國民大會雖未依國發會共識,將聽證制度予以入憲。但立法院認爲委員會舉行公聽會[15]仍有必要,乃於民國88年1月12日制定立法院職權行使法時,特定專章明定舉行公聽會的法源、要件、主席及出席人員、相關資料的送達時限、公聽會報告的提出及其結論的法律效果。茲分述如下:

(一) 舉行公聽會的法源

依立法院職權行使法第54條之規定,各委員會爲審查院會交付的議案,得依憲法第67條第2項之規定舉行公聽會,確定其法源爲憲法第67條第2項。

(二) 舉行公聽會的要件

依立法院職權行使法第55條之規定,委員會舉行公聽會,必須經各委員會輪值召集委員的同意,或經各委員會全體委員1/3以上之連署或附議,並經議決後,始得爲之。因此,立法院各委員會可依下述二種途徑舉行公聽會,一由該委員會輪值召集委員本於議程排定權而主動安排;一由各委員會全體委員1/3以上之連署或附議,並經審查該相關議案之會議議決後而被動安排[16]。

(三) 公聽會的主席及出席人員

依立法院職權行使法第56條之規定,委員會公聽會的主席爲該委員會的召集委員;而出席人員爲政府人員及社會上有關係人員。由於公聽會爲諮詢性

---

15 論者認爲「公聽會」是指國家機關爲了蒐集或獲得最新相關意見或資訊,邀請政府官員、社會團體、專家學者、與議案有關的利害關係人或有關議員到會陳述意見,爲議案諮詢或起草和制定法律案提供依據和參考的一種制度。至於「聽證會」則指立法機關委員會或其他行政機關於制定法律、調查行政違失或監督行政時,依法律規定在作出決定前,給予利害關係人提供發表意見、提出證據,並對特定事實進行質證、辯駁的程序。因此,兩者區別在於聽證會爲正式程序且富司法色彩,得舉行辯論、交互詰問,並基於紀錄作出決定。而公聽會則爲非正式,僅廣泛聽取專家學者及利害關係人意見之程序,不一定如聽證會有正式辯論及要求提出證據。一般在立法性或諮詢性會議中使用。參閱羅傳賢:《立法學實用辭典》,3版,台北:五南圖書出版公司,民國103年9月,349頁。
16 參閱許劍英:前書,276-277頁。

質，爲充分了解民意，並利公聽會的進行，應依正反意見之相當比例邀請出席人員，但以不超過15人爲原則。有關出席人員的人選，由各委員會決定，且出席人員非有正當理由，不得拒絕出席。

依立法院各委員會組織法第13條之規定，各委員會審查議案時，如所議事項，有與其他委員會相關聯者，除由院會決定交付聯席審查者外，可由召集委員報請院會決定與其他有關委員會召開聯席會議。上述組織法第14條及第15條復規定，聯席會議，由主辦的委員會召集之；聯席會議之主席，由主辦的委員會召集委員擔任之。因此，聯席委員會依第56條舉行公聽會時，亦由主辦委員會召集，並由主辦委員會的召集委員擔任主席；相關行政業務亦由主辦委員會負責[17]。

(四) 公聽會相關資料的送達時限

爲使出席人員有相當時間準備相關資料，立法院職權行使法第57條明定委員會應於開會日5日前，將開會通知、議程等相關資料，以書面送達出席人員。但同一議案舉行多次會議時，得由主席於會中宣告下次舉行日期，不受5日之限制。

(五) 公聽會報告的提出

依立法院職權行使法第58條之規定，委員會應於公聽會終結後10日內，依出席者所提供的正反意見提出公聽會報告，並送交立法院全體委員及出席者。

(六) 公聽會報告的法律效果

依立法院職權行使法第59條之規定，公聽會的報告，僅作爲審查該特定議案的參考。

聽證固爲立法過程的重要部分，但委員會在審查法案時，並非強行規定

---

17 民國91年11月28日第5屆第2會期法制、司法兩委員會爲「司法院組織法修正草案及司法院組織法施行法草案」舉行公聽會，適值法制委員會三位召集委員皆不在場，司法委員會召集委員尤清委員要求暫代主席主持公聽會，惟不爲法制委員會陳健民委員接受，致引發爭議。事經休息後，仍依上述規定，由法制委員會召集委員所委請之黃德福委員擔任主席，繼續進行會議。參閱周萬來：《立法院職權行使法逐條釋論》，3版，台北：五南圖書出版公司，民國108年12月，266-267頁。

必須舉辦公聽會。就實務以觀，立法院常設委員會甚少透過公聽會，以充實民意。又該委員會較屬於易受滲透（permeable）的委員會，而經常受到外力影響[18]。因此，委員會對於重大性、政治性等具有爭議的法案，常採速審速結的處理方式，將法案多數條文保留送院會協商。如經濟及能源、財政、預算及決算三委員會審查「擴大公共建設投資條例草案」即為顯例[19]。

　　前述公聽會之舉行，類似立法性聽證；而為有效行使立法權能，調查性聽證有其法制化的必要。立法院爰於民國113年5月28日通過第9章之1及第59條之1至第59條之9相關條文。茲簡列如下：

(一) 第59條之1

　　各委員會、調查委員會、調查專案小組為審查院會交付之議案、全院委員會為補選副總統、彈劾總統副總統或審查行使同意權案，得依憲法第67條第2項之規定舉行聽證會。

　　涉及外交、國防或其他依法令應秘密事項者，以秘密會議行之。

　　除前項規定外，聽證會應公開舉行，但有下列情形，應部分或全部不公開：

　　一、個人隱私遭受不當侵害之虞。

　　二、個人生命、身體或其他自由遭受威脅之虞。

　　三、營業秘密遭受不當侵害之虞。

　　以秘密會議或不公開方式行之者，所有與會者對於應秘密事項負有保密之義務。

　　違反前項有關保密義務之規定者，適用國家機密保護法、刑法及其他有關法令之規定處罰。

18　依委員會在審查法案時能否獨立自主，而不受到外力的影響，可將委員會分為兩種：(1)獨立自主（autonomous）的委員會；(2)易受滲透（permeable）的委員會。獨立自主的委員會，在審查法案時，相當自主獨立，如美國；而易受滲透的委員會，則經常受到政府的影響，如英國。參閱：朱志宏：《立法論》，初版，台北：三民書局，民國84年3月，185-190頁。

19　參閱立法院公報，93卷，3(下)期，民國93年1月10日，137-192頁；93卷，26(上)期，民國93年5月19日，32-58頁。

(二) 第59條之2

聽證會須經全院委員會、各委員會、調查委員會或調查專案小組召集委員同意，或經前列委員會、專案小組全體委員1/3以上之連署或附議，並經院會議決，方得舉行。

前項議案於院會審議時，不受本法第71條之1有關黨團協商逾1個月無法達成共識始能處理規定之限制。

(三) 第59條之3

由調查委員會、調查專案小組、委員會舉行之聽證會，以召集委員為主席，調查委員會、調查專案小組、委員會成員，得出席聽證會；由全院委員會舉行者，以院長為主席，全體立法委員均得出席。聽證會得邀請政府人員及社會上有關係人員出席表達意見與證言。

應邀出席人員非有正當理由，不得拒絕出席。

(四) 第59條之4

受邀出席之政府人員或與調查事件相關之社會上有關係人員於必要時，經主席同意，得由律師、相關專業人員或其他輔佐人在場協助。

(五) 第59條之5

出席人員有下列情形之一者，得拒絕證言或表達意見：

一、涉及國家安全、國防及外交之國家機密事項。

二、逾越聽證會調查之目的所提出之詰問或對質。

三、依行政訴訟法之規定得拒絕證言之事項。

四、涉及受法律明定保護之個人隱私或其他秘密事項。

無正當理由缺席、拒絕表達意見、拒絕證言、拒絕提供資料者，得經立法院院會決議，處新臺幣1萬以上10萬元以下之罰鍰，並得按次處罰。

前項罰鍰處分，受處分者如有不服，得於處分書送達之次日起2個月內，向立法院所在地之行政法院提起行政訴訟。

出席聽證會之政府人員為證言時，為虛偽陳述者，由主席或質詢委員提

議，出席委員5人以上連署或附議，經院會決議，移送彈劾或懲戒。

出席聽證會之政府人員為證言時，為虛偽陳述者，依法追訴其刑事責任。

出席聽證會之社會上有關係人員為證言時，為虛偽陳述者，得經立法院院會決議，處新臺幣2萬元以上20萬元以下之罰鍰。

前項罰鍰處分，受處分者如有不服，得於處分送達之次日起2個月內，向立法院所在地之行政法院提起行政訴訟。

(六) 第59條之6

舉行聽證會，應於開會日5日前，將開會通知、議程等相關資料，以書面送達出席人員，並請其提供口頭或書面意見。

同一議案舉行多次聽證會時，得由聽證會主席於會中宣告下次舉行日期，不受5日之限制，但仍應發出書面通知。

聽證會之通知應以書面載明下列事項，準用行政程序法有關送達之規定：

一、會議主題。

二、受邀出席之有關機關或人民之姓名或名稱及其住居所、事務所或營業所。

三、聽證會舉行之時間、地點。

四、聽證會之程序。

五、表達意見或證言之事項。

六、本章提及之相關權利及義務。

七、本章相關或其他應注意或遵行事項。

立法院對應邀出席之專業人員，得酌發出席費。

(七) 第59條之7

聽證會，應作成聽證會紀錄。

前項聽證會紀錄應載明出席人員所為陳述或發問之要旨及其提出之文書、電磁紀錄、證據，並記明出席人員於聽證會進行中聲明異議之事由及主席對異議之處理。

聽證會，應全程連續錄音錄影。

聽證會紀錄當場製作完成者，由陳述者及發問人當場簽名；未當場製作完成者，由主席指定日期、場所，供陳述者及發問人閱覽，並簽名。

前項情形，陳述者或發問人拒絕簽名或未於指定日期、場所閱覽者，應記明事由。

陳述者或發問人對聽證會紀錄之記載有異議者，得即時提出。主席認異議有理由者，應予更正或補充；無理由者，應記明其異議。

(八) 第59條之8

聽證會報告應於聽證會終結後15日內提出，經主席核定簽名後，除不公開之部分外，送交本院全體委員，並將得公開之報告刊登公報。

(九) 第59條之9

聽證會報告作為審查該特定議案之重要參考。

前項報告有關出席受調查者，涉及違法或虛偽陳述應予載明。

（其中第59條之1第1項、第59條之3第2項、第59條之5第2項、第4項、第5項及第6項，經憲法法庭裁定暫時停止適用。）

第四項　逐條審查

所謂逐條審查（Mark up），係指委員會成員就法案逐條予以斟酌並予決定的程序。亦即委員會成員可就法案條文逐條提出增刪，或予以替換。各國國會委員會於審查法案時，多須逐條審查。英國委員會在受理法案後，須逐條或逐節地審議，對於與法案內容有關事項均有權加以修正。而美國國會委員會在公聽會結束後，便進行逐條審查，其程序為逐條誦讀法律條文，並進行包含修正案在內的討論，而後作成決定。委員會成員在逐條審查時，可使用各種不同的策略，如增添修正案以強化法案；或提出一連串修正案，使將來負責執法的行政機關困惑不清而無法執行，此提出一連串修正案，也可以遲緩逐條審查的進度，而給了反對者更多時間去遊說阻擾該法案；或在法案中加進許多「增添條款」（add-ons），使得法案不勝負荷而自行沉沒[20]。審查完畢後，進行表決

20　參閱Walter J. Oleszek , op,cit., pp.90-91；引自湯德宗譯：前書，126-127頁。

處理辦法，它可以決定向大會提出制定法案的建議，對於未經委員會多數成員贊同的法案，亦可向院會提出報告，建議大會將該案予以打消；惟向大會提出反對意見報告的處理較少使用，通常委員會認為不必要的法案，即置之不理，將其擱置（pigeonhole），不向大會提出任何報告。除非議員向大會提出中止委員會審查（或稱解除委員會責任）（Discharge a Committee）之動議，使被擱置的議案由委員會抽回大會逕行處理。否則該議案將因前章所述屆期不繼續審議原則，面臨國會週期（即兩年任期期限）的結束而死亡[21]。德國聯邦眾議院委員會在一般討論後，隨即逐條審查法案，委員可以進行部分的刪除或追加，甚至於改變原草案的樣貌，提出幾乎為新草案的修正[22]。在日本國會委員會審查法案時，欲修正議案的委員，必須事先向委員長提出修正案，委員長於討論結束後，即宣布問題，付諸表決。

我國立法院委員會於大體討論後，即進行逐條審查，出席委員對議案得提出修正動議，依立法院議事規則第57條之規定，須有2人以上的連署或附議，始得成立。就實務而言，委員會委員對全部修正之法案，得增刪條文，但對於部分條文修正案，委員會可否對於提案主體所提部分條文修正案外的其他條文一併修正或增列條文？現行法因無明文規定，除由提案主體再提修正案由院會交付併案審查外，另依議事成例，得於由委員提案逕付二讀，與修正案併案討論。又為避免對委員會已審查通過條文，因新案再併入審查而產生處理上的困難；且新案之提出，如係對已通過的條文而為，更容易造成藉提案之方法作為推翻舊案的手段。立法院在制定立法院職權行使法時，特於第12條第3項明定：「法律案付委經逐條討論後，院會再為併案審查之交付時，審查會對已通過之條文，不再討論」[23]。法案審查完畢後，依立法院各委員會組織法第10條之1的規定，當即議決該案應否交由黨團協商。若經審查不予審議的議案，則依立法院議事規則第14條第3項之規定，列入院會報告事項，如民國102年9月27日第8屆第4會期第3次會議報告事項第163案：本院司法及法制、教育及文化

---

21 在美國參議院，必須委員會將議案擱置相當時日後，始能提出此一動議，且此動議的成立，必須獲得出席全體議員之同意；在眾議院，必須於委員會收到議案30日後，而不提出報告，始能提出此一動議，又此一動議之提出，必須經全體議員過半數（即218人）之簽署，才能提出。足見委員會之擱置權具有相當的威力。參閱曾濟群：前書，263頁。

22 許介鱗：《議會立法過程之比較研究》，1版，台北：正中書局，民國80年6月，155頁。

23 該項立法要旨，見立法院公報，88卷，5(上)期，民國88年1月16日，94頁。

兩委員會報告審查委員吳宜臻等21人擬具「科技部智慧財產局組織法草案」，業經審查決議：「不予審議」，請查照案[24]。另委員會審查法案時，可否將法案中部分條文逐條審查後即先行提報院會，而將其餘條文仍留該審查會繼續審查？類此情事，現行法規並未定有明文。立法院內政及邊政、經濟、司法三委員會於第2屆第6會期審查「勞動基準法修正案」時，將該法第3條、第3條之1、第24條、第30條、第32條及第49條等6條條文先行審查完畢提請院會討論，而其餘條文仍留該聯席會繼續審查。嗣經提報同會期第13次會議討論時，由於全案未審查完竣，不宜提報院會二讀，亦即未完成審查的法案不得送院會分割審查，主席乃裁定本案重付內政及邊政、經濟、司法三委員會，俟全案審查完竣後再提報院會討論[25]；並由秘書處通函各委員會主任秘書，院會交付審查的法案，應俟全案審查完竣後，再行函送程序委員會提報院會討論，以免爭議。

第五項　審查報告

　　審查報告（Report）乃指委員會主席或報告人於議案審查完畢後，將審查經過與建議提報院會討論的程序。審查報告旨在說服院會投票時能支持委員會所提建議。因此，審查報告乃是委員會將其決定傳達於全院的主要正式手段[26]。

　　有關審查報告，大抵包括(一)由誰報告，(二)報告內容。茲就報告人及報告內容分述如下：

一、報告人

　　我國立法院各委員會組織法第11條規定：「各委員會審查議案之經過及決議，應以書面提報院會討論，並由決議時之主席或推定委員1人向院會說明。」依此規定，委員會於議案審查完畢後，由決議時之主席或由委員會另行推定委員1人[27]向院會說明議案的審查經過及有關的決議，並答復其他委員的

24　參閱立法院公報，102卷，49期，民國102年10月9日，35-38頁。
25　立法院公報，84卷，62期，民國84年12月20日，41頁。
26　Walter J. Oleszek , op,cit., P.94；引自湯德宗譯：前書，129頁。
27　依立法院各委員會組織法第11條之規定，各委員會審查完竣的議案，於提報院會時，僅能列委員1人向院會說明。如於審查報告中列有2位說明人時，則應予刪除。立法院第1屆第32會期第28次會議討論實施都市平均地權條例修正草案時，委員朱有爲指出該審查報告中列潘廉方與楊寶琳2人爲本案說明

質疑。由於同法第4條明定各委員會會議由召集委員爲主席。因此,議案報告人,多由擔任審查會決議時主席的召集委員爲之。

二、報告內容

委員會就議案完成審查後,必須作一報告書。我國立法院各委員會所提審查報告,依立法院各委員會組織法第11條之規定,必須列明審查經過及決議。而依該法第10條之1的規定,各委員會於議案審查完畢後,應就該議案應否交由黨團協商予以議決,該審查報告須將上述議決結果列入。通常審查報告亦將報告人、異議權的委員聲明一併列入,並附具條文對照表。有關委員會審查報告所附條文對照表,將審查案、原案、現行法分列對照,可使未參加審查的委員對審查案、原案及現行法條文加以比較,以見優劣,於院會討論時可互相參證。就我國立法院現行慣例,院會討論議案係以委員會之審查意見(即審查案)爲討論的對象[28]。

民國91年1月15日修正立法院各委員會組織法時,將第10條第2項保留院會發言權規定刪除,另增訂第10條之2明定:「出席委員對於委員會之決議當場聲明不同意者,得於院會依立法院職權行使法第68條第2項提出異議。但缺席委員及出席而未當場聲明不同意者,不得異議,亦不得參與異議之連署或附議。」依此規定,賦予委員在委員會討論中,其意見如未蒙採納,可聲明異議,俾院會討論時,得有提出異議的機會;惟對決議之效力亦應力謀確保,自有對此異議權加以限制。因此,出席委員對委員會決議不同意時,得當場聲明異議,但若缺席或出席而未當場聲明不同意者,不得異議,亦不得參與異議的連署或附議,不予保障怠於行使權利者的院會異議權。

第二節　院會審議

依立法院職權行使法第7條之規定,法律案及預算案,應經三讀會議決之,而依憲法第63條所議決之其他議案,則僅須經二讀會議決之。因此,法律

人,與立法院各委員會組織法第11條規定不符,請依法更正,事爲院會同意,將審查報告中第2說明人劃除,以第1人爲說明人。參閱胡濤:《立法學》,初版,台北:漢苑出版社,民國69年11月,128頁。

28 參閱曾濟群:前書,272頁。

案與預算案，須經(一)第一讀會，(二)委員會審查，(三)第二讀會及(四)第三讀
會等過程；其他議案，則僅須前三階段即可。至於憲法修正案，則準用法律案
審議程序。無論政府機關提出之議案或立法委員所提法律案，於主席朗讀標題
後，即交付有關委員會審查，完成一讀程序。但在第一讀會時，如有出席委員
提議，20人以上之連署或附議，經表決通過，亦可逕付二讀，毋庸交付審查；
至於立法委員所提其他議案，於朗讀標題後，由提案人說明旨趣，經大體討論
後，議決交付審查或逕付二讀或不予審議，已於前章第2節敘明上述程序。因
此，經委員會審查完竣提報院會之議案，或逕付二讀的議案，均進入院會審議
階段，即進行第二讀會及第三讀會。又依立法院職權行使法相關規定及議事實
例，議案進行第二讀會前，往往先行協商。茲就議案協商、第二讀會、第三讀
會分項加以說明。

第一項 議案協商

　　依司法院釋字第261號解釋，第1屆未定期改選之中央民意代表應於民國80
年12月31日終止行使職權。因此，自民國81年1月1日起資深委員全部退職，而
由增額委員行使職權，立法院乃呈現新的風貌。為落實政黨政治，於同年1月
16日修正立法院組織法時，增訂第27條之1，明定立法委員席次5席以上的政黨
得成立黨團，賦予黨團法制地位。嗣後有關本院議事及相關行政事務，往往透
過黨團協商的方式解決，實有助議事效率與立法品質之提升。惟限於協商代表
未獲充分授權或無法約束同黨委員等因素下，協商結論提報院會時，時遭出席
委員推翻，而使協商徒勞無功，削減黨團協商所應發揮的功能。為補救前項缺
失，立法院於民國88年1月12日制定立法院職權行使法時，特將協商機制予以
明文化，從而黨團協商邁入法制規範。立法院處理議案，往往於第二讀會前先
行協商。為彌補第4屆實務運作的漏洞，復於民國91年1月15日修正立法院職權
行使法時就協商制度部分加以修正；除於第10條之1規定第二讀會討論各委員
會議決不須黨團協商並經院會同意之議案，不須討論逕依審查意見處理外；其
餘議案均先行協商。茲就協商的對象與時機、協商的主持與協商代表、協商的
程序、協商結論的效力及無法完成協商議案的處理分述如下：

一、協商的對象與時機

依立法院職權行使法第68條之規定，為協商議案或解決爭議事項，院長或經由各黨團向其請求，得進行黨團協商[29]。而在院會於審議不須黨團協商的議案時，如有出席委員提出異議，10人以上連署或附議，該議案即交黨團協商。此外，各委員會審查議案遇有爭議時，主席得裁決進行協商。

二、協商的主持與代表

依立法院職權行使法第69條之規定，黨團協商會議，由院長、副院長及各黨團負責人或黨鞭出席參加；並由院長主持，院長因故不能主持時，由副院長主持。上述會議原則上於每週星期三舉行，在休會或停會期間，如有必要時，亦得舉行，其協商日期由主席通知。就實務以觀，有關議案的協商，遇有必要時，立即進行協商。

三、協商之程序

黨團協商議案，依分配議案及議案內容兩方面分述如下：

(一) 分配議案協商

依立法院職權行使法第74條之規定，議案分發協商，由程序委員會依各委員會提出審查報告及經院會議決交由黨團協商的順序依序為之。分配協商的議案有時效性者，負責召集之黨團及該議案之院會說明人應優先處理。

(二) 議案內容協商

依立法院職權行使法第70條之規定，議案交由黨團進行協商時，負責召集的黨團應通知各黨團指派代表參加，各黨團代表，應經黨鞭書面簽名指派。民國91年1月15日修正該法條時，修正為議案交由黨團協商時，由該議案的院會

---

29 黨團協商之類型有二種，一為院長召集之黨團協商，一為黨團召集之黨團協商。前者係任意規定，即由院長或各黨團依其意願請求院長召集。因此，院長是否接受該請求有一定之「裁量權」，而後者則為強制規定，即負責召集之黨團「有義務」必須依法召集，參酌第70條立法理由「第1項明定法案進行協商時，由負責召集之黨團盡通知之義務，黨團代表並須依黨鞭之書面簽名指派」。參閱院總第23號，委員提案第2359號立法院議案關係文書，3-20頁。

說明人所屬黨團負責召集，通知各黨團書面簽名指派代表2人參加，該院會說明人為當然代表，並由其擔任協商主席。各黨團指派的代表，其中1人應為審查會委員。但黨團所屬委員均非審查會委員時，不在此限。依第68條第2項提出異議的委員，得向負責召集的黨團，以書面簽名推派2人列席協商說明。又協商時，由秘書長派員支援、全程錄影、錄音、記錄，併同協商結論，刊登公報。又協商結論如與審查會之決議或原提案條文有明顯差異時，應由提出修正之黨團或提案委員，以書面附具條文及立法理由，併同協商結論，刊登公報。復依同法第71條之規定，黨團協商經各黨團代表達成共識後，應即簽名，作成協商結論，並經各黨團負責人簽名，於院會宣讀後，列入記錄，刊登公報。

四、協商結論之效力

議案經協商獲致結論，依立法院職權行使法第72條及第73條之規定處理。即黨團協商結論經院會宣讀後，如有出席委員提議，8人以上之連署或附議，得對其全部或一部提出異議，並由院會就異議部分表決。黨團協商結論經院會宣讀通過，或依前述異議議決結果，出席委員不得再提出異議；逐條宣讀時，亦不得反對。此外，經協商的議案於廣泛討論時，除經黨團要求依政黨比例派員發言外，其他委員不得請求發言。經協商留待院會表決之條文，得依政黨比例派員發言後，逕行處理。議案在逐條討論時，出席委員不得請求發言。

五、無法完成協商議案之處理

為促進議事效率，避免延宕，協商期限理應予以適度限制。民國91年1月15日修正立法院職權行使法時，增訂第71條之1明定：「議案自交黨團協商逾4個月無法達成共識者，由院會定期處理。」即經黨團協商逾4個月仍無法達成共識之議案，由院會定期依正常程序處理。惟為積極回應民意，提高議事效率，民國97年4月25日復將「4個月」協商期限縮短為「1個月」。復為落實黨團協商本旨，在民國105年4月29日立法院第9屆第1會期第11次會議時，主席特別宣告，今後議案交付協商者，請負責黨團務必召集協商，如未經協商者，院會暫不處理，俟經協商無法達成共識，始依立法院職權行使法第71條之1規定

處理[30]，且將宣告函知全體委員、各黨團，並副知各委員會。前述宣告，於民國105年5月3日黨團協商會議時，因涉及本條的解釋與適用，再經黃國昌委員要求主席釐清，確認：(一)發出協商會議通知而黨團未出席會議，即為未達成共識；(二)開會通知應於何時發出，並無特別規定，只要表定時間內發出通知即可；(三)在1個月期間內，只要發過1次通知而無協商結論，即視為無法達成共識[31]。民國108年6月17日第9屆第7會期第1次臨時會第1次會議討論委員蔣絜安所提公民投票法部分條文修正案及民國111年5月30日第10屆第5會期第14次會議討論會計法第99條之1條文修正案，均為顯例[32]。

第二項　第二讀會

前已述及，各委員會議決不須黨團協商的議案，經院會同意逕依審查意見處理；以及黨團協商結論經院會宣讀通過或經異議議決結果，出席委員不得再提出異議；逐條宣讀時，亦不得反對。因此，上述議案於第二讀會時，經朗讀議案後，即依照審查意見或協商結論或議決結果處理。倘該議案無法完成協商，則依立法院職權行使法第9條及第10條規定處理。依該法第9條：「第二讀會，於討論各委員會審查之議案，或經院會議決不經審查逕付二讀之議案時行之（第1項）；第二讀會，應將議案朗讀，依次或逐條提付討論（第2項）；第二讀會，得就審查意見或原案要旨，先作廣泛討論。廣泛討論後，如有出席委員提議，15人以上連署或附議，經表決通過，得重付審查或撤銷之（第3項）」及第10條：「法律案在第二讀會逐條討論，有一部分已經通過，其餘仍在進行中時，如對本案立法之原旨有異議，由出席委員提議，25人以上連署或附議，經表決通過，得將全案重付審查。但以一次為限」之規定，第二讀會，包括(一)廣泛討論，(二)逐條討論，或(三)重付審查或撤銷等情事。茲分述如下：

30　立法院公報，105卷，26期，民國105年5月10日，48頁。

31　參閱何弘光：《解讀立法院精選案例：了解立法院立法、修法的運作模式》，初版，台北：五南圖書出版公司，民國112年3月，278及279頁；前註公報，497-514頁。

32　參閱立法院公報，108卷，63期，民國108年7月3日，11及193-218頁；第111卷，81期，民國111年6月17日，200-208頁；111卷，83期，民國111年6月21日，411頁。

一、廣泛討論

依立法院職權行使法第9條第1項之規定，第二讀會，係討論各委員會審查的議案，以及院會議決不經審查逕付二讀的議案。又依該條第3項之規定，二讀時，得先作廣泛討論。 因此，廣泛討論之對象有二：一為各委員會之審查意見，二為原案要旨。由於該項前段規定「得」先作廣泛討論，可知廣泛討論並非必要程序；議案討論時，亦可不經廣泛討論。衡酌實例，法案如僅1條或少數條文時，在實務上，往往省略廣泛討論，逕行逐條討論。

二、逐條討論

廣泛討論後，進行逐條討論。逐條討論時，得提出修正動議。依立法院議事規則第11條之規定，修正動議，於原案二讀會廣泛討論後或三讀會中提出之，並須經10人以上之連署或附議，始得成立；而修正動議，應連同原案未提出修正部分，先付討論。至於修正動議的修正動議，其處理程序，比照前述之規定。又依該規則第12條之規定，修正動議在未經議決前，原動議人徵得連署或附議人之同意，得予撤回。

三、重付審查或撤銷

依立法院職權行使法第9條及第10條之規定，議案在二讀會時，經表決通過，可予以重付審查或撤銷。議案經廣泛討論後，如有出席委員提議，15人以上連署或附議，經表決通過，得予重付審查或撤銷。立法院於民國79年9月26日第1屆第86會期第2次會議討論大學法修正草案時，於廣泛討論後，將該案重付教育、法制兩委員會審查；民國113年7月16日第11屆第1會期第22次會議討論科技偵查及保障法草案時，亦經決議重付司法及法制委員會審查，均為重付審查案例[33]。又民國86年5月16日第3屆第3會期第23次會議，審議本院委員李應元等16人擬具「中華民國總統府組織法第1條條文修正草案」案，其條文為：「總統、副總統依憲法行使職權，設總統府（第1項）；總統、副總統除法律另有規定外，不得兼任他項公職（第2項）」換言之，連副總統戰不得兼任行

---

[33] 參閱立法院公報，79卷，78期，民國79年9月29日，3及36-88頁；113卷，71期，民國113年8月2日，161頁。

政院院長。依憲法設計，每一職位皆應有適當人才擔任。雖然副總統爲總統「備胎」，惟若兼任行政院長，將留下惡例，不僅可兼任行政院長，甚至考試院長、司法院長。而從法理來論，總統、副總統是不得兼任他職。因此，委員會於本法修正時加以明文規範。嗣經討論後，依楊委員吉雄等32人提議本案予以撤銷，表決結果多數通過，而作決議：「本案予以撤銷。」[34]至於民國113年5月17日第11屆第1會期第14次會議，民進黨黨團對立法院職權行使法部分條文修正案提請撤銷，則不通過[35]，此乃撤銷案例，另法律案在第二讀會逐條討論，有一部分已經通過，其餘仍在進行中時，如對本案立法之原旨有異議，由出席委員提議，25人以上連署或附議，經表決通過，得將全案重付審查。但重付審查以一次爲限。「公用氣體燃料事業法草案」重付經濟、司法兩委員會審查，即爲1例[36]。自民國88年1月12日制定立法院職權行使法至今，雖有黨團提議全案重付審查的議案，如民國100年1月4日第7屆第6會期第14次會議審議全民健康保險法及民國113年5月17日審議立法院職權行使法部分條文修正案均提議全案重付審查，經表決結果均未通過。[37]因此，尚無議案全案重付審查的案例。

第三項　第三讀會

　　依立法院職權行使法第7條：「立法院依憲法第63條規定所議決之議案，除法律案、預算案應經三讀會議決外，其餘均經二讀會議決之」之規定，法律案及預算案尚須經三讀會之議決；而其餘議案，則毋庸三讀會議決。又依該法第11條：「第三讀會，應於第二讀會之下次會議行之。但如有出席委員提議，15人以上連署或附議，經表決通過，得於二讀後繼續進行三讀（第1項）；第三讀會，除發現議案內容有互相牴觸，或與憲法、其他法律相牴觸者外，祇得爲文字之修正（第2項）；第三讀會，應將議案全案付表決（第3項）」之規定，法律案、預算案應於第二讀會之下次會議進行第三讀會，但如有出席委員提議，15人以上連署或附議，經表決通過，得於二讀後繼續進行三讀。三讀

34　參閱立法院公報，86卷，26(上)期，民國86年5月21日，3及61-68頁。

35　參閱立法院公報，113卷，44期，民國113年6月4日，174-175頁。

36　立法院公報，84卷，65期，民國84年12月30日，75頁。

37　參閱立法院公報，100卷，4期，民國100年1月12日，49-50頁；113卷，44期，民國113年6月4日，219-220頁。

時，除因議案內容有相互牴觸，或與憲法、其他法律相牴觸者外，祗能作文字的修正。茲依上述規定及議事實例，分就文字修正、實質修正、全案表決及延緩議案的處理程序與效力分述如下：

一、文字修正

依立法院職權行使法第11條第2項之規定，議案內容如有互相牴觸，或與憲法及其他法律相牴觸者，可作實質修正外，僅能爲文字的修正；亦即修正文字，不得變更第二讀會的原意[38]。如民國84年10月5日第2屆第6會期第3次會議三讀「內政部建築研究所組織條例草案」時，二讀通過之第2條第6款文字爲「關於建築環境控制及省能技能之研究發展事項」，由於「省能」2字不易令人了解，爰將其修正爲「節約能源」4字[39]，此即爲文字修正的範疇。又如條文中之「左列」、「如左」修正爲「下列」、「如下」[40]，亦爲文字修正的範疇。另爲配合「法律統一用字表」、「法律統一用語表」所作之修正，仍屬文字修正的範疇。如民國92年7月10日第5屆第3會期第1次臨時會第1次會議三讀「行政院金融監督管理委員會組織法草案」時，將二讀通過的第5條第4項中「向該管法院申請核發搜索票後」中之「申請核發」修正爲「聲請核發」，即爲1例[41]。

二、實質修正

依立法院職權行使法第11條第2項之規定，如有(一)議案內容相互牴觸，(二)議案與憲法、其他法律相互牴觸情事之一時，均可作實質修正。茲分述如下：

38　李明恭編著：《會議規範之說明及運用》，初版，台北：正中書局，民國83年3月，69頁。

39　立法院公報，84卷，50期，民國84年10月11日，100頁。

40　原中央法規標準法第8條規定，法規條文應分條直行書寫，並加具標點符號（其中「應分條直行書寫」，於民國93年5月19日公布修正爲「應分條書寫」）。因此，法條中的「左列」、「如左」等文字並無不當之處；惟自第2屆第3會期第28次會議起，因有委員鑒於財經用書多以橫排方式處理，遂將條文中「左列」、「如左」修正爲「下列」、「如下」。但爲求一致，部分修正條文之法案，仍保留「左列」、「如左」。上述文字的修正方式，已成議事成例。

41　立法院公報，92卷，37(下)期，民國92年7月19日，161頁。

(一) 議案內容相互牴觸

　　第三讀會討論的議案，倘內容之間相互牴觸，得作實質之修正，以求一致。如民國86年10月23日第3屆第4會期第12次會議三讀「環境用藥品管理法草案」時，因該法於二讀時，已將條文中之「環境用藥品」及「環藥」一律修正爲「環境用藥」；「劣環藥」一律修正爲「劣質環境用藥」；「僞禁環藥」一律修正爲「僞造、禁用環境用藥」致名稱與條文內容相互牴觸，乃將名稱修正爲「環境用藥管理法」[42]；又如民國89年6月27日第4屆第3會期第27次會議三讀「公職人員利益衝突迴避法草案」時，二讀通過的第1條第1項：「爲促進廉能政治、端正政治風氣，建立公職人員利益衝突之規範，有效遏阻貪污腐化暨不當利益輸送，特制定本法。」，與名稱及其他法條有所牴觸，乃於「公職人員利益衝突」下增列「迴避」2字，以求內容一致[43]；此亦係議案內容相互牴觸而作實質的修正。

(二) 議案內容與憲法、其他法律相互牴觸

　　法律與憲法牴觸者無效，乃憲法第171條第1項所明定。因此，議案內容如與憲法相互牴觸時，宜予修正；又議案內容與其他法律相互牴觸時，亦須作修正，以求一致。如民國84年12月21日第2屆第6會期第15次會議三讀「公務員服務法部分條文修正草案」時，二讀通過的第13條第1項條文爲「公務員不得經營商業或投機事業。但投資於非屬其服務機關監督之農、工、礦、交通或新聞出版事業，爲股份有限公司股東，兩合公司、股份兩合公司之有限責任股東，或非執行業務之有限公司股東，而其所有股份總額未超過其所投資公司股本總額10%者，不在此限。」，因公司法第2條所規定之公司的種類共有無限公司、有限公司、兩合公司及股份有限公司4種，已無股份兩合公司，是與公司法相牴觸，爰將「股份兩合公司」6字予以刪除，此乃與其他法律相牴觸，而作實質的修正[44]；另爲配合行政執行法之修正，有關各法案法條中「移送法院強制執行」亦須修正爲「依法移送強制執行」，有由主席依上述理由逕行宣告者，如民國91年1月4日第4屆第6會期第12次會議三讀「游離輻射防護法草案」

42　立法院公報，86卷，43期，民國86年10月29日，81-82頁。
43　立法院公報，89卷，38(上)期，民國89年7月1日，80頁。
44　立法院公報，84卷，64期，民國84年12月27日，42頁。

時，由主席逕行宣告第48條及第50條第3項之「移送法院強制執行」均修正為「依法移送強制執行」[45]。

三、全案表決

就議學與實務而言，法案於全部處理完竣後，須將全案提付表決；亦即主席於處理上述程序後，仍須就法案全案提付表決。因此，立法院職權行使法第11條第3項乃明定第三讀會文字修正後，即將全案提付表決。而全案既付表決，當然即有選擇，該案可以通過，也可以不予通過。該案如經院會通過而未予下次院會提出復議，該案在立法院之程序乃告完成。倘遭否決而未予通過，則該案即被打消；但自行憲以來，尚無法案於三讀會時遭受否決之情事。此蓋法案就其提出經交付審查，而後再由院會逐條項討論修正及表決的經過而言，層層的手續之所以審慎議事的進行，如法案有不完備之處，可以重付審查，亦可於二讀會，甚或三讀會中提出修正，法案經過上項嚴密的程序後，如無其他臨時發生變故，則於全案表決時自無須再加否決[46]。

第四項　延緩議案之處理程序與效力

依現行法令相關規定與議事實例，議案於二讀會或三讀會後，因某種例外情事，將使該議案未能完成法定程序或延緩發生效力。茲分述如下：

(一) 二讀會後的延緩情事

依前所述，憲法第63條所定議案，除法律案及預算案須經三讀會議決外，其他議案僅須二讀會議決。亦即法律案及預算案以外之其他議案，經二讀會後即完成法定程序。倘有立法委員提出復議（有關復議的提出要件、處理程序及提出與表決後的效力，容於下章第1節再予論述），則該議案須俟復議動議處理有結果後，始能確定其效力與否。而法律案及預算案於二讀會後，如有委員對其部分或全案提出復議，就實務以觀，則須俟該復議動議討論得有結果後，再進行三讀。如民國85年11月22日第3屆第2會期第19次會議二讀通過「組織犯

45　立法院公報，91卷，5(上)期，民國91年1月16日，206頁。
46　參閱曾濟群：前書，300頁。

罪防制條例草案」,委員曾永權等35人於二讀後隨即提請復議第15條,主席乃裁定:「復議案處理後,繼續進行組織犯罪防制條例草案三讀。」,嗣經協商,通過復議案後繼續進行三讀[47]。

就立法院運作實務,法案在二讀會中,如有主法與從法同時討論時,倘從法先行完成二讀程序,仍應俟主法完成二讀程序後合併進行三讀[48]。

(二) 三讀會後的延緩情事

前已述及,法律案及預算案於三讀會全案表決後,如未有委員於下次會議依規定提出復議,則該議案即完成法定程序。亦即如有委員提出復議,則在復議動議未討論議決前,該議案不得咨請總統公布。如民國83年12月29日第2屆第4會期第31次會議通過刪除「財務罰鍰處理暫行條例」第4條條文,嗣因委員彭百顯等31人於同次會議提請復議,經決議另定期處理,而未咨請總統公布。直至民國84年6月13日同屆第5會期第27次會議通過復議,並照提案條文修正後始咨請總統公布[49]。

依憲法第72條:「立法院法律案通過後,移送總統及行政院,總統應於收到後10日內公布之。但總統得依照本憲法第57條[50]之規定辦理」之規定,法律案經立法院通過後,應即移送總統及行政院;而總統除已核可行政院移請立法院覆議該決議案(覆議權之行使容述於下章第2節)之外,應於收到立法院移送議決通過之法律案10日內予以公布。惟為配合相關法律案一併公布或因應行政機關之要求,依立法院議事成例,亦得延緩咨請總統公布。如民國86年10月30日第3屆第4會期第14次會議通過之「毒品危害防制條例」,因為配合「法務部戒治所組織通則」、「觀察勒戒處分執行條例」及「戒治處分執行條例」之修正,延緩至上述3法通過三讀後,併同咨請總統於民國87年5月20日公布施行[51];民國88年6月4日第4屆第1會期第14次會議通過之「菸酒管理法」,

---

47　立法院公報,85卷,61(上)期,民國85年11月27日,87-89頁。

48　參閱曾濟群:前書,298頁。

49　立法院公報,84卷,2期,民國84年1月7日,147頁;84卷,37期,民國84年6月17日,38-39頁。

50　自民國86年7月21日公布憲法增修條文起,本條文已停止適用;惟有關總統核可行政院所提覆議案之職權,改列於第3條第2項第2款,並未改變。

51　毒品危害防制條例咨請總統公布前,主審該法的委員會召集委員應行政部門請求,函請延緩咨請總統公布,以便配合「法務部戒治所組織通則」等相關法案完成立法程序後一併公布;經援引前述議事先例,乃將該條例延緩至「法務部戒治所組織通則」、「觀察勒戒處分執行條例」、「戒治處分執行條

為配合「菸酒稅法」及「財政部國庫署組織條例」之制定與修正，乃依附帶決議的決議，俟上述2法三讀通過後，再一併咨請總統於民國89年4月19日公布施行[52]。又如民國96年1月9日第6屆第4會期第15次會議通過之「智慧財產案件審理法」，為配合「智慧財產法院組織法」的制定，乃由主席宣告「智慧財產案件審理法」通過後，須俟相關法案完成三讀後再一併咨送總統公布[53]；「智慧財產案件審理法」乃於同年3月5日同屆第5會期第2次會議「智慧財產法院組織法」完成立法程序後併同咨請總統於同年3月28日公布[54]。

　　綜上所述，立法院對議案之議決，有其一定的過程，而每個過程又有其特殊的功能，但終極要求旨在：程序正義的固守，用以增強議案的威信及正當性。

　　例」三法案完成立法程序後再一併咨請總統公布。
52　參閱立法院公報，88卷，31(二)期，民國88年6月9日，785-786頁。
53　參閱立法院公報，96卷，10期，民國96年1月22日，533頁；立法院第6屆第4會期第15次會議，議事錄，55頁。
54　總統府公報，台北，第6737期，民國96年3月28日，2-25頁。

第六章　議案之復議與覆議

復議（Reconsideration）與覆議（Veto）均可將業已議決之議案，重行審議是否維持原決議的作爲。因此，兩者之提出與處理，便不宜過於輕易，而有所限制。爰分節加以說明，析述相關案例，並區別兩者之異同。

第一節　復議之運行

第一項　復議之提出要件

復議動議係一特別主動議，民權初步第77節將「復議」界定爲：「按之常例，凡動議一經表決之後，或通過，或打消，則事已歸了結矣。惟預料議員中過後或有變更意見，遂欲改其表決者，故議會習慣，有許可『復議之動議』，即推反表決而復行開議也，其作用則所以糾正草率之表決及不當之行爲也。」[1]按此說明，議案經表決後，無論其爲通過或被打消，會議成員如具有提請復議的要件，得提出動議，將業經表決的決議案予以推翻，使原案恢復爲未表決前的狀態，重行議決[2]。復就會議規範第78條：「議案經表決通過或否決後，如因情勢變遷或有新資料發現而認爲原決議案確有重加研討之必要時，得依第79條之規定提請復議」[3]之規定，如因實際情勢的變更，迫使以前所作之決議不得不稍加改變或發現新資料而覺得原有之決議有不盡妥適的情況下，均得提請復議。茲各舉1例說明。民國80年1月18日第1屆第86會期第51次會議審議「公平交易法草案」，原通過「公平交易委員會」設在經濟部，嗣後發現該會設在經濟部，難以維持其獨立性，等於白設，將失去立法的精神，爲使其發揮公平審議經濟交易行爲，乃提請復議，將第9條第1項及第2項中「經濟部」均修正爲「行政院公平交易委員會」，此乃爲新資料之發現而提請復議案例[4]；又民國78年12月29日第1屆第84會期第26次會議時，委員牟宗燦等47人

1　孫文：《民權初步》，6版，台北：三民書局，民國78年2月，51頁。
2　楊振萬：《議事原理與法則》，初版，台北：自刊本，民國48年8月，291頁。
3　《會議規範》：中央文物供應社，民國85年2月，56-57頁。
4　立法院公報，80卷，6期，民國80年1月19日，418-420頁。

提案「增訂政務官退職酬勞金給與條例第2條之1條文」，將立法委員及監察委員得比照實施，經院會二讀後並繼續進行三讀，均照提案內容通過。當日通過此案後，媒體多方指責該案係肉桶法案（Pork Bill），給與立監委員變相福利，嗣經黨政運作，於79年1月5日下（第27）次會議，由委員賴晚鐘等85人提請復議，以該案有再斟酌必要，並擬將增列條文予以刪除，此乃因情勢變遷所致[5]。因此，復議是會議機關因情勢變遷或有新資料發現而欲廢棄原決議，重行討論，再行表決的作為。

由於復議之作用，已有推翻以前決議案的可能。因此，復議動議的提出，自不宜過於輕易，而須予以相當限制。我國立法院議事規則依此原則，對於復議的提出，限制綦嚴。該規則第42條規定：「決議案復議之提出，應具備下列各款：一、證明動議人確為原案議決時之出席委員，而未曾發言反對原決議案者；如原案議決時，係依表決器或投票記名表決或點名表決，並應證明為贊成原決議案者。二、具有與原決議案不同之理由。三、20人以上之連署或附議」；第43條規定：「復議動議，應於原案表決後下次院會散會前提出之。但討論之時間，由主席徵得出席委員同意後決定之」。合上所述，我國復議動議的提出，必具備(一)動議人確係原案議決時的出席委員，且未曾發言反對原決議案者，(二)必具有與原決議案不同的理由，(三)20人以上的連署或附議，(四)必在原案表決後下次院會散會前提出等4種條件，始得成立。如茲分述如下：

一、原案議決時之出席委員且未曾發言反對原決議案者

本項規定，旨在提出何者可發復議動議。復議動議的提出，祇有得勝方面的人。亦即原案議決時的出席人並贊成者，始有資格提請復議；至於原案議決時的缺席人（包括棄權者）及反對者，不得提出復議案，以維公平。蓋議案表決後，失敗一方心存不服，固欲復議，以求翻案機會，故乘間抵隙，俟得勝方面人數減少時提出復議，對得勝方面實欠公允，乃有此項限制。所謂「得勝方面」，依民權初步第83節所作釋義，得勝方面非必為可決方面及大多數方面。倘議案經決議打消（未照原案通過），則否決方面之人為得勝者；若須2/3以上多數始得通過，則少數之人為得勝的一方[6]。依立法院議事規則第35條之規

定，議案的表決方法，有(一)口頭表決，(二)舉手表決，(三)表決器表決，(四)投票表決，(五)點名表決5種。如採表決器或投票記名表決或點名表決，贊成或反對雙方記載清楚，一目瞭然，自無疑義。若採用其他表決方法，則難以證明誰為贊成的一方或誰為反對的一方；又委員出席以何為據？在處理復議動議時，均曾發生爭議。就實務以觀，係以簽到委員且未曾發言反對，即可提出復議[7]。

二、具有與原決議案不同之理由

復議動議的提出，依前所述，乃因情勢變遷或有新資料發現而認為原決議案有重作考量的必要。如所提復議的理由，與原決議案並無多大出入，毋庸多此一舉。因此，復議的提出，必具有與原決議案的不同理由。至於理由之是否允當，則係屬討論該復議應否通過問題，而非為本項的要件[8]。

三、20人以上之連署或附議

復議是會議機關欲廢棄原決議而重行討論的作為，自須有會員相當人數的連署或附議，以昭慎重。立法院會議須20人以上之連署或附議，約為總額之1/5。而各委員會會議，依立法院議事規則第57條之規定，則須4人以上之連署或附議。至於連署或附議之人，應否加以限制其資格，則有不同意見。或謂動議人與連署人的身分不同，自無適用動議人資格限制規定的必要。惟主張須加限制者，則認為法條雖未明定連署人的資格要件，但連署人與提案人須採同一立場，兩者的資格自需一致。因此，民國46年11月19日立法院第1屆第20會期第15次會議處理覃勤等132人為同會期第13次會議對於新聞業5團體請修訂營業稅法免徵廣告營業稅1案議決免予修訂有欠允當所提復議案，即發生前述兩方不同意見。該復議動議雖經主席採取毋庸資格限制而裁決成立，嗣經出席委員

7　立法院於第2屆第6會期第15次會議處理委員廖福本等35人就公共債務法第4條條文提請復議案時，對於誰有權提出復議引發爭議。由於該案在同會期第14次會議議決時，係經出席委員無異議通過，主席乃作全體簽到委員均係贊成者之裁定。參閱立法院公報，84卷，64期，民國84年12月27日，15頁。

8　立法院於第2屆第6會期第18次會議處理公共債務法第4條條文復議案時，多位委員提出該復議理由並不存在，認為不可提出復議；惟主席認為復議之提出，其中有關必須具有與原決議案不同理由的要件，只須與原案有相反意見時即可提出，而就該復議案之成立與否進行表決。參閱立法院公報，85卷，2期，民國85年1月6日，21頁。

提出申訴動議，表決結果，通過主席的裁決無效，主席乃宣告：「本復議不予提出」[9]。就民國82年5月起立法院採用表決器記名表決之實況以觀，經記名表決的議案，嗣後提出復議時，其連署人與提案人的資格須一致，原案議決時的缺席人（包括棄權者）及反對原決議者均不得連署復議案。因此，復議動議之連署人或附議人，仍適用動議人的資格限制。

四、須在原案表決後下次院會散會前提出

此項規定，乃為復議動議提出的時間限制。為維持議事效率與安定，復議案的提出，仍有必要限制在原案表決後下次院會散會前，過此不候。

除了上述要件外，依會議規範第79條及第82條規定，尚須受(一)已著手執行之決議案，不得提出復議，(二)不可回復原狀者，不得提出復議，(三)不經復議而可用其他方法達到目的者，不得復議3項限制。茲分述如下：

(一) 已著手執行之決議案，不得提出復議

由於決議案已著手進行，並已發生效力，如再提復議，是為事實所不許。為避免發生紛擾起見，已著手執行的決議案，規定不得提起復議，乃有會議規範第79條第1款類似規定。而本院通過的議案，如因考量時效性，亦於該案通過後，即送請審查或咨請公布，遇此情事，亦依會議規範規定處理。如第8屆第3會期第15次會議通過會計法第99條之1條文，因係該會期最後1次會議，依實務即送請總統公布，而無法提請復議，乃改以覆議案方式處理，即為1例[10]。

(二) 不可回復原狀者，不得提出復議

某些議案，一經表決，無法回復原狀，自不得提出復議。如散會動議，經表決通過，主席宣告散會，會眾均已散去，自無法再提復議，故會議規範第82條第4款規定散會動議之表決不得復議。

---

9 參閱立法院公報，第20期，4期，民國46年12月26日，109-124頁；第20會期，5期，民國47年1月16日，24-36頁。
10 參閱立法院公報，102卷，46期，民國102年7月1日，1-6頁。

(三) 不經復議而可用其他方法達到目的者，不得復議

議案雖經議決，但可用其他方法加以處理時，自無需提出復議。如擱置議案，可以抽出動議方式處理，對擱置動議的表決，自無需復議；又權宜、秩序等問題，因可再提出，則不必以復議方式提出。

另為節省復議時間，使決定（議）案儘早確定，在立法實務上，建立各黨團簽署不復議同意書或經各黨團協商結論決定不提出復議，而予以排除復議期間之適用[11]。

又復議案的範圍應否包括報告事項「決定」案件，亦即議事日程所列報告事項，經院會決定後，可否援用立法院議事規則第42條所指「決議」案件，於下次會議散會前，依復議之程序提出，以求重行討論決定。就議事上的效力而言，決定事項與決議事項應屬一體之兩面，無分軒輊；蓋出席人如有不同意見，兩者均須表決，始可確定。因此，二者效力既屬一體，以復議動議變更原決定並無不合[12]。衡酌立法院議事先例，業已確定報告事項之「決定」案件，如需改變，可以復議的程序為之。如民國85年4月12日第3屆第1會期第7次會議行政院函請備查「行政院開發基金收支保管及運用辦法第8條修正條文」，原決定交預算、財政兩委員會，嗣經委員張俊宏等50人提請復議改交預算、財政兩委員會審查，即為一例[13]。

第二項　復議之處理程序

依立法院議事規則第42條至第45條之規定，復議案的處理程序如附圖6-1。

茲依圖例，有關復議案的處理程序，約可分為(一)復議之成立，(二)復議之討論，(三)復議之表決三個階段。茲分述如下：

一、復議之成立

此一階段，旨在檢視復議動議是否成立。亦即復議動議的提出，是否符合前項所述要件。如具備這些要件，則該復議動議成立；如不具備這些要件，則

11　何弘光：《立法院議事規則逐條釋義》，初版，台北：五南圖書出版公司，民國113年7月，257頁。

12　曾濟群：《中外立法制度之比較》，初版，台北：中央文物供應社，民國77年6月，352-353頁。

13　立法院公報，85卷，16期，民國85年4月20日，4及29頁。

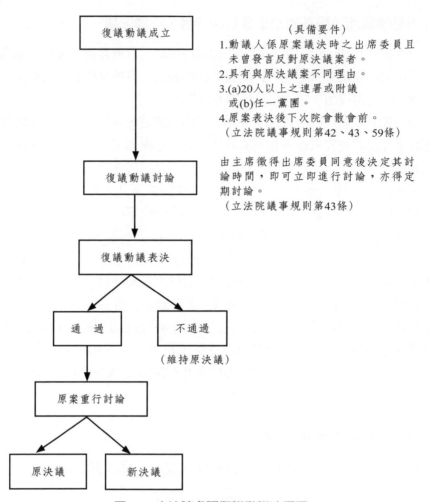

（具備要件）

1. 動議人係原案議決時之出席委員且未曾發言反對原決議案者。
2. 具有與原決議案不同理由。
3. (a)20人以上之連署或附議
   或(b)任一黨團。
4. 原案表決後下次院會散會前。
（立法院議事規則第42、43、59條）

由主席徵得出席委員同意後決定其討論時間，即可立即進行討論，亦得定期討論。
（立法院議事規則第43條）

（維持原決議）

圖6-1　立法院處理復議動議流程圖

備註：一、依本院議事成例，復議案之範圍，包括報告事項之決定案件，即議程報告事項處理後，出席委員得提出復議動議。

二、依本院議事成例，復議動議之提案人與連署人的資格一致，原案議決時之缺席委員及反對原決議案委員均不得連署復議案。

三、依本院議事成例，法律案或預算案經過二讀後，如有立法委員對於部分提出復議，應俟該復議動議討論得有結果後，再行三讀，不受立法院職權行使法第11條（原立法院議事規則第34條）規定之限制；經過三讀後，如有立法委員提出復議，在未討論議決前，亦不得咨請總統公布。

四、復議動議經表決後，不得再為復議之動議。（立法院議事規則第45條）

不得提出復議。如民國85年1月12日第2屆第6會期第22次會議委員陳昭南等31人對「國軍眷村改建條例草案」第8條以下條文提請復議，經主席認為不符合立法院議事規則第54條（該條文業已修正為第42條）之規定，而裁定：「不予處理」[14]。

二、復議之討論

復議動議成立後，依立法院議事規則第43條後段之規定，由主席徵得出席委員同意後，決定討論的時間。申言之，其討論的時間，可由主席徵得院會同意後，當即進行討論，亦可定期討論。至於復議動議的討論是否限定時間，立法院議事規則並未明定，惟復議動議的討論，僅須對原決議案有無復議的必要發言，似可依會議規範第80條之規定，正反兩方的發言，各不得超過2人，以節省會議時間。

三、復議之表決

復議動議討論後，經出席委員過半數的贊成，則可對原案加以討論並表決，如未達出席委員過半數的贊成，即為否決，原決議案仍予維持。依立法院議事規則第45條之規定，復議動議經表決後，不得再為復議之動議。

第三項　復議提出與表決後之效力

復議的效力，可分為復議動議提出後之效力及復議動議表決後之效力。茲分述如下：

一、復議動議提出後之效力

復議動議一經提出，雖未討論及表決，然該決議案當即暫停執行。由於復議動議係由勝方提出，其提請復議之理由，乃因實際情勢有所變更，迫使以前所作決議需加改變，或因發現新資料而覺得原作決議有未盡妥適之處。因此，復議動議一經提出，原決議案自有暫時停止執行的必要。依立法院議事規則第44條之規定，對於法律案、預算案的復議，在二讀後或三讀後，均可提出復

14　立法院公報，85卷，6(上)期，民國85年1月20日，316-317頁。

議。因此，就實務以觀，如有委員於二讀後提出復議，應俟該復議動議討論得有結果後再行三讀，而不受立法院職權行使法第11條第1項之限制；若經過三讀後，如有委員提出復議，在未討論議決前，亦不得咨請總統公布。茲舉例加以說明。民國85年11月22日第3屆第2會期第19次會議二讀通過「組織犯罪防制條例草案」，委員曾永權等35人於二讀後隨即提請復議第15條，主席乃裁定：「復議案處理後，繼續進行組織犯罪防制條例草案三讀。」嗣經協商，通過復議案後繼續進行三讀[15]。又民國83年12月29日第2屆第4會期第31次會議通過刪除「財務罰鍰處理暫行條例」第4條條文，嗣因委員彭百顯等31人於同次會議提請復議，經決議另定期處理而未咨請總統公布，直至民國84年6月13日同屆第5會期第27次會議通過復議並照提案條文修正第4條[16]。

二、復議動議表決後之效力

復議動議表決後，如經否決，即維持原決議。如民國88年5月18日第4屆第1會期第12次會議新黨黨團對三讀通過之「立法院新院址興建計畫工程特別預算案」提請復議，經同月25日第13次會議決議不予通過，而維持原決議，即為1例[17]。如經表決後為可決，其效力為回復未表決前的狀態。此時原決議已不存在，原案提出重行討論，經討論後再作成新的決議。所作之決議，可能與原決議相同，亦有可能與原決議不同兩種情況。就實務以觀，經討論後所作之決議，大多與原決議不同。

第四項　復議案例之剖視

茲為進一步瞭解立法院對於復議案的處理實況，個別案例的探討仍有必要。前已述及議事日程所列報告事項，經院會決定後，亦可提出復議；惟就第5屆及第6屆報告事項所作「決定」案件而提出復議者，將近550件，因篇幅過大而不予析述[18]，本項僅就各種議案所提復議案處理情形統計如表6-1。

依表6-1觀之，第5屆及第6屆各會期共處理17件復議案，各復議動議均成

15　立法院公報，85卷，61(上)期，民國85年11月27日，87-88頁。

16　參閱立法院公報，84卷，2期，民國84年1月7日，147頁；84卷，37期，民國84年6月17日，38-39頁。

17　參閱立法院公報，88卷，27(上)期，民國88年5月26日，68-69頁；88卷，30(上)期，民國88年6月5日，74-86頁。

18　有關報告事項決定後提出復議相關案例分析，參閱周萬來：《議案審議——立法院運作實況》，2版，台北：五南圖書出版公司，民國91年2月，153-164及167-168頁。

表6-1　立法院第五屆及第六屆復議案處理情形概述表

| 序號 | 案由 | 提出會次 | 處理會次 | 處理情形 | | | 效力 | | 其他 |
				不成立	不通過	通過	維持原決議	修正原決議	
1	台聯黨團對三讀通過之行政院開發基金91年度轉投資部分項下有關「月眉國際開發股份有限公司編列1億6仟萬元」及「理想大地股份有限公司編列4億5仟萬元」提請復議	5/1/22	5/1/22			✓		✓	
2	國民黨黨團對通過88年下半年及89年度中央政府總決算案審核報告有關行政院開發基金投資理想大地及月眉案所作決議提請復議	5/1/22	5/1/22						撤回
3	民進黨黨團對三讀通過之「廣播電視法第51條條文」提請復議	5/2/15	5/2/15			✓		✓	
4	民進黨黨團對三讀通過之公民與政治權利國際公約第1條所作聲明提請復議	5/2/16	5/2/16						另定期處理
5	委員陳其邁等47人對三讀通過之「公職人員選舉罷免法第35條條文」提請復議	5/2/16	5/3/15						撤回
6	委員卓伯源等42人對三讀通過之「地質法草案」提請復議	5/4/19	5/4/19						另定期處理
7	民進黨黨團對三讀通過之「證券交易法第171條條文」提請復議	5/4/19	5/5/11			✓		✓	
8	朝野黨團協商同意對二讀通過之94年度總預算案中稅課收入、台電公司釋股收入、財政部釋股收入及經濟部科技專案提請復議	5/6/16	5/6/16			✓		✓	
9	民進黨黨團對三讀通過之「國民大會職權行使法第8條及第10條條文」提請復議	6/1/13	6/1/13		✓				
10	國民黨黨團對二讀通過之「法醫師法草案」提請復議	6/2/12	6/2/13			✓		✓	
11	台聯黨團對三讀通過之「陸海空軍服制條例」並廢止「陸軍服制條例」、「海軍服制條例」及「空軍服制條例」提請復議	6/2/17	6/6/7						撤回
12	台聯黨團及民進黨團對銓敘部函送「退休公務人員1次退休金優惠存款辦法」及「退休公務人員公保養老給付金額優惠存款要點第3點之1」的決議提請復議	6/4/12	6/4/13						另定期處理

序號	案由	提出會次	處理會次	處理情形					
				不成立	不通過	通過	效力		其他
							維持原決議	修正原決議	
13	民進黨黨團對第7屆立法委員直轄市縣市選舉區劃分變更的決議提請復議	6/4/13	6/4/15		√				
14	國民黨黨團對三讀通過之「祭祀公業條例第56條條文」提請復議	6/5/3	6/6/11			√		√	
15	委員林滄敏等48人對三讀通過之「公路法第72條條文」提請復議	6/5/18	6/5/18						另定期處理
16	無黨團結聯盟黨團對二讀通過之「公職人員選舉罷免法第26條條文」提請復議	6/6/9	6/6/9			√		√	
17	委員李復甸等49人對三讀通過之「會計師法第39條條文」提請復議	6/6/13	6/6/14			√		√	

立，其中通過者8件，不通過者2件，其他7件。立法院處理所通過的8件復議案，經討論後均議決修正原決議。茲就上述處理情形，各舉案例加以說明。

一、復議動議不通過者

復議動議經討論後，如未達出席委員過半數之贊成，則該復議不通過。就表6-1觀之，計有(1)民進黨黨團對三讀通過之「國民大會職權行使法第8條及第10條條文」及(2)民進黨黨團對第7屆立法委員直轄市縣市選舉區劃分變更的決議而提請復議。茲舉第1案加以說明，由於國民大會職權行使法的制定，攸關第7次修憲的順暢與否，嗣經多次協商，始於民國94年5月18日完成，並提報同年5月20日第6屆第1會期第13次會議。在當日完成三讀後，民進黨黨團復於5月24日同次會議針對三讀通過之「國民大會職權行使法第8條及第10條條文」提出復議，經表決贊成民進黨黨團所提復議案者為少數而不通過，乃維持原決議[19]。

---

19 參閱立法院公報，94卷，37期，民國94年6月17日，189-192及200-202頁。

二、復議動議通過後修正原決議者

　　依表6-1觀之,復議動議通過後,經議決修正原決議者共8件;其中法律案6件,預算案2件,經過二讀後提出者3件,經過三讀後提出者5件。茲就上述情形,各舉案例加以說明。

(一) 法律案經議決後提出復議而修正原決議者

　　前已述及,法律案經議決後提出復議而修正原決議者,共有6件。其中經過二讀者2件,經過三讀者4件。茲分述如下:

1. 經過二讀後提請復議而修正原決議者

　　法律案經過二讀後提出復議而修正原決議者,有(1)國民黨黨團對二讀通過之「法醫師法草案」及(2)無黨團結聯盟黨團對二讀通過之「公職人員選舉罷免法第26條條文」2案。茲就第2案加以說明。

　　民國96年10月26日第6屆第6會期第8次會議二讀「公職人員選舉罷免法修正案」時,除第28條及第99條保留再協商外,其餘均照協商條文通過。惟嗣後無黨團結聯盟黨團對二讀通過之「公職人員選舉罷免法第26條條文」提出復議,同年11月6日下(9)次會議在處理第28條及第99條保留條文後,繼續處理該復議案。院會依協商結論,於復議動議通過後,將該條文修正為照現行法第34條通過;並於二讀後繼續進行三讀而完成立法程序[20]。

2. 經過三讀後提出復議而修正原決議者

　　法律案經過三讀後提出復議而修正原決議者,有(1)民進黨黨團對三讀通過之「廣播電視法第51條條文」,(2)民進黨黨團對三讀通過之「證券交易法第171條條文」,(3)國民黨黨團對三讀通過之「祭祀公業條例第56條條文」及(4)委員李復甸等49人對三讀通過之「會計師法第39條條文」等4件。茲舉第3案加以說明。

　　民國96年3月13日第6屆第5會期第3次會議,國民黨黨團對三讀通過之「祭祀公業條例第56條條文」提出復議,經院會決定於3月15日加開院會處理討論事項時處理[21]。本案直至同年11月21日同屆第6會期第11次會議始進行處理,經

20　參閱立法院公報,96卷,76期,民國96年12月5日,143-176頁。
21　參閱立法院公報,96卷,21期,民國96年3月21日,263頁。

依協商結論，照國民黨黨團所提復議案通過，並依其修正條文通過[22]。

(二) 預算案經議決後提出復議而修正原決議者

依表6-1觀之，預算案經議決後而提出復議者，有(1)台聯黨團對三讀通過之行政院開發基金91年度轉投資部分項下有關「月眉國際開發股份有限公司編列1億6仟萬元」與「理想大地股份有限公司編列4億5仟萬元」及(2)朝野黨團協商同意對二讀通過之94年度總預算案中稅課收入、台電公司釋股收入、財政部釋股收入及經濟部科技專案2件。茲分述如下：

1. 經過二讀後提請復議而修正原決議者

民國94年1月20日第5屆第6會期第16次會議討論94年度總預算案時，於二讀通過後，因部分預算係經過記名表決，反對者無法提出復議，乃經朝野黨團協商，同意對二讀通過之94年度總預算案中稅課收入、台電公司釋股收入、財政部釋股收入及經濟部科技專案提請復議，並於復議案通過後，照協商提案內容：「一、稅課收入減列300億元，修正為減列150億元。二、台電公司釋股收入減列255億元，同意減列。三、財政部釋股收入減列539億元，修正為減列295億元。四、經濟部科技專案原刪減50%，修正為刪減20%。」通過[23]。該案於二讀後繼續進行三讀，並於同年1月21日完成立法程序。

2. 經過三讀後提出復議而修正原決議者

91年6月14日第5屆第1會期第21次會議三讀通過91年度中央政府總預算案，台聯黨團對其中行政院開發基金91年度轉投資部分項下有關「月眉國際開發股份有限公司編列1億6仟萬元」與「理想大地股份有限公司編列4億5仟萬元」，認為有違「促進產業升級條例」第21條第1項第1款之規定而提請復議，經提同年6月18日下（22）次會議處理[24]；處理時多數同意復議案，並在通過復議案後，依照民進黨黨團提案通過[25]。

---

22 參閱立法院公報，96卷，80期，民國96年12月12日，288-289頁。
23 參閱立法院公報，94卷，7(上)期，民國94年1月26日，224頁。
24 參閱立法院公報，91卷，45(一)期，民國91年7月3日，116-119頁。
25 同前註公報，162-171頁。

三、其他部分

就表6-1以觀，委員所提復議案，非如前2項所述的處理情形者，共有7件；其中另定期處理者4件，撤回者3件。茲分述如下：

(一) 定期處理者

依立法院議事規則第43條之規定，復議動議的討論時間，由主席徵得出席委員的同意後決定之。因此，復議動議提出後，可當即進行討論，亦可另定期討論；惟就實務以觀，復議動議經提出後，大抵為另定期處理的議決。依表6-1觀之，計有(1)民進黨黨團對三讀通過之公民與政治權利國際公約第1條所作聲明，(2)委員卓伯源等42人對三讀通過之「地質法草案」，(3)台聯黨團及民進黨黨團對銓敘部函送「退休公務人員1次退休金優惠存款辦法」及「退休公務人員公保養老給付金額優惠存款要點第3點之1」的決議及(4)委員林滄敏等48人對三讀通過之「公路法第72條條文」等4件。茲舉委員卓伯源等42人對三讀通過之「地質法草案」為例加以說明。

民國93年1月6日第5屆第4期第18次會議通過「地質法草案」，委員卓伯源等42人於同月13日下（第19）次會議提請復議而決議另定期處理[26]，因復議動議未在第5屆屆期結束前處理，致該法案無法咨請總統公布。

依立法院職權行使法第13條屆期失效之規定，如欲制定地質法時，則須重新提案。上述第1案及第4案情事，與地質法草案同，均未於該屆屆期結束前處理，亦未咨請總統公布。

(二) 撤回者

依會議規範第43條之規定，提案在未經主席宣付討論前，得由提案人徵求附署人同意撤回之；提案經主席付討論後，原提案人如欲撤回，除須徵得附署人同意外，並須由主席徵詢全體無異議後行之；而提案經修正者，不得撤回。立法院職權行使法第12條第1項及立法院議事規則第8條第2項亦有類似規定。依表6-1觀之，共有(1)國民黨黨團對通過88年下半年及89年度中央政府總決算

26　參閱立法院公報，93卷，4(上)期，民國93年1月14日，176-182頁；93卷，6(一)期，民國93年1月31日，354-355頁。

案審核報告有關行政院開發基金投資理想大地及月眉案所作決議；(2)委員陳其邁等47人對三讀通過之公職人員選舉罷免法第35條條文；及(3)台聯黨團對三讀通過之「陸海空軍服制條例」並廢止「陸軍服制條例」、「海軍服制條例」及「空軍服制條例」等3件。茲舉第2案加以說明。

民國91年12月31日第5屆第2會期第15次會議三讀通過公職人員選舉罷免法部分條文修正案，委員陳其邁等47人對其中第35條第1項第2款「現在學校肄業學生」未同時刪除，造成同一條文前後規範不一致而於民國92年1月7日下（16）次會議提請復議，經決定：「另定期處理」[27]。

該復議案嗣經提報民國92年6月6日同屆第3會期第15次會議處理時，由提案人提請撤回，經主席徵得出席委員無異議後而作決定：「同意其撤回」[28]。

第二節　覆議權之行使

第一項　覆議權行使之理由

行政機關對於立法機關所通過的議案不表同意，而將原案移請立法機關再加考慮的作為，是謂之覆議權，或稱否決權（veto power）[29]。此制度的採行，旨因恐懼議會的立法權過度膨脹、草率或濫用，所以賦予元首或行政機關得行使交還覆議權，以對抗議會的專斷立法權[30]。

該項權力發源於英國，惟隨著內閣制之興起，而使元首（英王）不再有實際的權力。因此，英王自西元1707年以後已不復行使此項權力。反觀美國，其為總統制的國家，行政權與立法權嚴格分立與制衡，總統掌控行政實權而直接對人民負責。為使總統能防止立法機關制定出窒礙難行或與其政策目標不合的法律，乃有覆議權的制度。在美國，覆議權之行使甚為發達，成為總統對抗國會的重要利器。其中羅斯福總統在其任期（西元1933年至1945年）內，更使用372次一般否決權、263次擱置否決權（或稱口袋否決權）[31]，合計635次否決

27　參閱立法院公報，92卷，5(二)期，民國92年1月15日，693-694頁。
28　參閱立法院公報，92卷，34(三)期，民國92年6月18日，28頁。
29　曾濟群：〈我國覆議制度研究〉，中山學術文化集刊，1集，中山學術文化基金董事會，民國57年3月，81頁。
30　洪應灶：《中華民國憲法新論》，6版，台北：自刊本，民國59年8月，156頁。
31　依美國憲法第1條第7項第2款之規定，法案經參眾議院一致通過，尚須經總統簽署，始得成為法律。國會將業經騰正的法案送至白宮，總統須於10日期限內（星期日除外）採取下列4種選擇：(1)總統贊成

權[32]。

我國憲法採行是項覆議制度，大抵有以下4點主要理由[33]：

一、國民大會尚未行使創制、複決權

依憲法第27條第2項規定，現行國民大會尚未行使創制、複決兩權，以監督立法權，無法防止立法機關之怠忽或錯誤立法。

二、行政院無權解散立法院

依我國憲法第57條之規定，行政院對立法院負責，但未採行行政院得解散立法院的制度[34]。因此，行政院對立法院無抗衡的權力，故現行憲法賦予行政院，經總統之核可，得行使交還覆議權，以對抗立法權。

三、單一立法機關

我國非為兩院制，立法院係我國單一立法機關，為防止或減少立法的粗疏草率，仍有採行覆議制度的必要。

四、立法委員不得兼任官吏

我國憲法第75條明定立法委員不得兼任官吏。因此，立法委員不得兼任行政院院長、副院長、各部會首長及政務委員等。足見我國制度與內閣制未竟相同，較難溝通內閣與議會的意見，以致立法院所通過的法案，未必盡能合乎行政院的需要。故現行憲法規定，行政院對立法院決議的法律案、預算案、條約案，如認為窒礙難行時，得經總統之核可，而行使交還覆議權，以資補救。

該法案，立即予以簽署，使之成為法律。(2)總統未退還該法案，亦不簽署，如在國會會議期間，該法案於法定10日期限屆滿，即可成為法律。(3)總統反對該法案，可於10日內將原案及其異議書退還國會原始提案之議院覆議；如經兩院議員2/3贊成原案，此一法案即可成為法律。(4)總統行使擱置否決權，不簽署該法案，因在國會休會期間，該法案自無法成為法律；惟為避免總統濫用是項權力，只能適用於國會年度會議結束的休會，會議期間的暫時休會不予適用。此處擱置否決權，乃第4種情事。參閱傅崑成等編譯：《美國憲法逐條釋義—附模範州憲法》，台北：三民書局，民國80年8月，49-51頁。

32 Roger H. Davison & Walter J. Oleszek, Congress and Its Members (Washington, D.C.: Congressional Quarterly Inc., 2nd ed, 1985), p. 294.

33 同註30。

34 依憲法增修條文第2條第5項及第3條第2項第3款之規定，總統得宣告解散立法院。但其前提，須為立法院通過對行政院院長的不信任案，且經行政院院長之呈請，始得為之。因此，目前並無行政院得解散立法院的機制。

第二項　憲法第57條與增修條文第3條覆議權之區別

憲法第57條規定：「行政院依左列規定，對立法院負責：一、行政院有向立法院提出施政方針及施政報告之責。立法委員在開會時，有向行政院院長及行政院各部會首長質詢之權。二、立法院對於行政院之重要政策不贊同時，得以決議移請行政院變更之。行政院對於立法院之決議，得經總統之核可，移請立法院覆議。覆議時，如經出席立法委員2/3維持原決議，行政院院長應即接受該決議或辭職。三、行政院對於立法院決議之法律案、預算案、條約案，如認為有窒礙難行時，得經總統之核可，於該決議案送達行政院10日內，移請立法院覆議。覆議時，如經出席立法委員2/3維持原案，行政院院長應即接受該決議或辭職」；增修條文第3條第2項規定：「行政院依左列規定，對立法院負責，憲法第57條之規定，停止適用：一、行政院有向立法院提出施政方針及施政報告之責。立法委員在開會時，有向行政院院長及行政院各部會首長質詢之權。二、行政院對於立法院決議之法律案、預算案、條約案，如認為有窒礙難行時，得經總統之核可，於該決議案送達行政院10日內，移請立法院覆議。立法院對於行政院移請覆議案，應於送達15日內作成決議。如為休會期間，立法院應於7日內自行集會，並於開議15日內作成決議。覆議案逾期未議決者，原決議失效。覆議時，如經全體立法委員1/2以上決議維持原案，行政院院長應即接受該決議。三、立法院得經全體立法委員1/3以上連署，對行政院院長提出不信任案。不信任案提出72小時後，應於48小時內以記名投票表決之。如經全體立法委員1/2以上贊成，行政院院長應於10日內提出辭職，並得同時呈請總統解散立法院。不信任案如未獲通過，1年內不得對同一行政院院長再提不信任案。」；就上述條文以觀，增修條文除對第1款作相同規定外，原第2款予以刪除，增列1款規定立法院得行使不信任案及行政院院長得呈請總統解散立法院，並對覆議權處理時限及表決數額另作不同規定。茲就覆議權規定不同部分，申述如下：

一、覆議權之行使範圍

依憲法第57條第2款及第3款之規定，行政院除對於立法院決議之法律案、預算案、條約案得行使覆議權外，有關立法院決議要求行政院變更其重要政策，亦得行使覆議權。惟增修條文第3條第2項已對憲法第57條第2款予以停止

適用，亦即立法院對於行政院之重要政策不贊同時，不得以決議移請行政院變更，行政院也無須行使覆議權。可知行政院對於覆議權之行使範圍已有改變，只對於立法院決議之法律案、預算案、條約案行使覆議權。

二、覆議案之處理期限

有關覆議案的處理期限，憲法並未定有明文，僅規定行政院對於立法院決議案送達10日內，移請立法院覆議。而增修條文第3條第2項除上述規定外，另規定立法院對於行政院移請覆議案，應於送達15日內作成決議。如為休會期間，立法院應於7日內自行集會，並於開議15日內作成決議。覆議案逾期未議決者，原決議失效。因此，立法院對於行政院移請覆議案的處理，是有時間上之限制。即在集會期間，應於覆議案送達15日內作成決議；如為休會期間，應於7日內自行集會，並於開議15日內作成決議；逾期未議決，則原決議失效。

三、覆議案之表決額數

依憲法第57條之規定，行政院移請立法院的覆議案，如經出席立法委員2/3維持原案，行政院院長應即接受該決議或辭職。因此，立法院如欲維持原決議，須經出席委員2/3人數之贊成，亦即行政院只要出席委員1/3加1人數的支持，所提覆議即可成功。而憲法增修條文第3條第2項規定覆議時，如經全體立法委員1/2以上決議維持原案，行政院院長應即接受該決議。因此，立法院如欲維持原決議，須全體委員1/2以上之贊成；而行政院亦須全體委員1/2以上之支持，始能覆議成功。

第三項　覆議案之處理程序

立法院在民國43年8月17日行政院函請覆議兵役法施行法第14條條文時，因無法令規定，亦無成例可循，乃按一般法案的程序處理。立法院將此覆議案列入民國43年9月14日第1屆第14會期第1次會議議程報告事項，經決定交國防、內政、法制、民刑商法四委員會審查；國防等四委員會審查後提報院會討論，嗣於同年11月23日同會期第17次會議進行中，由委員袁其炯動議變更議程，先行討論國防等四委員會審查行政院移請覆議案，經在場委員156人，舉手贊成維持原案委員37人，不足憲法規定2/3人數，遂決議兵役法施行法第14

條不予維持[35]。在討論過程中，有關覆議案的處理程序，委員們的看法頗爲分歧，曾多所爭辯[36]，直至民國45年4月13日始作成決議，在立法院議事規則第10章後增訂第11章，並增列第62條及第63條條文，而爲日後處理行政院移請覆議案的依據。第62條：「行政院依憲法第57條移請本院覆議案，應由全院委員會就是否維持原決議或原案予以審查，審查時，邀請行政院院長到會說明」；第63條：「全院委員會審查後，提出院會，就維持原決議或原案以無記名投票表決。如贊成維持票數達出席委員2/3，即維持原決議或原案；如未達出席委員2/3，即不維持原決議或原案」。準此2條之規定，行政院移請立法院覆議案，應先由全院委員會審查，審查後提報院會；院會表決時，如達出席委員2/3人數之贊成，即維持原決議或原案；否則，即不維持原決議或原案。表決時，應以無記名投票方式表決。

　　第3屆國民大會於民國86年第2次會議修憲時，對於覆議權的行使加以修正，有關條文已於前項敘明，不再贅述。立法院於民國88年1月12日制定立法院職權行使法時，依前述增修條文相關規定及慣例，特予明定專章。依該法第33條：「覆議案不經討論，即交全院委員會，就是否維持原決議予以審查。全院委員會審查時，得由立法院邀請行政院院長列席說明」，第34條：「覆議案審查後，應於行政院送達15日內提出院會以記名投票表決。如贊成維持原決議者，超過全體立法委員1/2，即維持原決議；如未達全體立法委員1/2，即不維持原決議；逾期未作成決議者，原決議失效」，第35條：「立法院休會期間，行政院移請覆議案，應於送達7日內舉行臨時會，並於開議15日內，依前2條規

35　參閱第1屆立法院第14會期第17次會議，議事錄，6頁。

36　立法院第1屆第14會期第1次會議，行政院函爲修正兵役法施行法第14條條文有窒礙難行之處，依憲法第57條第3款之規定，呈奉總統核可覆議案，經院會決定交國防、內政、法制、民刑商法四委員會審查，並由程序委員會研擬行政院移請覆議案的處理程序；於第9次會議，程序委員會提出研究報告，並擬定處理本項行政院移請覆議案之程序甲乙兩點；該次院會討論時，委員發言盈庭，意見甚不一致，一直討論至第11次會議，始由高委員廷梓提議處理辦法，經在場委員168人中之99人贊成，而多數通過。豈料第12次會議時，委員劉明侯等120人提請復議院會通過高委員廷梓對行政院所提議案處理程序第2款；此案提出後，會場意見又見分歧，幾經辯論，而在第13次院會時，對劉案決議交付法制委員會審查，有關覆議案處理程序問題，又告擱淺。法制委員會於第17次會議提出對劉案臨時動議的審查報告，會議進行中，委員袁其炯動議變更議程，先行討論國防等四委員會審查行政院移請覆議案，經表決決議兵役法施行法第14條刪除；而法制委員會對劉案之審查報告，決議另行定期討論；及於第20次會議討論，並於第21次會議決議：關於行政院覆議案之處理，交法制委員會於本院議事規則中增訂專章或專條。第16會期第28次會議，法制委員會向院會提出審查報告，討論未畢；於第17次院會第9次會議再提出繼續討論，至第10次會議決議重付審查；法制委員會於第13次會議又將重行審查報告提報院會討論，終於在第14次會議作成決議。委員於上述各次會議發言爭辯甚爲激烈，其發言內容分見各次會議逐記錄。

定處理之」之規定，行政院移請立法院覆議案，應先由全院委員會審查；審查時，得邀請行政院院長列席說明；審查後提報院會以記名投票表決；院會表決時，如超過全體立法委員1/2，即維持原決議；否則，即不維持原決議。依該法第32條之規定，行政院得就立法院決議的法律案、預算案、條約案之全部或一部，經總統核可後，移請立法院覆議。因此，行政院可行使條項否決權（Item Veto）；惟是項否決權的行使，依其立法意旨，係依覆議先例，按議案性質而作不同的處理[37]，行政院對法律制定案的覆議，宜依臨時財產稅條例全案覆議前例，以全案移請立法院覆議；至於修正案，則得以部分條文移請覆議。論者更以：(1)違背立法院爲最高立法機關之憲法規定，(2)違背憲法權力分立之基本原則及(3)傷害法律之民意正當性的憲政法理，認爲行政院將法律制定案以一部移請覆議，不符憲法意旨而爲不當的行爲[38]。

立法院處理覆議案的結果，現行法令雖未明定須咨送總統及函請行政院查照。但依憲法第57條、第72條及增修條文第3條第2項之相關規定，覆議案係由行政院呈請總統核可後，再移請立法院處理。倘經議決維持原決議，總統則須依憲法第72條規定予以公布。若不維持原決議，則毋庸公布。因此，立法院理將處理結果咨送總統。且就實務以觀，亦作上述的處理。如民國79年10月17日行政院移請覆議勞動基準法第84條修正條文案，經議決：「原決議不予維持」後，即於同月19日咨送總統及函復行政院；民國82年10月1日立法院第2屆第2會期第2次會議決定，准予行政院撤回其移請覆議之立法院組織法第18條修正條文案時，亦併作咨請總統公布該條文的決定；又如民國86年8月11日主席宣告行政院移請覆議漢翔航空工業股份有限公司設置條例第9條修正條文案無法議決而原決議失效後，亦於同月19日將處理結果咨請總統及函復行政院查照。

第四項　行憲以來覆議權行使之實況

覆議權是憲法賦予行政院的自衛武器，爲維護憲政體制，落實責任政治，行政院如認爲立法院所通過之議案，有違其政策目標或窒礙難行，自可運用此項權力。爲便於瞭解立法院處理行政院移請覆議案實況，爰先將立法院處理覆

37　經查該法條係照秘書處所研擬內容通過，而秘書處之所以採行政院得提出一部之覆議，乃援用覆議先例而來。參閱立法院公報，88卷，5(上)期，民國88年1月16日，32頁。

38　參閱羅傳賢：〈法律制定案覆議之憲政法理分析──以公民投票法乙案爲例〉，收錄於《國會與立法技術》，初版，台北：五南圖書出版公司，民國93年11月，321-323頁。

議案實例概述如表6-2。

表6-2　立法院處理覆議案概述表

序號	法案名稱	通過會次及日期	移請覆議理由及日期	覆議結果
1	省政府組織法第4條、第7條及第14條條文修正案	1/2/18（37/11/09）	原法案第4條所定省府委員最高額15人，經立法院修正為11人，窒礙難行。（37/11/27）	未處理（因時局突變，情勢已非而成為懸案）。
2	臨時財產稅條例	1/2/18（37/11/09）	舉辦財產稅雖為開源良策，縱有種種困難，亦應力謀克服。惟現值軍事緊張之際，社會動盪之時，是否宜於即時開徵，似不無應行斟酌之處，窒礙難行。（37/12/04）	未處理（因時局突變，情勢已非而成為懸案）。
3	兵役法施行法修正案	1/13/37（43/08/06）	兵役法施行法第14條：「公立或已立案之私立高級中學及其同等以上學校畢業學生，依志願考選或應徵召受預備軍官教育或預備士官教育時，仍應准其參加升學深造各項考試，已錄取者並應准其準時離營就學；其已修完之軍職專長及服役比照本法第11條第2款規定辦理。但出國就學者，應於回國時補受預備士官或預備軍官教育」之規定，雖在便利學生升學留學，俾其深造，以期人才輩出，用意至善。然為貫徹服兵役義務平等之基本精神，建立公允之兵役制度，使役齡男子均能盡其對國家民族之神聖義務，以應當前反攻復國之迫切需要。權衡輕重，深感兵役法施行法第14條窒礙難行，似以免予列入為宜。（43/08/17）	兵役法施行法第14條不予維持，原第15條改為第14條，以下條次依次遞改。（43/11/23）
4	勞動基準法第84條條文修正案	1/85/47（79/07/17）	該修正條文雖可將公營事業機構公務員兼具勞工身分人員之退休、資遣、撫卹給與不平衡問題解決，惟修正內容規定將各種勞動條件事項均列為可擇優適用公務員法律或勞動基準法，將導致多項缺失，認為確屬窒礙難行。（79/10/02）	原決議不予維持。（79/10/17）

序號	法案名稱	通過會次及日期	移請覆議理由及日期	覆議結果
5	立法院組織法第18條條文修正案	1/90/23（82/01/15）	該修正條文增列第3項：「為確保立法權之行使得設專案小組，向行政院及其各部會調閱其所發布之命令及各種有關文件。」之規定，賦予立法院調查權，認為確屬窒礙難行。（82/01/28）	撤回。（82/10/01）
6	不贊同行政院核能政策要求廢止所有核能電廠興建案	3/1/15（85/05/24）	核四計畫為政府長期審慎評估所決定之重大經濟政策，為確保我國經濟持續發展，維護國家信譽及民眾之福祉，核四計畫確有其必要性，應予繼續推動，俾維持政府重大政策施政之一貫性。（85/06/12）	原決議不予維持。（85/10/18）
7	漢翔航空工業股份有限公司設置條例第9條條文修正案	3/3/25（86/05/23）	該修正案將造成(一)可能促使已民營化即將民營化之事業，其原不得適用民營條例相關規定之定期勞動契約人員，亦要求比照準用。以中工公司而言，該等人員即達1,300餘人，將造成極大負擔，或者爾後未民營化公司考量該修正條文可能造成之影響，採不續約決策，反將使定期契約人員面臨失業之困境。(二)可準用公營事業移轉民營條例第8條規定而享有相關權益，對於即將改制之國防部中科院、菸酒公賣局及中央健保局等，勢必產生要求比照準用之效應。而台鹽公司、中華電信公司等已改制者，亦可能要求追溯比照準用。如此。不僅影響各公營事業改制為公司組織之作業，亦將影響公營事業民營化之推動，勢將造成極大困擾，亦必增加國庫極大之負擔。(三)所需增加之經費初步估計當在23億元，經費甚為龐大，國防部實難以執行。(四)將對其他行政單位聘僱人員裁撤、資遣或單位轉型，以及行政機關聘僱人員產生不公平現象，且必循例要求比照，增加政府財政負擔等負面影響及窒礙難行。（86/06/12）	原決議失效。（逾期無法議決）。

序號	法案名稱	通過會次及日期	移請覆議理由及日期	覆議結果
8	財政收支劃分法第8條及第16條之1條文修正案。	4/6/13（91/01/17）	該修正案有下述窒礙難行之處：(一)本次立法院修正通過之修文，未明定施行日期，現已通過之91年度中央及各級地方政府預算，須全面配合辦理追加減預算。因相關作業繁複，難於短期內完成，將造成預算秩序之混亂，對於各級政府政務推動及國家整體經濟發展均有不利影響。(二)經以91年度各稅預算案資料設算，中央政府每年減少經常性收入1543億元，將面臨經常收支嚴重失衡，以後年度總預算難以編製之困境；另在目前中央財政亦屬困窘之情形下，中央勢須相對減列對地方之一般性及計畫型補助款1500億元，將造成已核定且尚在施工中之捷運等重大工程經費難以為繼，恐引起中央與地方政府間在後續經費負擔及造成工程延宕甚至停工責任之重大爭議。(三)另再就地方財政而言，91年度中央編列之一般性補助款1055億元及依「加值型及非加值型營業稅法」第10條第5項規定編列之120億元用以彌補中央統籌分配稅款損失之專案補助，將因配合本次修法辦理追加減預算而予刪除。對中央統籌分配稅款及一般性補助款恐將影響各該地方政府之施政。此外，修法後部分地方政府稅課收入縱使增加，然因中央財政狀況惡化及補助能力受限，將致目前推動中有利地方發展之重大建設延宕，且對以往仰賴中央大額補助款以支應基本需求及公共建設之縣（市）政府仍有不利影響。(四)至於修正條文第16條之1明定台北市、高雄市、縣（市）及鄉（鎮、市）之分配比例，將無法因應	原決議不予維持。（91/02/19）

序號	法案名稱	通過會次及日期	移請覆議理由及日期	覆議結果
			地方財政情勢之改變及直轄市、縣（市）及鄉（鎮、市）之改制與行政區域之調整，亦有不宜。(五)前述修正版本僅做第8條及第16條之1之修正，附表部分有關收入分配之規定並未對應修正，在法律適用上尚有疑義。（91/02/06）	
9	公民投票法	5/4/12（92/11/27）	部分條文確有窒礙難行之處，包括：(一)第16條有關立法院提案就重大政策交付公民投票之規定；(二)第2條第5項、第10條第2項、第3項、第12條第3項、第14條第2項、第3項、第33條第3項、第5章第34條至第38條、第55條有關公民投票審議委員會之規定；(三)第10條第2項、第3項與第14條第2項、第3項有甚多規定重複、牴觸，適用上有重大窒礙難行。（92/12/12）	原決議予以維持。（92/12/19）
10	319槍擊事件真相調查特別委員會條例	5/5/臨4（93/08/24）	全案確有窒礙難行之處，其理由如下：(一)第2條有關「319槍擊事件真相調查特別委員會」委員產生及本條例職權行使之規定部分：第2條規定，由各政黨按比例推薦組成之調查委員會，既非憲法所得行使相關權限之機關，形式上亦不隸屬行政院或監察院，卻又得行使第3條以下相關行政、監察及廣義司法機關之檢察官偵查權限，自已逾越五權憲法之架構。次查第7條以下規定由立法院各黨團推薦設立之真相調查委員會委員，所得行使之範圍，均屬行政、監察及廣義司法機關檢察官之偵查權限，顯已超越憲法所賦予立法院之立法權。另根據第17條規定：「本會成立前之各項籌備事宜，由立法院籌備辦理。」；第12條第1項規定：「本會對	原決議予以維持（93/09/14）

序號	法案名稱	通過會次及日期	移請覆議理由及日期	覆議結果
			於調查之事件，應於3個月內向立法院提出書面報告」，以致形式上，該委員會似隸屬立法院，形成立法機關兼行政機關（含監察機關）之現象，自與憲政精神不符。又該委員會委員所背負之政黨色彩，而為人所質疑，使委員會之調查工作淪為政府角力場所，縱然公布調查結果，恐也難為大多數國人所接受，其結果，不但無法查明真相，反有製造亂象之虞。(二)第8條第1項及第2項有關創設體制外檢察官偵查權限之規定部分：依據司法院釋字第392號解釋意涵，檢察機關為廣義司法機關，憲法第8條第1項所稱之「司法機關」包括檢察機關在內，因此檢察機關所得行使對人身自由之限制，係憲法保留事項，不能由法律創設一個非司法機關之真相調查委員會，來取代並行使檢察官之職權，顯然牴觸上開釋憲意旨，而有違憲之虞。(三)第8條第3項有關創設體制外調查、偵查、監察專屬權之規定部分：該規定無異「接管」所有與319槍擊案有關之調查案件，而總攬檢察機關之偵查權及其他行政機關及監察院之調查權，致與憲法體制不符。(四)第8條第4項有關不受其他法律限制之規定部分：嚴重違反法律明確性及正當法律程序等憲法原則。人民身體、自由及財產權之保障，將可能成為「真相調查」之犧牲品，國家安全亦恐置之不顧，此一違反憲法上正當法律程序原則之條文，將與民主法治精神相左。(五)第13條第3項有關侵害審判權之規定部分：企圖以「調查委員會」之調查結論改變法院確定判決之結果，已嚴	

序號	法案名稱	通過會次及日期	移請覆議理由及日期	覆議結果
			重侵蝕司法獨立之憲法基本原則，背離法治之精神。(六)本條例創設「319槍擊事件真相調查特別委員會」，其組成及職權行使，嚴重侵犯行政、司法及監察權，且明顯違反我國憲法權力分立、法律明確性及法律程序等原則，全案確有重大窒礙難行。（93/09/02）	
11	農會法第46條之1條文（原通過法案為農會法第25條及第46條之1條文修正案）	6/5/12（96/05/11）	該條修正條文確有窒礙難行之處的理由如下：(一)為使農會經營體制更加健全，並及時排除不適任之選任、聘僱人員的機制。民國77年6月24日增訂該條文，規定涉嫌犯相關罪行經提起公訴者，即應予停止職權，並於判決確定時，解除職務，此次修正較前修正更為寬鬆，顯已悖離杜絕黑金、改革農會初衷。(二)本次修正將使有案在身或有犯罪意圖之選任及聘僱人員更加有恃無恐，在現行農會組織財務尚未穩固之情形下，一旦發生掏空及其他不法行為情事，不僅農會組織及形象受害，亦必波及無辜農民，甚且須耗費全國國民之稅收挹注，徒然浪費社會資源，引發社會不安。(三)農會選任及聘僱人員之廉潔，不因其為人民團體而與一般公務人員有所差別，有鑑於公務員涉及貪污案件、圖謀不法利益、違抗政府重大政令、執行國家政策不力或怠忽職責等情事，雖未經法院判決，即可依公務員考績法一次記二大過免職，而農會之選任及聘僱人員攸關農會發展與農民福祉，自不應放寬現行規定，違逆社會反黑金之期待。（96/05/31）	原決議予以維持。（96/06/12）

序號	法案名稱	通過會次及日期	移請覆議理由及日期	覆議結果
12	漁會法第49條之1條文（原通過法案為漁會法第26條及第49條之1條文修正案）	6/5/12（96/05/11）	該條修正條文確有窒礙難行之處的理由如下：(一)為使漁會經營體制更加健全，並及時排除不適任之選任、聘僱人員的機制。民國77年6月24日增訂該條文，規定涉嫌犯相關罪行經提起公訴者，即應予停止職權，並於判決確定時，解除職務，此次修正較前修正更為寬鬆，顯已悖離杜絕黑金、改革漁會初衷。(二)本次修正將使有案在身或有犯罪意圖之選任及聘僱人員更加有恃無恐，在現行漁會組織財務尚未穩固之情形下，一旦發生掏空及其他不法行為情事，不僅漁會組織及形象受害，亦必波及無辜漁民，甚且須耗費全國國民之稅收挹注，徒然浪費社會資源，引發社會不安。(三)漁會選任及聘僱人員之廉潔，不因其為人民團體而與一般公務人員有所差別，有鑑於公務員涉及貪污案件、圖謀不法利益、違抗政府重大政令、執行國家政策不力或怠忽職責等情事，雖未經法院判決，即可依公務員考績法一次記二大過免職，而漁會之選任及聘僱人員攸關漁會發展與漁民福祉，自不應放寬現行規定，違逆社會反黑金之期待。（96/5/31）	原決議予以維持。（96/06/12）
13	會計法第99條之1條文	8/3/15（102/05/31）	該修正條文確有窒礙難行之處，理由如下：(一)有關該條增列第2項，各民意機關支用業務費等不罰，而第3項僅列研究人員等意圖為自己或第三人所有非關研究執行之財物，不適用不罰規定乙節，基於民意代表不當使用業務費等不罰的標準，應該與教職員、研究人員等相同，亦即應有公款公用、公款私用之區隔，其如公款私用應亦不適用不罰規定，	原決議不予維持。（102/06/13）

序號	法案名稱	通過會次及日期	移請覆議理由及日期	覆議結果
			否則將違反平等原則。(二)另所增列第2項支用研究計畫費不罰人員之範圍，依立法委員提案各版本之條文及說明，均含「教授」在內，惟三讀法條文字「各大專院校職員」疏漏「教」字，有欠明確及恐執行產生爭議。（102/06/11）	
14	地政士法第51條之1條文（原通過法案為地政士法第11條、第51條之1及第59條條文修正案）	8/4/17（103/01/03）	第51條之1修正條文，增列限期改正條文，放寬對地政士逾期申報登錄或不實申報登錄之處罰規定，有影響不動產實價登錄制度之處，提請覆議。至於修正條文第59條第4項後段，有關第51條之1自公布日後3個月施行之規定，於修正條文第51條之1因覆議通過而失效後，已無適用之餘地，尚無窒礙難行之處，將於未來提案修正地政士法時，刪除修正條文第59條第4項後段規定。（103/01/21）	原決議不予維持。（103/01/28）
15	「立法院職權行使法」部分條文	11/1/15（113/05/28）	全案確有窒礙難行之處，建請覆議，理由如下： (一)本院依法行政；法律案違反憲法，對於本院而言，即有窒礙難行之處 1.本院基於憲法第23條等規定之法治國原則要求，依法行政；在此所謂「法」，自亦包括憲法在內。因此，貴院決議之法律案倘屬違反憲法，本院即難以執行；否則將有背離依法行政之疑慮。易言之，違反憲法之法律案，對本院而言，即憲法增修條文第3條第2項第2款規定所稱之「窒礙難行」。 2.又法律案違反憲法，原不限於法律案中條文內容之違憲；其條文制定	原決議予以維持。（113/06/21）

序號	法案名稱	通過會次及日期	移請覆議理由及日期	覆議結果
			或修正之程序具嚴重瑕疵，同有違憲之可能。是法律案之立法程序或條文內容，如違反憲法，對本院而言，皆有窒礙難行之處。 3.綜上，鑑於貴院通過之立職法修正條文，無論立法程序，抑或條文內容，如下列各點所陳，皆有牴觸憲法之處，其為窒礙難行，當可確認。 (二)貴院就立職法修正條文之審議程序不符民主原則，具有明顯重大瑕疵 1.民主議事程序除以多數決外，亦應尊重及保護少數，始符合憲法第1條民主國原則中之少數保護原則。貴院於委員會、黨團協商及院會審議時，均未經實質審議及討論，且限制持反對意見委員充分發表、辯護其意見及對多數意見提出批評之機會，已悖離上開「民主議事程序應尊重及保護少數」原則，而有「決而未議」之程序瑕疵，違反憲法第63條規定，難認為已具備「法律」之基本成立要件。 2.貴院之審議程序既不符民主原則，而具有明顯重大瑕疵，則所通過旨揭修正條文之全部，難認已具備「法律」之基本成立要件：本院基於憲政機關須「依法行政」之立場，執行上即有窒礙。	

序號	法案名稱	通過會次及日期	移請覆議理由及日期	覆議結果
			3.另貴院院會採行舉手表決，由表決結果之呈現，人民無從得知各出席委員之決定，亦有礙人民對於民意代表政治責任之審視，而與憲法上民主政治即責任政治之精神有違，併此敘明。 (三)總統進行國情報告相關規定違反憲法 1.憲法並未課予總統赴立法院進行國情報告義務：憲法增修條文第4條第3項規定並無課予總統定期為國情報告義務之意。立職法修正條文第15條之1及第15條之2第1項分別規定總統應定期或不定期赴立法院進行國情報告，頻繁之國情報告將妨礙總統日常政務之行使，且國情報告之時程及內容恐與行政院院長進行施政報告重疊，除引發權限爭議外，亦造成政務、議事執行之窒礙。 2.立法委員並無質詢總統之憲法權力 (1)立職法修正條文第15條之4第2項及第3項規定立法委員口頭提問時，總統應依序即時回答，書面問題總統應於7日內以書面回覆，已屬「質詢」總統之規定。按總統為國家元首，對外代表中華民國，對內統率全國陸海空軍，並有任免官員、授與榮典與赦免等重要職權，以及享有國家機	

序號	法案名稱	通過會次及日期	移請覆議理由及日期	覆議結果
			密、刑事豁免等特權，與一般行政首長之地位不同，不應將民意機關對一般行政首長之質詢權套用於總統上。 (2)總統由全國人民直選產生，與立法委員各自具有民意基礎及民主正當性；總統直接對人民負責，不對立法院負責。至於對立法院負責者，則係由總統任命行政院院長，並由行政院院長率領之行政院團隊，依憲法規定之方式為之。上開立職法修正條文之規定，勢將造成總統國情報告及行政院院長施政報告後，均由立法委員質詢之重疊與衝突現象，紊亂憲法所定行政權之分工，以及行政權對立法權負責之權力分立與制衡之設計。 (3)民國85年總統由人民直選產生前，總統係由國民大會間接選舉產生，國民大會代表於總統進行國情報告時，尚不得發問、中斷；則在今日總統由人民直選產生，並不對立法院負責之現行憲法制度下，立法院自無對總統發問或中斷發言之理。89年修憲後，國民大會聽取總統國情報告之職權移由立法院行使；立法院既承繼國民大會之職權，自無承繼之職權超過原職權之理。	

序號	法案名稱	通過會次及日期	移請覆議理由及日期	覆議結果
			(四)質詢權、調查權、聽證之行使既違反權力分立原則，且侵害人民基本權利 1.違反權力分立原則 　(1)立職法修正條文第45條第1項及第2項、第47條第1項及第2項、第59條之3第1項規定立法院行使調查權、調閱權及舉行聽證會時，得要求政府機關、部隊提供文件資料、出席提供證言、表達意見及接受詢問；然立法院調查之範圍擴及至「對相關議案或與立法委員職權相關之事項」，與司法院釋字第585號及第729號解釋意旨均有不符。又啟動調查之目的如係清查政府弊案，則屬監察院或司法機關之職權範圍。 　(2)依司法院釋字第325號及第585號解釋，向有關機關「調閱文件原本」或要求與調查事項相關之人民或政府人員「陳述證言或表示意見」，均須經立法院院會決議始得為之；立職法修正條文第45條第1項、第2項及第47條第1項、第2項有關由調查專案小組行使調查權之組織及程序，與上開司法院解釋未符。	

序號	法案名稱	通過會次及日期	移請覆議理由及日期	覆議結果
			(3)立職法修正條文第25條第2項、第50條之1第5項所定拒絕答復、拒絕證言或拒絕提供文件資料之事由與「須經主席同意」之要件、第59條之5第1項所定拒絕證言或表達意見事由,未包括國家機關獨立行使職權受憲法之保障者、行政首長之行政特權及檢察機關之偵查卷證等,以及第47條第1項未明定拒絕調查事由,均與司法院釋字第325號、第585號及第729號解釋意旨不符,而違反權力分立原則。此外,第25條第2項及第50條之1第5項又將該等拒絕事由之認定全權交由主席判斷,將造成被質詢人及受調查者陷於應會議主席要求回答而違反保密義務,以及未依會議主席要求回答而被移送彈劾、懲戒或裁處行政罰之義務衝突。 2.違反比例原則及正當法律程序,而侵害人民基本權利 (1)立職法修正條文第45條第1項及第2項、第47條第1項及第2項、第59條之3第1項均規定立法院得要求法人、團體或社會上有關係人員提供文件資料、出席提供證言、表達意見及接受詢問;然而立法院究係	

序號	法案名稱	通過會次及日期	移請覆議理由及日期	覆議結果
			行使何種憲法職權，必須強制人民配合，實有未明。即使立法院調查之目的具有合憲性，強制調查亦具合目的性，惟不區分調查事由及目的（例如立法準備之調查、行政監督之調查、政府弊端之調查等），一律課予人民強制接受調查之義務，難謂已屬最小之侵害手段，亦難以衡量強制調查人民之手段與所欲達成目的之公共利益是否相當。此外，條文未就調查該「法人、團體或社會上有關係人員」之要件及範圍（例如該人員與立法院相關憲法職權之行使存有重要關聯、對該人員調查存有重大意義之公共利益等）予以限縮，亦將造成一般人民隨時處於可能被立法院要求提供資料、出席作證之地位。凡此，均有恣意調查、違反比例原則之虞。 (2)立職法修正條文第50條之1第5項、第50條之2、第59條之4均規定拒絕證言或交付文件、協同律師到場協助「須經主席同意」，已違反司法院釋字第585號解釋所示應提供被調查者正當法律程序保障，包括准許受調查人員接受法律協助、准許	

序號	法案名稱	通過會次及日期	移請覆議理由及日期	覆議結果
			合理之拒絕調查、拒絕證言、拒絕提供應秘密之文件資訊等之旨。另立職法修正條文第50條之1第5項所定得拒絕證言或交付文件之事由，較第4項所準用行政訴訟法規定拒絕證言事由限縮，導致拒絕證言事由前後不一，而生適用上之矛盾。 (五)人事同意權之行使恐導致憲法、法定機關職權行使產生窒礙，且與比例原則及正當法律程序不符 1.立職法修正條文第29條第3項規定人事同意權案交付全院委員會或相關委員會審查，自交付審查之日起，期間不得少於1個月；然未規定審查之最長期間。過長之審查期，將影響相關憲法、法定機關之組成及重要職位懸缺，導致法定職權之行使產生窒礙。 2.立職法修正條文第29條之1第3項及第30條第3項規定被提名人應提出結文或具結，第30條之1第2項則規定其罰責。惟被提名人既尚未通過同意及任命，不具有公職身分，其於書面答復或列席說明時有答復不實、隱匿資料或提供虛偽資料情事者，立法院應以不同意任命即為已足。又被提名人僅為政府重要職位之可能人選，其經邀請擔任國家重要職位，而於立法院審查時	

序號	法案名稱	通過會次及日期	移請覆議理由及日期	覆議結果
			卻被課予具結義務及裁罰，形同將其視為一般有作證義務之證人，顯屬地位錯置，且處置失衡，完全不符比例原則。 3.立法院依憲法或法律行使人事同意權時，各該被提名人並非均為熟稔法律者。故於命被提名人提出結文或具結時，亦應充分告知其權利義務及違反之法律效果，並得協同律師或相關專業人員協助；惟上開條文均無相關規範，實不符正當法律程序。 (六)妨礙立法委員行使質詢權、調查權及舉行聽證會時之處罰規定，有違法律明確性原則、正當法律程序及比例原則 1.違反法律明確性原則 (1)立職法修正條文第25條第1項及第2項規定，質詢之答復，不得超過質詢範圍之外，並不得反質詢；除為避免國防、外交明顯立即之危害或依法應秘密之事項者並經主席同意者外，不得拒絕答復、拒絕提供資料、隱匿資訊、虛偽答復或有其他藐視國會之行為。第5項、第6項則規定被質詢人違反上開質詢相關行為規範者，處2萬元以上20萬元以下罰鍰，並得按次連續課處罰鍰；第9項規定政府人員於立法院受質詢時，為虛偽	

序號	法案名稱	通過會次及日期	移請覆議理由及日期	覆議結果
			陳述者，依法追訴其刑事責任。惟第25條第1項所定「質詢之答復不得超過質詢範圍之外」、「反質詢」及第2項所定「隱匿資訊」、「其他藐視國會之行為」等，構成要件並不明確，實務執行上恐因主觀上認知或政治立場不同而有不同定義，認定容易流於恣意，亦未能使受規範者預見其何種作為或不作為構成義務之違反，以及所應受之處罰為何。又實務上質詢事項眾多，未必皆與事實釐清或證明有關，更常充滿主觀認知、期待、訴求等涉及價值判斷之言詞，且質詢內容亦可能屬正在進行中之事件，或基於錯誤之資訊而來者；此種情形，如何認定政府人員之答詢係屬第2項或第9項所定之「虛偽答復」或「虛偽陳述」，而應課予處罰，除有違反法律明確性原則外，執行上亦易生爭議。 (2)國會質詢制度乃責任政治之具體表現，與國會調查權制度有別。政府人員答詢內容不當，應依其身分，分別負行政責任或政治責任，始符合目前民主國家之政治與法律制度。修正條文逕予處罰相繩，有欠公平合理。	

序號	法案名稱	通過會次及日期	移請覆議理由及日期	覆議結果
			2. 違反正當法律程序 (1)立職法修正條文第50條之2、第59條之4規定接受調查詢問之人員，須「經主席同意」與「於必要時」始得協同律師或相關專業人員到場協助，削弱被調查人透過專業協助辦識其是否得予拒絕之能力；況擔任會議主席之立法委員為求調查目的之達成，能否衡平考量立法院職權之行使與個人權益之保護，亦顯有疑慮。 (2)另立職法修正條文第25條第5項及第59條之5第6項未規定具結程序即課予罰鍰，不能保障受處分人確實明瞭相應法律責任，有違正當法律程序（民事訴訟法第367條之2第1項規定參照）。 3. 違反比例原則：依司法院釋字第585號解釋，立法院行使調查權所附屬之強制權力，應以科處罰鍰為限。立職法修正條文第25條第9項、第59條之5第5項對政府人員受質詢及出席聽證會為證言時為虛偽陳述，除予行政罰外，復依法追訴其刑事責任，已逾越上開解釋意旨所揭示之合理手段。 4. 在各種藐視國會行為之處罰構成要件不明確，受規範者不具處罰可預見性，且正當法律程序	

序號	法案名稱	通過會次及日期	移請覆議理由及日期	覆議結果
			均有欠缺之情況下，立職法修正條文第25條第5項、第6項、第48條第2項、第59條之5第2項、第6項所定罰責，執行上均有窒礙。即令受處分者有司法救濟之途徑，審判機關亦難合理判斷，徒使政治紛擾延伸至司法機關，權利保障之功能無從發揮。（113/06/11）	
16	「中華民國刑法」第5章之1章名及第141條之1條文	11/1/15（113/05/28）	增訂「中華民國刑法」（以下簡稱刑法）第5章之1章名及第141條之1條文，確有窒礙難行之處，建請覆議，理由如下： (一)本院依法行政；法律案違反憲法，對於本院而言，即有窒礙難行之處 1.本院基於憲法第23條等規定之法治國原則要求，依法行政；在此所謂「法」，自亦包括憲法在內。因此，貴院決議之法律案倘屬違反憲法，本院即難以執行；否則將有背離依法行政之疑慮。易言之，違反憲法之法律案，對本院而言，即憲法增修條文第3條第2項第2款規定所稱之「窒礙難行」。 2.又法律案違反憲法，原不限於法律案中條文內容之違憲；其條文制定或修正之程序具嚴重瑕疵，同有違憲之可能。是法律案之立法程序或條文內容，如違反憲法，對本院而言，皆有窒礙難行之處。 3.綜上，鑑於貴院通過增訂之刑法第5章之1章名及第141條之1條文，	原決議予以維持。（113/06/21）

序號	法案名稱	通過會次及日期	移請覆議理由及日期	覆議結果
			無論立法程序，抑或條文內容，如下列各點所陳，皆有牴觸憲法之處，其為窒礙難行，當可確認。 (二)貴院就增訂刑法第5章之1章名及第141條之1條文之審議程序不符民主原則，具有明顯重大瑕疵 　1.民主議事程序除以多數決外，亦應尊重及保護少數，始符合憲法第1條民主國原則中之少數保護原則。貴院於委員會、黨團協商及院會審議時，均未經實質審議及討論，且限制持反對意見委員充分發表、辯護其意見及對多數意見提出批評之機會，已悖離上開「民主議事程序應尊重及保護少數」原則，而有「決而未議」之程序瑕疵，違反憲法第63條規定，難認為已具備「法律」之基本成立要件。 　2.貴院之審議程序既不符民主原則，而具有明顯重大瑕疵，則所通過旨揭章名及修正條文，難認已具備「法律」之基本成立要件；本院基於憲政機關須「依法行政」之立場，執行上即有窒礙。 　3.另貴院院會採行舉手表決，由表決結果之呈現，人民無從得知各出席委員之決定，亦有礙人民對於民意代表政治責任之審視，而與憲法上民主政治即責任政治之精神有違，併此敘明。	

序號	法案名稱	通過會次及日期	移請覆議理由及日期	覆議結果
			(三)藐視國會罪之規定，有違法律明確性原則、正當法律程序及比例原則 1.違反法律明確性原則 　(1)刑法第141條之1規定，公務員於立法院聽證或受質詢時，就其所知之重要關係事項，為虛偽陳述者，處1年以下有期徒刑、拘役或20萬元以下罰金；惟「就其所知之重要關係事項」、「為虛偽陳述」之定義並不明確。實務上質詢事項眾多，未必皆與事實釐清或證明有關，更常充滿主觀認知、期待、訴求等涉及價值判斷之言詞，則「就其所知之重要關係事項」究應如何界定；且質詢內容亦可能屬正在進行中之事件，或基於錯誤之資訊而來者。此種情形，如何認定公務員之答詢係屬就其所知之重要關係事項為虛偽陳述，而應課予刑事處罰，除有違反法律明確性原則外，執行上亦易生爭議。 　(2)國會質詢制度乃責任政治之具體表現，與國會調查權制度有別。公務員答詢內容不當，應依其身分，分別負行政責任或政治責任，始符合目前民主國家之政治與法律制度。修正條文逕予刑事處罰相繩，有欠公平合理。	

序號	法案名稱	通過會次及日期	移請覆議理由及日期	覆議結果
			2. 違反正當法律程序：刑法第141條之1未規定具結程序即課予刑事處罰，不能保障公務員確實明瞭相應法律責任，有違正當法律程序。 3. 違反比例原則：依司法院釋字第585號解釋，立法院行使調查權所附屬之強制權力，應以科處罰鍰為限。刑法第141條之1對公務員受質詢及出席聽證會時為虛偽陳述，課以刑事處罰，已逾越上開解釋意旨所揭示之合理手段。 4. 在藐視國會罪之處罰構成要件不明確，受規範者不具處罰可預見性，且正當法律程序均有欠缺之情況下，刑法第141條之1所定罰責，執行上確有窒礙。即令受處分者有訴訟保障之途徑，偵查及審判機關亦難合理判斷，徒使政治紛擾延伸至司法機關，司法權無從正常發揮權利保障之功能可知。 （113/06/11）	

　　依表6-2觀之，行政院移請立法院的16件覆議案，其中15件為法律案，1件為不贊同行政院核能政策要求廢止所有核能電廠興建案，尚無預算案及條約案的覆議前例；而15件法律案各案為(1)省政府組織法第4條條文；(2)臨時財產稅條例；(3)兵役法施行法第14條條文；(4)勞動基準法第84條條文；(5)立法院組織法第18條條文；(6)漢翔航空工業股份有限公司設置條例第9條條文；(7)財政收支劃分法第8條及第16條之1條文；(8)公民投票法部分條文；(9)319槍擊事件真相調查特別委員會條例；(10)農會法第46條之1條文；(11)漁會法第49條之1條文；(12)會計法第99條之1條文；(13)地政士法第51條之1條文；(14)立法院職權

行使法部分條文及(15)中華民國刑法第5章之1章名及第141條之1條文。除公民投票法部分條文、319槍擊事件真相調查特別委員會條例、農會法第46條之1條文、漁會法第49條之1條文、立法院職權行使法部分條文、中華民國刑法第5章之1章名及第141條之1條文等6件覆議案未能成功外,其餘均覆議成功。上述法律案第1案及第2案因時局突變,情勢已非而成為懸案;第3案及第4案贊成維持原決議者均未達憲法所定2/3人數而不予維持;第5案由行政院撤回[39];第6案依憲法增修條文規定逾期未予議決而失效[40];第7案、第12案及第13案贊成維持原決議者未達憲法增修條文所定全體1/2以上人數而不予維持;第8案至第11案、第14案及第15案贊成維持原決議者超過憲法增修條文所定全體1/2以上人數而維持原決議。至於變更核能政策覆議案,贊成維持原決議者亦未達憲法所定2/3人數而不予維持。

就實務以觀,我國行憲80多年以來,行政院僅向立法院提出16件覆議案;而自民國89年5月政黨輪替後,則提出9件。探究其因,主要為政黨輪替前執政黨在立法院長期擁有過半席次所致;且在分立政府之下,行政院則勇於提出覆議案,如第4屆、第5屆及第11屆,共計5件。

關於覆議案第15案及第16案之覆議理由(二)中所指民主議事程序除以多數決外,亦應尊重及保護少數,始符合憲法第1條民主國原則中之少數保護原則。立法院於委員會、黨團協商及院會審議時,均未經實質審議及討論,且限制持反對意見委員充分發表、辯護其意見及對多數意見提出批評之機會,已悖離上開「民主議事程序應尊重及保護少數」原則,而有「決而未議」之程序瑕疵,違反憲法第63條規定,難認為已具備「法律」之基本成立要件。前述理

---

39 立法院可否行使調查權,因有委員洪奇昌及陳水扁等提請司法院大法官會議解釋之聲請案,經朝野協商同意大法官會議解釋後再予處理該覆議案。司法院於民國82年7月23日議決釋字第325解釋,在解釋文中略謂:「立法院得經院會或委員會之決議,要求有關機關就議案涉及事項提供參考資料,必要時並得經院會決議調閱文件原本,受要求之機關非依法律規定或其他正當理由不得拒絕,但國家機關獨立行使職權受憲法之保障者,立法院對之行使文件調閱權,須受限制。」行政院基於司法院大法官會議對憲法之解釋,其效力等同於憲法,行政及立法部門均應予尊重,且大法官會議既已確認立法院有調閱權並敘明其行使之條件及方式,所送之覆議案已無討論實益等理由,乃於同年9月23日函請立法院撤回該覆議案。立法院將行政院移請覆議案及撤回函,併提同年10月1日第2屆第2會期第2次會議,經併案決定:「行政院函請覆議立法院通過之立法院組織法第18條修正條文案准予撤回,並咨請總統公布該條文。」

40 行政院於民國86年6月12日將該案移請立法院覆議,適值立法院休會而暫未處理。嗣因國民大會於同年7月18日通過增修條文,其中第3條對於覆議權的行使另作不同規定。該覆議案是否照原憲法規定抑或照增修條文處理,立即引起多方關注。嗣經立法院依「程序從新原則」,按增修條文的規定處理。相關處理經過,參閱古登美、沈中元、周萬來:《立法理論與實務》,修訂4版,台北:國立空中大學,民國94年1月,495-497頁。

由，除已背離窒礙難行涵義，更對國會立法程序刻意扭曲，實有加以辯正的必要。

經查議事規範如何踐行係屬國會內部事項，立法院職權行使法之立法程序，是否有違民主原則，具有明顯重大瑕疵，基於憲政機關平等相維體制，行政院本無置喙餘地；復依憲法增修條文第3條第2項第2款「行政院對於立法院決議之法律案、預算案、條約案，如認為有窒礙難行時，得經總統之核可，於該決議案送達行政院10日內，移請立法院覆議。」中所指「窒礙難行」與前述職權運作亦有所扞格。為釐清該法立法過程之爭議，就國會自律原則及其爭點說明如下：

一、國會自律原則

國會自律權始自英國的「國會特權」概念，後來並演變出法國「議會獨立」制度，其中各國咸認賦予議會憲法權限範圍內之規則自律權，以自行訂定議會運作之各項原則、決定固有事務之處理方式最為重要。美國國會認為國會自訂議事規則係國會源於憲法的固有權力，國會兩院有權決定自己的議事規則，參議院除了議決修正議事規則外，亦得採取變通方式，在不修正規則的情形下，由國會多數成員透過對規則的重新解釋，建立先例，實質變更議事規則。國會自律權的重要性日增，以議事規則為中心的議事自律權更為立法院與其他機關之權力平衡關鍵。過去以來即因議事規則訂定或適用屢生爭議，故而累積相關之憲法解釋[41]。學者李建良將國會自律定義為「國會得自主且獨立決定與議事有關的一切事項，不受其他國家機關的干涉」[42]，司法院許宗力院長認為「國會自治」或「國會議事自治」乃國會自行以內規方式訂定議事規則，即表示國會得自主且獨立地決定議事規則之內容，如議事日程如何安排、議案究應以二讀或三讀會議決之、如何決定發言次序、發言時間之長短、以何方式表決、如何行使質詢權與同意權等，皆由國會自行決定，無其他國家機關置喙餘地[43]。從而，有關立法院議事規範部分之踐行，爭議事實之調查及議事杯葛

---

[41] 羅傳賢、朱蔚菁，〈分權原理下國會自律權之範圍與限制〉，軍法專刊，15卷，4期，民國93年4月，1-2頁。

[42] 李建良，〈國會議員言論免責權之理論與實務〉，法令月刊，51卷，10期，民國89年10月，186頁。

[43] 許宗力，〈國會議事規則與議事自治〉，收錄於許宗力：《法與國家權力》，台北：元照出版公司，民國88年10月，304頁。

造成議事程序之無法遂行，依大法官歷來之解釋及決議，均屬國會自律之內部事項[44]。

　　本法審議過程中停止討論、舉手表決、清點人數等所謂的立法審議程序爭議，均屬國會內部議事規範，且爲立法院實務往例所採，並非釋憲機關審查之對象。退萬步言，該等程序縱有瑕疵疑義，亦係因議事杯葛所造成，依大法官上開決議所示，係屬踐行國會內部事項，並非明顯牴觸憲法之重大瑕疵。又該等審議程序事項均已詳載議事錄，且民進黨黨團對該議事錄並未提出任何異議，亦經立法院院會確認在案[45]。

二、立法院職權行使法審議程序是否違憲之相關爭議

(一) 未經委員會逐條實質審查即逕付二讀通過法案是否即屬違憲

　　本書第5章對於法案審議，業已提及立法院職權行使法第8條第2項規定，法案除交付相關委員會審查外，亦可由院會逕付二讀。此外，院會甚至有將議案自委員會抽出，即所謂中止委員會審查，逕付二讀者。民進黨黨團對此議事運作，亦屢次爲之，操之熟練。以此次「立法院職權行使法部分條文修正草案」爲例，民進黨黨團也於民國113年4月26日第11屆第1會期第11次會議將該案抽出，逕付二讀，惟經表決結果不予通過[46]。行政院卻以此指責不尊重少數保護原則而有程序瑕疵，然議案是否排入院會議事日程，須經由程序委員會審定或院會決定，如須合併討論，除其性質須相同者外，仍有斟酌之空間，並非

---

44 議事規範如何踐行係國會內部事項。依權力分立之原則，行政、司法或其他國家機關均應予以尊重，學理上稱之爲國會自律或國會自治。各國國會之議事規範，除成文規則外，尚包括各種不成文規例，於適用之際，且得依其決議予以變通，而由作此主張之議員或其所屬政黨自行負擔政治上之責任。立法院行使職權之程序，憲法雖未詳加規定，惟其審議法律案，須依議事規範爲之，而議事規範係由立法院組織法、議事規則及議事慣例等構成，與一般民主憲政國家國會所享有之自律權，並無二致。立法院於審議法律案過程中，曾否踐行其議事規範所定程序乃其內部事項，除牴觸憲法者外，屬於議會依自律原則應自行認定之範圍，並非釋憲機關審查之對象。若爲調查事實而傳喚立場不同之立法委員出庭陳述，無異將政治議題之爭議，移轉於司法機關，亦與憲法第73條之意旨有違，應依議會自律原則，仍由立法院自行認定之（釋字342號解釋）；第6屆監察院人事同意權案原定審查會議程，因議事杯葛，致無法進行被提名人之說明及詢答，全院委員會爰於7月16日下午表決通過，本案停止說明及詢答，並作成系爭決議一（立法院公報第109卷第52期院會紀錄第358頁至第359頁參照），嗣於翌日依既定議程作成系爭決議二。是系爭決議一及二均係屬議事規範之踐行屬國會內部事項，其尚無明顯牴觸憲法之重大瑕疵，依國會自律原則，釋憲機關自應予以尊重（109年度憲一字第5號決議）。

45 參閱立法院第11屆第1會期第14次及第15次會議議事錄，2頁。

46 參閱立法院公報，113卷，31期，民國113年5月9日，41-43頁。

當然必須合併討論。準此，少數黨黨團及其所屬委員所擬之法律草案，得否併案討論，或進入院會逐條討論，此乃院會處理法案之職權而非義務，併予敘明。

就立法實務以觀，各會期處理法案逕付二讀不乏其例，如較受外界關注的總統副總統選舉罷免法制定案[47]、公民投票法部分條文修正案[48]及反滲透法制定案[49]均為顯例。本案經由院會交付委員會審查，提報院會二讀審議前，在民國113年3月21日曾就「中華民國總統至立法院進行國情報告及詢答模式之建議」舉行專題報告，同年4月3日、10日及11日召開三次公聽會，同年4月1日及4月15日進行審查，亦於同年5月8日、13日及16日交由黨團協商。前述逕付二讀相關法案既符合國會立法程序而無違憲疑慮，卻於覆議理由指責本案於立法院委員會及黨團協商未實質討論，難認具備法律之基本成立要件，豈非荒謬。因此，違憲一說，實屬狡辯之詞。

(二) 本案未經黨團實質協商或未經院長召集協商得否定期處理

立法院職權行使法第12章黨團協商專章僅係程序性規定，除於同法第71條明定黨團協商經各黨團代表達成共識後，應即簽名，作成協商結論，及同法第71條之1規定，議案自交黨團協商逾1個月無法達成共識者，由院會定期處理外，並無規定黨團協商必須進行實質性協商後，始能處理。如立法院第9屆第1會期黨團協商會議紀錄（民國105年5月3日），主席（蘇嘉全）表示黨團協商通知沒有特別規定發出時間，在這1個月的期間內，只要發過1次通知，就算沒有人出席，視為無法達成共識，即可按照立法院職權行使法第71條之1的規定處理。實務上不乏其例，如委員蔣絜安等26人擬具「公民投票法部分條文修正草案」，於民國108年5月17日逕付二讀，並由民進黨黨團負責召集協商，該黨團未召集協商，請院長召集協商，院長於同年6月17日召集黨團協商會議，無協商結論，同日主席（蘇嘉全）宣告：「……報告院會，因協商已逾1個月，無法達成共識，依立法院職權行使法第71條之1規定，由院會定期處

---

47 參閱立法院公報，84卷，45期，民國84年7月15日，30頁。
48 參閱立法院公報，108卷，53期，民國108年6月11日，132頁。
49 參閱立法院公報，108卷，98(上)期，民國108年12月17日，1頁。

理⋯⋯。」完成三讀[50]。

前述黨團協商之類型有二種，一為院長召集之黨團協商，一為黨團召集之黨團協商。前者係任意規定，即由院長或各黨團依其意願請求院長召集，所以院長是否接受該請求有一定之「裁量權」，而後者則為強制規定，即負責召集之黨團「有義務」必須依法召集[51]。復查該法第71條之1規定：「議案自交黨團協商逾1個月無法達成共識者，由院會定期處理。」即本條有關冷凍期之限制，係適用於「議案交黨團協商者」，即同法第70條之規定，而同法第68條規定係「請求」而非「交付」黨團協商，自不適用之。如委員蔡易餘等16人擬具「會計法第99條之1條文修正草案」案，於民國111年4月22日交付黨團協商，民進黨黨團（沈發惠委員）負責召集協商，於同年5月20日召集黨團協商會議，因各黨團代表有未出席者，無協商結論，民進黨黨團保留送院會協商，院長並未再召集協商，該案列入同年5月30日院會討論事項，主席（蔡其昌）宣告：「⋯⋯報告院會，因協商已逾1個月，無法達成共識，依立法院職權行使法第71條之1規定，由院會定期處理⋯⋯。」完成三讀，即為顯例[52]。綜合而言，黨團協商會議僅係進行黨團協商交換意見的平台，黨團協商成會與否，本就存在不確定因素。縱使成會，只要黨團代表中間退出協商，甚至會後撤簽黨團協商結論，均屬各黨團的合法權限[53]。所謂黨團協商時應進行法律案的逐條討論，已為不成文之慣例成規，而構成立法院議事規範之一部分，實屬刻意誤導之詞。

本案於民國113年4月17日交付黨團協商，經國民黨黨團於同年5月8日召集黨團協商會議，無協商結論。民國113年5月17日已逾1個月，縱因故無法進行實質協商，立法院院會仍得依法定期處理，無須院長再召集黨團協商會議；惟院長為求議事和諧，仍接受民進黨黨團提議，於同年5月16日召集黨團協商會議。但因根本無任何協商空間，立法院乃於同年5月17日定期處理本案，完全

---

50 參閱立法院公報，108卷，63期，民國108年7月3日，11頁。

51 參酌立法院職權行使法第70條立法理由（民國88年1月12日）：「第1項明定法案進行協商時，由負責召集之黨團盡通知之義務，黨團代表並須依黨鞭之書面簽名指派。」參閱院總第23號，委員提案第2359號立法院議案關係文書，3-20頁。

52 參閱立法院公報，111卷，83期，民國111年6月21日，411頁；111卷，81期，民國111年6月17日，200頁。

53 參閱何弘光，〈立法院黨團協商制度之法制與實務〉，國會月刊，49卷，4期，民國110年12月，73-76頁；另有關會後撤簽黨團協商結論，民眾黨黨團於民國113年7月15日撤簽「新住民權益保障法草案」即為顯例，參閱中央社，民國113年7月15日記者陳俊華、王揚宇台北15日電。

符合立法院職權行使法第71條之1規定，即可由院會定期處理，亦與實務做法相符，自不得因重複請求院長召集黨團協商而有所影響。

(三) 未進行實質討論得否停止討論

立法院議事規則第33條規定：「主席對於議案之討論，認為已達可付表決之程度時，經徵得出席委員同意後，得宣告停止討論。出席委員亦得提出停止討論之動議，經15人以上連署或附議，不經討論，由主席逕付表決。」即明定停止討論之要件有二，一為主席裁示並經出席委員同意者，一為出席委員提議經15人以上連署或動議，不經討論由主席逕付表決。準此，該條僅規定停止討論之要件，並未規定須進行實質討論或多少人討論後，始得提出停止討論。

立法院實務上停止討論之案例所在多有，可能因議事杯葛無法上台發言，或登記人數過多，意圖癱瘓議事進行等原因。進而言之，少數保護所要求之機會均等僅止於保障少數有發表意見以影響國會決議內容之機會與時間，絕非指少數單獨即可決定決議內容或得以破壞議場秩序的手段來阻止多數表決[54]。為使議事程序順利進行，才有出席委員或黨團依規定提出停止討論之動議，經院會表決通過而停止討論，以遂行會議之繼續進行。立法院第9屆及第10屆多數黨為民主進步黨，即發生多次停止討論案例。如第9屆第3次會議第3次臨時會第2次會議（民國106年8月28日），討論前瞻基礎建設計畫第1期特別預算案，在進行第3款逐條討論，有33位委員登記發言，第1位委員發言完畢，民進黨黨團即提出停止第3款討論之提議，並經多數通過[55]。甚至有尚未開始討論即停止討論者，如第10屆第5次會議第14次會議（民國111年5月30日），處理會計法第99條之1條文修正草案（該法條即為民國95年12月31日以前各機關支用之國務機要費用、特別費，其報支、經辦、核銷、支用及其他相關人員之財務責任均視為解除，不追究其行政及民事責任；如涉刑事責任者，不罰。），在進行廣泛討論時，委員還來不及登記發言，民進黨黨團即提出停止廣泛討論之提議，並經多數通過[56]。因此，相較第9屆及第10屆民進黨黨團所提停止討論動議之案例，此次，國民黨黨團提出停止討論動議，立法院院會均在至少1人

54　許宗力：前書，323頁。
55　參閱立法院公報，106卷，73期，民國106年9月19日，476-477頁。
56　參閱立法院公報，111卷，81期，民國111年6月17日，201頁。

發言後，始處理之，明顯並未逾越其所建構之標準，且屬司法院大法官認可之
國會自律原則。另於本案之院會審議程序，民進黨黨團尚提出撤銷、全案重付
審查及散會等動議，其目的均係提前終止本案之討論，顯已逾越停止討論之程
度[57]。

　　復查司法院大法官亦曾做出決議，認為立法委員賴香伶等41人提出之監察
院人事同意權釋憲案，因議事杯葛，致無法進行被提名人之說明及詢答，全院
委員會爰於民國109年7月16日下午表決通過，本案停止說明及詢答，係國會議
事規範之踐行屬國會內部事項，其尚無明顯牴觸憲法之重大瑕疵，依國會自律
原則，釋憲機關自應予以尊重[58]。

(四) 主席得否決定採用舉手表決

　　前已述及，司法院許宗力院長認為以何方式表決乃國會自行決定，無其他
機關置喙餘地。依立法院議事規則第35條之規定，法律案表決的方法，有口頭
表決、舉手表決、表決器表決、投票表決及點名表決五種，前四種表決方法的
採用，由主席決定宣告之，而點名表決則須經出席委員提議，25人以上之連署
或附議（黨團提出無須連署或附議），不經討論，由主席逕付表決。另採用表
決器記名表決，則須經出席委員15人以上連署或附議（黨團亦可提出，無須連
署或附議）。足見前述各種表決方法的採用，均符合法律案審議之程序，非其
他機關所能置喙。因此，主席採用舉手表決方式表決並無違法疑義。而民國82
年5月19日使用表決器表決前，除無異議口頭表決外，多採舉手表決方式，即
使採用表決器後，亦曾多次改採舉手表決方式。如公職人員選舉罷免法、總統
副總統選舉罷免法[59]，本案即立法院第11屆第1會期第15次會議（民國113年5月
17日），處理延長開會時間之動議，因有異議，主席宣告按鈴7分鐘，請議事
人員分發表決卡，因現場混亂，及部分委員抽掉其他委員之表決卡，主席乃依
法決定改採舉手表決，完全符合上開規定。民進黨黨團以立法院30幾年來未採
用舉手表決而認定本案舉手表決違法，顯係刻意扭曲議事規則相關規定，更漠

57　有關撤銷及全案重付審查動議，分見立法院公報，113卷，44期，民國113年6月4日，174-175及219-
　　220頁。
58　司法院大法官109年度憲一字第5號決議不受理案。
59　分見參閱立法院公報，83卷，67期，83年10月26日，59頁；84卷47期，民國84年7月22日，156-254
　　頁。

視立法院各委員會以舉手表決為常態。主席雖採用舉手表決方法，但基於尊重少數黨團的要求，仍對其所提採用點名表決方法，逐條予以處理[60]。

(五) 主席採用舉手表決是否須可否兩面俱呈

立法院議事規則第36條第1項之規定：「表決，應就可否兩方依次行之。」即為兩面俱呈之規定。學理上兩面俱呈為表決的重要原則，無論採用何種表決方法，均應兩面俱呈。惟就實務以觀，立法院議決議案時，也常先用「無異議通過」之口頭表決，而紀錄時又以「全體無異議」之方式為之，自無所謂兩面俱呈的情形[61]。此皆並未違反國會議事自律原則，並為變通原則之體現，自亦不應受司法機關審查。另外，立法院院會進行表決者，自民國82年5月19日採行表決器表決後，雖能兩面俱呈，但也因特定情況，而例外採行舉手表決者。即在無法或不易採行表決器表決時，由主席決定採行舉手表決，並因該特殊狀況下，不易採行可否兩方依次行之。因此，實務上均採贊成者單方呈現表決結果，只將正面付諸表決，即宣布結果，仍生效力[62]，如贊成人數超過在場人數之半數即為可決，如不超過在場人數之半數，形同否決，亦符合多數決之民主原理與國會議事自律。即使未完全依照議事規則之規定，亦難謂有牴觸憲法之明顯重大瑕疵，所作決議與通過法律當屬有效。如立法院第2屆第6會期第18次會議（民國84年12月29日），處理變更議程提案，採用表決器表決，惟因表決器顯示人數與在場人數不一致（在場部分委員不按出席鍵），主席表示有權決定採行何種表決方式，乃改採舉手表決，採贊成者單方行之。表決結果，在場委員55人，贊成者49人，多數，通過[63]。前述公職人員選舉罷免法及總統副總統選舉罷免法亦採單面表決即宣布結果，均為顯例[64]。

本案於立法院第11屆第1會期第15次會議（民國113年5月17日），處理延長開會時間之動議，因有異議，主席宣告按鈴7分鐘，請議事人員分發表決卡，因現場混亂，主席乃改採舉手表決，在場委員108人，贊成人數60人，贊

---

60 參閱立法院公報，113卷，44期，民國113年6月4日，43-286頁；113卷，47(一)期，民國113年6月12日，9-130頁。

61 參閱羅傳賢：《立法學實用辭典》，初版，台北：五南圖書出版公司，民國93年8月，299頁。

62 參閱周萬來：《立法院職權行使法逐條釋論》，3版，台北：五南圖書出版公司，民國108年12月，69-71頁。

63 參閱立法院公報，85卷，2期，民國85年1月6日，10-11頁。

64 同註59。

成者多數。亦係因現場狀況無法進行表決器表決,且有委員故意將國民黨籍委員之表決卡抽走,主席乃改採舉手表決,並循例採贊成單方行之。無論是為了議事效率或避免議事延宕,未進行反表決僅為議事程序與議事規範的選擇應用,並無明顯重大瑕疵。更何況該等表決結果幾乎都已逾越立法委員總額之半數,縱使未進行兩面俱呈,亦不影響表決結果[65]。嗣後,立法院院會繼續進行二讀時,主席曾說明如下:「報告院會,我特別在這裡作重要宣告,我們在進行表決之前,民進黨黨團有要求院會進行表決時,應可否兩面俱呈,向院會報告,依據立法院議事規則第35條第1項規定,本院的表決方式之口頭表決、舉手表決或表決器表決,是由主席宣之。……報告院會,本席於上次院會黨團協調時即已表明,如果各位委員能夠維持議場的和諧,我們採用表決器表決,因此,如果三個政黨能夠簽署保證黨團委員都能坐在座位上表決,並且維持秩序,本席會宣告表決器表決。……(現場一片混亂)在三個黨團沒有簽訂書面保證之前……。跟大家報告,本院各屆於院會舉手表決方式時,例來院會的主席均採單方面贊成之方式呈現表決結果,以完成該次的表決。……因此,本席採用舉手表決之方式時亦循例……以單面贊成之方式呈現表決結果,除非表決結果有須取決於主席的情況,本席方依職權才會進行反表決,並以多數為可決。」[66]惟民進黨黨團根本不理會主席之宣告,讓會議順利進行。

(六) 清點人數是否須每次表決前為之

主席宣布開會後到會議結束前,無論何時,出席委員取得發言權後,皆可提出清點人數,因清點人數並非動議,所以無須附議,即可進行,但屬主席之裁量權,即主席認為要求合理則進行之。反之,如現場人數明顯已足法定人數,意在拖延議事時間者,主席得以「在場人數顯然已達法定人數,要求駁回」,惟出席委員如不服主席決定,可以向院會「申訴(異議)」,經大會同意,仍應即進行清點人數[67]。準此,清點人數並非須每次表決前為之。即對於國會內部事務的爭執,釋字第435號解釋也將激進的議事阻撓行為排除在憲法保障之外,「維持議事得以運作」是少數保障與議事阻撓的憲法界線;當少數

---

65 同註60。

66 參閱立法院公報,113卷,47(一)期,民國113年6月12日,1-2頁。

67 鍾啟岱:《議事學理論與實務》,初版,高雄:復文圖書出版社,民國92年6月,52-54頁。

之阻撓或杯葛行為讓議事無法運作時，即不在法律保障之列[68]。換言之，基於憲法解釋肯認之變通原則作出決議，若為確保立法權職能正常運行，應非憲法所不許。因此，立法委員縱使要實施議事阻撓，都應考慮會否讓立法院的功能運作停擺[69]。

經查本案民進黨黨團雖屢屢提出清點人數，主席除於連續表決因時間密接而無再次清點人數必要外，皆已進行清點人數，共計36次。準此，主席為維持議事運作，實已貫徹權衡少數保障與議事阻撓的平衡[70]。

(七) 修正動議未全部宣讀無法知悉審議之標的

立法院在進行逐條討論處理時，會將所有修正動議均發送所有委員，使其知悉修正動議之內容。惟實務上，時有因議事杯葛之故，提出案海式的修正動議，以阻礙議事程序進行，如「立法院職權行使法部分條文修正草案」之章名及條文共計74個，原則上每1個章名或條文，均得提出修正動議及再修正動議，本案除了國民黨黨團、台灣民眾黨黨團及民進黨黨團提出修正動議及再修正動議外，民進黨籍委員甚至提出逾40餘案之修正動議及再修正動議，其中第2條之修正動議及再修正動議，共計51案，宣讀36分鐘。所以如有黨團或委員為使議案進行順利，而提議僅宣讀各黨團之版本，其餘均列入公報紀錄，主席會請問會眾有無異議？有則進行表決，表決贊成者如為多數，院會決定照該提議通過。例如該案因第2條宣讀版本過多，國民黨黨團乃提議僅宣讀各黨團再修正動議版本，其餘均列入公報紀錄，經院會表決，贊成者多數通過。更有進者，立法院第9屆第3會期第3次臨時會第2次會議（民國106年8月31日），民進黨黨團提案針對「中央政府前瞻基礎建設計畫第1期特別預算案（106年度至107年度）」案通案部分及歲出各款項下留待處理之提案，提請院會均刊登公報，不再宣讀，並請院會均通過建請之決議，經院會表決，贊成者多數通

---

68 陳淳文：〈議事阻撓與少數保障之憲法規範初探〉，政大法學評論，159期，民國108年12月，117、118頁。

69 立法院第9屆第4會期司法及法制委員會「立法院議事規則相關適用疑義之檢討」公聽會時，民進黨黨團總召柯建銘委員即指出：「……我們不可能讓整個國會癱瘓掉，因為1個小時只能處理10個案子，要處理這1萬個案子，至少要3個月以上。1個案子要處理8次，有點名表決、重付表決等等，就算我們每天不停的表決，都得花3個多月的時間。國會沒有這樣的時間。」參閱立法院公報，106卷，80期，民國106年11月3日，394頁。

70 同註60。

過[71]。準此，院會雖決定免予宣讀全部修正動議，並不會因此使委員無法知悉該審議之標的。復就大法官對於前述特別預算案聲請釋憲案時，在其不受理所作決議中指出，少數委員提案從內容與數量觀之，如有明顯濫用議事權之情事，對民主原則所蘊涵服從多數有所違背[72]。前已述及，民進黨委員所提修正動議及再修正動議內容相近，且數量逾40餘案之多[73]，顯有阻撓議事之正常運作。

(八) 法律案立法程序是否未經記名表決，即違背公開透明原則而未具備法律之基本成立要件

法律案審議程序與修憲審議程序有別，憲法修正案須經記名表決，始符合公開透明原則，如有違背，其瑕疵則屬明顯重大，此乃釋字第499號解釋所揭示原則，而法律案審議程序，除有明顯牴觸憲法者外，即依其自行訂定規範為之，而屬於國會自行認定範圍，並非釋憲機關所審查之對象，則為釋字第342號解釋所明示。依立法院議事規則第35條之規定，法律案表決的方法，有口頭表決、舉手表決、表決器表決、投票表決及點名表決五種，前四種表決方法的採用，由主席決定宣告之，而點名表決則須經出席委員提議，25人以上之連署或附議（黨團提出無須連署或附議），不經討論，由主席逐付表決。另採用表決器記名表決，則須經出席委員15人以上連署或附議（黨團亦可提出，無須連署或附議）。足見前述各種表決方法的採用，均符合法律案審議之程序，非其他機關所能置喙。就立法實務以觀，立法院兩次審議憲法修正案，均依釋字第499號解釋，二、三讀皆採記名表決[74]，而立法院所通過的法律案，類多採口頭無異議表決。在使用表決器前，除口頭表決外，亦多採舉手表決，且採用表決器方式表決，除非會員（包括黨團）提出記名表決的動議，仍以無記名方式表決，如民國82年7月16日第2屆第1會期第50次院會討論「中央政府興建重大交通建設計畫第2期工程特別預算案」及民國102年12月13日第8屆第4會期第14次會議變更議程，增列「法院組織法刪除第63條之1條文草案」為討論事項

71　參閱立法院公報，106卷，73期，民國106年9月19日，48、249頁。

72　參閱司法院公報，60卷，6期，民國107年6月，253-260頁。

73　參閱立法院公報，113卷，47(二)(三)期，民國113年6月12日，1-525及1-360頁。

74　參閱立法院公報，93卷，37(上)期，民國93年9月13日，95-125頁；111卷，42期，民國111年4月13日，103-105頁。

第1案（該條文係最高法院檢察署下設特別偵查組，提案委員旨在刪除該偵查組），均爲顯例[75]。因此，第二讀會應採記名表決而爲不成文的議事規範，顯非事實。另依法須以記名投票表決覆議案、不信任案及罷免案外，亦以無記名投票表決緊急命令追認案、人事同意權案及彈劾案。綜而言之，舉手表決爲法定表決方法，其使用於法律案之表決，並無違誤。再者，除表決器記名表決、記名投票表決及點名表決外，其他表決皆爲無記名，並不影響其表決之效力。因此，法律案未經記名表決，即違背公開透明原則而未具備法律之基本成立要件，其立論顯有錯誤。

　　（前述修法審議程序，已列爲憲法法庭是否程序違憲之爭點，爰特予闡明，以供外界檢視憲法法庭所作裁判理由。）

第三節　覆議與復議及法律修正之區別

第一項　覆議與復議之區別

　　覆議與復議是類似的術語，兩者均係對已經決議之議案再行審議是否維持原決議的作爲。覆議是行政機關對於立法機關所通過的議案不表同意，而將原案移請立法機關重加考慮；簡而言之，覆議是行政機關對立法機關的決議提出否決的作爲。至於復議是議案經表決後，無論其爲通過或被打消，會議成員如具有提請復議的要件，得提出動議，將業經表決的決議案予以推翻，使原案恢復爲表決前的討論狀況，重行決議；簡而言之，復議是會議機關欲廢棄原決議重行討論的作爲。基上所述，覆議與復議約有如下區別：

---

75 民國82年7月16日第2屆第1會期第50次院會討論「中央政府興建重大交通建設計畫第2期工程特別預算案」，因多數委員對高速鐵路的興建並不反對，但認爲應以鼓勵民間參與交通建設爲宜，應退回交通部重新規劃評估。因此，在處理委員王建煊等所提「有關興建高速鐵路之預算，建議全數刪除，由民間興建。」的修正動議時，由於執政黨黨團並未提出記名表決方式處理，致使院會通過此修正動議（表決結果，在場委員97人，贊成刪除由民間興建者49人，反對者48人），嗣經重付表決時，始要求改以記名方式，惟查立法院不成文例規，在重付表決時，須以同一表決方式行之。執政黨黨團是項提議，不爲王委員建煊、陳委員水扁、謝委員長廷所接受，仍依議事前例，以無記名方式進行表決，致無法翻案而通過委員王建煊等所提的修正動議（表決結果，在場委員107人，贊成刪除由民間興建者58人，反對者49人）。參閱立法院公報，82卷，49(上)期，民國82年7月24日，45-47頁；增列「法院組織法刪除第63條之1條文革案」，因無委員或黨團提議記名表決。因此，包括重付表決在內，均以無記名表決方式處理，參閱立法院公報，102卷，80期，民國102年12月20日，49頁。

一、性質不同

　　覆議是政治學上之名詞，是行政機關與立法機關間的一種政治運用。憲法所以賦予行政機關此項權力，旨在防止立法權之過度膨脹、草率或濫用，乃透過交還覆議的機制，以對抗立法機關。而復議是議學名詞，是會議機關本身處理議案過程中的一種特別程序，乃係動議之一種。會議成員在議案議決後，如因情勢變遷或發現新資料，認為該議案有重行討論的必要，即依規定採取此項議事補救措施，而產生「起死回生」的功效。

二、範圍不同

　　覆議是行政機關對立法機關已通過並送至行政機關之議案不表同意，移請立法機關重行議決的作為，故僅限於已通過且送到行政機關的議案，而否決的議案或決議通過未送出的議案自不包括在內；而復議是會議機關將業經議決的決議案予以推翻，使原案恢復至未表決前的討論狀態，重行議決，因此，復議對象包括通過與否決之議案。足見兩者行使的範圍，是有所不同。

三、可決數額不同

　　覆議為行政機關要求立法機關對其通過之議案重行再議，依各國憲法規定，均採高額的表決數額，以昭慎重[76]。依我國憲法第57條規定，行政院移請立法院的覆議案，立法院如欲維持原決議，須達出席委員2/3人數的贊成；而依憲法增修條文第3條第2項第2款之規定，則須有全體立法委員1/2分以上的贊成。至於復議動議之表決，僅須獲參加表決的多數，亦即過半數通過即可。

第二項　覆議與法律修正的區別

　　覆議是行政機關對立法機關所通過之議案不表同意，而將原案移請立法機關重加考慮的作為。而法律之修正，係就現行有效實施中的法律予以修改、增減或變更其內容。茲就兩者之區別，分述如下：

76　依美國憲法第1條第7項第2款規定，國會參眾兩院均須經出席議員2/3贊成原案，該法案始得成為法律；而依波蘭憲法第122條第5項規定，則須眾議院出席議員3/5同意，總統始於7日內簽署公布。上述美國憲法部分，參閱傅崑成等編譯：前書，49-51頁；波蘭憲法部分，參閱王源森譯：〈波蘭共和國憲法〉，國會月刊，第35卷，8期，民國96年8月，89頁。

一、提案主體不同

覆議必由行政機關提出，依憲法第57條及其增修條文第3條第2項第2款之規定，我國有權向立法院提出覆議案者，僅為行政院。而法律之修正，則為有權提案的機關均可提出，並不限於行政機關。依現行法規及司法院相關解釋，行政院、司法院、考試院、監察院、立法委員均有權提出法律修正案。

二、範圍不同

覆議既對立法機關所通過之議案不表同意而移請其重行議決的作為。因此，覆議的議案並不限於法律案，預算案、條約案亦可移請覆議。而法律之修正，係就現行有效的法律予以修改、增刪或變更其內容。因此，提送修正審議者，必為法律案。

三、原因不同

覆議之原因，大抵為立法機關所通過的議案窒礙難行，或與政策目標不合；而法律之修正原因，大抵為現行法律缺乏實效性。依中央法規標準法第20條之規定，我國法律的修正，約有(1)基於政策或事實之需要，有增減內容之必要者；(2)因有關法律之修正或廢止而應配合修正者；(3)規定之主管機關或執行機關已裁併或變更者；及(4)同一事項規定於二以上之法律，無分別存在之必要者等4種原因。

總結前述，本章建構的知識有：(一)復議如何提出及處理；(二)復議具體實際運作情況；(三)覆議如何運行；(四)覆議的行使實況，以及提出的類型；(五)覆議、復議及法律修正如何區辨，俾以認清制度的差異及運作過程。

第七章　各類議案處理情形之剖視

第一節　立法院處理各類議案之統計分析

　　依前所述，立法院所處理的議案，包括憲法修正案、領土變更案、法律案、預（決）算案、戒（解）嚴案、大赦案、宣戰案、媾和案、條約案、行使同意權案、覆議案、不信任案、彈劾案、罷免案、補選案、緊急命令追認案及其他重要決議案。為瞭解立法院處理各類議案的實況，統計各類議案通過的情形，實有其必要性。茲就行憲以來立法院通過之各類議案，統計如表7-1[1]。

表7-1　第一屆至第十屆第八會期立法院通過各類議案情形表

届別議案	一	二	三	四	五	六	七	八	九	十	合計
法律案	2,177	223	269	562	537	408	683	528	660	574	6,621
預（決）算案	390	13	11	22	26	21	109	135	138	143	1,008
戒（解）嚴案	13	0	0	0	0	0	0	0	0	0	13
大赦案	0	0	0	0	0	0	0	0	0	0	0
宣戰案	0	0	0	0	0	0	0	0	0	0	0
媾和案	0	0	0	0	0	0	0	0	0	0	0
條約案	176	1	0	2	5	4	12	11	9	12	232
憲法修正案	0	0	0	0	1	0	0	0	0	1	2
行使同意權案	22	2	1	1	5	4	14	14	14	13	90
覆議案	2	0	2	1	0	0	0	2	0	0	7
不信任案	0	0	0	0	0	0	0	0	0	0	0
彈劾案	0	0	0	0	0	0	0	0	0	0	0
罷免案	0	0	0	0	0	0	0	0	0	0	0
補選案	0	0	0	0	0	0	0	0	0	0	0
領土變更案	0	0	0	0	0	0	0	0	0	0	0
緊急命令追認案	0	0	0	0	0	0	0	0	0	0	1

---

[1] 第1屆至第6屆，參閱立法統計年報，立法院主計處編印，民國103年7月，118-127頁；第7屆至第8屆第6會期，參閱立法統計年報，民國104年7月，86及87頁；第8屆第7會期至第9屆第6會期，參閱立法統計年報，民國108年6月，68-82頁；第9屆第7會期至第10屆第8會期，參閱立法統計年報，民國113年6月，25頁。

屆別議案	一	二	三	四	五	六	七	八	九	十	合計
重要決議案	143	0	2	9	0	0	0	0	0	0	154
合　計	2,923	239	285	598	574	437	818	690	821	743	8,128

依表7-1觀之，立法院第1屆至第10屆第8會期共通過8,128件，其中通過憲法修正案2件，法律案6,621件，預（決）算案1,008件，戒（解）嚴案13件，條約案232件，行使同意權案90件，覆議案7件，緊急命令追認案1件，重要決議案154件。至於大赦案、宣戰案、媾和案、不信任案、彈劾案、罷免案、補選案及領土變更案，均未通過任何議案。現就上述統計情形，析述如下：

一、立法院通過的法律案與預算案，合計高佔94%

制定法律與審議預算原本為立法機關的兩大重要職權，何況立法院又係國家最高立法機關，代表人民行使立法權，所以通過的法律案與預算案自較其他議案為多。

二、條約案次於法律案與預算案；但未通過任何宣戰案與媾和案

宣戰、媾和與條約締結均屬外交權，惟宣戰與媾和本質上並非外交的常態行為。行憲以來，我國並未對任何國家宣戰，當然也就沒有引起媾和事件，自無向立法院提出宣戰案或媾和案的案例；而條約之締結，則為現代國家外交行為的常態，各國不能自外於國際社會；加諸我國對於條約的內涵，係採廣義的解釋。因此，行政院送請立法院審議的條約案，經議決通過者，居於第3位。

三、重要決議案旨在顯示民意反應與行政監督，乃佔相當比例

立法委員為反應民意，不時監督行政機關政策的執行。如對既定政策有所變更或對其他國家重要事項有所主張，依憲法第57條及第63條之規定，均可透過議決，以達行政監督的目的。因此，立法院通過的重要決議案仍佔一定比例。

四、行使同意權案仍有一定比例

依憲法第55條及第104條之規定，僅行政院院長及審計長須經立法院同意後始得任命。民國86年7月21日憲法增修條文第3條第1項雖規定行政院院長逕由總統任命，不須立法院同意，亦即立法院對行政院院長已無法行使同意權。但民國89年4月25日公布之憲法增修條文，將司法院院長、副院長、大法官，考試院院長、副院長、考試委員，監察院院長、副院長、監察委員明定均須經立法院同意後始得任命，立法院行使同意權範圍比憲法規定更為擴大。

另依中央行政機關組織基準法第21條第1項：「獨立機關合議制之成員，均應明定其任職期限、任命程序、停職、免職之規定及程序。但相當二級機關之獨立機關，其合議制成員中屬專任者，應先經立法院同意後任命之；其他獨立機關合議制成員由一級機關首長任命之。」之規定，立法院對獨立機關合議制的成員可行使人事同意權；依法院組織法第66條第2項：「最高法院檢察署檢察總長由總統提名，經立法院同意任命之，任期4年，不得連任。」之規定，立法院對最高法院檢察署檢察總長亦得行使人事同意權。另依促進轉型正義條例第2條之規定，促進轉型正義委員會隸屬於行政院的二級獨立機關，該條例第8條第1項前段規定：「促轉會置委員九人，由行政院長提名經立法院同意後任命之。行政院長為提名時，應指定一人為主任委員，一人為副主任委員。」因此，立法院對該會主任委員、副主任委員及委員亦得行使人事同意權。

合上所述，立法院通過的行使同意權案自有一定比例。

五、戒（解）嚴案及緊急命令追認案均係國家應付緊急事變的權力，所佔比例本屬較低

立法院通過戒嚴案12件，解嚴案1件；其中戒嚴案均為民國37年4月至38年11月所宣告，旨因中共倡亂，日形擴大，接戰及戒備地區有必要宣告戒嚴[2]。前已述及，戒嚴係屬緊急權。因此，立法院通過的戒（解）嚴案所佔比例較低。

立法院通過的緊急命令追認案僅有1件，除因該議案係屬緊急權力外，民

2　參閱中華民國立法院大事記(一)，立法院編印，1卷（民國37年），55-56頁；2卷（民國38年），6頁；3卷（民國39年），35-36頁。

國37年5月10日即公布施行動員戡亂時期臨時條款,依該條款第1項:「總統在動員戡亂時期,為避免國家或人民遭遇緊急危難,或應付財政經濟上之重大變故,得經行政院會議之決議,為緊急處分[3],不受憲法第43條所規定程序之限制。」之規定,立法院已無法行使緊急命令追認權。因此,立法院之得以行使該項職權,乃自民國80年5月28日憲法增修條文公布後,始得為之。綜合上述,立法院所通過緊急命令追認案之件數較低。

六、覆議案不多,只因解嚴前立法院難以發揮立法功能及嗣後行政院怯於行使覆議權所致

行憲以來,行政院向立法院提出覆議案(包括第11屆第1會期)共有16件,而經立法院通過者僅有7件。行政院所提覆議案不多,析述其因,約有以下三點:

(一)在解嚴之前,立法院未能全面改選,資深立法委員大多支持行政院所提議案,缺乏自主的立法功能。因此,立法院所通過的法案,行政院較少認為窒礙難行,自無提出覆議案的必要。

(二)民國80年年底,資深中央民意代表全部退職,立法院漸為立法政策的中心,在審議議案時,不再以行政院的意見為主要依據。因此,立法院所通過的議案,不為行政院所能接受者,時有所聞;惟行政院往往怯於提出覆議案,捨棄憲法所賦予是項自衛武器,立法院通過覆議案為數不多。

(三)在分立政府下,行政院較勇於提出覆議案。16件覆議案中計有5件,係執政黨在立法院居於少數時所提出,而其通過者僅為1件。

七、憲法修正案僅通過2件,乃因國民大會擁有修憲權

憲法為國家根本大法,除非無法因應社會及人民需要,理宜力求其穩定性;且依憲法第174條之規定,國民大會擁有修憲權,而立法院通過憲法修正

3　動員戡亂時期終止之前,總統共發布5次緊急處分:(一)民國37年8月20日頒布財政經濟緊急處分令;(二)民國48年8月30日為應付台灣省中南部8月7日水災頒布緊急處分令;(三)民國67年12月16日為因應中美斷交,頒布第3項緊急處分令;(四)民國68年1月18日對前述第3項暫停增額中央民意代表選舉延期舉行期間,仍由原代表繼續行使職權的緊急處分令;(五)民國77年1月13日為國喪期間頒布緊急處分令。上述各緊急處分令之內容,參閱周萬來:〈淺談我國總統緊急命令權與立法院追認之程序〉,立法院院聞,27卷,11期,民國88年11月,9-11頁。

案後，仍由國民大會複決。直至民國89年4月25日所公布之憲法增修條文第1條第2項，始明定憲法修正案僅由立法委員提出，國民大會已無修憲權。加諸須由立法委員1/4提議，3/4出席及出席委員3/4之決議，始得提出憲法修正案，其可決數額較高。因此，立法院所通過憲法修正案較少。

八、立法院未通過任何大赦案、不信任案、彈劾案、罷免案、補選案及領土變更案

　　民主法治國家，對於罪刑的輕重減免，應以法律之規定為準。因此，大赦理宜慎重。行憲以來，行政院僅於民國86年6月21日函請立法院審議「228事件大赦案」；惟因立法院於民國88年1月12日通過立法院職權行使法，依該法第13條之規定，上述大赦案不再繼續審議。

　　依民國86年7月21日公布之憲法增修條文，賦予立法院得對總統副總統提出彈劾案及對行政院院長提出不信任案等職權。上述職權之行使程序，直至民國88年1月12日制定立法院職權行使法時始予明定。惟依憲法增修條文第4條第5項之規定，立法院對總統副總統提出彈劾案，僅限於其犯內亂罪或外患罪（嗣於民國89年4月25日條次修正為第7項，並將彈劾要件予以刪除。），至今尚無提出任何案例。又在野黨立法委員分別於民國88年2月26日第4屆第1會期第1次會議、101年9月18日第8屆第2會期第1次會議及102年10月11日第8屆第4會期第5次會議對行政院院長蕭萬長、陳冲及江宜樺提出不信任案，惟因執政黨仍為立法院的多數而未通過。

　　民國89年4月25日國民大會修憲後，有關國民大會行使之職權，如罷免總統副總統、補選副總統及領土變更等，均轉由立法院行使。上述各項職權，除對陳水扁總統提出3次罷免案因須全體立法委員2/3高度門檻同意而未能通過外，其餘職權的行使程序，仍待研議。因此，尚無補選案及領土變更案的案例。

第二節　立法院處理各類議案之案例剖析

　　茲為進一步瞭解立法院處理各類議案的實況，案例的探討仍有必要。由於宣戰案、媾和案、彈劾案、補選案及領土變更案因無案例不予析述，覆議案已

於上章第2節予以論述，爰依憲法修正案、法律案、預（決）算案、戒（解）嚴案、緊急命令追認案、條約案、行使同意權案、罷免案、不信任案、大赦案及重要決議案，各舉案例加以說明。

第一項　憲法修正案

第5屆第5會期以前，立法委員雖曾提出多項憲法修正案，因未經院會議決，自無提請國民大會複決的案例；惟因外界多年來對國會改革期待甚殷，乃經朝野黨團協商於93年2月25日舉行第5屆第5會期修憲委員會召集委員第1次會議[4]，確定：(一)修憲委員會每週舉行1次會議，並於星期三中午12時召開；(二)修憲提案之審查方式，將提案內容分類後，再依其類別將相關提案併案審查；(三)召集委員輪值順序及議程安排於3月3日第2次召集委員會議處理。嗣於同年3月3日舉行第2次召集委員會議，決定：(一)修憲委員會召集委員輪值主席之順序，依序為：陳召集委員其邁、許召集委員淵國、顏召集委員清標、李召集委員嘉進、高召集委員育仁、吳召集委員東昇、陳召集委員進興、曾召集委員永權、林召集委員濁水、尤召集委員清、沈召集委員富雄。(二)審查議程順序如下：(1)有關立法委員任期、席次、選區之調整。(2)有關廢止任務型國民大會及其職權調整。(3)有關憲法修正程序。(4)有關主權公投入憲。(5)有關總統選舉制度及閣揆同意權。(6)有關監察委員任期調整。(7)有關警察預算由中央統一編列。(8)有關選舉人年齡調整。(9)有關刪除服兵役義務。日後修憲委員會審查期間，院會如再交付修憲提案，均依前述分類原則併相關提案審查，超出前述類別者，接續進行審查[5]。

立法院修憲委員會即依召集委員所審定議程併案審查相關的修憲案，分別於民國93年3月10日、3月17日、4月14日及5月5日舉行4次會議，業已完成立法委員任期、席次、選區之調整，以及廢止任務型國大相關條文的審查；並對立法院具有國會調查權及聽證權先作原則性同意，條文內容則暫予保留。值此修憲委員會併案審查修憲相關提案時，委員柯建銘等87人另就「中華民國憲法增修條文第4條」提出修正案，經提報民國93年3月12日第5屆第5會期第6次

4　參閱立法院公報，93卷，10期，民國93年2月28日，31-32頁。
5　參閱民國93年2月25日及3月3日立法院修憲委員會第1次及第2次召集委員會議紀錄。

會議，決定：依協商結論逕付二讀[6]。該案復經提報同月19日下（第7）次會議討論，因無黨聯盟認爲在大選前強迫通過該案，時機有所不宜，且無配套設計下通過單一選區兩票制及30%婦女保障名額，確有窒礙難行之處，同時任務型國大相關議題亦未定論，乃提議交付協商而經院會決議：「交付黨團協商，並由民進黨黨團、國民黨黨團共同召集。[7]」委員廖風德等61人爲廢除國大及建立符合民意的修憲程序，提出「中華民國憲法增修條文部分條文修正案」，經提報民國93年3月23日第5屆第5會期第8次會議，決定：逕付二讀，與相關提案併案討論。嗣經台聯黨團復議，並於同年5月7日同會期第15次會議同意撤回復議[8]。

　　上述委員柯建銘等87人及委員廖風德等61人分別提出修憲案，經併案提報同年5月28日同會期第18次會議討論，由於無黨聯盟認爲朝野黨團對修憲意見分歧，且協商期限尙未屆滿，而要求仍須繼續協商，而經院會決議：「本案繼續協商[9]」。而委員柯建銘等81人及委員曾永權等59人分別於第5屆第5會期休會期間提請召開臨時會，均要求審議上述修憲案，經臨時會第1次會議決定：(一)8月16日至18日由修憲委員會召開修憲公聽會，上、下午各1場共6場，邀請全國各地憲政學者專家參與；(二)8月23日處理修憲案[10]。此次臨時會處理修憲案，即依上述決定，在8月16日至18日召開公聽會，8月23日討論上述修憲案，除第12條台聯黨團另有修正動議外，其餘條文各黨團均共同提出修正動議。因此，二、三讀均照各黨團所提修正動議（第12條照台聯黨團以外各黨團修正動議）通過，並採記名表決方式處理。立法院共通過憲法增修條文第1條、第2條、第4條、第5條、第8條及增訂第12條條文修正案，爲民國89年所通過憲法增修條文而賦予立法院成爲唯一實質修憲之法定機關後的首例，在憲政史上具有重大意義，亦正面回應外界對立法院的殷切期盼[11]。另立法院於民國111年3月25日第10屆第5會期第5次會議通過中華民國憲法增修條文第1條之1：「中華民國國民年滿18歲者，有依法選舉、罷免、創制、複決及參加公民投票之權。

6　參閱立法院公報，93卷，15(上)期，民國93年3月24日，4頁。
7　參閱立法院公報，93卷，16期，民國93年3月27日，3-7頁。
8　參閱立法院公報，93卷，17(上)期，民國93年3月31日，4頁；93卷，26(上)期，民國93年5月19日，4頁。
9　參閱立法院公報，93卷，30期，民國93年6月9日，1-2頁。
10　參閱立法院公報，93卷，36期，民國93年8月23日，3-9頁。
11　參閱立法院公報，93卷，37(上)期，民國93年9月13日，95-125頁。

除本憲法及法律別有規定者外，年滿18歲者，有依法被選舉之權（第1項）；憲法第130條之規定，停止適用（第2項）」，依增修條文第12條規定，經複決投票不通過[12]。

第二項　法律案

前已述及，法律案包括法律之制定案、法律之修正案、法律之廢止案及法律之停止（或暫停）適用案。爲瞭解上述各類法案的處理概況，爰各舉案例分述如下：

一、法律制定案

法律常爲政策的具體化，政策須透過法律始得以施行。爲達成上述目標，自需由相關權限機關或委員擬定法案，送請立法院審議。茲舉「組織犯罪防制條例草案」爲例加以說明。由於組織犯罪危害社會治安日益嚴重，而現行法律對於以企業化、組織化販毒、走私、介入公共工程，從事恐怖活動、洗錢等犯罪爲宗旨之組織犯罪集團無法充分規範，致未能有效發揮掃黑及除暴的功能。爲達成上述政策目標，制定防制組織犯罪之法律確有其必要性及可行性。行政院乃於民國85年9月10日函請立法院審議「組織犯罪防制條例草案」[13]。

上述提案經提第3屆第2會期第4次會議，決定交司法、內政及邊政兩委員會審查。嗣後委員高惠宇及委員姚立明、劉進興、林郁方提案分別提報同會期第6次及第8次會議，均決定交司法、內政及邊政兩委員會，與相關提案併案審查。司法、內政及邊政兩委員會共於同年9月23日、25日、30日、10月2日、7日及9日舉行6次聯席會議，審查會委員於提案主體報告立法要旨，並進行詢答後，僉認本條例確有速予立法的必要，旋即進行逐條審查，該條例名稱，第1條、第10條、第11條、第14條、第17條、第19條、第20條及第21條照行政院草案通過，另修正11條，增訂2條，並刪除1條條文[14]。司法、內政及邊政兩委員會將審查報告提報院會，先於民國85年11月1日第3屆第2會期第14次會議及同年11月5日第15次會議進行廣泛討論，並繼續於同年11月7日第15次會議及11月

12　中央選舉委員會民國111年12月2日公告。
13　參閱立法院第3屆第2會期第4次會議，議案關係文書，1頁。
14　參閱立法院公報，85卷，55(二)期，民國85年11月6日，46-58頁。

8日第16次會議進行逐條討論，除第5條、第13條及第17條予以修正，第4條、第8條、第11條、第12條、第14條、第15條、第16條及第20條、委員黃國鐘等所提增訂第6條之1至第6條之10條文予以保留外，其餘均照審查會意見通過。上述保留條文提報同年11月15日同會期第17次會議討論時，經同意待協商完畢後再進行處理上述保留條文。同年11月19日第18次會議亦因尚待協商而決議另定期處理。同年11月22日第19次會議時，由於部分委員要求逐行處理上述保留條文，經表決結果，繼續處理保留條文；除刪除第4條及第16條，委員黃國鐘等所提增訂條文毋庸增訂，第8條、第11條、第12條及第20條照審查會意見通過外，計修正第14條及第15條。其中第15條：「本條例施行後辦理之各類公職人員選舉，政黨所推薦之候選人，於登記為候選人之日起5年內，經法院判決犯本條例之罪確定者，每有1名，處該政黨新台幣1,000萬元以上5,000萬元以下之罰鍰（第1項）；前項情形，如該類選舉應選名額中有政黨比例代表者，該屆其缺額不予遞補；判決確定後之同類次屆選舉，並應扣除該政黨同額之政黨比例代表（第2項）；前2項處分，由辦理該類選舉之選務主管機關為之（第3項）」修正通過後，部分委員認為第2項後段所定「判決確定後之同類次屆選舉，並應扣除該政黨同額之政黨比例代表」仍嫌過苛，乃由委員曾永權等35人提出復議。嗣經協商，同意刪除，並繼續進行三讀，均照二讀文字通過[15]。

二、法律修正案

　　法律既因應社會需要而定，倘執行之後未具實效，自應予以修正。茲舉「護照條例修正草案」為例加以說明。由於護照條例自民國84年1月11日修正施行後，部分規定已不敷實務作業需求，而入出國及移民法於民國88年5月21日公布施行後，現行申請護照與入出國許可聯合作業的方式，及核發護照作業與審核程序均須配合全盤變動等原因，乃於民國89年3月29日函請立法院審議該條例修正草案，經提同年4月11日第4屆第3會期第6次會議，決定交外交及僑務、內政及民族兩委員會，與相關提案併案審查[16]。

　　外交及僑務、內政及民族兩委員會於同月17日召開該會期第1次聯席會議，經相關首長列席說明並答復委員詢答後，即進行逐條審查；除第9條留待

15　立法院公報，85卷，61(上)期，民國85年11月27日，75-82及87-89頁。
16　參閱立法院公報，89卷，21期，民國89年5月3日，61頁；89卷，16期，民國89年4月15日，4頁。

協商、新黨黨團於民國88年5月25日第4屆第1會期第13會議所提第8條條文修正案納入本修正案第12條、第18條及第19條予以修正，並增列第23條至第25條（原第23條及第24條條次修正為第26條及第27條）外，其餘均照行政院草案通過。聯席會將審查報告提報院會，經同會期第11次會議討論時，由於該案業經朝野黨團協商，協商結論宣讀後，出席委員無異議通過，即依立法院職權行使法第72條之規定，黨團協商結論經院會同意後，出席委員不得反對。因此，該案於二讀、三讀均照協商內容通過。惟該聯席會將審查報告提報院會時，未將新黨黨團提案於主旨中併予敘明，乃於該案通過後，另作附帶決議：「本法已完成審查，本院新黨黨團原擬具之『護照條例第8條條文修正草案』毋庸再行審查。」（該條例復於民國104年5月22日經立法院通過全文修正）[17]

三、法律停止（或暫停）適用案

法律一時不能適用而失其實效者，可採用停止（或暫停）適用的方式，俾於停止原因消滅後，即可恢復適用。茲舉中華民國常駐聯合國代表團組織條例加以說明。行政院因我國已於民國60年10月25日自動退出聯合國，常駐聯合國代表團亦經外交部明令裁撤，已無實施的對象，乃於民國61年12月1日函請立法院審議廢止該條例，經提報民國61年12月8日第1屆第50會期第20次會議，決定交法制、外交兩委員會審查[18]。

法制、外交兩委員會審查時，與會委員均認為現在廢止該條例，會給人一個「我們不要回聯合國」的印象，引起一般人的誤解。法律的存廢，政治上的考慮仍有必要，乃不同意廢止；惟對處理方式，外交委員會委員多主張擱置，而法制委員會委員則多主張改為暫停適用；經討論結果，認為改為暫停適用為宜，而不予廢止[19]。委員會將審查報告提報民國62年11月20日第52會期第15次會議，由委員吳延環補充說明後，即照審查會意見，該條例不予廢止，應依法暫停適用[20]。

依上述案例審議經過，可知提案主體提案廢止法律，其廢止理由雖合乎法

17　同前註公報，89卷，21期，28-29及62-66頁。
18　參閱第1屆立法院第50會期第20次會議，議事日程，院總第471號政府提案第410號之5 關係文書；議事錄，4頁。
19　參閱周萬來：《行憲以來我國法律廢止之研究》，初版，台北：馬陵出版社，民國74年10月，70頁。
20　立法院公報，62卷，89期，民國62年11月21日，院會紀錄，3-4頁。

定要件，但基於政治及其他方面的考量，亦可不予廢止而另作其他決議。

四、法律廢止案

法律在長久期間未具實效，無法適應當前需要，除依法予以修正或暫停適用外，自可予以廢止。茲舉第1屆國民大會代表出缺遞補補充條例廢止案予以論述。有關廢止該條例，計有委員趙少康等48人及行政院提案。上述兩案，經民國77年2月26日第1屆第81會期第2次會議決定併案討論[21]。

由於國民大會代表出缺遞補制度已不符民主潮流及公平原則，且該制度原適用於國民大會代表因死亡、辭職或罷免而出缺的情形，得由得票次高票之候補人依次遞補，以補足出缺代表所遺的任期，目前已聲報尚未遞補之候補人為數不多；而國民大會代表的總額，依司法院大法官會議釋字第85號解釋，係以依法選出而能應召集會之國民大會代表人數為計算標準，具有充分彈性，並無不足之虞，自無再繼續辦理遞補缺額之必要[22]。因此，同年3月9日同會期第6次會議討論時，除委員王寒生認為應將該廢止案交付審查外，其餘均主張逕付二讀。本案於該日下午繼續討論時，由委員趙少康提議逕付二讀，經在場委員無異議而將該案逕付二讀；經委員吳延環、趙少康發言後，即作決議：「第1屆國民大會代表出缺遞補補充條例予以廢止」[23]。

依立法院職權行使法第7條（該廢止案適用原立法院議事規則第37條）之規定，我國法律案應經三讀會議決之。但第三讀會，除發現議案內容有互相牴觸或與憲法及其他法律相牴觸者外，祇得為文字的修正。法律廢止案旨在審議法律之應否廢止，固無修正文字的必要。因此，法律廢止案向例均省略三讀。

第三項　預（決）算案

一、預算案

依預算法相關規定，立法院除有權對總預算案加以審議外，尚可議決追加（減）預算案及特別預算案。茲分述加下：

21　立法院公報，77卷，17期，民國77年2月27日，2-4頁。
22　立法院公報，77卷，20期，民國77年3月9日，143-144頁。
23　同前註，148-151頁。

(一) 總預算案

　　民國87年10月15日修正預算法改採曆年制之前，行政院依憲法第59條之規定，須於會計年度開始3個月前，即每年3月底前，將各年度中央政府總預算案函請立法院審議。嗣經該法修正後，依其第46條之規定，改於會計年度開始4個月前，即每年8月底前，行政院須將總預算案送至立法院審議，中華民國90年度中央政府總預算案，即首次按此規定處理[24]。復依預算法第48條及中央政府總預算案審查程序第2條之規定，總預算案交付審查之前，行政院院長、主計長及財政部部長須至立法院院會報告施政計畫及總預算案編製經過並備質詢。經詢答後，即決定是否交付審查。就實務以觀，時有委員提議退回總預算案。茲就立法院處理84至113年度中央政府總預算案付委情形列表如表7-2。

表7-2　立法院處理八十四至一一三年度中央政府總預算案付委情形概述表

序號	時間	屆／會／次	案由	處理結果	備註
1	83/03/25	2/3/10	因朝野協商無結論，在野黨委員杯葛84年度中央政府總預算案交付審查，由廖福本委員等提案付委。	表決交全院各委員會聯席會議審查。	
2	84/03/24	2/5/11	民進黨及新黨委員認為85年度中央政府總預算案編列違法，主張退回。	表決交全院各委員會聯席會議審查。	
3	85/04/08 85/04/19	3/1/6 3/1/8	對86年度中央政府總預算案原經院會表決交付全院各委員會聯席會議審查，復經該聯席會議決議退回院會一案。	原經院會表決交付全院各委員會聯席會議審查（3/1/6），嗣經聯席會決議退回院會，經院會再次表決交預算委員會召集全院各委員會聯席會議審查；另張俊雄委員提案退回行政院重編毋庸處理（3/1/8）。	

24　行政院於民國89年8月31日將90年度中央政府總預算案函請立法院審議，由於行政院唐院長於10月3日辭職，內閣改組。立法院乃於次（4）日經朝野協商而獲得結論，並將該結論提報10月5日第4屆第4會期第5次會議，決定：「因行政院總辭，內閣改組，為貫徹憲政精神並維護公共利益及民眾福祉，請行政院就90年度中央政府總預算案及施政計畫重行檢討後，再函送本院審議。」立法院即於當日將上述決定函請行政院辦理，行政院為尊重立法院朝野黨團協商結論，經該院第2702次會議決議予以撤回重編，並於同年10月7日函請立法院撤回，俟重新檢討後，再送請審議。

序號	時間	屆/會/次	案由	處理結果	備註
4	86/03/14	3/3/6	李俊毅委員對87年度中央政府總預算案交付全院各委員會聯席會議審查之朝野協商結論表示異議。	表決交全院各委員會聯席會議審查。	該年度中央政府總預算案未經行政院長、主計長及財政部長列席報告即付委。
5	88/03/16	4/1/3	民進黨及新黨委員提案退回88年下半年及89年度中央政府總預算案。	左列委員提案因與上次會議朝野協商結論所作院會決定不符,經主席裁示不予處理,提案委員對該裁示異議,嗣經表決未通過,仍依朝野協商結論付委。	
6	89/11/10	4/4/13	因行政院內閣總辭,行政院撤回90年度中央政府總預算案重行檢討後,再函送本院審議。	行政院89年10月21日將檢討後之該預算案重新送請本院審查,經排入89年10月27日第4屆第4會期第9次院會議程,嗣因發生行政院逕行宣布停建核四風波,本年度之預算案並未依規定,邀請行政院院長、主計長、財政部部長列席報告90年度施政計畫及編製經過並備質詢;逕於同年11月10日同會期第13次會議交付全院各委員會聯席會議審查。	鑒於行政院自行宣佈核四停建,因而導致停建損失約30多億元,本院另決議:「90年度台電公司附屬單位預算案修正案,俟核四釋憲案完成後,送立法院審議。行政院或經濟部不得要求補償相關事宜併入決算辦理。」,行政院隨即於90年3月8日檢送台電公司修正預算案及隨同修正之「90年度中央政府總預算案附屬單位預算及綜

序號	時間	屆／會／次	案由	處理結果	備註
					計表（營業及非營業部分）」，函請本院併案審議。
7	90/10/30	4/6/6	國民黨黨團提案要求對91年度中央政府總預算案，行政院應補提修正案。	因國民黨黨團認為行政院所送預算案存有諸多違反法令及立法院決議，與依法行政及大法官會議第419號解釋理由書之精神牴觸，乃提案要求行政院補送相關修正案，嗣經協商決定，請行政院於11月底前將修正案函送本院；惟行政院未依上述決定提出修正案，僅於同年11月29日函送立法院：「對立法院決議請行政院重新修正91年度中央政府總預算案之說明」；本院議事處依當時黨團協商會議默契（即不提修正案亦不反對）於次（30）日函請預算及決算委員會召集全院各委員會聯席會議併案審查「91年度中央政府總預算案」及「行政院函送對本院決議請行政院重新修正91年度中央政府總預算案之說明」。	
8	91/10/04	5/2/2	92年度中央政府總預算案。	本案於9月27日第2會期第2次會議，邀請行政院院長、主計長、財政部部長列席報告92年度施政計畫及編製經過並備質詢。於同年10月8日詢答後，即交付全院各委員會聯席會議審查。	

序號	時間	屆/會/次	案由	處理結果	備註
9	92/10/14	5/4/5	93年度中央政府總預算案。	本案經院會決議： 一、93年度中央政府總預算案中，涉及相關法律規定必須重新檢討之處，請行政院於10月20日前將修正案函送本院，併同本案交預算及決算委員會召集全院各委員會聯席會議審查。 二、有關公共建設計畫所需後續經費236億元及投資農業金庫未編足98億元經費，行政院如未納入前述修正案時，為維護財政紀律，嗣後不得以追加預算或特別預算再編列相關預算函送本院審議。	針對本院上述決議，行政院於92年10月20日僅函送「93年度中央政府總預算案」之說明資料乙份，並未依決議提出該預算之修正案，並對外表示立法院違法違憲，致引發爭議。
10	93/10/01	5/6/4	94年度中央政府總預算案。	本案於93年9月24日朝野黨團協商決定：定於10月1日及10月5日邀請行政院院長、主計長及財政部部長列席報告編製經過並備詢，嗣經行政院院長於是日報告後即交由預算及決算委員會召集全院各委員會聯席會議審查。	
11	94/09/30	6/2/4	95年度中央政府總預算案。	本案於94年9月26日朝野黨團協商決定：定於9月30日及10月4日邀請行政院院長、主計長及財政部部長列席報告編製經過並備詢，嗣經行政院院長於是日報告後即交由預算及決算委員會召集全院各委員會聯席會議審查。	

序號	時間	屆/會/次	案由	處理結果	備註
12	95/09/30	6/4/2	96年度中央政府總預算案。	本案於95年9月25日朝野黨團協商決定：定於9月29日及10月3日邀請行政院院長、主計長及財政部部長列席報告編製經過並備詢，嗣經行政院院長於是日報告後即交由預算及決算委員會召集全院各委員會聯席會議審查。	
13	96/09/28	6/6/4	97年度中央政府總預算案。	本案於96年9月17日朝野黨團協商決定：定於9月28日及10月2日邀請行政院院長、主計長及財政部部長列席報告編製經過並備詢，嗣經行政院院長於是日報告後即交由預算及決算委員會召集全院各委員會聯席會議審查。	
14	97/9/19	7/2/1	98年度中央政府總預算案	協商定期邀請行政院院長、主計長、財政部部長列席報告98年度施政計畫及編製經過，並備質詢；於同年9月30日詢答完畢，民進黨團以預算編列不實為由，提議退回行政院重編，經表決不通過，決定交財政委員會依分配表及日程分送各委員會審查。	
15	98/10/2	7/4/3	99年度中央政府總預算案	一、協商定期邀請行政院院長、主計長、財政部部長列席報告99年度施政計畫及編製經過，並備質詢；詢答完畢後即交審查。 二、同意行政院撤回原送之「99年度中央政府總預算案」。 三、重送預算案經於同年10月7日詢答完畢，交財政委員會依分配表及日程分送各委員會審查。	行政院於98年8月31日函請本院審議中華民國99年度中央政府總預算案，嗣因內閣改組，經該院第3162次院會決議予以撤回重新檢討，並於同年9月24日重行函請本院審議。

序號	時間	屆/會/次	案由	處理結果	備註
16	99/10/1	7/6/2	100年度中央政府總預算案	協商定期邀請行政院院長、主計長、財政部部長列席報告100年度施政計畫及編製經過，並備質詢；同年10月13日詢答完畢，交財政委員會依分配表及日程分送各委員會審查。	
17	100/9/16	7/8/1	101年度中央政府總預算案	協商定期邀請行政院院長、主計長、財政部部長列席報告101年度施政計畫及編製經過，並備質詢；同年9月27日詢答完畢，交財政委員會依分配表及日程分送各委員會審查。	
18	101/9/28	8/2/2	102年度中央政府總預算案	協商定期舉行本院會議，邀請行政院院長、主計長、財政部部長列席報告102年度施政計畫及編製經過，並備質詢；同年10月16日詢答完畢，交財政委員會依分配表及日程分送各委員會審查。	
19	102/9/24	8/4/2	103年度中央政府總預算案	102年10月1日協商決定交財政委員會依分配表及日程分送各委員會審查；函請行政院將編製經過相關書面報告送至本院分送各委員參考。	行政院院長、主計長、財政部部長未列席院會報告總預算案編製經過。
20	103/9/12	8/6/1	104年度中央政府總預算案	協商定期舉行本院會議，邀請行政院院長、主計長、財政部部長列席報告104年度施政計畫及編製經過，並備質詢；同年10月21日詢答完畢，交財政委員會依分配表及日程分送各委員會審查。	103年12月內閣改組，行政院未重編104年度總預算案，亦未提出總預算之修正案。

序號	時間	屆/會/次	案由	處理結果	備註
21	104/9/15	8/8/1	105年度中央政府總預算案	協商定期舉行本院會議，邀請行政院院長、主計長、財政部部長列席報告105年度施政計畫及編製經過，並備質詢；同年9月22日詢答完畢，交財政委員會依分配表及日程分送各委員會審查。	
22	105/9/13	9/2/1	106年度中央政府總預算案	協商定期舉行本院會議，邀請行政院院長、主計長、財政部部長列席報告106年度施政計畫及編製經過，並備質詢；同年9月27日詢答完畢，交財政委員會依分配表及日程分送各委員會審查。	
23	106/9/29	9/4/2	107年度中央政府總預算案	一、協商定期舉行本院會議，邀請行政院院長、主計長、財政部部長列席報告107年度施政計畫及編製經過，並備質詢；詢答完畢後即交審查。 二、同意行政院撤回原送之「107年度中央政府總預算案（含附屬單位預算及綜計表－營業及非營業部分）」。 三、同年10月17日詢答完畢，交財政委員會依分配表及日程分送各委員會審查。	行政院於106年8月31日函請本院審議中華民國107年度中央政府總預算案，嗣因內閣改組，經該院第3566次院會決議予以撤回重新檢討，並於同年9月19日重行函請本院審議。
24	107/10/26	9/6/6	108年度中央政府總預算案	協商定期舉行本院會議，邀請行政院院長、主計長、財政部部長列席報告108年度施政計畫及編製經過，並備質詢；同年10月30日詢答完畢，交財政委員會依分配表及日程分送各委員會審查。	

序號	時間	屆/會/次	案由	處理結果	備註
25	108/09/20	9/8/2	109年度中央政府總預算案	協商定期舉行本院會議,邀請行政院院長、主計長、財政部部長列席報告109年度施政計畫及編製經過,並備質詢;同年9月24日詢答完畢,交財政委員會依分配表及日程分送各委員會審查。	
26	109/09/18	10/2/1	110年度中央政府總預算案	協商定期舉行本院會議,邀請行政院院長、主計長、財政部部長列席報告111年度施政計畫及編製經過,並備質詢;同年9月29日詢答完畢,交財政委員會依分配表及日程分送各委員會審查。	
27	110/09/17	10/4/1	111年度中央政府總預算案	協商定期舉行本院會議,邀請行政院院長、主計長、財政部部長列席報告111年度施政計畫及編製經過,並備質詢;同年10月22日詢答完畢,交財政委員會依分配表及日程分送各委員會審查。	
28	111/09/23	10/6/1	112年度中央政府總預算案	協商定期舉行本院會議,邀請行政院院長、主計長、財政部部長列席報告112年度施政計畫及編製經過,並備質詢;同年10月4日詢答完畢,交財政委員會依分配表及日程分送各委員會審查。	
29	112/09/22	10/8/1	113年度中央政府總預算案	協商定期舉行本院會議,邀請行政院院長、主計長、財政部部長列席報告113年度施政計畫及編製經過,並備質詢;同年10月3日詢答完畢,交財政委員會依分配表及日程分送各委員會審查。	

　　就表7-2觀之，除87年度、90年度及103年度中央政府總預算案未經行政院院長等列席報告即付委外，其餘均於行政院院長、主計長及財政部部長列席報告並備詢後，予以付委。

　　總預算案交付審查後，依原審查程序第3條之規定，應由預算及決算委員會召開全院各委員會聯席會議，依12組決定分組審查辦法及審查日程；而民國96年12月7日修正中央政府總預算案審查程序，改由財政委員會依該審查程序相關規定由其研擬年度總預算案審查日程及審查分配表提報院會後，即依分配表及日程將預算書分送各委員會審查；各委員會審查總預算案完竣後，再由財政委員會彙總整理提出年度總預算案審查總報告於院會；如發現各委員會審查意見相互牴觸時，應將相互牴觸部分併列總報告中。再經院會二讀、三讀後，始完成立法程序。茲將中華民國113年度中央政府總預算案（含附屬單位預算及綜計表—營業部分及非營業部分）審查分配表及日程列表如表7-3及表7-4[25]。

表7-3　中華民國一一三年度中央政府總預算案（含附屬單位預算及綜計表—營業及非營業部分）審查分配表

審查委員會	審查機關別及款項別	非營業基金別	營業基金別
內政委員會	行政院、原住民族委員會、原住民族文化發展中心、客家委員會及所屬、中央選舉委員會及所屬、大陸委員會、不當黨產處理委員會。內政部、國土管理署及所屬、警政署及所屬、中央警察大學、消防署及所屬、國家公園署及所屬、移民署、建築研究所、空中勤務總隊。海洋委員會、海巡署及所屬、海洋保育署、國家海洋研究院。	作業基金： 營建建設基金、實施平均地權基金。原住民族綜合發展基金。 特別收入基金： 新住民發展基金、研發及產業訓儲替代役基金、警察消防海巡移民空勤人員及協勤民力安全基金、國土永續發展基金。 信託基金： 黃瑞景先生獎學基金、胡原洲女士獎（助）學基金、在校學生獎學基金、誠園獎學基金、劉竹琛先生警察子女獎學基金。	

25　參閱立法院第10屆第8會期第2次會議議案關係文書，報1-6頁。

審查委員會	審查機關別及款項別	非營業基金別	營業基金別
外交及國防委員會	外交部、領事事務局、外交及國際事務學院。國防部、國防部所屬（含國家安全局）。僑務委員會。國軍退除役官兵輔導委員會。	作業基金： 　國軍生產及服務作業基金、國軍老舊眷村改建基金、國防醫學院軍事教育基金。國軍退除役官兵安置基金、榮民醫療作業基金。 資本計畫基金： 　國軍營舍及設施改建基金。 信託基金： 　莊守耕公益基金、受理捐贈僑生獎助學金及艱困地區僑民學校師資輔助金基金。	
經濟委員會	國家發展委員會、檔案管理局。公平交易委員會。經濟部、產業發展署、國際貿易署、標準檢驗局及所屬、智慧財產局、水利署及所屬、商業發展署、中小及新創企業署、產業園區管理局及所屬、地質調查及礦業管理中心、能源署。農業部、林業及自然保育署及所屬、農村發展及水土保持署及所屬、農業試驗所及所屬、林業試驗所、水產試驗所、畜產試驗所及所屬、獸醫研究所、農業藥物試驗所、生物多樣性研究所、茶及飲料作物改良場、種苗改良繁殖場、7個區農業改良場、漁業署及所屬、動植物防疫檢疫署及所屬、農業金融署、農糧署及所屬、農田水利署、農業科技園區管理中心。	作業基金： 　行政院國家發展基金。經濟作業基金、水資源作業基金。農業作業基金、農田水利事業作業基金。 特別收入基金： 　離島建設基金、花東地區永續發展基金、促進轉型正義基金。經濟特別收入基金、核能發電後端營運基金。農業特別收入基金。反托拉斯基金。 信託基金： 　農民退休基金。	台灣糖業公司、台灣中油公司、台灣電力公司、台灣自來水公司。
財政委員會	主計總處。審計部、審計部臺北市審計處、審計部新北市審計處、審計部桃園市審計處、審計部臺中市審計處、審計部臺南市審計處、審計部高雄市審計處。財政	債務基金： 　中央政府債務基金。 特別收入基金： 　金融監督管理基金。 信託基金： 　保險業務發展基金。	中央銀行（含中央造幣廠、中央印製廠）。中國輸出入銀行、臺灣金融控股公司（含臺灣銀行公司、臺銀人壽

審查委員會	審查機關別及款項別	非營業基金別	營業基金別
	部、國庫署、賦稅署、臺北國稅局、高雄國稅局、北區國稅局及所屬、中區國稅局及所屬、南區國稅局及所屬、關務署及所屬、國有財產署及所屬、財政資訊中心。金融監督管理委員會、銀行局、證券期貨局、保險局、檢查局。直轄市及縣市政府。調整軍公教人員待遇準備。災害準備金。第二預備金。融資財源調度。		保險公司、臺銀綜合證券公司）、臺灣土地銀行公司、財政部印刷廠、臺灣菸酒公司。中央存款保險公司。
教育及文化委員會	中央研究院。國立故宮博物院。核能安全委員會及所屬。教育部、國民及學前教育署、體育署、青年發展署、國家圖書館、國立公共資訊圖書館、國立教育廣播電臺、國家教育研究院。文化部、文化資產局、影視及流行音樂產業局、國立傳統藝術中心、國立臺灣美術館及所屬、國立臺灣工藝研究發展中心、國立臺灣博物館、國立臺灣史前文化博物館、國家人權博物館、國立臺灣歷史博物館、國立臺灣文學館。國家科學及技術委員會、新竹科學園區管理局、中部科學園區管理局、南部科學園區管理局。	作業基金： 47所國立大學校院校務基金、國立臺灣大學附設醫院作業基金、國立成功大學附設醫院作業基金、國立陽明交通大學附設醫院作業基金、教育部所屬機構作業基金、國立高級中等學校校務基金。科學園區管理局作業基金。國立文化機構作業基金。故宮文物藝術發展基金。 特別收入基金： 中央研究院科學研究基金。行政院國家科學技術發展基金。學產基金、運動發展基金、私立高級中等以上學校退場基金。核子事故緊急應變基金。文化發展基金。	
交通委員會	國家通訊傳播委員會、國家運輸安全調查委員會、公共工程委員會。交通部、民用航空局、中央氣象署、觀光署及所屬、運輸研究所、公路局及所屬、鐵道局及所屬、航港局。數位發展部、資通安全署、數位產業署。	作業基金： 交通作業基金。 特別收入基金： 航港建設基金。通訊傳播監督管理基金、有線廣播電視事業發展基金。	中華郵政公司、國營臺灣鐵路公司、臺灣港務公司（含臺灣港務港勤公司、高雄港區土地開發公司）、桃園國際機場公司。

審查委員會	審查機關別及款項別	非營業基金別	營業基金別
司法及法制委員會	總統府、國家安全會議、國史館、國史館臺灣文獻館。人事行政總處、公務人力發展學院。立法院。司法院、最高法院、最高行政法院、臺北高等行政法院、臺中高等行政法院、高雄高等行政法院、懲戒法院、法官學院、智慧財產及商業法院、臺灣高等法院及4個分院、20個臺灣地區地方法院、臺灣高雄少年及家事法院、福建高等法院金門分院、福建金門地方法院、福建連江地方法院。考試院、考選部、銓敘部、公務人員保障暨培訓委員會、國家文官學院及所屬、公務人員退休撫卹基金管理局。監察院。法務部、司法官學院、法醫研究所、廉政署、矯正署及所屬、行政執行署及所屬、最高檢察署、臺灣高等檢察署及4個檢察分署、臺灣高等檢察署智慧財產檢察分署、20個臺灣地區地方檢察署、福建高等檢察署金門檢察分署、福建金門地方檢察署、福建連江地方檢察署、調查局。	作業基金： 法務部矯正機關作業基金。考選業務基金。 特別收入基金： 毒品防制基金。 信託基金： 中央公教人員急難救助基金。公務人員退休撫卹基金、公教人員個人專戶制退撫儲金基金。	
社會福利及衛生環境委員會	勞動部、勞工保險局、勞動力發展署及所屬、職業安全衛生署、勞動基金運用局、勞動及職業安全衛生研究所。衛生福利部、疾病管制署、食品藥物管理署、中央健康保險署、國民健康署、社會及家庭署、國家中醫藥研究所。環境部、氣候變遷署、資源循環署、化學物質管理署、環境管理署、國家環境研究院。	作業基金： 勞工保險局作業基金。醫療藥品基金、管制藥品製藥工廠作業基金、全民健康保險基金、國民年金保險基金。 特別收入基金： 就業安定基金。衛生福利特別收入基金。環境保護基金。 信託基金： 勞工退休基金（舊制）、勞工退休基金（新制）、積欠工資墊償基金。資源	

審查委員會	審查機關別及款項別	非營業基金別	營業基金別
		回收管理基金—信託基金部分、清潔人員執行職務死亡濟助基金。	

備註：

1. 本表係依據中央政府總預算案審查程序第3條規定研擬，並配合中央政府各機關組織變動予以調整。
2. 中華民國113年度中央政府總預算案歲入部分，行政院項下有關(1)行政院國家發展基金賸餘繳庫部分，由經濟委員會審查。(2)中央銀行股息紅利繳庫部分，由財政委員會審查。
3. 外交部、國防部及僑務委員會主管機密預算部分，由外交及國防委員會舉行秘密會議進行審查。

表7-4　中華民國一一三年度中央政府總預算案（含附屬單位預算及綜計表—營業及非營業部分）審查日程表

工作項目	日程
中華民國113年度中央政府總預算案（含附屬單位預算及綜計表—營業及非營業部分）審查分配表及審查日程提報院會後，院會將審查分配表及審查日程交付財政委員會，並由議事處函達財政委員會。	112/10/3(二)以前
財政委員會通函各委員會進行審查。	10/3(二)以前
各委員會進行審查公務預算部分。	10/4(三)～11/2(四)
各委員會擬具公務預算部分之審查報告，並送財政委員會彙總。	11/8(三)以前
各委員會進行審查附屬單位預算營業及非營業部分。	11/6(一)～11/30(四)
財政委員會核算、彙總、整理公務預算部分各委員會之審查報告，並擬具審查總報告。	11/9(四)～11/14(二)
公務預算部分審查總報告送交印刷所付印。	11/15(三)
財政委員會舉行全體委員會議討論公務預算部分審查總報告，並提報院會。	11/16(四)
各委員會擬具附屬單位預算營業及非營業部分之審查報告，並送財政委員會彙總。	12/6(三)以前
財政委員會核算、彙總、整理各委員會附屬單位預算之審查報告，並擬具營業及非營業部分審查總報告後，送交印刷所付印。	12/7(四)～12/13(三)
財政委員會舉行全體委員會議討論附屬單位預算營業及非營業部分審查總報告並提報院會。	12/14(四)以前

說明：

1. 因停會、加開院會或其他影響總預算案審查時程之事由，致本審查日程須配合順延時，授權財政委員會修正，並通函其他委員會知照。
2. 各委員會對於所審查之公務、營業及非營業預算，若有提前審竣之部分，請先將該部分之審查報告送財政委員會彙總。

　　立法院審查總預算案時，依憲法第70條及司法院釋字第264號解釋（容於追加減預算案再予論述）之規範，固不得為增加支出的提議。但可否在不變動總預算金額之前提下，對中央政府各機關所編列預算的數額在科目間酌予移動增減並追加或削減原預算的項目？此於立法院審查中華民國83年度中央政府總預算案時，對上述情事發生疑義。乃由立法委員陳水扁等23人及洪昭男等24人分別於第2屆第1會期第12次會議提案，經併案討論決議：「函請司法院解釋」[26]。司法院大法官於民國84年12月8日以釋字第391號予以解釋。該號解釋云：

　　「立法院依憲法第63條之規定有審議預算案之權，立法委員於審議中央政府總預算案時，應受憲法第70條『立法院對於行政院所提預算案，不得為增加支出之提議』之限制及本院相關解釋之拘束，雖得為合理之刪減，惟基於預算案與法律案性質不同，尚不得比照審議法律案之方式逐條逐句增刪修改，而對各機關所編列預算之數額，在款項目節間移動增減並追加或削減原預算之項目。蓋就被移動增加或追加原預算之項目言，要難謂非上開憲法所指增加支出提議之一種，復涉及施政計畫內容之變動與調整，易導致政策成敗無所歸屬，責任政治難以建立，有違行政權與立法權分立，各本所司之制衡原理，應為憲法所不許。」[27]

　　依上解釋，大法官不採預算同一性及國會機能說而同意立法院有於科目間移動增減並追加或削減原預算的項目；反從權力分立的觀點出發，認為立法院審議預算，本具有監督行政計畫的作用，若許立法機關審議各單位預算的數額，在科目間酌予移動增減或追加其項目，實有變動施政內容影響施政目標的可能，結果將導致混亂責任政治，違反立法權與行政權分立之憲政原理[28]。因此，立法院在審議總預算案時，不可在不變動總預算金額之前提下，對中央政府各機關所編列預算的數額在科目間酌予移動增減並追加或削減原預算的項目。

26　參閱立法院第2屆第1會期第12次會議，議事錄，29-30頁。
27　總統府公報，台北，第6075號，民國85年1月24日，6頁。
28　參閱古登美、沈中元、周萬來：《立法理論與實務》，修訂4版，台北：國立空中大學，民國94年1月，62-63頁。

(二) 追加（減）預算案

依預算法第79條之規定，各機關如有(1)依法律增加業務或事業致增加經費時，(2)依法律增設新機關時，(3)所辦事業因重大事故經費超過法定預算時，(4)依有關法律應補列追加預算者的情形之一，均得請求提出追加預算。茲就79年度中央政府追加（減）預算案加以說明。行政院因79年度中央政府總預算有關軍公教人員年終工作獎金，係依往例按發給1個月之薪給數額編列，與77年公民營事業機構年終獎金相較，顯現偏低，乃決定78年軍公教人員再增發半個月工作獎金。又農民健康保險條例使中央應負擔保費大幅增加；加諸台灣地區78年7月至9月間遭受地區性豪雨及莎拉颱風侵襲，造成嚴重災害，須辦理救助及復建工作，亦須由中央補助甚大數額而非第二預備金所能支應。另配合司法院、法務部及環境保護署預定於79年初分別成立新單位，以及教育部所屬國立台灣海洋學院等5院已分別自78年7月1日及8月1日起改制為大學，並適時吸收民間游資需要，中央持有之第一、華南及彰化等3銀行股票，亟須出售，乃於民國78年10月18日函請立法院審議「79年度中央政府追加（減）預算案」[29]。經同年12月5日第1屆第84會期第16次會議聽取行政院院長、主計長及財政部部長報告編製經過並答復質詢後，即依中央政府總預算案審查程序第8條之規定，決定：「中華民國79年度中央政府追加（減）預算案交預算委員會會同有關委員會審查」。預算委員會於12月11日及13日分別會同相關委員會審查。審查結果均照列，並提報同年12月29日同會期第26次會議討論。二讀、三讀均照列。惟該案通過後，即由委員黃河清等13人提案，請院會決議：「請行政院在本（79）年度再加發半個月公教人員年終工作獎金，以激勵士氣，其預算再行追加」，經議決照案通過[30]。

立法院所作上開決議後，行政院迭據輿情及學者、專家論評，多認為該決議涉及政府支出的增加，而與憲法第70條規定不無牴觸之嫌；且該決議文內亦敘有「其預算再行追加」字樣，本質上自屬增加預算支出。此事涉憲法第70條之適用疑義，為避免牴觸憲法，乃於民國79年2月10日函請司法院大法官會議解釋[31]。司法院於同年7月27日議決釋字第264號解釋。該號解釋云：

---

29 參閱立法院第1屆第84會期第15次會議，議案關係文書，報115-116頁。
30 立法院公報，78卷，104期，民國78年12月30日，160-165頁。
31 總統府公報，台北，第5286號，民國79年8月10日，2-3頁。

「憲法第70條規定：『立法院對於行政院所提預算案，不得爲增加支出之提議』，旨在防止政府預算膨脹，致增人民之負擔。立法院第84會期第26次會議決議：『請行政院在本（79）年度再加發半個月公教人員年終獎金，以激勵士氣，其預算再行追加』，係就預算案爲增加支出之提議，與上述憲法規定牴觸，自不生效力。」[32]

依上述解釋，委員黃河清等13人提案所作決議，因係增加支出，乃不生效力。

(三) 特別預算案

依預算法第83條之規定，如有(1)國防緊急設施或戰爭，(2)國家經濟重大變故，(3)重大災變，(4)不定期或數年1次之重大政事情事之一者，行政院均得於年度總預算外，提出特別預算。有關審查程序，與追加（減）預算案同。茲舉中央政府採購高性能戰機特別預算案加以說明。由於採購高性能戰機，爲確保國防安全之緊急設施，行政院依預算法第75條（已修正爲第83條）第1款之規定，於民國82年3月19日併同83年度總預算案函請立法院審議[33]。該案經同年3月30日第2屆第1會期第1次秘密會議及7月6日第44次會議邀請行政院院長、主計長、財政部部長及國防部部長報告編製經過並備質詢，於詢答後，決定：「交預算、財政、國防三委員會審查」[34]。

預算委員會於同年7月12日會同財政、國防委員會舉行聯席會議進行審查，於相關部會首長就該案編製經過及內容加以說明並答復質詢後，經詳加討論後，爲平衡收支，減列15億元，並將審查報告提報院會。同會期第50次院會討論該案時，二讀與三讀均照審查報告通過[35]。

有關採購高性能戰機所需經費，第1年（82年度）所需經費165億元，曾以總預算追加（減）預算案方式編製送審，其餘部分依上述特別預算案方式編製送審。委員彭百顯等59人於民國84年5月19日就「審議預算時，認爲行政院及省市政府所編列之特別預算案，與預算法第75條規定不合，且有規避憲法第

32　同前註，2頁。
33　參閱立法院第2屆第1會期第10次會議，議案關係文書，報1-3頁。
34　立法院第2屆第1會期第44次會議，議事錄，75頁。
35　立法院公報，82卷，49(上)期，民國82年7月24日，49-52頁。

164條之嫌，提請決議，送請司法院解釋」之提案中，對採購高性能戰機的預算編製方式，即指出所需經費已於第1年以總預算案追加（減）預算案方式編製送審，則非屬國防緊急設施，與特別預算所定要件不合，不符編列特別預算。該提案經提同年5月30日第2屆第5會期第24次會議，決議：「函請司法院解釋」，並於同年6月12日函請司法院[36]。

司法院大法官於民國87年9月11日就委員彭百顯等59人、委員陳漢強等85人及委員李慶華等119人聲請解釋案併同作成釋字第463號解釋。該號解釋理由書中略謂：

「所謂預算總額，係指政府編製年度總預算時所列之歲出總額而言，並不包括特別預算在內，業經本院釋字第77號、第231號分別解釋在案。政府就未來1年間之計畫所預期之收入及支出編列預算，以使國家機關正常運作，並規範國家之財政，原則上應制定單一之預算。惟爲因應特殊緊急情況，有預算法第75條各款規定之情形時，行政院得於年度總預算外另提出特別預算，其審議依預算法第76條爲之。如多數立法委員審議特別預算時認有不符法定條件者，自得決議刪除，或要求行政院重新編製。」[37]

依此解釋，行政院爲因應特殊緊急情況，且有預算法第83條（原條文爲第75條）各款情形之一時，得於年度總預算外另提出特別預算。但立法院審議該特別預算案時，如認爲不符法定條件，自可決議刪除，或要求行政院重編。

二、決算審核報告案

依憲法第105條及決算法第27條之規定，審計長應於行政院提出決算[38]後3個月內，依法完成審核，並提出審核報告於立法院；而立法院就審核報告中有關預算之執行、政策之實施及特別事件之審核、救濟等事項予以審議。

決算審核報告案函請立法院審議後，依中央政府總決算審核報告案審查程序第2條之規定，由立法院定期邀請審計長列席院會報告審核經過並備諮詢。詢答後，依上述程序第3條之規定，交財政委員會會同有關委員會審查（民國96年12月7日修正前爲預算及決算委員會會同有關委員會審查）。茲舉中華民

---

36 參閱總統府公報，台北，第6245號，民國87年11月11日，37-43頁。
37 同前註，35-36頁。
38 依憲法第60條之規定，行政院應於會計年度結束後4個月內，提出決算於監察院。

國85年度中央政府總決算審核報告案加以說明。該審核報告案函請立法院後，由立法院邀請審計長於第3屆第3會期第11次會議報告審核經過並備諮詢，計有委員林政則等10位提出口頭諮詢，並由審計長蘇振平答復。其中多位委員指出立法院審議決算審核報告案，僅為聊備一格，無法發揮立法功能。該案詢答後，即決定：「交預算委員會會同有關委員會審查」[39]。

預算委員會依民國84年12月11日協商結論，將該案審查方式比照總預算案審查辦法分組審查；於民國86年4月10日、5月28日及87年3月16日、4月22日、4月24日及4月27日會同有關委員會審查總決算部分，於民國86年4月14日及87年3月16日、4月23日會同有關委員會審查營業決算部分。審查時，就有關(1)預算之執行，(2)政策之實施，(3)財產之管理及(4)特別事件之審核加以認定，並決議：准予備查，提報院會。

就上述審議過程，可知立法院對於決算審核報告案向未予重視，多數委員認為審議決算審核報告案並無效用，僅聊備一格。殊不知決算之審議，才能獲悉行政機關年度內的作為，洞知預算有無被誤用、濫用的情形，且可以之作為新預算審議刪減的依據。

第四項　戒（解）嚴案

前已述及，立法院共通過12件戒嚴案，均為民國37年至38年間所宣告。茲列表如表7-5[40]：

表7-5　立法院通過戒嚴案件概述表

序號	戒嚴案由	通過追認日期	備註
1	甘肅天水及西峰鎮分別於4月30日及28日起宣告臨時戒嚴	37/06/29	各該地區旋即解嚴
2	四川廣元城廂自37年4月29日起宣告戒嚴	37/07/24	37/05/21宣告解嚴
3	濟南市及第2綏靖區自37年8月5日起宣告戒嚴	37/09/17	
4	青島外圍自37年6月20日起宣告臨時戒嚴	37/11/26	
5	首都衛戍區自37年11月10日起宣告臨時戒嚴	37/12/10	

39　參閱立法院公報，86卷，13(上)期，民國86年4月5日，51-69頁。

40　同註2。

序號	戒嚴案由	通過追認日期	備註
6	上海市自37年11月11日起宣告臨時戒嚴	37/12/10	
7	衢州綏靖區自37年11月10日起至12月31日止宣告臨時戒嚴	37/12/10	
8	蕪湖指揮所轄區及江寧東流間江面宣告自37年11月12日午夜12時起臨時戒嚴	37/12/17	
9	全國各省市除新疆、西康、青海、台灣及西藏外宣告戒嚴	37/12/21	
10	武漢等5區宣告戒嚴	37/12/31	
11	蘇皖鄂3省南部各縣及湘贛浙閩粵桂6省自38年7月7日宣告戒嚴	38/09/30	
12	全國包括海南島台灣宣告戒嚴	39/03/14	

依表7-5以觀，上述12件戒嚴案，均因中共倡亂，而將有關地區劃作接戰或戒備地區。嗣經撤退台灣後，台灣地區仍繼續執行戒嚴。直至民國76年7月經委員蔡勝邦及行政院提請立法院審議台灣地區解嚴，經決議解除戒嚴，並經總統宣告台灣地區自民國76年7月15日零時起解嚴。茲就上述第12案之戒嚴案及台灣地區解除戒嚴案分述如下：

一、全國包括海南島台灣宣告戒嚴案

行政院為將全國包括海南島台灣一併劃作接戰區域，實施戒嚴，乃於民國38年11月22日，咨請立法院追認。據其咨文，略謂：「查蘇南、皖南、鄂南各縣及湘、贛、浙、閩、粵、桂6省全部一併劃作接戰地區，業經總統於本年7月7日公布在案。茲據國防部代電：為匪軍深入我東南及西北各省，而海南島、台灣、雲南、西康各地猶深藏隱憂，為加強戰備，用挽危局計，請將全國包括海南島及台灣一併劃作接戰地區，實施戒嚴等情一案，提經本年11月2日本院第94次會議決議通過在案。除呈請公布外，咨請查照。」該戒嚴案經提民國39年2月24日第1屆第5會期第1次會議，決定：交國防委員會審查[41]。

國防委員會於民國39年3月9日該會第5會期第1次會議審查該案，經審查決議：「予以追認」，並將審查結果提報院會。該案經提報同年3月14日第1屆第5會期第6次會議，經討論議決：「照審查報告予以追認」[42]。

---

41 同註2。
42 同註2。

二、台灣地區解除戒嚴案

民國76年6月26日第1屆第79會期第36次會議，委員蔡勝邦等43人依憲法第39條：「……立法院認為必要時，得決議移請總統解嚴」之規定，提請院會議決：「解除本院追認對於台澎地區之戒嚴令」，並呈請總統宣告解嚴之臨時提案，經決議：「列為延會案，交程序委員會定期討論」，並由程序委員會列入同年7月7日同會期第40次會議討論事項第2案。而行政院亦於同年7月3日函請立法院審議「台灣地區解嚴案」，經程序委員會將該案編入上述會議報告事項第2案，並建請院會逕付二讀；經院會決定：「本案列為討論事項第3案，與委員蔡勝邦等43人臨時提案合併逕付二讀」[43]。

院會討論上述解嚴案時，發言委員均表贊成，望能儘速通過該解嚴案。乃於委員發言完畢後，無異議通過該案，決議：「台灣地區戒嚴予以解除，咨請總統宣告解嚴。」[44]

第五項　緊急命令追認案

前已述及，立法院僅處理通過1件緊急命令追認案。即總統為台灣地區於民國88年9月21日遭遇前所未有的強烈地震，其中台中縣、南投縣全縣受創甚深，台北市、台北縣、苗栗縣、台中市、彰化縣、雲林縣及其他縣市亦有重大之災區及災戶，民眾生命、身體及財產蒙受重大損失，影響民生至鉅，災害救助、災民安置及災後重建，刻不容緩。爰經行政院會議之決議，於9月25日，依中華民國憲法增修條文第2條第3項規定，發布緊急命令[45]，並於同日咨請立

43　立法院公報，76卷，54期，民國76年7月8日，2-7及33-35頁。

44　同前註，35-40頁。

45　此次發布之緊急命令，共有12點，其內容為：(1)中央政府為籌措災區重建之財源，應縮減暫可緩支之經費，對各級政府預算得為必要之變更，調節收支移緩救急，並在新台幣800億元限額內發行公債或借款，由行政院依救災、重建計畫統籌支用，並得由中央各機關逕行執行，必要時得先行支付其一部分款項。前項措施不受預算法及公共債務法之限制，但仍應於事後補辦預算。(2)中央銀行得提撥專款，供銀行辦理災民重建家園所需長期低利、無息緊急融資，其融資作業由中央銀行予以規定，並管理之。(3)各級政府機關為災後安置需要，得借用公有非公用財產，其借用期間由借用機關與管理機關議定，不受國有財產法第40條及地方財產管理規則關於借用期間之限制。各級政府機關管理之公有公用財產，適於供災後安置需要者，應即變更為非公用財產，並依前項規定辦理。(4)政府為安置受災戶，興建臨時住宅並進行災區重建，得簡化行政程序，不受都市計畫法、區域計畫法、環境影響評估法、水土保持法、建築法、土地法及國有財產法有關規定之限制。(5)中央政府為執行災區交通及公共工程之搶修及重建工作，凡經過都市計畫區、山坡地、森林、河川及國家公園等範圍，得簡化行政程序，不受各該相關法令及環保法令有關規定之限制。(6)災民因本次災害申請補發證照書件或辦理繼承登記，得免繳納各項規費，並由主管機關簡化作業規定。(7)中央政府為迅速執行救災、安置及重建工

法院追認。立法院即依相關規定進行處理。茲依黨團協商、提報院會、全院委員會審查及無記名投票表決（民國113年6月24日公布修正為記名投票表決）分述如下：

一、黨團協商

依立法院職權行使法第68條第1項及第69條第1項之規定，王金平院長於收到咨文後，即於同年9月27日上午召開朝野黨團協商會議，就該緊急命令的追認案進行協商，獲致多項結論：「(1)緊急命令之追認，定於9月28日上午進行全院委員會審查，審查完畢立即改開院會，以無記名投票表決。院會表決前，不再發言。(2)全院委員會審查時，按國民黨、民進黨、新黨、無黨籍聯盟、民主聯盟、非政黨聯盟依5、3、2、2、1、1比例（嗣經院會決定，修正為7、4、3、3、2、2比例）發言，每人發言5分鐘。(3)全院委員會委員發言紀錄，儘速函送行政院參考辦理。(4)救災重建相關法律之修法工作，本院各黨團儘速繼續研究協商。(5)投開票監察員4人，國民黨推派1人，民進黨推派1人，新黨推派1人，其他黨團推派1人。」[46]

二、提報院會

朝野黨團既具有前述共識，乃將該緊急命令之追認咨文，即以臨時報告方式，提報9月28日第4屆第2會期第2次會議，並經決定：「本案交全院委員會審查，審查後提交院會，以無記名投票方式表決，並依朝野協商結論處理。」[47]接續處理朝野協商結論後，即由主席王金平院長宣布休息，改開全院委員會。

作，得徵用水權，並得向民間徵用空地、空屋、救災器具及車、船、航空器，不受相關法令之限制。衛生醫療體系人員為救災所需而進用者，不受公務人員任用法之限制。(8)中央政府為維護災區秩序及迅速辦理救災、安置、重建工作，得調派國軍執行。(9)政府為救災、防疫、安置及重建工作之迅速有效執行，得指定災區之特定區域實施管制，必要時並得強制撤離居民。(10)受災戶之役男，得依規定徵服國民兵役。(11)因本次災害而有妨害救災、囤積居奇、哄抬物價之行為者，處1年以上7年以下有期徒刑，得併科新台幣500萬元以下罰金。以詐欺、侵占、竊盜、恐嚇、搶奪、強盜或其他不正當之方法，取得賑災款項、物品或災民之財物者，按刑法或特別刑法之規定，加重其刑至1/2。前2項之未遂犯罰之。(12)本命令施行期間自發布日起至民國89年3月24日止。

46 立法院公報，88卷，41(上)期，民國88年10月2日，69-70頁。
47 同前註，68頁。

三、全院委員會審查

9月28日當日上午10時43分舉行第4屆第2會期第1次全院委員會會議，由院長王金平擔任主席，進行緊急命令追認案的審查。本案業經協商同意，乃於總統咨文宣讀後，即按朝野黨團協商結論處理，由各黨團推派21位委員發言。多數委員認爲發布緊急命令有其迫切性。但仍有部分委員對該緊急命令內容認爲未盡周延，如該命令中有「政府」、「中央政府」及「各級政府」等不一致用語，易滋混淆[48]；命令效期僅半年，難以完成重建工作[49]；命令第11點：「妨害救災、囤積居奇、哄抬物價之行爲者，處1年以上7年以下有期徒刑，得併科新台幣500萬元以下罰金」之規定，有破壞權力分立原則之嫌[50]；更有委員提出該命令有(1)事權體系不統一，(2)災區界定不清礎，(3)加重處罰之犯罪要件不明確，(4)緊急命令只許州官放火，不許百姓點燈，(5)緊急命令發布至今，尚未發揮救急、救災、重建之功能，(6)不要增加後續困擾等6大缺失[51]。本案因經協商，雖有前述意見，仍於各委員發言完畢後，即作如下決議：「一、提請院會依立法院職權行使法第15條第1項規定，以無記名投票表決；二、委員發言紀錄及書面意見儘速函送行政院參考辦理。」

四、無記名投票表決

全院委員會審查後，隨即改開院會，處理緊急命令的追認案，進行無記名投票表決；投票表決結果，出席投票委員204人，有效票數203張，無效票數1張；其中同意追認緊急命令者201票，不同意追認緊急命令者2票，乃議決：「本緊急命令予以追認」[52]。立法院並於同日將結果咨復總統及函請行政院查照。

綜觀此次立法院追認緊急命令的過程，雖有部分委員對該緊急命令的內容持有不同意見；惟該案卻能迅速決議，獲絕對多數同意。探究其因，實乃此次地震災情慘重，亟待立即救助與重建，加諸黨團協商機制發揮功能所致。

48　參閱委員李應元發言紀錄，同前註，324頁。
49　參閱委員李應元及林豐喜發言紀錄，同前註，324及330頁。
50　參閱委員陳進丁發言紀錄，同前註，326頁。
51　參閱委員邱太三發言紀錄，同前註，335-336頁。
52　同前註，71頁。

行政院為落實緊急命令的執行，特於民國88年10月22日發布「中華民國88年9月25日緊急命令執行要點」，並溯自同年9月25日生效。該要點於發布後，隨即於同日函送立法院「咨知」。嗣經程序委員會列入民國88年10月29日第4屆第2會期第7次會議議程報告事項，院會處理該要點時，即依立法院議事規則第23條[53]之規定，不經討論，逕付表決各黨團所提意見。經表決結果，在場委員190人，贊成國民黨黨團所提「准予備查」意見者110人，多數通過，乃決定：「本案准予備查，並交內政及民族、衛生環境及社會福利、財政、經濟及能源四委員會。」[54]

該執行要點雖經立法院予以備查在案。惟應否送請立法院備查或審查，及行政院以「咨知」方式函送立法院，均引發爭議，仍有探究必要。爰就現行法制分別析述如下：

一、執行要點毋庸函送備查或審查

行政院此次訂定「中華民國88年9月25日緊急命令執行要點」，原擬不送立法院的主要理由，係為該執行要點並未逾越緊急命令的範圍，純係內部相關作業規範，且其不具有法規性質。惟主張應送立法院並予以審查者，則認為該執行要點內容涉及人民權利義務，基於權力分立原則，理應送請立法院，以避免行政擴權，學者林水波教授更以(1)等同法律，(2)涉及權利義務，(3)建立先例，(4)權力分享，(5)責任分擔，(6)形象維護6個面向論證該要點須送立法院備查，以強健其合法性[55]。雙方說法均各有立論，惟衡酌中央法規標準法及立法院職權行使法等相關規定，似可不必送請立法院備查或審查。茲再就上述相關規定予以析述。依中央法規標準法第3條：「各機關發布之命令，得依其性質，稱規程、規則、細則、辦法、綱要、標準或準則」及第7條：「各機關依其法定職權或基於法律授權訂定之命令，應視其性質，分別下達或發布，並即送立法院」之規定，各機關依其法定職權或基於法律授權訂定的規程、規則、細則、辦法、綱要、標準或準則，應於發布後，送達立法院備查。立法委員如

---

53 依當時立法院議事規則第23條第2項規定，報告事項內程序委員會所擬處理辦法，如有出席委員提出異議，經30人以上之連署或附議，則不經討論，逕付表決。現行法已有所修正。
54 立法院公報，88卷，46(上)期，民國88年11月6日，5-9頁。
55 林水波：〈緊急命令執行要點的政治分析〉，收錄於林水波：《憲法政治學》，初版，台北：元照出版公司，民國91年8月，157-194頁。

認為上述命令有違反、變更或牴觸法律者，或應以法律規定事項而以命令定之者，可依立法院職權行使法第60條第2項之規定，於該命令提報院會時，經30人（現已修正為15人）以上連署或附議，即交付有關委員會審查。合上所述，非屬中央法規標準法所定名稱之命令，自無須函送立法院備查，或經提議改交審查。此次行政院堅持以「執行要點」命名，將其定位為非法規，就現行法制而言，該執行要點不函送立法院，立法院也無法加以規範。

二、咨知方式函送立法院之不當

前已述及，行政院原擬不將該執行要點函送立法院，卻造成行政部門與立法部門出現劍拔弩張之勢。為避免兩院之間的緊張關係，乃於發布的同時，首創以「咨知」方式函送立法院，而未依一般行政命令以「查照」方式函送，而引發爭議。按「須知」、「要點」、「注意事項」均非法規，係屬內部作業規範，依現行法制，可不必函送立法院。惟就實務以觀，行政機關將內部作業規範函送立法院，且以「查照」方式函送者不乏其例。以提報該執行要點之同次會議為例而言，報告事項第62案，即為行政院農業委員會將「農產品受進口損害救助審查作業要點」函送立法院查照的案例[56]。足見行政院將「中華民國88年9月25日緊急命令執行要點」以咨知方式函送立法院，似未盡妥適。

三、司法院釋字第543號之解釋

立法委員陳其邁等78人對於行政院將「中華民國88年9月25日緊急命令執行要點」以「咨知」方式函送立法院及立法院處理結果頗有疑義，乃於民國88年12月27日針對該執行要點是否合憲以及立法院有無審查的職權，以發生適用憲法疑義為由，聲請司法院大法官解釋，請就下述3點予以釐清闡明：(1)緊急命令的規定內容如有不明確或欠缺時，行政院有無權力補充？(2)行政院逕依緊急命令所自訂或授權訂定的行政規則或命令，是否須送立法院審查？(3)立法院可否審查行政院依緊急命令所訂定的行政命令？[57]

司法院於民國91年5月3日作如下解釋：「憲法增修條文第2條第3項規定：

56　同54公報，13頁。

57　參閱總統府公報，台北，第6466號，民國91年6月5日，23-31頁。

『總統爲避免國家或人民遭遇緊急危難或應付財政經濟上重大變故,得經行政院會議之決議發布緊急命令,爲必要之處置,不受憲法第43條之限制。但須於發布命令後10日內提交立法院追認,如立法院不同意時,該緊急命令立即失效。』由此可知,緊急命令係總統爲應付緊急危難或重大變故,直接依憲法授權所發布,具有暫時替代或變更法律效力之命令,其內容應力求周延,以不得再授權爲補充規定即可逕予執行爲原則。若因事起倉促,一時之間不能就相關細節性、技術性事項鉅細靡遺悉加規範,而有待執行機關以命令補充,方能有效達成緊急命令之目的者,則應於緊急命令中明文規定其意旨,於立法院完成追認程序後,再行發布。此種補充規定應依行政命令之審查程序送交立法院審查,以符憲政秩序。又補充規定應隨緊急命令有效期限屆滿而失其效力,乃屬當然。」[58]經由上述解釋,總統發布緊急命令,若因事起倉促,一時之間不能就相關細節性、技術性事項鉅細靡遺悉加規範,而有待執行機關以命令補充者,則應於緊急命令中明文規定其意旨,於立法院完成追認程序後,由執行機關再行發布。且此種補充規定無論其使用何種名稱,均應依行政命令的審查程序送交立法院審查,以符憲政秩序。此外,有關該緊急命令執行要點不生違憲,司法院併於解釋理由書予以敘明:「緊急命令發布後,執行命令之行政機關得否爲補充規定,又此項規定應否送請立法機關審查,於本解釋公布前,現行法制規範未臻明確,是總統於88年9月25日發布前揭緊急命令,行政院就此訂定之執行要點,應遵循之程序,與上開意旨,雖有未合,尚不生違憲問題。」[59]

四、緊急命令及其執行相關法規似宜併請追認

就「中華民國88年9月25日緊急命令執行要點」之14點內容以觀,似未超越緊急命令之範圍,而有牴觸或變更情事,惟基於權力分立原則,有關涉及人民之權利義務,理宜由立法機關加以監督,以落實民主的控制。依司法院釋字第543號之解釋,此種補充規定應依行政命令之審查程序送交立法院審查,固有其拘束力。但依中央法規標準法第7條及立法院職權行使法第60條之規定,各機關訂定的命令,於發布後送達立法院;立法院於該項命令提報院會時,如

---

58 同前註公報,20頁。
59 同前註公報,21頁。

認爲有違反、變更或牴觸法律者，或應以法律規定事項而以命令定之者，經15人以上連署或附議，即交付有關委員會審查。就上述法條意旨，似非定可交付審查。查總統曾於民國37年8月20日頒布財政經濟緊急處分令，除該處分令外，並將執行相關辦法同時發布，視同本令的一部分。總統此次發布緊急命令時，倘能採行上述精神，併將緊急命令及其執行要點咨請立法院追認，即無嗣後該執行要點應否送請立法院備查或審查，以及「咨知」方式函送立法院所引發的爭議。縱因時間倉促，亦宜採大法官董翔飛於不同意見書中所述：「國家元首於決定行使此項權力時，亟應審愼評估，緊急命令所採處置，必須符合比例原則，其適用範圍、對象、期限等尤應鉅細靡遺，縱因時間倉促有所疏漏，亦仍應循憲政既定程序，再一次發布緊急命令以爲補充，並送請立法院追認，以示對立法機關應有之尊重，而不得再委任行政機關訂定細則爲之補充。」[60]綜合上述，嗣後總統發布緊急命令時，其執行相關法規之處理，似應採行併請立法院追認的方式，以符權力分立原則。

第六項　條約案

前已述及，我國對於條約之界定，係採廣義的解釋，並不僅限於名爲「條約」者。行憲以來，立法院議決通過的條約案共計232件。所謂條約案，包括條約之締結、條約之修正及條約之廢止等案在內。而有權向立法院提出條約案，專屬於行政院。因此，條約之締結，如「中華民國與大韓民國友好條約」；條約之修正，如「北美事務協調委員會與美國在台協會著作權保護協定部分文字修正草案」；條約之廢止，如宣告中蘇友好同盟條約及其附件爲無效[61]；均分別由行政院於民國53年12月26日、82年4月15日及42年2月23日向立法院提請審議。

有關立法院審議條約案之審議程序，依前述各章所述，即由行政院函請立法院審議，除逕付二讀者[62]外，交付外交委員會審查或交由外交委員會會同

60　同前註公報，22頁。

61　行政院來函用宣告「無效」，惟立法院審議後，改採用「廢止」。參閱周萬來：《我國法律廢止之研究》，台大政治學研究所碩士論文，民國70年11月，232頁。

62　就立法院處理條約案之實例以觀，除宣告中蘇友好同盟條約及其附件爲無效、民國53年9月10日行政院函請之1875年國際度量衡公約及其所附條例過渡條款暨1921年修訂之公約、及民國92年9月3日行政院函請審議之中華民國與巴拿馬共和國自由貿易協定逕付二讀者外，其餘均交付有關委員會審查。

有關委員會審查；經審查後提報院會二讀。在院會討論時，如係經委員會審查的條約案，則先宣讀審查報告，再由推定的委員就該案向院會作一補充說明；如與會委員沒有意見，即可議決通過；補充說明完畢，如有委員提出質疑，再由補充說明委員就提出問題加以答復。詢答完畢，始進行討論。討論之先，亦得先作廣泛討論。如經廣泛討論，廣泛討論後，如有出席委員提議，15人以上連署或附議，經表決通過，得重付審查或撤銷之。條約案經討論完畢，即予議決。而逕付二讀的條約案，則依議事成例，交由黨團協商後，提報院會處理。嗣後討論的程序，如上所述。此外，條約案在完成二讀前，亦可由行政院函請立法院撤回，經立法院院會同意後即可撤回[63]；以及依法提出復議與覆議。又依立法院職權行使法相關規定，條約案如經朝野協商，則依協商結論處理。

除上述說明外，本項更欲探討者，乃為審查會討論條約案時，可否就條約內容提出修改意見或附保留條款？保留條款未被對方接受，行政院可否函請立法院撤銷？茲就實務運作分述如下：

一、審查會討論條約案時，可否就條約內容提出修改意見或附保留條款部分

外交、司法兩委員會於民國80年3月14日舉行第1屆第87會期第1次聯席會議，審查「中華民國與多明尼加共和國間引渡條約」時，委員陳水扁對於第5條第2項規定政治犯不引渡原則之例外，即「從事叛亂活動者，不得視為政治性犯罪」而可以引渡部分，建議將其刪除，經討論後該條文暫行保留；嗣於同年3月21日舉行第2次聯席會議，繼續討論第5條保留條文，經列席官員再補充說明並詳加討論後，乃決議照案通過。但該審查報告提報院會討論時，卻引發爭議；即立法院議決條約案，可否就其內容提出修改意見？在討論過程中，委員陳水扁及彭百顯均認為憲法第63條規定立法院有權議決條約案，當然可以提議加以修改，而主席則援引立法院議決條約案之慣例，說明條約案之審議，

---

63 在民國84年1月5日未修正立法院組織法第7條之前，行政院撤回條約案時，該案一經編列議程報告事項，即可撤回，毋庸院會同意。如民國50年5月31日行政院以台50內字第3281號函將國際勞工組織通過之「保護工人免受電離輻射傷害公約」送立法院審查，經提報第1屆第27會期第24次會議決定交外交、內政兩委員會審查；嗣於同年9月18日，復以台50內字第5634號函請立法院查照准予將原案予以撤回，經提報第1屆第28會期第2次會議，列入報告事項第4案，即予撤回該公約。行政院來函，分見第1屆立法院第27會期第24次會議議事日程院總第610號政府提案第597號關係文書及第28會期第2次會議議事日程院總第610號政府提案第597號之1關係文書。

向不修改其內容，僅為「准與不准」之議決[64]。嗣經多位委員發言討論後，該條約案決議照案通過。但另作3項附帶決議：「一、今後外交部在簽訂任何條約之前，必須先與立法院協商，徵詢委員意見後為之；二、今後簽訂引渡條約有關政治犯不引渡原則時，請以中華民國與多米尼克間引渡條約為參考模式；三、本案第5條有關拒絕引渡例外規定，應依引渡法第3條之規定。」[65]因此，委員會審查條約案時，可否就條約內容提議修改，在條約締結法施行前並無實例。至於所謂保留，依1969年維也納條約法公約第2條規定，指一國於簽署、批准、接受、贊同或加入條約時所作之片面聲明，不論措辭或名稱如何，其目的在摒除或更改條約中若干規定對該國適用時之法律效果[66]。因此，保留乃變更了締結國間的權義關係，立法院在審議條約案時，得否附保留方式予以議決？就實務以觀，立法院所議決通過之條約案中，僅有大陸礁層公約及北美事務協調委員會與美國在台協會著作權保護協定，係以附保留條款方式予以通過。茲分別論述如下：

(一) 大陸礁層公約

行政院於民國58年11月18日函請立法院審議「大陸礁層公約」，經提報同年同月25日第1屆第44會期第17次會議，決定交外交、經濟兩委員會審查；行政院嗣於民國59年7月18日依該公約第12條[67]規定，對第6條提出保留條款函請立法院併案審議，經提報同年同月28日第1屆第45會期第32次會議決定併案審查；外交、經濟兩委員會審查結果，決議：「本公約及我政府對公約第6條所提保留條款應予批准」，並提報同年8月21日同會期第38次會議議決通過。由於本案係約文中明示准許保留，且由行政院函請予以審議者，與審查會得否提附保留條款並無關連。

64　委員陳水扁的發言，分見立法院公報，80卷，91期，民國80年11月13日，210頁；80卷，93期，民國81年11月20日，34頁；委員彭百顯及主席的發言，分見立法院公報，80卷，91期，民國80年11月13日，210-211及209頁。

65　同前註公報，80卷，93期，39頁。

66　丘宏達主編：《現代國際法》，10版，台北：三民書局，民國82年8月，131頁。

67　大陸礁層公約第12條：「一、任何國家得於簽署、批准或加入時，對本公約第1條至第3條以下各條提出保留。二、依前項規定提出保留之任何締約國得隨時通知聯合國秘書長撤回保留。」，見第1屆立法院第44會期第17次會議議事日程，第884號政府提案第1028號關係文書。

(二) 北美事務協調委員會與美國在台協會簽訂的著作權保護協定

行政院於民國81年6月24日函請立法院審議「北美事務協調委員會與美國在台協會著作權保護協定」，經提報同年7月7日第1屆第89會期第40次會議，決定交外交、內政兩委員會審查；審查會於民國81年10月19日、82年1月9日及11日舉行3次聯席會議，認為該協定內容有牴觸中美兩國憲法、中美友好通商航海條約及我國著作權法條文、超越伯恩公約規定之條文及不平等之條款，以附保留方式批准該協定為宜，乃依據國際習慣法、美國國會1948年附保留批准1946年中美友好通商航海條約及1978年美國國會附保留批准1977年美國與巴拿馬運河條約的先例，以及1969年維也納條約法公約的規定，決議通過附加8項保留條款批准該協定[68]，經提報院會討論，照審查會意見通過[69]。因此，審查會討論條約案時，是可提出附加保留意見。

二、條約案所附保留條款未被締約對方接受，行政院可否再函請立法院撤銷該部分

依前所述，「北美事務協調委員會與美國在台協會著作權保護協定」係經院會決議附8項保留條款方式通過；立法院此項決議函復行政院後，行政院兩度派員赴美諮商，未為美方所接受，認我方應取消保留條款，照草簽協定簽署；否則將依貿易法規定採取貿易報復措施。行政院乃於民國82年4月15日將協定部分修正案函請立法院審議，請就協定中譯文若干部分予以修正並全數解除保留條款，經提報同年4月20日第2屆第1會期第19次會議，決定交外交、內政兩委員會審查；審查會於次日舉行會議，基於我工商業不願失去美國市場之意願、美方就著作權協定中之平行輸入問題已同意放寬採取「原則禁止，例外許可」方式處理、以及美方也同意協定之部分中譯文予以修正的考慮，乃決議照修正條文通過，全數解除保留條款，並另作5項決議（如後述附帶決議）。審查報告經提報同月22日同會期第20次會議討論，審查報告宣讀後，即由委員廖福本等30人提議停止討論，逕付表決，嗣經院會在場委員75人中57人舉手贊成照審查報告通過，決議：「(一)北美事務協調委員會與美國在台協會著作權

---

68 立法院公報，82卷，4期，民國82年1月20日，348頁。
69 同前註公報，368頁。

保護協定部分文字修正通過;(二)北美事務協調委員會與美國在台協會著作權保護協定8項保留條款均予以解除。」及5項附帶決議:(1)今後行政院與外國政府或經外國政府授權之民間團體簽訂之協定內容,有涉及我國相關法律之規定者,應於簽定前(包括草約)與立法院協商,取得共識或完成修法後始得定約;(2)行政機關及其代表對外國政府及其授權之代理團體或個人,非依憲法及法律程序,不得在其與上述交涉對象之協定中,對立法及司法部門職權之行使,作成事先之承諾;(3)行政院公平交易委員會應就有關進口獨佔及壟斷問題對本院定期提出報告;(4)若本院解除8項保留條款後仍遭美方報復,則行政院相關部會首長應負政治責任;(5)行政院對本案之處理過程應予檢討並提出報告(包括改進建議)[70]。

　　條約案涉及總統、行政院及立法院職權之行使。外交部雖於民國81年2月19日訂定發布「條約及協定處理準則」,並於民國83年3月11日依司法院釋字第329號解釋意旨修正該準則,以釐定條約與協定的區分標準及處理程序,惟均未為立法院所接受[71]。為落實行政部門與立法部門權責分際,締約法的制定仍有必要,直至民國104年6月12日始經立法院通過條約締結法,並由總統於同年7月1日公布施行,其中有關條約案經立法院審議後的處理,特於該法第10條加以規範,立法院審議多邊條約案,除該約文明定禁止保留外,得經院會決議提出保留條款;雙邊條約經立法院決議修正者,應退回主辦機關與締約對方重新談判;條約案未獲立法院審議通過者,主辦機關應即通知締約對方。

第七項　行使同意權案

　　民國89年4月25日公布施行憲法增修條文後,立法院行使同意權的對象,雖已擴及至司法院院長、副院長、大法官、考試院院長、副院長、考試委員、監察院院長、副院長及監察委員;而依民國86年7月21日修憲後,行政院院長改由總統逕行任命,毋庸立法院同意。自此以後,立法院對行政院院長已無法行使同意權。此外,尚可依相關法律規定行使其人事同意權。茲依立法院通過的同意權案,統計列表如表7-6[72]。

70　立法院公報,82卷,24期,民國82年4月28日,70-76頁。
71　參閱古登美、沈中元、周萬來:前書,470-472頁。
72　參閱立法統計年報,立法院主計處編印,民國108年6月,140-145頁;民國113年6月,128-131頁。

表7-6　立法院通過同意案件概述表

序號	會次	通過日期	同意事項				
			行政院院長（檢察總長或獨立機關委員）	審計長	司法院（院長、副院長、大法官）	考試院（院長、副院長、考試委員）	監察院（院長、副院長、監察委員）
1	1/1/3	37/05/24	翁文灝				
2	1/1/5秘	37/07/22		林雲陔			
3	1/2/23	37/11/26	孫　科				
4	1/3/1臨	38/03/12	何應欽				
5	1/3/3臨	38/04/20		張承槱			
6	1/3/25	38/06/03	閻錫山				
7	1/5/1臨	39/03/08	陳　誠				
8	1/13/21	43/05/25	俞鴻鈞				
9	1/18/17	45/11/23		蔡屏藩			
10	1/21/35	47/07/04	陳　誠				
11	1/30/25	51/12/28		汪康培			
12	1/32/19	52/12/10	嚴家淦				
13	1/42/28	57/12/31		張導民			
14	1/49/27	61/05/26	蔣經國				
15	1/54/31	64/01/10		張導民			
16	1/61/28	67/05/26	孫運璿				
17	1/66/21	69/12/09		張導民			
18	1/73/27	73/05/25	俞國華				
19	1/78/24	75/12/19		鍾時益			
20	1/83/30	78/05/30	李　煥				
21	1/84/4	78/09/26		蘇振平			
22	1/85/32	79/05/29	郝伯村				
23	2/1/2	82/02/23	連　戰				
24	2/6/2	84/09/30		蘇振平			
25	3/1/1	85/02/23	連　戰				
26	4/6/2	90/09/25		蘇振平			
27	5/1/22	91/06/20			賴英照（大法官）		
28	5/1/22	91/06/21				依凡諾幹等19人（考試委員）	

序號	會次	通過日期	同意事項				
			行政院院長（檢察總長或獨立機關委員）	審計長	司法院（院長、副院長、大法官）	考試院（院長、副院長、考試委員）	監察院（院長、副院長、監察委員）
29	5/1/22	91/06/21				姚嘉文（院長）	
30	5/4/1	92/09/16			翁岳生等15人（大法官，其中翁岳生並為院長、城仲模並為副院長）		
31	5/5/20	93/06/04				吳容明（副院長）	
32	6/2/19	95/01/12	劉幼琍等12人（國家通訊傳播委員會委員）				
33	6/4/17	96/01/18	陳聰明（最高法院檢察署檢察總長）				
34	6/6/2	96/09/14		林慶隆			
35	6/6/3	96/09/27			賴英照、謝在全為院長、副院長；林錫堯等4人為大法官		
36	7/1/17	97/07/04					王建煊為院長；陳健民等24人為委員
37	7/1/18	97/07/11					伍錦霖為副院長；邱聰智等19人為委員
38	7/1/19	97/07/18	謝進男等7人（國家通訊傳播委員會委員）				
39	7/2/3	97/10/03			黃茂榮等5人（大法官）		

序號	會次	通過日期	同意事項					
			行政院院長（檢察總長或獨立機關委員）	審計長	司法院（院長、副院長、大法官）	考試院（院長、副院長、考試委員）	監察院（院長、副院長、監察委員）
40	7/2/9	97/11/14				關中 （院長）	
41	7/2/9	97/11/14					陳進利為副院長；尹祚芊等3人為委員
42	7/4/7	98/11/03	賴浩敏為中央選舉委員會主任委員；劉義周為副主任委員；簡太郎等9人為委員				
43	7/5/8	99/04/13	黃世銘 （最高法院檢察署檢察總長）				
44	7/5/16	99/06/08	蘇蘅等4人（國家通訊傳播委員會委員）				
45	7/6/3	99/10/08			賴浩敏 （大法官並為院長） 蘇永欽 （大法官並為副院長）		
46	7/6/3	99/10/08					張明珠等2人 （委員）
47	7/6/8	99/11/12	張博雅 （中央選舉委員會主任委員）				
48	7/7/17	100/06/14			陳碧玉等4人 （大法官）		
49	7/8/6	100/10/25	郭昱瑩等5人 （中央選舉委員會委員）				

序號	會次	通過日期	同意事項				
			行政院院長（檢察總長或獨立機關委員）	審計長	司法院（院長、副院長、大法官）	考試院（院長、副院長、考試委員）	監察院（院長、副院長、監察委員）
50	8/1/7	101/04/13				伍錦霖為副院長；趙麗雲等2人為委員	
51	8/1/1臨	101/07/26	石世豪為國家通訊傳播委員會主任委員；虞孝成為副主任委員；陳元玲等2人為委員				
52	8/2/17	102/01/14	江幽芬（國家通訊傳播委員會委員）				
53	8/2/17	102/01/14	吳秀明等7人（公平交易委員會委員）				
54	8/4/3	102/09/27		林慶隆			
55	8/4/12	102/12/03	張博雅為中央選舉委員會主任委員；劉義周為副主任委員；劉宗德等4人為委員				
56	8/5/7	103/04/29	顏大和（最高法院檢察署檢察總長）				
57	8/5/11	103/05/27	陳憶寧等3人（國家通訊傳播委員會委員）				
58	8/5/1臨	103/06/20				伍錦霖為院長；高永光為副院長；何寄澎等19人為委員	

序號	會次	通過日期	同意事項				
			行政院院長（檢察總長或獨立機關委員）	審計長	司法院（院長、副院長、大法官）	考試院（院長、副院長、考試委員）	監察院（院長、副院長、監察委員）
59	8/5/2臨	103/07/29					張博雅為院長；孫大川為副院長；江綺雯等16人為委員
60	8/6/19	104/01/22	劉義周為中央選舉委員會主任委員；陳文生為副主任委員；張瓊玲等2人為委員				
61	8/6/19	104/01/22	邱永和為公平交易委員會副主任委員；顏廷棟等3人為委員				
62	8/7/16	104/06/12			黃虹霞等4人（大法官）		
63	8/8/7	104/10/30	林慈玲等5人（中央選舉委員會委員）				
64	9/1/19	105/07/05	詹婷怡為國家通訊傳播委員會主任委員；翁柏宗為副主任委員；洪貞玲等4人為委員				
65	9/2/7	105/10/25			許宗力（大法官並為院長）蔡烱燉（大法官並為副院長）許志雄等5人（大法官）		
66	9/2/15	105/12/20	黃美瑛為公平交易委員會主任委員；彭紹瑾為副主任委				

序號	會次	通過日期	同意事項				
			行政院院長（檢察總長或獨立機關委員）	審計長	司法院（院長、副院長、大法官）	考試院（院長、副院長、考試委員）	監察院（院長、副院長、監察委員）
			員：郭淑貞等2人為委員				
67	9/3/2	106/02/24				李逸洋為副院長；陳慈陽為委員	
68	9/4/9	106/11/17	陳英鈐為中央選舉委員會主任委員；陳朝建為副主任委員，周志宏等4人為委員				
69	9/4/1臨	107/01/16					王幼玲等11人（委員）
70	9/5/10	107/04/27	江惠民（最高法院檢察署檢察總長）				
71	9/5/11	107/05/08	黃煌雄為促進轉型正義委員會主任委員；張天欽為副主任委員；楊翠等7人為委員				
72	9/5/1臨	107/06/25	翁柏宗為國家通訊傳播委員會副主任委員；鄧惟中等2人為委員				
73	9/6/13	107/12/18	魏杏芳等3人（公平交易委員會委員）				
74	9/7/15	108/05/28	李進勇（中央選舉委員會主任委員）				
75	9/7/1臨	108/06/27			楊惠欽等4人（大法官）		

序號	會次	通過日期	同意事項				
			行政院院長（檢察總長或獨立機關委員）	審計長	司法院（院長、副院長、大法官）	考試院（院長、副院長、考試委員）	監察院（院長、副院長、監察委員）
76	9/8/3	108/09/27		陳瑞敏			
77	9/8/7	108/10/29	黃秀端等5人（中央選舉委員會委員）				
78	10/1/14	109/05/26	楊翠為促進轉型正義委員會主任委員；葉虹靈為副主任委員；彭仁郁等6人為委員				
79	10/1/1臨	109/07/10					黃榮村為院長；周弘憲為副院長；陳錦生等9人為委員
80	10/1/1臨	109/07/10	陳耀祥為國家通訊傳播委員會主任委員；翁柏宗為副主任委員；林麗雲等3人為委員				
81	10/1/1臨	109/07/17					陳菊為院長；鴻義章等26人為委員
82	10/2/11	109/12/31	李鎂為公平交易委員會主任委員；陳志民為副主任委員；郭淑貞等2人為委員				
83	10/2/11	109/12/31	陳恩民（中央選舉委員會委員）				
84	10/4/6	110/10/26	李進勇為中央選舉委員會主任委員；陳朝建為副主任委員；許惠峰等4人為委員				

序號	會次	通過日期	同意事項					
			行政院院長（檢察總長或獨立機關委員）	審計長	司法院（院長、副院長、大法官）	考試院（院長、副院長、考試委員）	監察院（院長、副院長、監察委員）
85	10/5/9	111/04/26	邢泰釗（最高法院檢察署檢察總長）				
86	10/5/13	111/05/24					李鴻鈞（副院長）
87	10/5/13	111/05/24	王正嘉等3人（國家通訊傳播委員會委員）				
88	10/6/11	111/12/13	辛志中等3人（公平交易委員會委員）				
89	10/7/1臨	112/06/21			蔡彩貞等4人（大法官）		
90	10/8/4	112/10/24	黃秀端等5人（中央選舉委員會委員）				

　　依表7-6以觀，立法院共通過90件同意權案，其中行政院院長15件，審計長14件，司法院院長副院長大法官10件，考試院院長副院長考試委員10件，監察院院長副院長監察委員6件，中央選舉委員會委員12件，公平交易委員會委員5件，國家通訊傳播委員會委員11件，促進轉型正義委員會委員2件，最高法院檢察署檢察總長5件。

　　立法院行使上述同意權案，在民國88年1月12日制定立法院職權行使法以前，係依修正前的議事規則第58條至第61條處理。依該規則第58條規定，立法院依憲法第55條對行政院院長或依該規則第60條立法院依憲法第104條對審計長行使同意權時，應由全院委員會審查後，提出院會投票。全院委員會開會時，由出席委員互推1人為主席。復依該規則第59條之規定，全院委員會審查時，如認為必要，得由本院咨請總統通知所提人提出施政意見。而同意權的行使，則依該規則第61條之規定，應採用無記名投票表決方法。民國88年1月12

日制定立法院職權行使法後，除中央選舉委員會、公平交易委員會、國家通訊傳播委員會委員、促進轉型正義委員會委員及最高法院檢察署檢察總長，依相關法律規定及立法院議事成例交相關委員會審查，審查後提報院會以無記名投票表決，並經出席立法委員過半數的同意為通過外；其餘依憲法行使同意權部分，均按立法院職權行使法相關規定，交全院委員會審查，審查後提報院會以無記名投票表決，經超過全體立法委員1/2的同意為通過。

民國113年5月28日修正立法院職權行使法第29條，所有人事同意權案改以記名投票表決，並須經超過全體立法委員1/2的同意為通過。

茲舉第5屆第4會期總統提名翁岳生先生等15人為大法官為例，說明如下：

一、提案

總統依憲法增修條文第5條之規定，提名翁岳生、城仲模、王和雄、余雪明、林永謀、曾有田、楊仁壽、廖義男等8位為大法官，任期4年，並以翁岳生為院長、城仲模為副院長；林子儀、法治斌[73]、徐璧湖、許玉秀、許宗力、彭鳳至、賴英照等7位為大法官，任期8年，於民國92年5月21日咨請立法院同意。該案經提同年5月30日第5屆第3會期第14次會議，決定：(一)交全院委員會審查，審查後提報院會進行無記名投票表決。(二)全院委員會審查時程及投票表決日期，依朝野協商結論決定。嗣經協商，就下列兩項進行表決：(一)本會期延長至92年6月17日並完成對全體大法官被提名人行使同意權，並定於9月16日（星期二）舉行第5屆第4會期第1次會議。(二)本會期延長至92年6月6日，6月5日加開院會，並與6月6日視為一次院會；大法官同意權的相關審查日程延至9月份舉行，並定於9月5日（星期五）舉行第5屆第4會期第1次會議；於9月16日（星期二）前完成對全體大法官被提名人行使同意權。經記名表決結果，第1項經在場委員208人，贊成者101人，反對者107人，少數不通過；再就第2項表決，經在場委員208人，贊成者107人，反對者100人，多數通過。因此，大法官同意權的相關審查日程延至9月份舉行，於9月16日（星期二）前完成對

---

73 被提名人法治斌先生因病故，總統乃再提名謝在全先生為大法官，任期8年；並於同年8月20日咨請立法院同意。該咨文經提報民國92年9月5日第5屆第4會期第1次會議決定：交全院委員會併案審查。參閱立法院公報，92卷，38(上)期，民國92年9月24日，1頁。

全體大法官被提名人行使同意權[74]。

　　上述決議大法官同意權的相關審查日程延至9月份舉行，引發總統「嚴肅考慮」咨請立法院召開臨時會；惟該項決議除依立法院議事規則第42條及第43條之規定提出復議外，即告確定。總統依憲法第69條之規定，固得咨請召開臨時會；惟依立法院組織法第6條第1項之規定，臨時會的召開以決議召集臨時會之「特定事項」為限。因此，倘總統咨請立法院召開臨時會之目的為提前行使大法官同意權，由於此一「特定事項」行使日期業經立法院院會議決確定，該咨文因與立法院決議不符，將引發爭議。論者亦主張總統不能擴張為重啟議案程序，乃至變更國會決定的權力；嗣經總統公開聲明，決定不咨請立法院召開臨時會[75]。立法院乃對司法院大法官等15人行使同意權事項進行協商，並將結論提報同年6月6日同會期第15次會議；其中審查時程及投票日期決定如下：(一)9月5日議程報告事項後隨即改開全院委員會。(二)9月8日及9月9日上午進行大法官並為院長、副院長審查，9月9日下午至9月10日進行任期4年6位大法官審查，9月12日及15日進行任期8年7位大法官審查。(三)9月16日上午對司法院院長、副院長行使同意權投票，下午對大法官行使同意權投票[76]。

二、審查

　　立法院行使此次大法官同意權，經朝野黨團協商後提報院會決定，民國92年9月5日上午議程報告事項處理完畢後，隨即改開全院委員會進行審查，並於下午1時30分起舉行公聽會。有關公聽會部分決定如下：(一)全院委員會時成立小組，由各黨團依政黨比例5、4、3、2、1推派代表15人，聽取學者專家等社會各界意見，俾供行使大法官同意權的參考。(二)全院委員會舉行公聽會，邀請學者專家代表18人，由民進黨黨團推薦6人，國民黨黨團推薦5人，親民黨黨團推薦3人，台聯黨團推薦2人，無黨聯盟推薦2人組成。(三)公聽會出席代表發言時程：學者專家代表18人，每人發言10分鐘；審查小組委員15人，每人發言5分鐘，學者專家代表綜合答復30分鐘。(四)公聽會出席代表發言順序：先由

74　參閱立法院公報，92卷，33(一)期，民國92年6月11日，1及131-136頁。
75　參閱聯合報社論：〈總統不宜強令立法院變更大法官同意權議事程序〉，民國92年6月2日，2版；蘇永欽：〈否決國會決議？還好總統動口未動手〉，聯合報，民國92年6月4日，15版。
76　參閱立法院公報，92卷，34(三)期，民國92年6月18日，318-320頁。

學者專家代表發言，次由審查小組委員發言，後由學者專家代表綜合答復；審
查小組委員發言順序為：國民黨黨團代表、台聯黨團代表、民進黨黨團代表、
親民黨黨團代表、無黨聯盟代表，採輪流交叉方式進行。(五)公聽會學者專家
代表發言方式比照審查小組委員發言方式，採輪流交叉方式進行。(六)各黨團
推薦之學者專家代表及審查小組委員如不在場，由該黨團互調發言順序。至於
審查被提名人部分：(一)9月8日及9月9日上午進行大法官並為院長、副院長審
查，9月9日下午至9月10日進行任期4年6位大法官審查，9月12日及15日進行任
期8年7位大法官審查。(二)全院委員會審查時發言委員共113人，依政黨比例
分配如下：民進黨黨團42人，國民黨黨團34人，親民黨黨團23人，台聯黨團7
人，無黨聯盟5人，未參加黨團委員依例優先發言，各組發言採輪流交叉方式
進行。(三)未參加黨團委員於全院委員會審查時，限選擇1組發言[77]。

　　依上述決定，全院委員會乃於9月5日下午舉行公聽會，此為立法院行使人
事同意權的首例。就憲政而言，實具有重大意義。因此，各黨團所推薦之學者
專家18人，除賴源河先生有事未克列席外，均受邀列席提供寶貴意見，並答復
審查小組委員詢問。公聽會相關發言紀錄，除編列立法院公報外，亦立即分送
全體立法委員參考。公聽會結束後，依審查時程進行審查；9月8日及9月9日上
午進行大法官並為院長、副院長審查，9月9日下午至9月10日進行任期4年6位
大法官審查，9月12日及15日進行任期8年7位大法官審查。審查過程中，對於
林子儀先生及許玉秀女士之教授年資的認定，究應以「提名時」或「就職時」
為準，意見不一。鑒於立法院行使同意權之時程已形迫切，為利立法院之審
查程序，總統特於9月15日就上述2位被提名人之法定資格，咨請再予確認[78]。
嗣經黨團協商，決定如下：(一)確認大法官被提名人林子儀先生及許玉秀女士
之資格，符合司法院組織法第4條第1項第3款之規定。(二)總統92年9月15日咨
文，列入本次會議報告事項。(三)請各黨團推薦投開票監察員1人。(四)9月16
日上午及下午投票時間各以2小時為原則[79]。全院委員會歷經5日審查，審查完
竣後，決議：「提報院會以無記名投票表決。」[80]

77　參閱前註公報，92卷，34(三)期，318-320頁；92卷，38(上)期，民國92年9月24日，2-5頁。
78　參閱前註公報，92卷，38(上)期，6頁。
79　同前註公報，293頁。
80　同前註。

三、表決

立法院於上述日期審查大法官後，提報9月16日進行同意權的投票，經表決結果，各獲同意票翁岳生156張、城仲模168張、王和雄179張、余雪明181張、林永謀177張、曾有田202張、楊仁壽180張、廖義男135張、林子儀146張、謝在全207張、徐璧湖193張、許玉秀142張、許宗力133張、彭鳳至183張、賴英照210張，均獲得全體立法委員1/2以上之同意票數，同意翁岳生爲大法官任期4年並爲院長、同意城仲模爲大法官任期4年並爲副院長、同意王和雄等6位爲大法官任期4年及林子儀等7位爲大法官任期8年[81]。

第八項　罷免案

依民國89年4月25日憲法增修條文第2條第9項之規定，有關總統、副總統的罷免案，改由立法院行使。立法委員對總統提出罷免案，共有3次：(一)民國95年6月13日第6屆第3會期第1次臨時會第1次會議，由(1)本院委員丁守中等112人，針對陳水扁主政6年以來，經濟低迷；財政瀕於破產；政府清廉度倍受質疑；挑撥族群、製造社會對立；不誠無信、敗壞政風；掩飾弊案、干涉司法；迫害新聞自由、打壓媒體；玩弄統獨、製造兩岸緊張；破壞行政中立、不恤下屬、破壞文官制度；毀憲亂政、坐令政府空轉；造成國力民命重大損失；特以下列10大毀憲亂政事實，提出罷免案。(2)本院委員羅世雄等70人，針對陳水扁主政6年以來，經濟衰退、失業率攀升；賤賣國產、財政瀕於破產；貧富差距不斷擴大，新貧階級遽增、少數人士卻財富不明之遽增、政府清廉度倍受質疑、敗壞政風；造成國力民命重大損失。爲反映廣大民意對總統個人施政之能力與魄力之不信任，特提出罷免案，請公決案。(3)本院委員呂學樟等57人，基於陳水扁總統第一家庭及第一親家貪瀆弊案纏身，完全失去人民信任，沒有公信力的政府，就無法正當、合法行使公權力。全國老百姓對於陳水扁倒行逆施，總統親信、外戚當道，貪污腐化情況嚴重，嚴重影響政府施政引起重大民怨，人民齊聲要求陳水扁立即下台，重新喚回人民對政府的信任，依憲法增修條文第2條第9項及立法院職權行使法第44條之1規定提出罷免案，請公決

81　參閱前註公報，7-11頁。

案等3案[82]。(二)民國95年9月29日第6屆第4會期第2次會議,由本院委員呂學樟等60人,鑒於現任中華民國總統陳水扁先生自擔任該職以來,治國無能、所用非人,縱容親屬、親家、親信涉及貪瀆、官商勾結等弊案,澈底紊亂國家體制,有辱官箴與總統之尊嚴。本院第6屆第3會期第1次臨時會審理總統罷免案期間,陳水扁為平息民怨,提出所謂「權力下放」、「反省」等詞,並限制黨籍立法委員進行投票,致僥倖未得以罷免。惟事後第一家庭不當收受禮券、珠寶等有價餽贈情事,接續曝光並獲證實;陳水扁本身亦以假發票真核銷方式將國務機要費納入私囊涉及偽造文書、貪瀆之不法犯行,貪贓枉法,事證明確。在民怨四起之際,有志者齊聚凱達格蘭大道要求陳水扁應主動去職,以保留「總統」該職務最後之尊嚴。令人遺憾者,陳水扁不但未反躬自省,更百般狡辯、極盡挑起社會對立之能事。吾等咸認陳水扁先生種種作為,實有辱全國人民付託,明顯違反就職時依憲法所為之宣誓,對內已喪失統領三軍、主持國政之能力,對外更讓國家尊嚴蒙羞,依憲法增修條文第2條第9項及立法院職權行使法第44條之1規定再次提出罷免案(公投決定陳水扁去留案),請公決案[83]。
(三)民國95年11月10日第6屆第4會期第7次會議,由(1)本院委員蔡錦隆、鄭金玲等92人,有鑑於本(95)年6月以及10月本院2次推動總統罷免案後,陳水扁總統至今未有對其本人、家屬及部屬所涉國務機要費等貪腐弊案表達歉悔之意;以及在915自發性「反貪腐」倒扁遊行活動以來,各地民眾紛紛要求陳水扁總統主動辭職下台之際,陳水扁總統非但未能自我反省及檢討,反而任其政黨動員群眾採取分化族群、暴力反制之方式作為對抗,以致社會情勢激化,國務難以運作,實令國人咸感深惡痛絕;本(11)月3日高檢署查緝黑金中心協同台北地檢署偵辦國務機要費案結果,正式將陳總統夫婦及親信,以共同貪污、偽造文書及偽證等罪嫌提起公訴(陳總統本人因受憲法第52條之保障,俟罷免或解職後再行訴究),直接證實陳總統本人已涉及貪瀆罪嫌。因此為避免國政的空轉與停擺,並解決當前政治困境與憲政僵局,以保障中華民國2,300萬同胞

82　本案併案處理,並經表決通過,照程序委員會意見,交全院委員會於6月21日、6月22日、6月23日及6月26日併案審查,其中6月23日院會改開全院委員會;並於審查後即提報6月27日院會以記名投票表決。參閱立法院公報,95卷、35期,民國95年7月3日,1-4頁。

83　本案照親民黨黨團提議,經表決通過,於10月11日及12日召開全院委員會審查,10月13日提報院會記名投票表決;全院委員會審查後,提報院會記名投票表決,出席委員130人,同意罷免票116票,不同意票1票,無效票13票;因未獲全體立法委員2/3之同意,罷免總統案不成立。參閱立法院公報,95卷、38期,民國95年10月13日,1-2頁;95卷、40期,民國95年10月24日,24-30頁。

的整體福祉，決定第3次推動罷免陳水扁總統，以期將陳水扁總統之去留依憲法規定交由全體國民決定，來解決當前政治亂象，請公決案。(2)本院委員鄭金玲、黃義交等61人，針對中華民國總統陳水扁先生與其夫人及家庭成員利用職務之便，貪墨原係專供其處理特定政務之國務機要費，並以其權勢勾串證人於檢察機關調查時為虛偽不實之證詞，妨礙司法調查與公正性，以行政傲慢嚴重戕害司法權之崇高性，並重創我國際形象。案發至今，仍不改其飾詞卸責、撒謊成性之態度，視國法於無物，行獨裁之統治。此輩與其共犯集團，已不符社會之期待、人民之託付。吾等為維護國體、維持憲政秩序、挽救國際形象、落實主權在民之本意，依憲法增修條文第2條第9項及立法院職權行使法第44條之1之規定，提出對陳水扁總統罷免案等2案[84]。上述3次罷免案均未成立。茲舉第1次罷免案實例，分就提出與審議的過程予以敘明。

一、提出

　　立法委員丁守中等112人、羅世雄等70人、呂學樟等57人對陳水扁提出罷免案，均已達全體立法委員的1/4，提報民國95年6月13日第6屆第3會期第1次臨時會第1次會議。由於民進黨黨團對程序委員會所擬意見有異議，經表決結果，在場委員209人，113人贊成照程序委員會意見，通過上述3案交全院委員會於6月21日（星期三）、6月22日（星期四）、6月23日（星期五）及6月26日（星期一）併案審查，其中6月23日（星期五）院會改開全院委員會；並於審查後即提報6月27日（星期二）院會以記名投票表決[85]。

二、審議

　　前述3案併交民國95年6月21日第6屆第3會期第1次臨時會第1次全院委員會審查，先依6月15日朝野黨團協商結論，確認6月21日（星期三）、6月22日（星期四）、6月23日（星期五）及6月26日（星期一）等4日審查陳水扁總統

84　本案照國民黨黨團、親民黨黨團提議，經表決通過，於11月22日及23日召開全院委員會併案審查，提報11月24日院會記名投票表決；全院委員會併案審查後，提報院會記名投票表決，出席委員131人，同意罷免票118票，不同意票1票，無效票12票；因未獲全體立法委員2/3之同意，罷免總統案不成立。參閱立法院公報，95卷，48期，民國95年11月21日，1-3頁；95卷，52期，民國95年12月5日，22-28頁。
85　同註82。

罷免案視為1次會[86]。另依立法院職權行使法第44條之1第2項至第4項之規定，全院委員會審查前，立法院應通知被提議罷免人於審查前7日內提出答辯書；立法院於收到被提議罷免人所提答辯書後，應即分送全體立法委員。但被提議罷免人如不提出答辯書時，全院委員會仍得逕行審查。由於陳水扁總統於6月20日函知立法院王金平院長，決定不提答辯書；王院長乃於審查前，報告全院委員會，除業將總統箋函轉送各黨團外，特再向全院委員會提出報告[87]。

關於全院委員會如何審查總統罷免案，因未定有相關審查程序，乃先處理國民黨黨團、親民黨黨團針對罷免案等提出的審查程序草案。依協議由台聯團結聯盟黨團於大體討論時推派5位代表，每人各發言3分鐘；進行廣泛討論後，則不再發言。因此，台聯團結聯盟黨團委員發言後，即逐點審查總統罷免案程序，無異議通過國民黨黨團及親民黨黨團所提「全院委員會審查總統罷免案審查程序」及議程配當表[88]。

全院委員會即依審查程序及議程配當表，於6月21日下午起分就各項議題依時進行審查。各項議程配當表如下：

日期／時間	上午	下午
6/21 （星期三）	表決通過「罷免陳水扁總統案全院委員會審查程序」。	一、罷免案提案人說明。 二、經濟凋蔽： 　1.經濟成長減半、失業率加倍，經濟表現，亞洲四小龍墊底。 　2.投資停滯，所得惡化。 　3.三通不通，阻礙產業發展。 　4.農業凋蔽，農地荒蕪，農民怨聲載道。 　5.海洋漁權受損，政府束手無策。

---

86 參閱前註，177頁。

87 同前註。

88 「全院委員會審查總統罷免案程序」如下：(一)全院委員會審查時，由立法院依審查日程通知被提議罷免人委任立法委員（以下稱答辯人）到會答辯；每場次受委任人不得超過5人。(二)全院委員會每場次開始時應由罷免提案人本人或委派代表（以下稱提案代表）1至3人說明罷免意旨，再由答辯人委派1至3人答辯。說明及答辯，以1次為限，一方不委派代表或未出席時，程序得繼續進行。不適用立法院議事規則第29條之規定。(三)說明及答辯結束後，全院委員會應依罷免理由書所具之罷免理由，依序進行審查，但得依全院委員會進行之時間及場次，就罷免理由合併或分別審查，全院委員會之時間及場次，另以附表定之。(四)提案代表、答辯人得釋明理由，檢具名單，向主席請求以全院委員會名義邀請政府人員或社會上有關係人員依指定場次到會表達意見，應邀出席人員有出席說明之義務，每場次雙方受邀人各以3至8人為限；提案代表與答辯人雙方得依序向其提問。全院委員會每1場次最後由雙方各推派1至3人進行結詢。雙方得各自提出清冊請求調閱文件。(五)罷免案審查後，提出於院會表決前，應由提案代表及答辯人各推派1至3人，分別向院會作最後說明。參閱前註，194-200頁。

日期／時間	上午	下午
6/22 （星期四）	財政崩盤(一)： 1.國庫掏空、公庫通私庫。 2.國債高漲。 3.核四停建，公共建設投資不當，弊端重重。	財政崩盤(二)： 1.禿鷹橫行，金改失敗，圖利財團。 2.卡債高築、暴力討債、家庭破碎。
6/23 （星期五）	毀憲違法： 1.堅持少數執政。 2.破壞權力分立。 3.戕害媒體自由。 4.公投綁大選。	社會不安： 1.族群對立。 2.治安惡化。 3.貧富差距： 　(1)失業率升高。 　(2)自殺率急速上升。 　(3)貧窮人口增加。
6/26 （星期一）	兩岸關係─鎖國心態掛帥。 烽火外交─元首誠信破產。	濫權腐化。 一妻二秘三師四親家五總管。 總結。

　　依全院委員會審查總統罷免案程序第4點：「提案代表、答辯人得釋明理由，檢具名單，向主席請求以全院委員會名義邀請政府人員或社會上有關係人員依指定場次到會表達意見，應邀出席人員有出席說明之義務，每場次雙方受邀人各以3至8人為限；提案代表與答辯人雙方得依序向其提問。全院委員會每1場次最後由雙方各推派1至3人進行結辯。雙方得各自提出清冊請求調閱文件」之規定，提案代表、答辯人雙方得請求調閱文件。為澄清總統府國務機要費有無遭到不實報銷而有偽造文書及侵佔之嫌，更由提案代表吳志揚、張顯耀於6月23日全院委員會審查時，提請立法院致函監察院審計部，請其於6月26日上午10時前將近5年來（自2000年迄今）所有總統府國務機要費之報銷單據影本送至立法院，經決議照提案內容通過[89]。

　　全院委員會併案審查後，即提報6月27日（星期二）院會以記名投票表決。當日宣讀審查報告後，立即進行投票表決事宜；出席投票委員133人，同意罷免票119票，不同意票0票，無效票14票；表決結果因未獲全體立法委員2/3之同意，罷免總統案不成立[90]。

89　參閱前註，316頁。
90　參閱立法院公報，95卷，36期，民國95年7月10日，1-8頁。

第九項　不信任案

　　依民國86年7月21日公布施行之憲法增修條文第3條第2項第3款之規定，立法院得對行政院院長提出不信任案；惟有關不信任案的處理程序，立法院直至民國88年1月12日第3屆第6會期第14次會議於制定立法院職權行使法時，始定專章予以規範。委員張俊雄等82人及馮定國等81人即依該法相關規定，於民國88年2月26日第4屆第1會期第1次會議提出不信任案，經表決結果不通過。前已述及，另於民國101年9月18日第8屆第2會期第1次會議及民國102年10月11日同屆第4會期第5次會議分別對行政院院長陳冲及江宜樺提出不信任案，亦未通過。茲對行政院蕭萬長院長所提信任案之提出、審查及表決分述如下：

一、提案

　　立法委員張俊雄等82人及馮定國等81人分別以「鑒於對李登輝總統任命之行政院院長蕭萬長行使行政權能力之不信任，依主權在民、民意政治及責任政治等民主原則，行使憲法賦予國會對行政院之不信任投票權，以確立民主憲政中行政權最終須經立法權同意、制衡之信任制度。又鑒於行政院院長蕭萬長自擔任行政院院長以來，內閣風波不斷，部會間之政策無法協調，個人領導能力備受質疑；諸如改善治安為蕭內閣施政重點，但治安卻持續惡化，未見施政績效；甚至總統府對行政院之重大政策時有不當干預，致侵犯行政院政策決策過程之自主權，致使國家『最高行政首長』反淪為總統府之『執行長』，破壞憲政體制，造成憲政危機，導致民怨四起，輿論譁然。農曆年前行政院為解決當前重大經濟危機，邀集產官學界舉行財經會議，會中蕭院長亦信誓旦旦地陳述調降證交稅之弊端，然在總統府指示與幾位國民黨工商界大老的施壓下，蕭院長態度丕變，對證交稅是否調降一事，立場搖擺不定無法拿捏，完全忽視中、小企業及百姓生計之權益，亦無力為行政院之政策辯護，有負全民期望。蕭院長一連串的金融財政措施，皆多為不當之國民黨黨營及官商勾結之企業解套，罔顧全民利益」及「鑒於行政院蕭院長之行動內閣，無力面對金融風暴，任非體制內因素牽制並屈服，已顯現出其內閣之無能，在面對證交稅是否調降之問題，更默認行政院長為總統之幕僚長，視憲法中行政院長為國家最高行政首長之憲政體制於不顧，有辱憲法精神，造成憲政體制之混亂，與不確定性的危

機」爲由[91]，於民國88年2月26日第4屆第1會期第1次會議進行報告事項前提出不信任案。由於立法委員首次行使此項職權，主席王院長金平爲求程序周延起見，乃依立法院職權行使法第68條第1項之規定，邀請各黨團進行協商，經數次協商，仍有歧異。主席即依立法院職權行使法相關規定，裁定兩案併交全院委員會審查，於3月1日下午2時30分舉行全院委員會進行審查，並於3月2日上午11時以記名投票表決[92]。

二、審查

立法院王院長金平爲使全院委員會審查不信任案時，有關處理程序能更周延與和諧，建立良好憲政慣例。特再依立法院職權行使法第68條第1項之規定，於2月26日下午4時主動邀請各黨團負責人進行協商，獲致4項結論，並提報第4屆第1會期第1次全院委員會會議，而作如下決定：「一、審查不信任案時，先由提案人說明提案要旨。民進黨黨團提案由2人說明，各爲5分鐘；新黨黨團提案由1人說明，時間爲10分鐘。二、發言比例按國民黨、民進黨、新黨、無黨籍聯盟、民主聯盟、非政黨聯盟依13、11、6、4、3、3比例定之。另廖委員學廣亦得發言，每人發言5分鐘。三、發言順序依非政黨聯盟、民主聯盟、無黨籍聯盟、新黨、國民黨、民進黨定之。每次1人輪流之。四、發言名單由各黨團提出，不在名單內者不得發言。五、發言完畢，審查會即行結束，提請院會以記名投票表決。」[93]全院委員會依上述黨團協商結論所作決定，由各黨團推派之委員發言完畢後，即決定提請3月2日院會上午11時以記名投票表決。

三、表決

全院委員會審查後，提報3月2日上午11時院會表決，經表決結果，出席投票委員225人，贊成不信任案者83票，反對不信任案者142票，因未達憲法增修條文第3條第2項第3款所定全體立法委員1/2以上人數，該不信任案乃不通

91　立法院公報，88卷，9(上)期，民國88年3月6日，1-5頁。
92　同前註，5頁。
93　立法院公報，88卷，9(下)期，民國88年3月6日，141頁。

過[94]。

　　本不信任案之所以不通過，旨因執政黨（國民黨）在立法院占有多數，加諸立法委員剛當選就職與所提理由仍未具說服力所致。學者林水波教授更進一步指出不信任制是憲法的威脅生存條款，一旦提出恐會威脅政院與立院雙亡，本質上不易、不敢與甚少執行，所以在實質效益可能不大時，透過修憲加以廢止，而由憲法本文之覆議來化解兩院間的僵局[95]。

第十項　大赦案

　　依228事件處理及補償條例（民國96年3月21日公布名稱修正為228事件處理及賠償條例）第5條：「紀念基金會應依調查結果，對受死刑或有期徒刑以上刑或拘役處分之宣告並執行者，或未宣告而執行者，呈請總統大赦或特赦。」之規定，為使此一事件而受死刑或有期徒刑以上刑或拘役處分之宣告並執行者，或未宣告而執行者，得以消滅罪與刑，獲得洗刷，應呈請總統大赦或特赦。行政院基於(一)大赦係對某一時期、某一種類之全體犯罪，已受刑之宣告者，使其宣告無效，僅有犯罪嫌疑未受刑之宣告者，使其追訴權消滅。因此，無須清查名單，亦無須確定人數。採行大赦較符合立法意旨以及撫慰受難者及其家屬之目的。(二)辦理特赦時，須逐一公告特赦名單，事實上因228事件發生迄今已相隔半個世紀，在清查上恐有困難。甚且有就地槍決或被亂槍射殺者，並無罪刑之宣告，亦難以特赦方式為之等理由，乃呈請總統准予採行大赦方式，並以大赦案處理；事經總統核可後，於民國86年6月21日函請立法院審議「228事件大赦案」[96]。

　　上述大赦案經提報民國86年9月25日第3屆第4會期第4次會議，決定交司法、內政及邊政兩委員會審查。司法、內政及邊政兩委員會於民國86年12月22日舉行聯席會議審查該案，在進行詢答時，委員簡錫堦、黃爾璇、陳定南等即主張暫緩處理[97]。因此。詢答完畢後，即處理委員彭紹瑾等8人所提：「有關228事件大赦案，在未查明案件事實真相、追究責任及懲處元兇前，本案應暫

94　同註91，52-56頁。

95　林水波：〈第一次不信任案的政治分析〉，收錄於林水波：前書，49-51頁。

96　立法院第3屆第4會期第4次會議，議案關係文書，報653頁。

97　委員簡錫堦、黃爾璇、陳定南發言內容，分見立法院公報，87卷，1(下)期，民國87年1月3日，42-44、46-48及48-50頁。

緩處理」之提案，經決議暫緩處理[98]。

　　司法、內政及邊政兩委員會直至第3屆第6會期結束，均未再舉行聯席會議，處理此大赦案。由於立法院在民國88年1月12日通過立法院職權行使法，該法第13條明定政府機關及立法委員提出之議案，每屆立法委員任期屆滿時，尚未完成委員會審查之議案，下屆不予繼續審議。因此，行憲以來的首件大赦案乃不再繼續審議。

第十一項　重要決議案

　　依憲法第57條第2款及第63條之規定，立法院對行政院重要政策的變更及法律案等以外的國家其他重要事項，均可透過討論，作成決議；惟民國86年7月21日修憲後，憲法第57條已停止適用。但行憲以來立法院所通過的重要決議案，包括上述兩部分。茲各舉一例加以說明：

一、變更行政院重要政策之決議案

　　立法委員張俊宏等53人於民國85年5月24日第3屆第1會期第15次會議針對行政院持續興建核能電廠的重要政策提案要求變更，即立刻廢止所有核能電廠之興建計畫，刻正進行之建廠工程應即停工善後，並停止動支任何相關預算且繳回國庫[99]。提案人說明後，即有委員提議本案停止討論，但未為主席所接受，蓋本案尚無人發言，何可停止討論動議的提出[100]。嗣經黨團協商，同意由各黨團推派代表發言，進行大體討論。各黨團推派代表發言完畢後，即進行處理。先表決委員曹爾忠等37人所提本案交預算、經濟兩委員會審查，表決結果，在場委員156人，贊成者73人，反對者80人，少數而未通過；嗣再表決委員張俊宏等53人所提本案逕付二讀，表決結果，在場委員156人，贊成者80人，反對者72人，多數而將本案逕付二讀[101]。

　　本案二讀時，經委員楊吉雄等8人發言後，由委員盧修一等54人提議停止討論，經表決結果，在場委員115人，贊成者75人，反對者39人，多數而將

98　同前註，62頁。
99　立法院公報，85卷，27期，民國85年5月29日，29-30頁。
100　同前註，30頁。
101　同前註，34-37頁。

本案停止討論，並隨即處理委員張俊宏等53人提案，表決結果，在場委員119人，贊成者76人，反對者42人，多數通過，而作如下決議：「立刻廢止所有核能電廠之興建計畫，刻正進行之建廠工程應即停工善後，並停止動支任何相關預算且繳回國庫」[102]。

立法院於同年6月4日將該決議函請行政院辦理，惟行政院經研議後難以接受，乃於同年6月12日移請立法院覆議，並經立法院於10月18日議決原決議不予維持。有關立法院處理該覆議案經過，已於前章第2節予以敘明，乃不再贅述。

二、國家其他重要事項之決議案

依憲法第63條之規定，立法院有議決法律案、預算案、戒嚴案、大赦案、宣戰案、媾和案、條約案及國家其他重要事項之權。因此，立法院除議決法律案等案之外，尚可議決有關國家其他重要事項的相關議案。茲舉立法委員張俊宏等54人於民國85年6月11日第3屆第1會期第20次會議提案咨請總統李登輝儘速重新提名行政院院長，並咨請立法院同意[103]。本案經提案人說明後，即進行大體討論。經委員王拓等8人發言後，由委員邱垂貞等40人提議停止討論，表決結果，在場委員150人，贊成者81人，反對者66人，多數而將本案停止討論。嗣先表決委員曹爾忠等35人所提本案交法制委員會審查，經表決結果，在場委員149人，贊成者67人，反對者81人，少數而未通過；後再表決委員張俊宏等所提本案逕付二讀，表決結果，在場委員152人，贊成者82人，反對者67人，多數而將本案逕付二讀[104]。

本案二讀時，於委員李進勇、林濁水發言後，即由委員林濁水等40人提議停止討論，經在場委員148人，贊成者81人，反對者65人，多數而將本案停止討論。在進行表決該提案前，由於主席認為閣揆提名權為總統所有，該提案性質係屬建議案，乃宣告：「由本院咨文建請總統儘速重新提名行政院院長，並咨請本院同意」；惟未被接受。經協商後，即依提案內容進行表決，表決結果，在場委員148人，贊成者80人，反對者65人，多數而作如下決議：「咨請

---

102 同前註，37-48頁。
103 立法院公報，85卷，32期，民國85年6月15日，20-22頁。
104 同前註，23-33頁。

總統儘速重新提名行政院院長，並咨請本院同意」[105]。

由於各界對於上述決議產生疑義，乃分由立法委員郝龍斌等82人、張俊雄等57人、馮定國等62人及饒穎奇等80人聲請大法官解釋，經大法官於同年12月31日以釋字第419號加以解釋。該解釋文為：「一、副總統得否兼任行政院院長憲法並無明文規定，副總統與行政院院長二者職務亦非顯不相容。惟此項兼任如遇總統缺位或不能視事時，將影響憲法所規定繼任或代行職權之設計，與憲法設置副總統及行政院院長職位分由不同之人擔任之本旨未盡相符。引發本件解釋之事實，應依上開解釋意旨為適當之處理。二、行政院院長於新任總統就職時提出總辭，係基於尊重國家元首所為之禮貌性辭職，並非其憲法上之義務。對於行政院院長非憲法上義務之辭職應如何處理，乃總統之裁量權限，為學理上所稱統治行為之一種，非本院應作合憲性審查之事項。三、依憲法之規定，向立法院負責者為行政院，立法院除憲法所規定之事項外，並無決議要求總統為一定行為或不為一定行為之權限。故立法院於中華民國85年6月11日所為『咨請總統儘速重新提名行政院院長，並咨請立法院同意』之決議，逾越憲法所定立法院之職權，僅屬建議性質，對總統並無憲法上之拘束力。」[106]依此解釋，本決議案對總統並無憲法上之拘束力。

依上述解釋，立法委員提案要求議決國家其他重要事項，如逾越憲法所定立法院之職權，所作決議僅屬建議性質而無拘束力。足見大法官對於立法院議決「國家其他重要事項」，係採狹義解釋。

綜上所述，可知：(一)有些議案，由於受限外在環境，並無戰爭發生，當然立法院就無審議宣戰案及媾和案。(二)大法官對立法院議案審議有限制之作用，並可澄清其可審議的範圍。(三)法律案及預算案審議，為立法院最具常態的立法行為。(四)新案審議時，由於未有審議例可資依循，乃由黨團間的協商及法律的適用，建立往後可資引用的先例。(五)立法院由於擁有向前看的視框，不太關注決算審核報告案的審議，因而不能掌握實際預算的執行情形，以為往後預算審議之參據。

---

105 同前註，33-38頁。
106 總統府公報，台北，第6140號，民國86年2月26日，6頁。

第八章　結　論

第一節　制度評估

　　透過前述議案審議的描述、解釋及案例分析，就現行制度運作情況，提出下列8項評估，指出當前審議制度的問題所在，以為提出改革建議所要針對之標的，從而漸進提昇議案審議的品質。

一、中止委員會審查之迷思

　　議案向來先經委員會審查，而後提報院會討論，係屬各國立法機關處理議案的原則，更審慎議事，嚴守程序正義的作業常態。然因某種考量，委員會有時將議案擱置而不予審查。為使受阻於委員會的議案得以「起死回生」，乃有「中止委員會審查」（或稱「解除委員會責任」）（Discharge a Committee）的機制，以防止委員會從中掣肘。

　　有關中止委員會審查，通常係指議案交付審查後，院會本不得對該議案加以討論。不過，如有會議成員提出「中止委員會審查」之動議，經多數贊成通過後，始可將該議案抽回院會討論[1]。前已述及，對於中止委員會審查之動議的提出與處理，立法院並無法規加以明定；直至民國81年7月17日第1屆第89會期第46次會議討論「國民大會代表報酬及費用支給條例草案」時，由於該案係逕付二讀，但已有委員謝長廷等16人所提相關法案在委員會審查中。為解決上述法案如何處理的爭議，乃有委員廖福本等21人依會議規範第77條[2]之規定，將謝長廷委員等提案從法制、內政、財政、預算四委員會抽出，逕付二讀，與行政院提案併案討論。嗣後時有委員依此前例，從委員會抽出付委的法案，直接由院會進行審議而成為議事慣例。

　　就實務以觀，各黨團或委員為使推動的法案得以早日完成立法程序，常

1　Henry M. Robert, Parliamentary Practice: An Introduction to Parliamentary Law (New York: Appleton-Century-Crofts Inc., 1949), p.79.

2　會議規範第77條就付委案件之抽出，作如下規定：委員會對付委案件延不處理時，得經大會出席人之提議並獲參加表決之多數通過，將該案抽出，另行組織委員會審查或由大會逕行處理之。可知付委案件之抽出與本文所稱中止委員會審查之動議意涵相同。

於院會報告事項後，提出中止委員會審查之動議，致使當次院會議程變更，而呈現議事在議程設定上的不穩定性。更有委員將剛經院會通過尚未函請委員會處理的法案，予以抽回院會直接處理。如委員林宗男等37人所提「國有財產法部分條文修正草案」，經提報民國89年6月27日第4屆第3會期第27次會議，決定交財政委員會審查；議事處尚未函送財政委員會，即經朝野協商，將該案抽出列入同月30日下（第28）次會議討論，即為1例[3]。上述情事非僅限縮委員會設置之功能，無法走上專業立法的趨勢，甚至架空委員會應有的權力，減少議案審議的精緻度，甚而容易引發院會議事的混亂，排擠其他原定議案審議的時程，實有待立法委員改變便宜立法的迷思。

二、相關規範未配合增修之疏漏

　　民國89年4月24日第4屆國民大會第5次會議三讀通過國民大會虛級化及加強立法院職權的國會改革修憲案，將國民大會改為任務型國大，原由國民大會行使的職權，轉由立法院行使。依同年4月25日公布之憲法增修條文第1條第2項之規定，國民大會職權限定為複決立法院所提的憲法修正案、領土變更案，以及議決立法院所提對總統、副總統彈劾案等3項職權。復依憲法增修條文第2條第7項、第4條第3項與第5項、第5條第1項、第6條第2項及第7條第2項之規定，原由國民大會行使的補選副總統、提出總統副總統罷免案、領土變更案、聽取總統國情報告及對司法、考試、監察等三院人事同意權，均改由立法院行使。立法院對其中提出總統、副總統罷免案及對司法、考試、監察等三院人事同意權已分別於民國89年11月7日第4屆第4會期第12次會議及民國90年6月4日第4屆第5會期第17次會議通過增訂第7章之1與第44條之1條文及修正第29條與第30條條文。至於補選副總統、領土變更案及聽取總統國情報告等職權的行使程序，則未予立法規範。就制度的完整性而言，顯有不符。另立法院對總統、副總統的彈劾事由及處理程序，亦於上述會議修憲時，將原規定：「限於內亂或外患罪」予以刪除；民國94年6月10日修憲時，又將「向國民大會提出彈劾案」改由立法院「聲請司法院大法官審理」。直至民國97年5月28日及99年6月15日分別於立法院職權行使法中增訂第2章之1及修正第42條、第44條，將聽取

3　立法院公報，89卷，39(上)期，民國89年7月5日，36-41頁。

總統國情報告及彈劾權部分配合修正。但補選副總統及領土變更案等職權行使
程序仍未增修而有所疏漏。

三、黨團提案（或動議）因不受連署（或附議）人數限制而衍生困境

鑑於黨團在議事運作中扮演著相當重要角色，立法院於民國88年1月12日
制定立法院職權行使法及修正立法院議事規則時，特予明定黨團得以黨團名義
提案，並免受連署或附議人數的限制，但僅限於符合跨越政黨門檻之政黨始得
為之。民國89年3月18日第10任總統副總統選舉後，立法院黨團因政黨重組而
隨之改變，新成立的親民黨黨團要求比照國民黨黨團等黨團得以黨團名義提
案，嗣經協商同意修正相關條文，於同年5月12日修正立法院職權行使法第75
條及立法院議事規則第59條，而賦予各黨團均得以其黨團名義提案，並免受連
署或附議人數的限制。

上述規定旨在尊重黨團提案（或動議）權，惟因黨團基於某種考量，往往
不依各種提案（或動議）之原旨而過度運用是項職權，從而衍生其他問題。茲
舉復議動議及協商結論異議權的動議論述如下：

(一) 過度運用復議動議而造成議事之不確定性

所謂復議動議，係指將業已議決的議案，因情勢變遷或有新資料發現而認
為原決議有重加討論的必要，乃由會議成員提議重行審議是否維持原決議的作
為。由於該動議有推翻原決議案的可能，自不宜過於輕易行使，乃明定會議成
員須有相當人數（依立法院議事規則第42條第3款規定須有20人以上）之連署
或附議，以昭慎重。另依立法院議事成例，復議案的範圍及於報告事項的決定
案件。前已述及，某些黨團基於各種考量，過度運用黨團名義提案不受連署或
附議人數限制的職權，針對報告事項所作決定的案件提請復議，致該議案無法
立即付委或逕付二讀而造成議事的不確定性。前已述及，經統計第5屆及第6屆
議事實況，法案於院會處理報告事項決定後再提請復議者將近550件，其中大
多由黨團提出。足見黨團過於濫用是項職權。

(二) 黨團提出異議而衍生協商結論荒謬之困境

依立法院職權行使法第72條第1項之規定，黨團協商結論經院會宣讀後，如有出席委員提議，8人以上之連署或附議，得對其全部或一部提出異議，並由院會就異議部分表決。上述規定旨在尊重少數委員意見。倘黨團得就該協商結論，以黨團名義提出異議，似與該法第71條所定議案係經協商獲致共識後始作成協商結論再由各黨團負責人簽名後提報院會的意旨混淆，將衍生協商結論荒謬的困境[4]。

四、弱化三讀會之功能

立法機關對於法律案之制定，以及預算案之審議，依法均須經過三讀會的特別程序處理，以昭慎重。而三讀會之主要目的，在於將議案文字修正及全案提付表決；通常係將二讀通過的條文，全部加以整理後，再行宣讀一遍，俾出席人獲知整理後的條文是否與二讀會中所通過者相同。如發現有出入之處，即可加以更正。在三讀會中除發現議案內容有互相牴觸，或與憲法及其他法律相違背應予修正者外，只得為文字的修正，不得變更二讀會的原意。

各國國會於審議法案時，均須經過三讀會程序。我國立法院亦同。依立法院職權行使法第11條之規定，第三讀會應於第二讀會之下次會議行之，但出席委員如無異議，亦得於二讀後繼續進行三讀。就實務以觀，近來立法院的處理法案，無論條文多寡或修正涵涉多廣，類多在二讀後繼續進行三讀，釀致法條疏漏情事，時有發生，而迭遭外界訾議立法品質粗糙。如民國88年6月22日第4屆第1會期第16次會議二讀後繼續進行三讀所通過之「海商法修正案」，其中第76條第1項遺漏「所得主張之抗辯及責任限制之規定，對運送人」等文字，即因未將全部條文整理後再進行三讀，以致無法發現。由於上述文字的疏漏，致使該條文的適用對象、權力及責任均有不同。為補救此疏漏，乃由委員徐少萍等57人提出「海商法第76條條文修正案」[5]，並經立法院於民國89年1月13日同屆第2會期第16次會議予以修正通過。因此，為防止立法疏漏，提升立法品

4　依民國91年1月15日修正立法院職權行使法第72條之立法說明，同意黨團如因情勢變更不贊成原協商結論，可依該法第75條之規定提出異議。此處理方式易造成困境，倘黨團嗣後對協商結論有所異議，似可採撤簽方式處理。參閱立法院公報，91卷，10(上)期，民國91年2月2日，243頁。

5　法案內容見立法院第4屆第2會期第15次會議，議案關係文書，245-247頁。

質，三讀會的功能仍有待強化。最好設有一段冷卻時間，如嚴守下次會議再三讀的機制，以挪出充裕時間進行法案整理，使其健全化、權威化及威信化。

五、決算審核報告案形式主義化

依決算法第27條之規定，立法院係就決算審核報告中有關預算之執行、政策之實施及特別事件之審核、救濟等事項予以審議。因此，立法院透過決算審核報告案之審議，得以獲悉行政機關年度內的作爲，洞悉預算有無被誤用、濫用之情形，且可以作爲審議下一年度預算案刪減的依據。惟多數委員認爲審議決算審核報告案並無實際效用，僅聊備一格而予以忽視，致使立法院審議決算審核報告案成爲形式主義化。事實上，如能認眞審議，將可洞悉行政機關預算執行所存在的問題，得以終結來年的不當預算，而使預算用所當用。立法委員不僅要以瞻望未來（積極審議法案及預算），而且要以回顧過去爲職志。

六、不信任案之難以執行

不信任投票是內閣制國家的國會用以監督政府的運作之一，一旦國會通過不信任投票，內閣即應辭職，但國會也將面臨被解散的命運。就制度本質而言，該制具有權力平衡及武器對等的性質[6]。惟依憲法增修條文相關規定，我國總統解散立法院，須於立法院通過行政院院長的不信任案，經行政院院長呈請，並諮詢立法院院長後，始得宣告解散立法院。亦即總統僅有被動解散立法院之權。因此，不信任案之行使，深受總統、行政院與立法院三角結構所左右。在此鐵三角的情況下，根本不發生嚴重機關衝突的現象，且立法院所倒閣的對象，並非擁有實權的行政首長，僅係總統的幕僚長，非如前述制度設計的本旨[7]。又不信任制既爲憲法的威脅生存條款，一旦提出恐會威脅行政院與立法院雙亡，在當前台灣立法委員之選舉所需競選費用，於勝選不安的恐懼下，立法委員恐不太願意行使不信任權[8]。合上所述，不信任案的機制與運作，在我國有其難以執行之處。

6　參閱林水波：〈第一次不信任案的政治分析〉，收錄於林水波：《憲法政治學》，初版，台北：元照出版公司，民國91年8月，5-9頁。

7　參閱林水波：《制度設計》，初版，台北：智勝文化事業有限公司，民國88年8月，37頁。

8　同註6，9-14頁。

七、浮現黨團協商機制之漏洞

協商在議事運作過程中，實有其必然性。立法院對於議案之協商，從會外協商[9]至黨團協商，並由協商制度化邁入法制化。就議事實況以觀，具有促進議事和諧、提昇議事效率及解決各項紛爭的功能。但從協商機制的運作，亦出現下列缺失：

(一) 弱化委員會審查功能

民國88年1月12日制定立法院職權行使法時，規定黨團協商會議由院長、副院長及各黨團負責人或黨鞭出席參加；而議案分配協商時，由負責召集的黨團通知各黨團指派代表參加，各黨團代表，應經黨鞭書面簽名指派。惟就實務以觀，黨團協商難與委員會審查充分結合。茲為建立議案協商與委員會連結的機制，民國91年1月15日修正該法第70條時，除將第1項修正為議案交由黨團協商時，由該議案的院會說明人所屬黨團負責召集，通知各黨團書面簽名指派代表2人參加，該院會說明人為當然代表，並由其擔任協商主席外，並增訂第2項，各黨團指派之代表時，其中1人應為審查會委員，如黨團所屬委員均非審查會委員時，則不在此限，俾使委員會的專業意見、審查經過與各黨團意見得以充分交流溝通而獲共識。但從運作實況來看，由於黨團控制委員會，時將法案保留送請協商而不作實質審查；又黨團協商經各黨團代表達成共識後，應即簽名，作成協商結論，並經各黨團負責人簽名。上述經協商獲致結論的議案，如經院會同意，出席委員不得反對；於廣泛討論時，非經黨團要求依政黨比例派員發言外，其他委員不得請求發言；經協商留待院會表決之條文，得依政黨比例派員發言後，逕行處理；在逐條討論時，出席委員不得請求發言。因此，協商法制化後，雖可加速了法案的審查，但對於委員會審查議案的權能難免受到架空。

9　「會外協商」並非法令規定制度，而是為了解決問題自然形成的不成文例規。通常在審查議案過程中，先將爭議部分「暫予保留」，待其他條款審查完畢，然後由召集委員邀集相關發言委員在會外進行商談，就引起爭議的保留條文交換意見。參閱楊日青：《立法院常設委員會之結構與功能分析》，台北：民主基金會，民國81年11月，47-49頁。

(二) 阻礙議案審議之時程

適時性立法，有助於政策的推展。立法院為避免延宕議案審議的時程而有害議事效率，雖於民國91年1月15日修正立法院職權行使法時，增訂第71條之1條文，明定議案自交黨團協商逾4個月（嗣於民國97年4月25日修正為1個月）仍無法達成共識時，始由院會定期處理，以適度限制協商期限；惟就實務以觀，時有黨團採取杯葛不合作方式，堅持須依規定的協商期限，致延誤重大法案的處理時效，仍無法達成適時性立法，阻礙議案審議的時程。

八、委員會專業功能仍待加強

論者對立法院委員會的運作，指出下列：(一)院會與委員會間沒有適當的聯結，(二)參加委員會的方式與限制，(三)委員會領導多頭馬車及(四)審查過程未能結合專業等4項制度缺失，致長期來無法發揮專業功能[10]。立法院雖於民國88年1月12日及民國91年1月15日兩次修正或制定立法院組織法等5大法案時，加以改革；惟就實際運作以觀，尚未完全改進，仍有以下缺失。茲分述如下：

(一) 院會與委員會間仍無法完全適當的聯結

健全委員會制度，為長期來改革國會的主要重點。前所述及的審議議案接軌制度，旨在樹立委員會審議議案的權威性；惟就實務以觀，委員會審查重大議案時，常不採行國會的輔助性工具權來舉辦公聽會，亦未將法條逐條審畢，即逕送院會協商處理，如經濟及能源等委員會審查「擴大公共建設投資條例草案」即為顯例[11]。因此，現行規範仍不足以建立委員會功能化與專業化。針對這項制度的缺失，立法院有必要在兩者之間搭建橋樑，抑或鋪設接軌的機制，以免弱勢化委員會的建制功能。

(二) 委員會領導多頭馬車

立法院各委員會所置召集委員並非1人，民國96年11月30日修正立法院各

---

10 參閱何鴻榮：《再造效能政府——行政重組、國會控制與改造》，初版，台北：時英出版社，民國85年9月，210-215頁。
11 經濟及能源等三委員會審查報告，參閱立法院公報，93卷，26(上)期，民國93年5月19日，32-58頁。

委員會組織法第3條之4時，雖由3人改爲2人，輪流擔任主席；但有關議程的排定，依前法第4條之1的規定，仍由輪值召集委員決定。可知召集委員爲「議程的設定者」，議程之編排因不同的召集委員而難以連續，致呈現割裂現象。更有因不同黨派的召集委員擔任主席，而將上次委員會所作決議予以推翻情事。如民國82年12月15日法制、國防、內政及邊政、外交及僑政四委員會審查「國家安全會議組織法草案」，由當時國民黨籍主席陳健民委員將該案表決逕提報院會二讀；嗣於同月20日輪由民進黨籍委員盧修一擔任再將該案重提討論，並決議退回，不予審議，即爲1例[12]。足見委員會呈現多頭領導。

(三) 審查過程未能結合專業

依立法院各委員會組織法第18條之規定，各委員會各置專門委員1人，擔任議案之研究、編撰及草擬事項。就現行各委員會業務觀之，實難以因應。在未將法制局與委員會專門委員業務明確區隔，並重新調整兩者職掌前，較難發揮輔助功能。此外，依現行立法院職權行使法相關規定，各委員會雖可透過公聽會，邀請政府人員及社會上有關係人員出席，廣納意見。但就實務以觀，受邀人士仍不夠具有代表性，且其相關意見亦未受重視。合上所述，委員會的專業功能仍有加強之必要。

第二節 改革建議

事經上述各項評估後，發現諸多現象有待改進之處。謹就分析所得及制度設計興革之原理，提出下列改革建議：

一、付委議案之抽出須具備一定要件

依立法院議事成例，立法院雖確定付委議案抽回院會討論，限於當次院會報告事項討論事項前，且須全案抽回，以免議事過度混亂；惟委員提議中止委員會審查，係按一般變更議程的動議[13]，非如美國眾議院規定任何議員

---

12 參閱古登美、沈中元、周萬來：《立法理論與實務》，修訂4版，台北：國立空中大學，民國94年1月，509-511頁。

13 依立法院議事規則第17條之規定，出席委員提議變更議程，須15人以上之連署或附議；且不經討論，逕付表決。又依立法院職權行使法第6條之規定，表決時，以出席委員過半數之同意行之。

提出中止委員會審查之動議，須在該法案交付委員會已逾30日而沒有提出報告，經有過半數（即218名議員）之簽署，於簽足人數後，列入中止審查議程（Discharge Calendar）7天後，始可提出該動議。該動議如經否決，在同一會期內不得再對同一法案提出上述動議。如通過該動議，則任何連署該動議的議員，均可要求討論該法案[14]。足見抽回委員會審查之議案，須具備一定的要件。

為維護委員會的職能，並免院會議事的不穩定，修正立法院職權行使法或議事規則時，應予明定立法委員提議抽回交付委員會審查的議案，須因審查會已逾1個月未予審查，並經全體委員1/3之連署或附議後，始可提出。如此，始可免於議事混亂與法案品質粗糙。

二、增訂相關規範，以明定職權行使程序

依民國89年4月25日公布之憲法增修條文第2條第7項及第4條第3項之規定，副總統缺位時改由立法院補選及立法院得於每年集會時聽取總統國情報告；惟立法院直至民國97年5月9日始修正立法院職權行使法，增訂第2章之1，規定聽取國情報告；在此之前，曾引發爭議[15]，但對補選副總統的行使程序，至今尚未立法規範。因此，為建立立法院職權規範的完整性，實有必要明定補選副總統的處理程序。

另有關逕付二讀的議案，雖已明定由院會決議交付黨團協商，並由提案委員所屬黨團或提案黨團負責召集協商；惟從委員會抽回院會討論部分仍未明定其處理程序，難免引發適用上的爭議[16]。為避免無謂的議事衝突，宜於修正立

---

14 參閱Walter J. Oleszek, Congressional Procedures and the Policy Process (Washington, D.C.: Congressional Quarterly Inc., 2nd ed,1984), p.116.；引自湯德宗譯：《國會程序與政策過程》，台北：正中書局，民國81年3月，160-161頁。

15 由於立法院對總統國情報告之處理程序尚未建立規範，以致民國93年9月27日總統咨請立法院就有關國防軍購、台灣參與聯合國及兩岸和平發展等重大政策儘速安排聽取國情報告而引發憲政爭議。依憲法增修條文第4條第3項之規定，聽取總統國情報告之主動權本屬立法院，總統可否逕行咨請立法院聽取國情報告存有疑義。另就國情報告時間而論，似宜在立法院每屆或每年第1會期開議後即行使是項職權，較符國情報告之意涵及立法意旨。又因國情報告內容應就國家整體情勢為報告方向，而非僅限於特定事務。茲因上述國情報告時間、報告事項及行使程序，均涉及立法院職權之行使，宜予立法規範。參閱〈合宜的行憲是踐履民主憲政的基礎〉，中國時報社論，民國93年10月2日，2版。

16 民國92年7月10日第5屆第3會期第1次臨時會第1次會議處理委員蔡同榮等95人所提公民投票法草案時，由於民進黨黨團提議交付黨團協商，主席即依議事成例，將該案交付黨團協商，並由民進黨黨團、國民黨黨團負責協商，致引發部分委員不滿，國民黨黨團書記長更搶走主席所要宣讀的散會文件。參閱立法院公報，92卷，37(下)期，民國92年7月19日，164頁；聯合報，民國92年7月12日，2

法院職權行使法時，將逕付二讀之議案明定須交黨團協商，並由提案委員所屬黨團或提案黨團負責召集協商，而協商程序與結論效力，比照付委議案經委員會議決須交付協商的規定。

三、黨團提案（或動議）之類別應加以限縮

綜觀立法院職權行使法及其議事規則所定議案或動議的類別，共計30種之多，除不信任案、彈劾案、罷免案及委員會舉行公聽會外，其餘均得以黨團名義提案（或動議）[17]。為謀求尊重黨團提案（或動議）及議事效率的平衡，實有修正立法院職權行使法第75條及立法院議事規則第59條之必要，將部分提案（或動議）的類別予以限縮，不得用黨團之名義提案（或動議），以求議事穩定性。就實務運作以觀，前述復議動議及協商結論異議權即為不得以黨團名義提案（或動議）的類別。

四、嚴守第三讀會之程序

第三讀會之程序，旨在避免二讀會通過的條文，因未加整理，致使出席委員無法發現法案內容是否有相互牴觸或與憲法或其他法律相牴觸之情事。茲為提昇立法品質，防止立法疏漏，似可採行德制的精神來完成此項重任。按德國聯邦眾議院議事規則第84條之規定，三讀會係以二讀會之決議為討論基礎，法案在二讀會時，係照案通過，未作任何修正，即可繼續進行三讀；否則應予二讀條文分送後，於隔一日舉行三讀會[18]。因此，法案在二讀時，如係照案通過，即可繼續進行三讀；若有修正，則於下次會議進行三讀。

五、改變預算案與決算審核報告案審議之時程

立法院審議決算審核報告案，既可獲悉行政機關年度內的作為，洞知預算有無被誤用、濫用之情形，更可作為下一年度預算案刪減的依據。因此，立法院自應加以運用，以發揮其功能。惟長期以來，因程序委員會先將總預算案編

版。

17　參閱周萬來：《立法院職權行使法逐條釋論》，3版，台北：五南圖書出版公司，民國108年12月，309-312頁。

18　彭鳳至：〈德國聯邦眾議院議事規則(下)〉，立法院院聞，16卷，3期，民國77年3月，50頁。

列院會議程，交付預算委員會召集全院各委員會聯席會議審查（民國96年12月7日修正由財政委員會分送各委員會審查）後，始將決算審核報告案提報院會處理。程序委員會對上述議案之排列，較難提供委員審議預算案之參考，以致多數委員認為審議決算審核報告案並無效用而予忽視。因此，嗣後程序委員會在編列議程時，宜將決算審核報告案編列在前，先行審議，作為審查下一年度預算案之參考，而達成憲法設計該機制的用意。

六、行政院院長仍應由立法院同意後任命

民國86年7月21日修憲後，停止適用第55條及第57條，將原由立法院同意始得任命之行政院院長，改為總統逕行任命；惟行政院對立法院負責的憲政機制並未改變，乃賦予立法院得對行政院院長提出不信任案之權。前已述及，該制度本質上不易執行，且依台灣當前選舉的實況，立法委員恐不太願意行使不信任案。基於上述理由，理宜回復憲法第55條之規定，行政院院長由總統提名，經立法院同意後始得任命，以維行政院向立法院負責的憲政精神。至於立法院行使的不信任投票權，則予以廢除。

七、補強黨團協商機制之缺口

就實務觀之，黨團協商法制化後，議案透過協商而送請院會處理時，較往昔順暢，實有助議事效率與立法品質的提昇。惟施行以來，仍有諸多缺失，如弱化委員會審查功能及阻礙議案審議時程等。為補強上述漏洞，嗣後議案須經委員會完成審查而保留條文為全部1/3以下者，始可分配協商；倘有超過1/3以上或全部條文保留協商提報院會時，則由院會逕行決定重付委員會審查。即將黨團協商界定為輔佐性功能。同時，為避免阻礙議案的審議，致延誤重大法案的處理時效，協商期限亦併同予以縮短，以符適時性立法。

八、強化委員會專業功能

為有效提昇委員會之專業功能，除上述付委案件抽出須具備一定要件與黨團協商機制設計上須重新改進，以免侵害委員會的職能外，現行委員會相關制度亦須加以變革。擬提出下列3項具體措施：

(一) 委員會召集委員改置1人，以免割裂議案審查的連續性

前已述及，立法院各委員會議程的排定，係由輪值召集委員決定，從而召集委員乃為議程的設定者。目前各委員會召集委員為2人，造成多頭領導而使議程編排呈現割裂現象。為使事權統一，並使議案審查有其連續性，召集委員改置1人，實有其必要[19]。

(二) 建立委員會專業及資深制度

民國96年11月30日立法院修正立法院各委員會組織法時，再度確立各黨團在委員會的席次比例，召集委員不受連任1次的限制，各委員會席次至少為13席，最高不得超過15席。為發揮委員會專業功能，各政黨或政團在委員會之召集委員與委員，除應依其在院會中之席次比例分配外，各政黨或政團在指派所屬委員參加委員會，應考慮其專長、志願與年資；其中年資的採計，係按該委員在某一特定委員會服務期間來計算其年資，如一旦他就，則其在原委員會所累積之年資，則歸於零，重新計算，以建立資深倫理制度[20]。

(三) 強化專業幕僚之輔助功能

依現行各委員會設一專門委員以擔任議案之研究、編撰及草擬事項，實難以達成專業要求。為發揮幕僚輔助功能，委員會專門委員與法制局研究人員之職掌，實有待重新調整。各委員會專門委員名稱修正為立法顧問，專門負責法條之草擬及立法諮詢工作；而法制局研究人員按其專長予以分組，負責有關法案之研究、分析與評估，並於相關委員會審議所負責的法案時，列席提供該法案研究、分析與評估的意見。

---

19 參閱曾濟群：《國會立法與程序》，初版，台北：台灣書店，民國90年，19-22頁。
20 參閱朱志宏：《立法論》，初版，台北：三民書局，民國84年3月，266頁。

參考書目
BIBLIOGRAPHY

壹、中文書目

一、年鑑、公報、法規

1. 中華民國立法院大事記
2. 總統府公報
3. 立法院公報
4. 立法統計年報
5. 立法院院會速記錄
6. 立法院會議議事錄、議事日程及其議案關係文書
7. 立法專刊
8. 立法委員手冊
9. 司法院公報
10. 司法院大法官會議解釋彙編
11. 最高法院判例要旨
12. 考銓法規彙編
13. 監察法規輯要
14. 法務部公報
15. 中華民國法律彙編

二、書籍（以姓氏筆劃為序，尊稱恕略）

1. 民國82年，《立法院議事先例集》，立法院秘書處。
2. 古登美、沈中元、周萬來編著，民國94年，《立法理論與實務》，台北：國立空中大學。

3. 丘宏達主編,民國82年,《現代國際法》,台北:三民書局。

4. 朱志宏,民國84年,《立法論》,台北:三民書局。

5. 吳堯峰,民國78年,《民政議事工作辭典》,台北:五南圖書出版公司。

6. 吳昆吾,民國66年,《條約論》,台北:台灣商務印書館。

7. 吳重禮、陳慧玟譯(David R. Mayhew著),民國90年,《分立政府:1946~1990年期間之政黨控制、立法與調查》,台北:五南圖書出版公司。

8. 吳東欽,民國96年,《一致政府與分立政府對國會立法之影響——議程阻絕觀點之分析》,台北:政大行政管理碩士論文。

9. 民國65年,《改進人民陳情案件處理程序之研究》,台北:行政院研究發展考核委員會。

10. 李明恭編著,民國83年,《會議規範之說明及運用》,台北:正中書局。

11. 何鴻榮,民國85年,《再造效能政府——行政重組、國會控制與改造》,台北:時英出版社。

12. 何弘光,民國112年,《解讀立法院精選案例:了解立法院立法、修法的運作模式》,台北:五南圖書出版公司。

13. 何弘光,民國113年,《立法院議事規則逐條釋義》,台北:五南圖書出版公司。

14. 林紀東,民國66年,《中華民國憲法逐條釋義(二)》,台北:三民書局。

15. 林紀東,民國66年,《中華民國憲法釋論》,台北:朝陽大學法律評論社。

16. 林紀東,民國68年,《法學緒論》,台北:五南圖書出版公司。

17. 林水波,民國88年,《制度設計》,台北:智勝文化事業有限公司。

18. 林水波,民國91年,《憲法政治學》,台北:元照出版公司。

19. 周萬來,民國74年,《行憲以來我國法律廢止之研究》,台北:馬陵出版社。

20. 周萬來,民國91年,《議案審議——立法院運作實況》,台北:五南圖書出版公司。

21. 周萬來,民國108年,《立法院職權行使法逐條釋論》,台北:五南圖書出版

公司。

22. 周萬來，民國109年，《國會議事策略101》，台北：五南圖書出版公司。

23. 法治斌、董保城，民國92年，《憲法新論》，台北：三民書局。

24. 段重民，民國94年，《法學緒論》，台北：國立空中大學。

25. 胡濤，民國69年，《立法學》，台北：漢苑出版社。

26. 洪應灶，民國59年，《中華民國憲法新論》，台北：自刊本。

27. 翁岳生，民國74年，《行政法與現代法治國家》，台北：國立台灣大學法學叢書編輯委員會。

28. 孫文，民國78年，《民權初步》，台北：三民書局。

29. 陳治世，民國81年，《條約法公約析論》，台北：台灣學生書局。

30. 陳新民，民國100年，《憲法學釋論》，台北：三民書局。

31. 陳淞山，民國83年，《國會制度解讀》，台北：月旦出版社。

32. 許宗力，民國88年，《法與國家權力》，台北：元照出版公司。

33. 許劍英，民國95年，《立法審查理論與實務》，台北：五南圖書出版公司。

34. 許介鱗譯，民國80年，《議會立法過程之比較研究》，台北：正中書局。

35. 許慶雄，民國81年，《憲法入門》，台北：月旦出版社。

36. 常澤民，民國68年，《中國現代監察制度》，台北：台灣商務印書館。

37. 張金鑑，民國60年，《行政學典範》，台北：中國行政學會。

38. 民國85年，《會議規範》，中央文物供應社。

39. 傅崑成等編譯，民國80年，《美國憲法逐條釋義 —— 附模範州憲法》，台北：三民書局。

40. 曾濟群，民國64年，《中國立法提案之研究》，台北：正中書局。

41. 曾濟群，民國77年，《中外立法制度之比較》，台北：中央文物供應社。

42. 曾濟群，民國90年，《國會立法與程序》，台北：台灣書店。

43. 湯德宗譯，民國81年，《國會程序與政策過程》，台北：正中書局。

44. 湯絢章編著，民國63年，《現代行政管理學》，台北：自刊本。

45. 彭忠義，民國71年，《日本國會眾參兩院關係研究》，文化大學日本研究所

碩士論文。

46. 楊振萬，民國48年，《議事原理與法則》，台北：自刊本。

47. 楊振萬，民國88年，《天聲文存議政叢談》，台北：幼獅文化事業股份有限公司。

48. 楊國棟，民國61年，《中華民國條約與協定的批准制度》，台大政治學研究所碩士論文。

49. 楊日青，民國81年，《立法院常設委員會之結構與功能分析》，台北：民主基金會。

50. 管歐，民國70年，《法學緒論》，台北：自刊本。

51. 陶百川，民國67年，《比較監察制度》，台北：三民書局。

52. 陸潤康，民國72年，《美國聯邦憲法論》，台北：自刊本。

53. 民國93年，《憲政制度與陽光法案之研究》，台北：立法院法制局。

54. 蔡達棠，民國84年，《立法院臨時提案之剖析》，台北：致良出版社。

55. 鄭玉波，民國67年，《法學緒論》，台北：三民書局。

56. 謝瑞智，民國82年，《憲法大辭典》，台北：自刊本。

57. 鍾啓岱，民國92年，《議事學理論與實務》，高雄：復文圖書出版社。

58. 薩孟武、劉慶瑞，民國67年，《各國憲法及其政府》，台北：自刊本。

59. 羅志淵，民國68年，《中國憲法與政府》，台北：國立編譯館。

60. 羅志淵，民國67年，《立法程序論》，台北：正中書局。

61. 羅傳賢，民國82年，《立法程序》，台北：龍文出版社。

62. 羅傳賢，民國93年，《國會與立法技術》，台北：五南圖書出版公司。

63. 羅傳賢，民國101年，《立法程序與技術》，台北：五南圖書出版公司。

64. 羅傳賢，民國106年，《行政程序法論——兼論聽證與公聽會制度》，台北：五南圖書出版公司。

65. 嚴啓昌，《三年問政記要》，台北：自刊本。

三、期刊

1. 王源森譯，民國96年，〈波蘭共和國憲法〉，國會月刊，第35卷，8期，75-

106頁。

2. 中國時報社論，民國93年10月2日，〈合宜的行憲是踐履民主憲政的基礎〉，2版。

3. 中國時報，〈蔡同榮：公投列車終於啟動〉，民國92年11月29日，15版。

4. 中國時報，〈李念祖：大法官釋憲的政治空氣〉，民國107年6月7日，14版。

5. 中國時報，〈羅傳賢：大法官助長多數暴力？〉，民國107年7月9日，14版。

6. 李建良，民國89年，〈國會議員言論免責權之理論與實務〉，法令月刊，51卷，10期，172-189頁。

7. 何弘光，民國110年，〈立法院黨團協商制度之法制與實務〉，國會季刊，49卷，4期，73-76頁。

8. 周萬來，民國88年，〈淺談我國總統緊急命令權與立法院追認之程序〉，立法院院聞，27卷，11期，4-12頁。

9. 施啟揚，民國66年，〈談法律與道德〉，憲政時代，2卷，3期，中國憲法學會，20-25頁。

10. 涂懷瑩，民國70年，〈論「國家緊急權力」與「戰時憲政獨裁」〉，台北：憲政思潮，53期，168-180頁。

11. 董翔飛，民國70年，〈從憲法中的緊急命令談到臨時條款的緊急處分〉，台北：憲政思潮，53期，196-201頁。

12. 陳新民，民國81年，〈總統緊急權力和總統角色之定位——由卡爾‧史密特的學說談起(上)、(下)〉，軍法專刊，38卷，10、11期，17-23及23-28頁。

13. 陳顧遠，民國51年，〈立法程序之研究〉，收錄於《憲法論文集(二)》，台北：國民大會秘書處，377-406頁。

14. 陳淳文，民國108年，〈議事阻撓與少數保障之憲法規範初探〉，台北：政大法學評論，159期，69-128頁。

15. 許介鱗譯，民國61年，〈現代立法過程的種種問題〉，台北：憲政思潮，17期，60-73頁。

16. 張劍寒，民國62年，〈民主國家之法規聽證制度〉，台北：憲政思潮，23期，1-9頁。

17. 曾濟群，民國57年，〈我國覆議制度研究〉，中山學術文化集刊，1集，中山學術文化基金董事會，81-97頁。

18. 彭鳳至，民國77年，〈德國聯邦眾議院議事規則(上)、(下)〉，立法院院聞，16卷，2、3期，33-43及48-56頁。

19. 聯合報社論，民國92年6月2日，〈總統不宜強令立院變更大法官同意權議事程序〉，2版。

20. 聯合報，〈蘇永欽：否決國會決議？還好總統動口未動手〉，民國92年6月4日，15版。

21. 謝芙美，民國91年，〈概述國會改革法案修正重點〉，立法院院聞，30卷，4期，114-122頁。

22. 羅成典，民國63年，〈中央法規標準法釋論(一)(二)(三)〉，國會，5卷，4、5、6、7期，5-13、5-9、16及14-20頁。

23. 羅傳賢、朱蔚菁，民國93年，〈分權原理下國會自律權之規範與限制〉，軍法專刊，15卷，4期，1-19頁。

貳、外文書目

1. Davidson, Roger H., and Oleszek, Walter J., Congress and Its Members, 2nd ed., Washington, D.C.: Congressional Quarterly Inc., 1985.

2. Gold, Martin B., Senate Procedure and Practice, Maryland: Rowman & Littlefield Inc., 2004.

3. Herman, Valentine and Mendel, Francoise eds., Parliaments of the World, London: Macmillan, 1976.

4. Keefe, W. J., and Ogul, M. S., The American Legislative Process, Upper Saddle River, NY: Prentice-Hall, 1997.

5. Miers, David R., and Page, Alan C., Legislation, 2nd ed., London: Sweet and Maxwell, 1990.

6. Oleszek, Walter J., Congressional Procedures and the Policy Process, 2nd ed.,

Washington D. C.: Congressional Quarterly Inc., 1984.

7. Robert, Henry M., Parliamentary Practice: An Introduction to Parliamentary Law, New York: Appleton-Century-Crofts Inc., 1949.

（建構與比較各國立法機關議案審議相關外文參考書目）

1. Arnold, R. D., The Logic of Congressional Action. New Haven: Yale Univ, Press, 1990.

2. Bailey, C.J., The US Congress, Oxford, UK: Basil Blackwell, 1989.

3. Cox, G. W., & McCubbins, M. D., Legislative Leviathan, Berkeley: Univ of CA. Press, 1993.

4. Cronin, T. E., & M. A., Genovese, The Paradoxes of the American Presidency, N. Y.: Oxford Univ, Press, 1998.

5. Fisher, L., Constitutional Conflicts Between Congress and the President, Princeton, NJ: Princeton Univ, Press, 1985.

6. Hibbing, J. R., & E. Theiss -Morse, Congress as Public Enemy, N.Y.: Cambridge Univ, Press, 1995.

7. Judge, D. The Parliamentary State, Newbury Park: Sage, 1993.

8. Korm, J. The Power of Separation: American Constitutionalism and the Myth of the Legislative Veto, Princeton, NJ: Princeton Univ, Press, 1996.

9. Kozak, C. D., & MaCartney, J. D., Congress & Pubic Policy. Chicago, IL.: The Dorsey Press, 1987.

10. Looms, B. A., The Contemporary Congress, 1996.

11. Manin, B. The Principles of Representative Government. N.Y.: Cambridge Univ, Press, 1997.

12. McCubbins, M. D., & T. Sullivan, eds., Congress: Structure and Policy, N.Y.: Cambridge Univ, Press, 1989.

13. Norton, P. Does Parliament Matter? N.Y.: Harvester Wheatsheaf, 1993.

14. Rieselbach, L. N., Congressional Politics: The Evolving Legislative System, Boulder: Westview Press, 1995.

15. Schroedel, J. R., Congress, The President and Policymaking, N.Y.: M.E., Sharpe, 1994.

16. Sinclair, B. Unorthodox Lawmaking: New Legislative Processes in the U.S. Congress, Washington, D. C.: Congressional Quarterly Press, 1997.

17. Spitzer, R. J., The Presidential Veto. Albany, N.Y.: SUNY Press, 1988.

18. Strom, G. S., The Logic of Lawmaking, Baltimore: The Johns Hopkins Univ, Press, 1990.

19. Weisberg, H. F., Heberling & L. M., Campoli, Classics in Congressional Politics, N.Y.: Longman, 1999.

20. Whiteman, D., Communication in Congress, Lawrence, KA: Univ, Press of Kansas, 1995.

附錄一 中華民國憲法及增修條文

（一）中華民國憲法

民國35年12月25日國民大會制定通過全文175條；36年1月1日公布；同年12月25日施行

前　言

中華民國國民大會受全體國民之付託，依據孫中山先生創立中華民國之遺教，爲鞏固國權、保障民權、奠定社會安寧、增進人民福利，制定本憲法，頒行全國，永矢咸遵。

第一章　總綱

第　1　條　中華民國基於三民主義，爲民有、民治、民享之民主共和國。

第　2　條　中華民國之主權，屬於國民全體。

第　3　條　具有中華民國國籍者，爲中華民國國民。

第　4　條　中華民國領土，依其固有之疆域，非經國民大會之決議，不得變更之。

第　5　條　中華民國各民族一律平等。

第　6　條　中華民國國旗定爲紅地，左上角青天白日。

第二章　人民之權利義務

第　7　條　中華民國人民，無分男女、宗教、種族、階級、黨派，在法律上一律平等。

第　8　條　人民身體之自由應予保障。除現行犯之逮捕由法律另定外，非經司法或警察機關依法定程序，不得逮捕拘禁。非由法院依法定程序，不得審問處罰。非依法定程序之逮捕、拘禁、審問、處罰，得拒絕之。

　　　　　人民因犯罪嫌疑被逮捕拘禁時，其逮捕拘禁機關應將逮捕拘禁原因，以書面告知本人及其本人指定之親友，並至遲於二十四小時內移送該管法院審問。本人或他人亦得聲請該管法院，於二十四小時內，向逮捕之機關提審。

　　　　　法院對於前項聲請不得拒絕，並不得先令逮捕拘禁之機關查覆。逮捕拘禁之機關對於法院之提審，不得拒絕或遲延。

人民遭受任何機關非法逮捕拘禁時，其本人或他人得向法院聲請追究，法院不得拒絕，並應於二十四小內向逮捕拘禁之機關追究，依法處理。

第 9 條　人民除現役軍人外，不受軍事審判。

第 10 條　人民有居住及遷徙之自由。

第 11 條　人民有言論、講學、著作及出版之自由。

第 12 條　人民有秘密通訊之自由。

第 13 條　人民有信仰宗教之自由。

第 14 條　人民有集會及結社之自由。

第 15 條　人民之生存權、工作權及財產權，應予保障。

第 16 條　人民有請願、訴願及訴訟之權。

第 17 條　人民有選舉、罷免、創制及複決之權。

第 18 條　人民有應考試服公職之權。

第 19 條　人民有依法律納稅之義務。

第 20 條　人民有依法律服兵役之義務。

第 21 條　人民有受國民教育之權利與義務。

第 22 條　凡人民之其他自由及權利，不妨害社會秩序、公共利益者，均受憲法之保障。

第 23 條　以上各條列舉之自由權利，除為防止妨礙他人自由、避免緊急危難、維持社會秩序或增進公共利益所必要者外，不得以法律限制之。

第 24 條　凡公務員違法侵害人民之自由或權利者，除依法律受懲戒外，應負刑事及民事責任。被害人民就其所受損害，並得依法律向國家請求賠償。

第三章　國民大會

第 25 條　國民大會依本憲法之規定，代表全國國民行使政權。

第 26 條　國民大會以左列代表組織之：

一、每縣、市及其同等區域各選出代表一人。但其人口逾五十萬人者，每增加五十萬人，增選代表一人。縣、市同等區域，以法律定之。

二、蒙古選出代表，每盟四人，每特別旗一人。

三、西藏選出代表，其名額以法律定之。

四、各民族在邊疆地區選出代表，其名額以法律定之。

五、僑居國外之國民選出代表，其名額以法律定之。

六、職業團體選出代表，其名額以法律定之。

七、婦女團體選出代表，其名額以法律定之。

第　27　條　　國民大會之職權如左：

一、選舉總統、副總統。

二、罷免總統、副總統。

三、修改憲法。

四、複決立法院所提之憲法修正案。

關於創制、複決兩權，除前項第三、第四兩款規定外，俟全國有半數之縣、市曾經行使創制、複決兩項政權時，由國民大會制定辦法並行使之。

第　28　條　　國民大會代表，每六年改選一次。

每屆國民大會代表之任期，至次屆國民大會開會之日爲止。

現任官吏不得於其任所所在地之選舉區當選爲國民大會代表。

第　29　條　　國民大會於每屆總統任滿前九十日集會，由總統召集之。

第　30　條　　國民大會遇有左列情形之一時，召集臨時會：

一、依本憲法第四十九條之規定，應補選總統、副總統時。

二、依監察院之決議，對於總統、副總統提出彈劾案時。

三、依立法院之決議，提出憲法修正案時。

四、國民大會代表五分之二以上請求召集時。

國民大會臨時會，如依前項第一款或第二款應召集時，由立法院院長通告集會；依第三款或第四款應召集時，由總統召集之。

第　31　條　　國民大會之開會地點，在中央政府所在地。

第　32　條　　國民大會代表在會議時所爲之言論及表決，對會外不負責任。

第　33　條　　國民大會代表，除現行犯外，在會期中，非經國民大會許可，不得逮捕或拘禁。

第　34　條　　國民大會之組織，國民大會代表之選舉、罷免，及國民大會行使職權之程序，以法律定之。

第四章　總統

第　35　條　　總統爲國家元首，對外代表中華民國。

第　36　條　　總統統率全國陸海空軍。

第　37　條　　總統依法公布法律，發布命令，須經行政院院長之副署，或行政院院長及有關部、會首長之副署。

第　38　條　　總統依本憲法之規定，行使締結條約及宣戰、媾和之權。

第　39　條　　總統依法宣布戒嚴。但須經立法院之通過或追認，立法院認爲必要時，

得決議移請總統解嚴。

第 40 條　總統依法行使大赦、特赦、減刑及復權之權。

第 41 條　總統依法任免文武官員。

第 42 條　總統依法授與榮典。

第 43 條　國家遇有天然災害、癘疫，或國家財政、經濟上有重大變故，須爲急速處分時，總統於立法院休會期間，得經行政會議之決議，依緊急命令法，發布緊急命令，爲必要之處置。但須於發布命令後一個月內提交立法院追認，如立法院不同意時，該緊急命令立即失效。

第 44 條　總統對於院與院間之爭執，除本憲法有規定者外，得召集有關各院院長會商解決之。

第 45 條　中華民國國民年滿四十歲者，得被選爲總統、副總統。

第 46 條　總統、副總統之選舉，以法律定之。

第 47 條　總統、副總統之任期爲六年，連選得連任一次。

第 48 條　總統應於就職時宣誓，誓詞如左：
「余謹以至誠，向全國人民宣誓。余必遵守憲法，盡忠職務，增進人民福利，保衛國家，無負國民付託，如違誓言，願受國家嚴厲之制裁。謹誓。」

第 49 條　總統缺位時，由副總統繼任，至總統任期屆滿爲止。總統、副總統均缺位時，由行政院院長代行其職權，並依本憲法第三十條之規定，召集國民大會臨時會，補選總統、副總統，其任期以補足原任總統未滿之任期爲止。總統因故不能視事時，由副總統代行其職權。總統、副總統均不能視事時，由行政院院長代行其職權。

第 50 條　總統於任滿之日解職，如屆期次任總統尚未選出，或選出後總統、副總統均未就職時，由行政院院長代行總統職權。

第 51 條　行政院院長代行總統職權時，其期限不得逾三個月。

第 52 條　總統除犯內亂或外患罪外，非經罷免或解職，不受刑事上之訴究。

第五章　行政

第 53 條　行政院爲國家最高行政機關。

第 54 條　行政院設院長、副院長各一人，各部會首長若干人，及不管部會之政務委員若干人。

第 55 條　行政院院長，由總統提名，經立法院同意任命之。
立法院休會期間，行政院院長辭職或出缺時，由行政院副院長代理其職

務。但總統須於四十日內咨請立法院召集會議，提出行政院院長人選，徵求同意。行政院院長職務，在總統所提行政院院長人選未經立法院同意前，由行政院副院長暫行代理。

第 56 條　行政院副院長，各部會首長及不管部會之政務委員，由行政院院長提請總統任命之。

第 57 條　行政院依左列規定，對立法院負責：
一、行政院有向立法院提出施政方針及施政報告之責。立法委員在開會時，有向行政院院長及行政院各部會首長質詢之權。
二、立法院對於行政院之重要政策不贊同時，得以決議移請行政院變更之。行政院對於立法院之決議，得經總統之核可，移請立法院覆議。覆議時，如經出席立法委員三分之二維持原決議，行政院院長應即接受該決議或辭職。
三、行政院對於立法院決議之法律案、預算案、條約案，如認爲有窒礙難行時，得經總統之核可，於該決議案送達行政院十日內，移請立法院覆議。覆議時，如經出席立法委員三分之二維持原案，行政院院長應即接受該決議或辭職。

第 58 條　行政院設行政院會議，由行政院院長、副院長，各部會首長及不管部會之政務委員組織之，以院長爲主席。
行政院院長、各部會首長，須將應行提出於立法院之法律案、預算案、戒嚴案、大赦案、宣戰案、媾和案、條約案及其他重要事項，或涉及各部會共同關係之事項，提出於行政院會議議決之。

第 59 條　行政院於會計年度開始三個月前，應將下年度預算案提出於立法院。

第 60 條　行政院於會計年度結束後四個月內，應提出決算於監察院。

第 61 條　行政院之組織，以法律定之。

第六章　立法

第 62 條　立法院爲國家最高立法機關，由人民選舉之立法委員組織之，代表人民行使立法權。

第 63 條　立法院有議決法律案、預算案、戒嚴案、大赦案、宣戰案、媾和案、條約案及國家其他重要事項之權。

第 64 條　立法院立法委員，依左列規定選出之：
一、各省、各直轄市選出者，其人口在三百萬以下者五人，其人口超過三百萬者，每滿一百萬人增選一人。

　二、蒙古各盟、旗選出者。

　三、西藏選出者。

　四、各民族在邊疆地區選出者。

　五、僑居國外之國民選出者。

　六、職業團體選出者。

　立法委員之選舉及前項第二款至第六款立法委員名額之分配，以法律定之。婦女在第一項各款之名額，以法律定之。

第 65 條　立法委員之任期爲三年，連選得連任，其選舉於每屆任滿前三個月內完成之。

第 66 條　立法院設院長、副院長各一人，由立法委員互選之。

第 67 條　立法院得設各種委員會。

　各種委員會得邀請政府人員及社會上有關係人員到會備詢。

第 68 條　立法院會期，每年兩次，自行集會，第一次自二月至五月底，第二次自九月至十二月底，必要時得延長之。

第 69 條　立法院遇有左列情事之一時，得開臨時會：

　一、總統之咨請。

　二、立法委員四分之一以上之請求。

第 70 條　立法院對於行政院所提預算案，不得爲增加支出之提議。

第 71 條　立法院開會時，關係院院長及各部會首長得列席陳述意見。

第 72 條　立法院法律案通過後，移送總統及行政院，總統應於收到後十日內公布之。但總統得依照本憲法第五十七條之規定辦理。

第 73 條　立法委員在院內所爲之言論及表決，對院外不負責任。

第 74 條　立法委員，除現行犯外，非經立法院許可，不得逮捕或拘禁。

第 75 條　立法委員不得兼任官吏。

第 76 條　立法院之組織，以法律定之。

第七章　司法

第 77 條　司法院爲國家最高司法機關，掌理民事、刑事、行政訴訟之審判及公務員之懲戒。

第 78 條　司法院解釋憲法，並有統一解釋法律及命令之權。

第 79 條　司法院設院長、副院長各一人，由總統提名，經監察院同意任命之。

　司法院設大法官若干人，掌理本憲法第七十八條規定事項，由總統提名，經監察院同意任命之。

第 80 條　法官須超出黨派以外，依據法律獨立審判，不受任何干涉。

第 81 條　法官爲終身職，非受刑事或懲戒處分或禁治產之宣告，不得免職。非依法律，不得停職、轉任或減俸。

第 82 條　司法院及各級法院之組織，以法律定之。

第八章　考試

第 83 條　考試院爲國家最高考試機關，掌理考試、任用、銓敘、考績、級俸、陞遷、保障、褒獎、撫卹、退休、養老等事項。

第 84 條　考試院設院長、副院長各一人，考試委員若干人，由總統提名，經監察院同意任命之。

第 85 條　公務人員之選拔，應實行公開競爭之考試制度，並應按省區分別規定名額，分區舉行考試。非經考試及格者，不得任用。

第 86 條　左列資格，應經考試院依法考選銓定之：
一、公務人員任用資格。
二、專門職業及技術人員執業資格。

第 87 條　考試院關於所掌事項，得向立法院提出法律案。

第 88 條　考試委員須超出黨派以外，依據法律獨立行使職權。

第 89 條　考試院之組織，以法律定之。

第九章　監察

第 90 條　監察院爲國家最高監察機關，行使同意、彈劾、糾舉及審計權。

第 91 條　監察院設監察委員，由各省、市議會，蒙古、西藏地方議會及華僑團體選舉之。其名額分配，依左列之規定：
一、每省五人。
二、每直轄市二人。
三、蒙古各盟、旗共八人。
四、西藏八人。
五、僑居國外之國民八人。

第 92 條　監察院設院長、副院長各一人，由監察委員互選之。

第 93 條　監察委員之任期爲六年，連選得連任。

第 94 條　監察院依本憲法行使同意權時，由出席委員過半數之議決行之。

第 95 條　監察院爲行使監察權，得向行政院及其各部會調閱其所發布之命令及各種有關文件。

第 96 條　監察院得按行政院及其各部會之工作，分設若干委員會，調查一切設施，注意其是否違法或失職。

第 97 條　監察院經各該委員會之審查及決議，得提出糾正案，移送行政院及其有關部、會，促其注意改善。

監察院對於中央及地方公務人員，認為有失職或違法情事，得提出糾舉案或彈劾案，如涉及刑事，應移送法院辦理。

第 98 條　監察院對中央及地方公務人員之彈劾案，須經監察委員一人以上之提議，九人以上之審查及決定，始得提出。

第 99 條　監察院對於司法院或考試院人員失職或違法之彈劾，適用本憲法第九十五條、第九十七條及第九十八條之規定。

第 100 條　監察院對於總統、副總統之彈劾案，須有全體監察委員四分之一以上之提議，全體監察委員過半數之審查及決議，向國民大會提出之。

第 101 條　監察委員在院內所為之言論及表決，對院外不負責任。

第 102 條　監察委員，除現行犯外，非經監察院許可，不得逮捕或拘禁。

第 103 條　監察委員不得兼任其他公職或執行業務。

第 104 條　監察院設審計長，由總統提名，經立法院同意任命之。

第 105 條　審計長應於行政院提出決算後三個月內，依法完成其審核，並提出審核報告於立法院。

第 106 條　監察院之組織，以法律定之。

第十章　中央與地方之權限

第 107 條　左列事項，由中央立法並執行之：

一、外交。

二、國防與國防軍事。

三、國籍法及刑事、民事、商事之法律。

四、司法制度。

五、航空、國道、國有鐵路、航政、郵政及電政。

六、中央財政與國稅。

七、國稅與省稅、縣稅之劃分。

八、國營經濟事業。

九、幣制及國家銀行。

十、度量衡。

十一、國際貿易政策。

十二、涉外之財政、經濟事項。

十三、其他依本憲法所定關於中央之事項。

第 108 條　左列事項，由中央立法並執行之，或交由省、縣執行之：

一、省、縣自治通則。

二、行政區劃。

三、森林、工礦及商業。

四、教育制度。

五、銀行及交易所制度。

六、航業及海洋漁業。

七、公用事業。

八、合作事業。

九、二省以上之水陸交通運輸。

十、二省以上之水利、河道及農牧事業。

十一、中央及地方官吏之銓敘、任用、糾察及保障。

十二、土地法。

十三、勞動法及其他社會立法。

十四、公用徵收。

十五、全國戶口調查及統計。

十六、移民及墾殖。

十七、警察制度。

十八、公共衛生。

十九、振濟、撫卹及失業救濟。

二十、有關文化之古籍、古物及古蹟之保存。

前項各款，省於不牴觸國家法律內，得制定單行法規。

第 109 條　左列事項，由省立法並執行之，或交由縣執行之：

一、省教育、衛生、實業及交通。

二、省財產之經營及處分。

三、省、市政。

四、省公營事業。

五、省合作事業。

六、省農林、水利、漁牧及工程。

七、省財政及省稅。

八、省債。

九、省銀行。

十、省警政之實施。

十一、省慈善及公益事項。

十二、其他依國家法律賦予之事項。

前項各款,有涉及二省以上者,除法律別有規定外,得由有關各省共同辦理。

各省辦理第一項各款事務,其經費不足時,經立法院議決,由國庫補助之。

第 110 條 左列事項,由縣立法並執行之:

一、縣教育、衛生、實業及交通。

二、縣財產之經營及處分。

三、縣公營事業。

四、縣合作事業。

五、縣農林、水利、漁牧及工程。

六、縣財政及縣稅。

七、縣債。

八、縣銀行。

九、縣警衛之實施。

十、縣慈善及公益事項。

十一、其他依國家法律及省自治法賦予之事項。

前項各款,有涉及二縣以上者,除法律別有規定外,得由有關各縣共同辦理。

第 111 條 除第一百零七條、第一百零八條、第一百零九條及第一百十條列舉事項外,如有未列舉事項發生時,其事務有全國一致之性質者屬於中央,有全省一致之性質者屬於省,有一縣之性質者屬於縣,遇有爭議時,由立法院解決之。

第十一章　地方制度

　　第一節　省

第 112 條 省得召集省民代表大會,依據省縣自治通則制定省自治法。但不得與憲法牴觸。

省民代表大會之組織及選舉,以法律定之。

第 113 條 省自治法,應包含左列各款:

一、省設省議會，省議會議員由省民選舉之。

二、省設省政府，置省長一人。省長由省民選舉之。

三、省與縣之關係。

屬於省之立法權，由省議會行之。

第 114 條　省自治法制定後，須即送司法院。司法院如認為有違憲之處，應將違憲條文宣布無效。

第 115 條　省自治法施行中，如因其中某條發生重大障礙，經司法院召集有關方面陳述意見後，由行政院院長、立法院院長、司法院院長、考試院院長與監察院院長組織委員會，以司法院院長為主席，提出方案解決之。

第 116 條　省法規與國家法律牴觸者無效。

第 117 條　省法規與國家法律有無牴觸發生疑義時，由司法院解釋之。

第 118 條　直轄市之自治，以法律定之。

第 119 條　蒙古各盟、旗地方自治制度，以法律定之。

第 120 條　西藏自治制度，應予以保障。

第二節　縣

第 121 條　縣實行縣自治。

第 122 條　縣得召集縣民代表大會，依據省縣自治通則，制定縣自治法。但不得與憲法及省自治法牴觸。

第 123 條　縣民關於縣自治事項，依法律行使創制、複決之權，對於縣長及其他縣自治人員，依法律行使選舉、罷免之權。

第 124 條　縣設縣議會，縣議會議員由縣民選舉之。

屬於縣之立法權，由縣議會行之。

第 125 條　縣單行規章，與國家法律或省法規牴觸者無效。

第 126 條　縣設縣政府，置縣長一人。縣長由縣民選舉之。

第 127 條　縣長辦理縣自治，並執行中央及省委辦事項。

第 128 條　市準用縣之規定。

第十二章　選舉罷免創制複決

第 129 條　本憲法所規定之各種選舉，除本憲法別有規定外，以普通、平等、直接及無記名投票之方法行之。

第 130 條　中華民國國民年滿二十歲者，有依法選舉之權，除本憲法及法律別有規定者外，年滿二十三歲者，有依法被選舉之權。

第 131 條　本憲法所規定各種選舉之候選人，一律公開競選。

第 132 條　　選舉應嚴禁威脅、利誘。選舉訴訟，由法院審判之。

第 133 條　　被選舉人得由原選舉區依法罷免之。

第 134 條　　各種選舉，應規定婦女當選名額，其辦法以法律定之。

第 135 條　　內地生活習慣特殊之國民代表名額及選舉，其辦法以法律定之。

第 136 條　　創制、複決兩權之行使，以法律定之。

第十三章　基本國策

第一節　國防

第 137 條　　中華民國之國防，以保衛國家安全，維護世界和平為目的。
　　　　　　　國防之組織，以法律定之。

第 138 條　　全國陸、海、空軍，須超出個人、地域及黨派關係以外，效忠國家，愛
　　　　　　　護人民。

第 139 條　　任何黨派及個人，不得以武裝力量為政爭之工具。

第 140 條　　現役軍人不得兼任文官。

第二節　外交

第 141 條　　中華民國之外交，應本獨立自主之精神，平等互惠之原則，敦睦邦交，
　　　　　　　尊重條約及聯合國憲章，以保護僑民權益，促進國際合作，提倡國際正
　　　　　　　義，確保世界和平。

第三節　國民經濟

第 142 條　　國民經濟，應以民生主義為基本原則，實施平均地權，節制資本，以謀
　　　　　　　國計民生之均足。

第 143 條　　中華民國領土內之土地，屬於國民全體。人民依法取得之土地所有權，
　　　　　　　應受法律之保障與限制。私有土地應照價納稅，政府並得照價收買。
　　　　　　　附著於土地之礦及經濟上可供公眾利用之天然力，屬於國家所有，不因
　　　　　　　人民取得土地所有權而受影響。
　　　　　　　土地價值非因施以勞力、資本而增加者，應由國家徵收土地增值稅，歸
　　　　　　　人民共享之。
　　　　　　　國家對於土地之分配與整理，應以扶植自耕農及自行使用土地人為原
　　　　　　　則，並規定其適當經營之面積。

第 144 條　　公用事業及其他有獨佔性之企業，以公營為原則，其經法律許可者，得
　　　　　　　由國民經營之。

第 145 條　　國家對於私人財富及私營事業，認為有妨害國計民生之平衡發展者，應

以法律限制之。

合作事業應受國家之獎勵與扶助。

國民生產事業及對外貿易，應受國家之獎勵、指導及保護。

第 146 條　國家應運用科學技術，以興修水利，增進地力，改善農業環境，規劃土地利用，開發農業資源，促成農業之工業化。

第 147 條　中央為謀省與省間之經濟平衡發展，對於貧瘠之省，應酌予補助。

省為謀縣與縣間之經濟平衡發展，對於貧瘠之縣，應酌予補助。

第 148 條　中華民國領域內，一切貨物應許自由流通。

第 149 條　金融機構，應依法受國家之管理。

第 150 條　國家應普設平民金融機構，以救濟失業。

第 151 條　國家對於僑居國外之國民，應扶助並保護其經濟事業之發展。

第四節　社會安全

第 152 條　人民具有工作能力者，國家應予以適當之工作機會。

第 153 條　國家為改良勞工及農民之生活，增進其生產技能，應制定保護勞工及農民之法律，實施保護勞工及農民之政策。

婦女、兒童從事勞動者，應按其年齡及身體狀態，予以特別之保護。

第 154 條　勞資雙方應本協調合作原則，發展生產事業。勞資糾紛之調解與仲裁，以法律定之。

第 155 條　國家為謀社會福利，應實施社會保險制度。人民之老弱殘廢，無力生活，及受非常災害者，國家應予以適當之扶助與救濟。

第 156 條　國家為奠定民族生存發展之基礎，應保護母性，並實施婦女、兒童福利政策。

第 157 條　國家為增進民族健康，應普遍推行衛生保健事業及公醫制度。

第五節　教育文化

第 158 條　教育、文化，應發展國民之民族精神、自治精神、國民道德、健全體格、科學及生活智能。

第 159 條　國民受教育之機會，一律平等。

第 160 條　六歲至十二歲之學齡兒童，一律受基本教育，免納學費。其貧苦者，由政府供給書籍。

已逾學齡未受基本教育之國民，一律受補習教育，免納學費，其書籍亦由政府供給。

第 161 條　各級政府應廣設獎學金名額，以扶助學行俱優無力升學之學生。

第 162 條　全國公私立之教育、文化機關，依法律受國家之監督。

第 163 條　國家應注意各地區教育之均衡發展，並推行社會教育，以提高一般國民
　　　　　　之文化水準。邊遠及貧瘠地區之教育、文化經費，由國庫補助之。其重
　　　　　　要之教育、文化事業，得由中央辦理或補助之。

第 164 條　教育、科學、文化之經費，在中央不得少於其預算總額百分之十五，在
　　　　　　省不得少於其預算總額百分之二十五，在市縣不得少於其預算總額百分
　　　　　　之三十五。其依法設置之教育、文化基金及產業，應予以保障。

第 165 條　國家應保障教育、科學、藝術工作者之生活，並依國民經濟之進展，隨
　　　　　　時提高其待遇。

第 166 條　國家應獎勵科學之發明與創造，並保護有關歷史、文化、藝術之古蹟、
　　　　　　古物。

第 167 條　國家對於左列事業或個人，予以獎勵或補助：
　　　　　　一、國內私人經營之教育事業成績優良者。
　　　　　　二、僑居國外國民之教育事業成績優良者。
　　　　　　三、於學術或技術有發明者。
　　　　　　四、從事教育久於其職而成績優良者。

第六節　邊疆地區

第 168 條　國家對於邊疆地區各民族之地位，應予以合法之保障，並於其地方自治
　　　　　　事業，特別予以扶植。

第 169 條　國家對於邊疆地區各民族之教育、文化、交通、水利、衛生及其他經
　　　　　　濟、社會事業，應積極舉辦，並扶助其發展，對於土地使用，應依其氣
　　　　　　候、土壤性質及人民生活習慣之所宜，予以保障及發展。

第十四章　憲法之施行及修改

第 170 條　本憲法所稱之法律，謂經立法院通過，總統公布之法律。

第 171 條　法律與憲法牴觸者無效。
　　　　　　法律與憲法有無牴觸發生疑義時，由司法院解釋之。

第 172 條　命令與憲法或法律牴觸者無效。

第 173 條　憲法之解釋，由司法院為之。

第 174 條　憲法之修改，應依左列程序之一為之：
　　　　　　一、由國民大會代表總額五分之一之提議，三分之二之出席，及出席代
　　　　　　　　表四分之三之決議，得修改之。
　　　　　　二、由立法院立法委員四分之一之提議，四分之三之出席，及出席委員
　　　　　　　　四分之三之決議，擬定憲法修正案，提請國民大會複決，此項憲法

修正案，應於國民大會開會前半年公告之。

第 175 條　本憲法規定事項，有另定實施程序之必要者，以法律定之。

本憲法施行之準備程序，由制定憲法之國民大會議定之。

（二）中華民國憲法增修條文

1. 民國80年5月1日總統令制定公布全文10條
2. 民國81年5月28日總統令增訂公布第11～18條條文
3. 民國83年8月1日總統令修正公布全文10條
4. 民國86年7月21日總統令修正公布全文11條
5. 民國88年9月15日總統令修正公布第1、4、9、10條條文（民國89年3月24日大法官解釋字第499號解釋該次修正條文因違背修憲正當程序，故應自本解釋公布之日起失其效力，原86年7月21日之增修條文繼續適用）
6. 民國89年4月25日總統令修正公布全文11條
7. 民國94年6月10日總統令修正公布第1、2、4、5、8條條文；並增訂第12條條文

前　言

為因應國家統一前之需要，依照憲法第二十七條第一項第三款及第一百七十四條第一款之規定，增修本憲法條文如左：

第 1 條　中華民國自由地區選舉人於立法院提出憲法修正案、領土變更案，經公告半年，應於三個月內投票複決，不適用憲法第四條、第一百七十四條之規定。

憲法第二十五條至第三十四條及第一百三十五條之規定，停止適用。

第 2 條　總統、副總統由中華民國自由地區全體人民直接選舉之，自中華民國八十五年第九任總統、副總統選舉實施。總統、副總統候選人應聯名登記，在選票上同列一組圈選，以得票最多之一組為當選。在國外之中華民國自由地區人民返國行使選舉權，以法律定之。

總統發布行政院院長與依憲法經立法院同意任命人員之任免命令及解散立法院之命令，無須行政院院長之副署，不適用憲法第三十七條之規定。

總統為避免國家或人民遭遇緊急危難或應付財政經濟上重大變故，得經行政院會議之決議發布緊急命令，為必要之處置，不受憲法第四十三條

之限制。但須於發布命令後十日內提交立法院追認，如立法院不同意時，該緊急命令立即失效。

總統為決定國家安全有關大政方針，得設國家安全會議及所屬國家安全局，其組織以法律定之。

總統於立法院通過對行政院院長之不信任案後十日內，經諮詢立法院院長後，得宣告解散立法院。但總統於戒嚴或緊急命令生效期間，不得解散立法院。立法院解散後，應於六十日內舉行立法委員選舉，並於選舉結果確認後十日內自行集會，其任期重新起算。

總統、副總統之任期為四年，連選得連任一次，不適用憲法第四十七條之規定。

副總統缺位時，總統應於三個月內提名候選人，由立法院補選，繼任至原任期屆滿為止。

總統、副總統均缺位時，由行政院院長代行其職權，並依本條第一項規定補選總統、副總統，繼任至原任期屆滿為止，不適用憲法第四十九條之有關規定。

總統、副總統之罷免案，須經全體立法委員四分之一之提議，全體立法委員三分之二之同意後提出，並經中華民國自由地區選舉人總額過半數之投票，有效票過半數同意罷免時，即為通過。

立法院提出總統、副總統彈劾案，聲請司法院大法官審理，經憲法法庭判決成立時，被彈劾人應即解職。

第 3 條 　行政院院長由總統任命之。行政院院長辭職或出缺時，在總統未任命行政院院長前，由行政院副院長暫行代理。憲法第五十五條之規定，停止適用。

行政院依左列規定，對立法院負責，憲法第五十七條之規定，停止適用：

一、行政院有向立法院提出施政方針及施政報告之責。立法委員在開會時，有向行政院院長及行政院各部會首長質詢之權。

二、行政院對於立法院決議之法律案、預算案、條約案，如認為有窒礙難行時，得經總統之核可，於該決議案送達行政院十日內，移請立法院覆議。立法院對於行政院移請覆議案，應於送達十五日內作成決議。如為休會期間，立法院應於七日內自行集會，並於開議十五日內作成決議。覆議案逾期未議決者，原決議失效。覆議時，如經全體立法委員二分之一以上決議維持原案，行政院院長應即接受該

決議。

三、立法院得經全體立法委員三分之一以上連署，對行政院院長提出不信任案。不信任案提出七十二小時後，應於四十八小時內以記名投票表決之。如經全體立法委員二分之一以上贊成，行政院院長應於十日內提出辭職，並得同時呈請總統解散立法院；不信任案如未獲通過，一年內不得對同一行政院院長再提不信任案。

國家機關之職權、設立程序及總員額，得以法律為準則性之規定。

各機關之組織、編制及員額，應依前項法律，基於政策或業務需要決定之。

第　4　條　立法院立法委員自第七屆起一百一十三人，任期四年，連選得連任，於每屆任滿前三個月內，依左列規定選出之，不受憲法第六十四條及第六十五條之限制：

一、自由地區直轄市、縣市七十三人。每縣市至少一人。

二、自由地區平地原住民及山地原住民各三人。

三、全國不分區及僑居國外國民共三十四人。

前項第一款依各直轄市、縣市人口比例分配，並按應選名額劃分同額選舉區選出之。第三款依政黨名單投票選舉之，由獲得百分之五以上政黨選舉票之政黨依得票比率選出之，各政黨當選名單中，婦女不得低於二分之一。

立法院於每年集會時，得聽取總統國情報告。

立法院經總統解散後，在新選出之立法委員就職前，視同休會。

中華民國領土，依其固有疆域，非經全體立法委員四分之一之提議，全體立法委員四分之三之出席，及出席委員四分之三之決議，提出領土變更案，並於公告半年後，經中華民國自由地區選舉人投票複決，有效同意票過選舉人總額之半數，不得變更之。

總統於立法院解散後發布緊急命令，立法院應於三日內自行集會，並於開議七日內追認之。但於新任立法委員選舉投票日後發布者，應由新任立法委員於就職後追認之。如立法院不同意時，該緊急命令立即失效。

立法院對於總統、副總統之彈劾案，須經全體立法委員二分之一以上之提議，全體立法委員三分之二以上之決議，聲請司法院大法官審理，不適用憲法第九十條、第一百條及增修條文第七條第一項有關規定。

立法委員除現行犯外，在會期中，非經立法院許可，不得逮捕或拘禁。

憲法第七十四條之規定，停止適用。

第　5　條　司法院設大法官十五人，並以其中一人為院長、一人為副院長，由總統提名，經立法院同意任命之，自中華民國九十二年起實施，不適用憲法第七十九條之規定。司法院大法官除法官轉任者外，不適用憲法第八十一條及有關法官終身職待遇之規定。

　　　　　司法院大法官任期八年，不分屆次，個別計算，並不得連任。但並為院長、副院長之大法官，不受任期之保障。

　　　　　中華民國九十二年總統提名之大法官，其中八位大法官，含院長、副院長，任期四年，其餘大法官任期為八年，不適用前項任期之規定。

　　　　　司法院大法官，除依憲法第七十八條之規定外，並組成憲法法庭審理總統、副總統之彈劾及政黨違憲之解散事項。

　　　　　政黨之目的或其行為，危害中華民國之存在或自由民主之憲政秩序者為違憲。

　　　　　司法院所提出之年度司法概算，行政院不得刪減，但得加註意見，編入中央政府總預算案，送立法院審議。

第　6　條　考試院為國家最高考試機關，掌理左列事項，不適用憲法第八十三條之規定：

　　　　　一、考試。

　　　　　二、公務人員之銓敘、保障、撫卹、退休。

　　　　　三、公務人員任免、考績、級俸、陞遷、褒獎之法制事項。

　　　　　考試院設院長、副院長各一人，考試委員若干人，由總統提名，經立法院同意任命之，不適用憲法第八十四條之規定。

　　　　　憲法第八十五條有關按省區分別規定名額，分區舉行考試之規定，停止適用。

第　7　條　監察院為國家最高監察機關，行使彈劾、糾舉及審計權，不適用憲法第九十條及第九十四條有關同意權之規定。

　　　　　監察院設監察委員二十九人，並以其中一人為院長、一人為副院長，任期六年，由總統提名，經立法院同意任命之。憲法第九十一條至第九十三條之規定停止適用。

　　　　　監察院對於中央、地方公務人員及司法院、考試院人員之彈劾案，須經監察委員二人以上之提議，九人以上之審查及決定，始得提出，不受憲法第九十八條之限制。

　　　　　監察院對於監察院人員失職或違法之彈劾，適用憲法第九十五條、第九十七條第二項及前項之規定。

監察委員須超出黨派以外，依據法律獨立行使職權。

憲法第一百零一條及第一百零二條之規定，停止適用。

第 8 條　立法委員之報酬或待遇，應以法律定之。除年度通案調整者外，單獨增加報酬或待遇之規定，應自次屆起實施。

第 9 條　省、縣地方制度，應包括左列各款，以法律定之，不受憲法第一百零八條第一項第一款、第一百零九條、第一百十二條至第一百十五條及第一百二十二條之限制：

一、省設省政府，置委員九人，其中一人為主席，均由行政院院長提請總統任命之。

二、省設省諮議會，置省諮議會議員若干人，由行政院院長提請總統任命之。

三、縣設縣議會，縣議會議員由縣民選舉之。

四、屬於縣之立法權，由縣議會行之。

五、縣設縣政府，置縣長一人，由縣民選舉之。

六、中央與省、縣之關係。

七、省承行政院之命，監督縣自治事項。

台灣省政府之功能、業務與組織之調整，得以法律為特別之規定。

第 10 條　國家應獎勵科學技術發展及投資，促進產業升級，推動農漁業現代化，重視水資源之開發利用，加強國際經濟合作。

經濟及科學技術發展，應與環境及生態保護兼籌並顧。

國家對於人民興辦之中小型經濟事業，應扶助並保護其生存與發展。

國家對於公營金融機構之管理，應本企業化經營之原則；其管理、人事、預算、決算及審計，得以法律為特別之規定。

國家應推行全民健康保險，並促進現代和傳統醫藥之研究發展。

國家應維護婦女之人格尊嚴，保障婦女之人身安全，消除性別歧視，促進兩性地位之實質平等。

國家對於身心障礙者之保險與就醫、無障礙環境之建構、教育訓練與就業輔導及生活維護與救助，應予保障，並扶助其自立與發展。

國家應重視社會救助、福利服務、國民就業、社會保險及醫療保健等社會福利工作，對於社會救助和國民就業等救濟性支出應優先編列。

國家應尊重軍人對社會之貢獻，並對其退役後之就學、就業、就醫、就養予以保障。

教育、科學、文化之經費，尤其國民教育之經費應優先編列，不受憲法

第一百六十四條規定之限制。

國家肯定多元文化，並積極維護發展原住民族語言及文化。

國家應依民族意願，保障原住民族之地位及政治參與，並對其教育文化、交通水利、衛生醫療、經濟土地及社會福利事業予以保障扶助並促其發展，其辦法另以法律定之。對於澎湖、金門及馬祖地區人民亦同。

國家對於僑居國外國民之政治參與，應予保障。

第 11 條　自由地區與大陸地區間人民權利義務關係及其他事務之處理，得以法律為特別之規定。

第 12 條　憲法之修改，須經立法院立法委員四分之一之提議，四分之三之出席，及出席委員四分之三之決議，提出憲法修正案，並於公告半年後，經中華民國自由地區選舉人投票複決，有效同意票過選舉人總額之半數，即通過之，不適用憲法第一百七十四條之規定。

附錄二　立法院組織法

1. 民國36年3月31日國民政府令制定公布全文27條條文

2. 民國36年12月25日國民政府令修正公布全文27條條文

3. 民國37年4月3日國民政府令修正公布第5、19條條文

4. 民國37年6月10日總統令修正公布第3、4、5條條文

5. 民國37年6月26日總統令修正公布第19條條文

6. 民國39年3月18日總統令修正公布全文25條條文

7. 民國41年12月27日總統令修正公布全文28條條文

8. 民國42年3月6日總統令修正公布第19、20條條文

9. 民國45年11月19日總統令修正公布第25、26條條文

10. 民國47年7月26日總統令修正公布第18條條文

11. 民國60年8月31日總統令修正公布第20條條文

12. 民國70年5月2日總統令修正公布第22條條文

13. 民國71年1月20日總統令修正公布第5條條文

14. 民國75年1月17日總統令修正公布第20條條文

15. 民國75年5月14日總統令修正公布第25條條文

16. 民國77年6月8日總統令增訂公布第26-1條條文

17. 民國78年7月28日總統令修正公布第5條條文

18. 民國80年12月31日總統令修正公布第5條條文

19. 民國81年1月29日總統令修正公布第19、20條條文；增訂第25-1、26-2及第27-1條條文；並刪除第4條條文

20. 民國82年2月20日總統令修正公布第19條條文

21. 民國82年10月20日總統令修正公布第18條條文

22. 民國82年12月24日總統令修正公布第15條條文

23. 民國83年11月23日總統令修正公布第7條條文

24. 民國84年1月20日總統令修正公布第7條條文

25. 民國88年1月25日總統令修正公布全文35條條文

26. 民國88年6月30日總統令修正公布第11、15、22、24～28條條文；並增訂第19-1條條

文

27. 民國90年11月14日總統令修正公布第33、35條條文
28. 民國91年1月25日總統令修正公布第33條條文；並刪除第11條條文
29. 民國94年1月12日總統令修正公布第15、23條條文；並增訂第22-1、22-2、27-1、27-2、33-1條條文
30. 民國94年2月2日總統令修正公布第33、35條條文
31. 民國96年12月19日總統令修正公布第10、32、35條條文
32. 民國96年12月26日總統令修正公布第9、23、33、35條條文；增訂第33-2條條文
33. 民國98年1月21日總統令修正公布第10條條文
34. 民國100年1月26日總統令修正公布第33條條文
35. 民國101年11月14日總統令修正公布第32條條文
36. 民國104年6月24日總統令修正公布第18條條文
37. 民國105年12月7日總統令修正公布第3、5條條文
38. 民國112年5月31日總統令修正公布第15、16、24、30條條文；增訂第16-1條條文
39. 民國112年12月27日總統令修正公布第32條條文

第 1 條　本法依憲法第七十六條制定之。

第 2 條　立法院行使憲法所賦予之職權。
　　　　前項職權之行使及委員行為之規範，另以法律定之。

第 3 條　立法院設院長、副院長各一人，由立法委員互選產生；其選舉辦法，另定之。
　　　　立法院院長、副院長不得擔任政黨職務，應本公平中立原則行使職權，維持立法院秩序、處理議事。

第 4 條　立法院會議，以院長為主席。全院委員會亦同。
　　　　院長因事故不能出席時，以副院長為主席；院長、副院長均因事故不能出席時，由出席委員互推一人為主席。

第 5 條　立法院會議，公開舉行，必要時得開秘密會議。
　　　　行政院院長或各部、會首長，得請開秘密會議。
　　　　除秘密會議外，立法院應透過電視、網路等媒體通路，全程轉播本院會議、委員會會議及黨團協商實況，並應全程錄影、錄音。
　　　　秘密會議應予速記、錄音，不得公開。但經院會同意公開者，不在此限。

　　　　　　　有關透過電視轉播事項，編列預算交由財團法人公共電視文化事業基金會辦理，不受電波頻率不得租賃、借貸或轉讓之限制。

　　　　　　　議事轉播應逐步提供同步聽打或手語翻譯等無障礙資訊服務，以保障身心障礙者平等參與政治與公共生活之權利。

第　6　條　立法院臨時會，依憲法第六十九條規定行之，並以決議召集臨時會之特定事項為限。

　　　　　　　停開院會期間，遇重大事項發生時，經立法委員四分之一以上之請求，得恢復開會。

第　7　條　立法院設程序委員會，其組織規程，另定之。

第　8　條　立法院設紀律委員會，其組織規程，另定之。

第　9　條　立法院依憲法增修條文第十二條之規定，得設修憲委員會，其組織規程，另定之。

第　10　條　立法院依憲法第六十七條之規定，設下列委員會：

　　　　　　　一、內政委員會。

　　　　　　　二、外交及國防委員會。

　　　　　　　三、經濟委員會。

　　　　　　　四、財政委員會。

　　　　　　　五、教育及文化委員會。

　　　　　　　六、交通委員會。

　　　　　　　七、司法及法制委員會。

　　　　　　　八、社會福利及衛生環境委員會。

　　　　　　　立法院於必要時，得增設特種委員會。

第　11　條　（刪除）

第　12　條　立法院各委員會之組織，另以法律定之。

第　13　條　立法院院長、副院長之任期至該屆立法委員任期屆滿之日為止。

　　　　　　　立法院院長綜理院務。

　　　　　　　立法院院長因事故不能視事時，由副院長代理其職務。

第　14　條　立法院置秘書長一人，特任；副秘書長一人，職務列簡任第十四職等，均由院長遴選報告院會後，提請任命之。

　　　　　　　秘書長承院長之命，處理本院事務，並指揮監督所屬職員。副秘書長承院長之命，襄助秘書長處理本院事務。

第　15　條　立法院設下列各處、局、館、中心：

　　　　　　　一、秘書處。

二、國際事務處。

三、議事處。

四、公報處。

五、總務處。

六、資訊處。

七、法制局。

八、預算中心。

九、國會圖書館。

十、中南部服務中心。

十一、議政博物館。

第 16 條 秘書處掌理下列事項：

一、關於文書收發、分配、繕校及檔案管理事項。

二、關於文稿之撰擬、審核及文電處理事項。

三、關於印信典守事項。

四、關於研究發展及管制考核事項。

五、關於公共關係事項。

六、關於新聞之編輯、發布及聯絡事項。

七、關於新聞資料之蒐集、分析、整理及保管事項。

八、關於本院視聽媒體之規劃、設計及運用事項。

九、關於新聞媒體之聯繫及委員活動之報導事項。

十、其他有關秘書業務事項。

十一、不屬其他處、局、中心、館之事項。

第 16-1 條 國際事務處掌理下列事項：

一、關於本院國際交流事項。

二、關於本院國際合作事項。

三、關於本院參與國際活動事項。

四、關於立法委員籌組或參與國際團體事項。

五、關於國會外交獎章及榮典之辦理事項。

六、關於外賓與僑民之接待及傳譯事項。

七、關於國際新聞傳播及輿情蒐集運用事項。

八、其他有關國際事務事項。

第 17 條 議事處掌理下列事項：

一、關於議程編擬事項。

二、關於議案條文之整理及議案文件之撰擬事項。

三、關於本院會議紀錄事項。

四、關於會議文件之分發及議場事務之管理事項。

五、關於議案文件之準備、登記、分類及保管事項。

六、其他有關議事事項。

第 18 條　公報處掌理下列事項：

一、關於本院會議及委員會會議之錄影錄音及轉播事項。

二、關於本院會議及委員會會議之速記事項。

三、關於公報編印及發行事項。

四、關於各類文件之印刷事項。

五、關於錄影錄音之複製及發行事項。

六、其他有關公報事項。

第 19 條　總務處掌理下列事項：

一、關於事務管理事項。

二、關於款項出納事項。

三、關於公產、公物之保管事項。

四、關於委員會館管理事項。

五、關於醫療服務事項。

六、關於營繕、採購事項。

七、關於車輛管理事項。

八、關於警衛隊之管理事項。

九、關於民眾服務事項。

十、其他有關一般服務事項。

第 19-1 條　資訊處掌理下列事項：

一、關於立法資訊系統之整體規劃、系統分析、設計、建置及維護事項。

二、關於委員服務資訊系統之整體規劃、系統分析、設計、建置及維護事項。

三、關於行政資訊系統之整體規劃、系統分析、設計、建置及維護事項。

四、關於網路、網站之整體規劃、設計、建置及維護事項。

五、關於資訊訓練之規劃與執行事項。

六、其他有關資訊服務事項。

第 20 條　　法制局掌理下列事項：

一、關於立法政策之研究、分析、評估及諮詢事項。

二、關於法律案之研究、分析、評估及諮詢事項。

三、關於外國立法例及制度之研究、編譯及整理事項。

四、關於法學之研究事項。

五、其他有關法制諮詢事項。

第 21 條　　預算中心掌理下列事項：

一、關於中央政府預算之研究、分析、評估及諮詢事項。

二、關於中央政府決算之研究、分析、評估及諮詢事項。

三、關於預算相關法案之研究、分析、評估及諮詢事項。

四、其他有關預、決算諮詢事項。

第 22 條　　國會圖書館掌理下列事項：

一、關於立法書刊光碟資料之蒐集、管理及運用事項。

二、關於立法報章資料之蒐集、管理及運用事項。

三、關於立法資料之分析、研究、檢索及參考事項。

四、關於立法出版品之編纂及交換事項。

五、關於國會圖書館館際合作事項。

六、其他有關圖書館研究、發展及服務事項。

第 22-1 條　　中南部服務中心掌理下列事項：

一、關於本院與行政院暨其所屬機關中南部單位及辦公室間業務聯繫事項。

二、關於本院受理及協調中南部民眾陳情請願事項。

三、關於本院中南部委員服務及聯繫事項。

四、關於中南部服務中心秘書及庶務等事項。

五、關於中南部服務中心員工訓練進修事宜。

六、其他有關中南部民眾服務事項。

第 22-2 條　　議政博物館掌理下列事項：

一、關於議政史料之蒐集、整理、典藏及展覽事項。

二、關於議政史料之分析、研究及運用事項。

三、關於議政史料數位化及服務事項。

四、其他有關議政資料之聯繫服務事項。

第 23 條　　立法院置顧問一人至二人，職務列簡任第十三職等至第十四職等，掌理議事、法規之諮詢、撰擬及審核事項；參事十二人至十四人，職務列簡

任第十二職等至第十三職等，掌理關於法規之撰擬、審核及院長指派之事項。

前項員額中，參事七人出缺不補。

第 24 條　立法院置處長六人，職務列簡任第十二職等至第十三職等；副處長六人，職務列簡任第十一職等至第十二職等；秘書十一人，職務列簡任第十職等至第十二職等；編審十一人、高級分析師二人至三人、主任一人，職務列簡任第十職等至第十一職等；科長三十一人至三十八人，職務列薦任第九職等；專員二十八人至三十七人、技正二人至三人、編譯三人至五人、分析師三人，職務均列薦任第七職等至第九職等；編輯六人至八人、設計師五人至六人、管理師七人至八人，職務均列薦任第六職等至第八職等；技士四人至六人、科員五十二人至七十一人、速記員四十人至六十人，職務均列委任第五職等或薦任第六職等至第七職等；助理管理師九人、操作員七人至八人、病歷管理員一人、校對員十二人至十六人、技佐六人至八人，職務均列委任第四職等至第五職等，其中助理管理師五人、操作員四人、校對員八人、技佐四人，職務得列薦任第六職等；辦事員二十二人至二十八人，職務列委任第三職等至第五職等；書記三十五人至三十九人，職務列委任第一職等至第三職等。

立法院置藥師一人、護理長一人，職務均列師（三）級；護士二人至四人、藥劑生二人、檢驗員一人，職務均列士（生）級。

本法修正施行前依雇員管理規則進用之現職書記，其未具公務人員任用資格者，得占用第一項書記職缺繼續僱用至離職為止。

第 25 條　法制局置局長一人，職務列簡任第十二職等至第十三職等；副局長一人，職務列簡任第十一職等至第十二職等；組長五人，由研究員兼任；研究員十一人至十七人，職務均列簡任第十職等至第十二職等；副研究員十三人至十九人，職務列簡任第十職等至第十一職等；助理研究員十三人至十九人，職務列薦任第八職等至第九職等；科員一人，職務列委任第五職等或薦任第六職等至第七職等；辦事員一人，職務列委任第三職等至第五職等；書記一人，職務列委任第一職等至第三職等。

第 26 條　預算中心置主任一人，職務列簡任第十二職等至第十三職等；副主任一人，職務列簡任第十一職等至第十二職等；組長五人，由研究員兼任；研究員十一人至十七人，職務列簡任第十職等至第十二職等；副研究員十三人至十九人，職務列簡任第十職等至第十一職等；助理研究員十三人至十九人，職務列薦任第八職等至第九職等；科員一人，職務列委任

第五職等或薦任第六職等至第七職等；操作員一人，職務列委任第三職等至第五職等；辦事員一人，職務列委任第三職等至第五職等。

第 27 條　國會圖書館置館長一人，職務列簡任第十二職等至第十三職等；副館長一人，職務列簡任第十一職等至第十二職等；秘書一人、編纂二人至四人，職務均列簡任第十職等至第十二職等；編審三人至四人，職務列簡任第十職等至第十一職等；科長三人，職務列薦任第九職等；專員五人，職務列薦任第七職等至第九職等；編輯八人至九人，職務列薦任第六職等至第八職等；科員九人至十二人，職務列委任第五職等或薦任第六職等至第七職等；辦事員九人至十二人，職務列委任第三職等至第五職等；書記三人至七人，職務列委任第一職等至第三職等。

第 27-1 條　中南部服務中心置主任一人，職務列簡任第十二職等至第十三職等；副主任一人，職務列簡任第十一職等至第十二職等；秘書一人，職務列簡任第十職等至第十二職等；編審二人，職務列簡任第十職等至第十一職等；科長三人，職務列薦任第九職等；專員五人，分析師一人，職務均列薦任第七職等至第九職等；管理師一人，職務列薦任第六職等至第八職等；科員十人，技士一人，職務均列委任第五職等或薦任第六職等至第七職等；辦事員三人，職務列委任第三職等至第五職等；書記二人，職務列委任第一職等至第三職等。

第 27-2 條　議政博物館置館長一人，職務列簡任第十二職等至第十三職等；副館長一人，職務列簡任第十一職等至第十二職等；秘書一人，編纂一人，職務均列簡任第十職等至第十二職等；科長二人，職務列薦任第九職等；專員二人，職務列薦任第七職等至第九職等；編輯三人，職務列薦任第六職等至第八職等；科員三人，職務列委任第五職等或薦任第六職等至第七職等；辦事員二人，職務列委任第三職等至第五職等；書記二人，職務列委任第一職等至第三職等。

第 28 條　第二十五條及第二十六條所列之研究員、副研究員、助理研究員，必要時得依聘用人員聘用條例之規定聘用之。

前項聘用人員之待遇，除依相關規定外，得由立法院另定之。

第 29 條　立法院設人事處，置處長一人，職務列簡任第十二職等至第十三職等；副處長一人，職務列簡任第十一職等至第十二職等，依法辦理人事管理事項；其餘所需工作人員，就本法所定員額內派充之。

第 30 條　立法院設主計處，置處長一人，職務列簡任第十二職等至第十三職等；副處長一人，職務列簡任第十一職等至第十二職等，依法掌理歲計、會

計及統計事項；其餘所需工作人員，就本法所定員額內派充之。

第 31 條　總務處警衛隊，置隊長一人、副隊長二人、督察員一人、警務員一人、分隊長四人、小隊長十二人至十四人、警務佐一人、隊員一百二十人至一百五十人，掌理本院安全維護與警衛事宜。

前項警衛隊員警，由內政部警政署派充之。

本法修正施行前僱用之駐衛警，得繼續僱用至離職時止。

本院安全維護遇有特殊情況時，得商請內政部警政署增派人員。

第 32 條　立法委員每人得置公費助理八人至十四人，由委員聘用；立法院應每年編列每一立法委員一定數額之助理費及其辦公事務預算。公費助理與委員同進退；其依勞動基準法所規定之相關費用，均由立法院編列預算支應之。

前項立法委員辦公事務等必要費用之項目及標準如附表，自中華民國一百零二年一月一日施行。

立法院應每年編列預算補助公費助理實施健康檢查及文康活動費用；其對象、項目、方法、標準及其他應遵行之事項，由立法院另定之，自中華民國一百十四年一月一日施行。

第 33 條　每屆立法委員選舉當選席次達三席且席次較多之五個政黨得各組成黨團；席次相同時，以抽籤決定組成之。立法委員依其所屬政黨參加黨團。每一政黨以組成一黨團為限；每一黨團至少須維持三人以上。

未能依前項規定組成黨團之政黨或無黨籍之委員，得加入其他黨團。黨團未達五個時，得合組四人以上之政團；依第四項將名單送交人事處之政團，以席次較多者優先組成，黨（政）團總數合計以五個為限。

前項政團準用有關黨團之規定。

各黨團應於每年首次會期開議日前一日，將各黨團所屬委員名單經黨團負責人簽名後，送交人事處，以供認定委員所參加之黨團。

黨團辦公室由立法院提供之。

各黨團置公費助理十人至十六人，由各黨團遴選，並由其推派之委員聘用之；相關費用依前條之規定。

前項現職公費助理於中華民國八十七年三月一日至九十四年六月三十日間，由各黨團遴選並由其推派之委員或各該政黨聘用，並實際服務於黨團之助理年資，得辦理勞動基準法工作年資結清事宜。

第 33-1 條　本法第二十七條之一、第二十七條之二所需人員，優先自臺灣省諮議會移撥，其中原依雇員管理規則僱用之現職雇員，其未具公務人員任用資

　　　　　　　格者，得占用第二十七條之一、第二十七條之二書記職缺，繼續僱用至離職時爲止。

第 33-2 條　爲配合第七屆立法院委員會組織調整及人員精簡，立法院任職滿二十年，年滿五十歲任用、派用之人員，得准其自願退休，擇領或兼領月退休金或支領一次退休金，不受公務人員退休法第四條第一項第二款規定之限制。

　　　　　　　前項自願退休人員之職稱及數額，依下列各款規定，並依申請順序核准之：

　　　　　　　一、參事以上或同陞遷序列職稱者共七人。

　　　　　　　二、秘書或同陞遷序列職稱者或單位副主管共四人。

　　　　　　　三、編審或同陞遷序列職稱者共四人。

　　　　　　　四、科長或同陞遷序列職稱者共四人。

　　　　　　　五、專員或同陞遷序列職稱者共四人。

　　　　　　　六、編輯、科員、校對員、書記或同陞遷序列職稱者共四人。

　　　　　　　前項第一款至第五款之人員自願退休，不得再行遞補或進用之職缺，爲參事、委員會秘書、編審、科長、專員。

　　　　　　　自中華民國九十七年二月一日起，依第一項辦理自願退休者，最高得一次加發七個月之慰助金，每延後一個月退休者，減發一個月之慰助金，實施日期至中華民國九十七年八月三十一日止。但於實施期間屆齡退休者，依提前退休之月數發給慰助金。

　　　　　　　前項慰助金指俸額、技術或專業加給及主管職務加給。

　　　　　　　支領慰助金人員，於退休生效之日起七個月內再任有給公職者，應由再任機關追繳扣除退休月數之慰助金。

　　　　　　　依第一項辦理自願退休之人員，除符合規定得請領公教人員保險養老給付或勞工保險老年給付者外，其損失之公教人員保險或勞工保險已投保年資，準用公教人員保險法第十四條或勞工保險條例第五十九條規定之給付基準，發給補償金。所領之補償金，於其將來再參加各該保險領取養老或老年給付時，應繳回立法院；其所領之養老或老年給付金額較原補償金額低時，僅繳回與所領之養老或老年給付同金額之補償金。

第 34 條　立法院處務規程，由立法院秘書長擬訂，經院長核定，報告院會後施行。

第 35 條　本法自公布日施行。

　　　　　　　本法中華民國九十六年十一月三十日及十二月七日修正之條文，自立法

院第七屆立法委員就職日起施行。

第32條附表

項目 ＼ 標準	每人月支金額 （新臺幣／元）	合計年支金額 （新臺幣／元）	其他
1. 行動及自動電話費	12,000	144,000	
2. 文具郵票費	15,000	180,000	
3. 油料費			每人每月600公升
4. 國會交流事務經費		200,000	每人每年2次
5. 服務處租金補助費	20,000	240,000	
6. 委員健康檢查費			每人每屆新臺幣5萬6千元
7. 辦公事務費	14,672	176,064	

附錄三
立法院各委員會組織法

1. 民國36年12月25日總統令制定公布全文17條條文
2. 民國39年3月18日總統令修正公布全文16條條文
3. 民國41年12月27日總統令修正公布全文21條條文
4. 民國42年3月6日總統令修正公布第4、5條條文
5. 民國45年11月19日總統令修正公布第19條條文
6. 民國52年4月23日總統令修正公布第4條條文
7. 民國62年11月27日總統令修正公布第14條條文
8. 民國81年2月22日總統令修正公布第4條條文
9. 民國88年1月25日總統令修正公布全文22條條文
10. 民國88年6月30日總統令修正公布第3、20條條文
11. 民國91年1月25日總統令修正公布第3、5、10條條文；並增訂第3-1～3-4、4-1、6-1、10-1、10-2條條文
12. 民國96年12月19日總統令修正公布第3～3-4、4-1、9、22條條文
13. 民國96年12月26日總統令修正公布第20、22條條文；刪除第17條條文
14. 民國98年1月23日總統令修正公布第3-4、22條條文

第 1 條　本法依立法院組織法第十二條制定之。

第 2 條　各委員會審查本院會議交付審查之議案及人民請願書，並得於每會期開始時，邀請相關部會作業務報告，並備質詢。

第 3 條　立法院各委員會席次至少為十三席，最高不得超過十五席。

第 3-1 條　每一委員以參加一委員會為限。

各委員會於每年首次會期重新組成。

第 3-2 條　未參加黨團或所參加黨團之院會席次比例於各委員會不足分配一席次之委員，應抽籤平均參加各委員會；其抽籤辦法另定之。

前項院會席次，以每屆宣誓就職之委員數計之；如有異動，於每年首次會期開議日重計之。

第 3-3 條　各黨團在各委員會席次，依政黨比例分配。分配算式如下：

（各黨團人數／院會席次－第三條之二委員總數）×（13－依第三條之二抽籤分配至各委員會委員席次）

依前項算式分配席次如有餘數，且所屬委員尚未分配完竣之黨團，由餘數總和較大者，依序於未達最低額之委員會選擇增加一席次；各委員會席次均達最低額時，得於未達最高額之委員會中選擇之，至所分配總席次等於各黨團人數止。

各黨團應於前條委員抽籤日後二日內，提出所屬委員參加各委員會之名單。逾期未提出名單或僅提出部分名單者，就未決定參加委員會之委員，於各該黨團分配席次抽籤決定之。

前項抽籤辦法另定之。

第一項院會席次之計算，依第三條之二第二項規定。

第 3-4 條　立法院各委員會置召集委員二人，由各委員會委員於每會期互選產生；其選舉辦法另定之。

第 4 條　各委員會會議，以召集委員一人為主席，由各召集委員輪流擔任。但同一議案，得由一人連續擔任主席。

第 4-1 條　各委員會之議程，應由輪值召集委員決定之。

第 5 條　各委員會會議，於院會日期之外，由召集委員隨時召集之。

各委員會三分之一以上之委員，得以書面記明討論之議案及理由，提請召開委員會議。召集委員應於收到書面後十五日內定期召集會議。

第 6 條　各委員會會議須有各該委員會委員三分之一出席，方得開會。

第 6-1 條　各委員會召集委員，應於每會期共同邀請各該委員會委員擬定該會期之立法計畫。必要時，得邀請相關院、部、會人員列席說明。

第 7 條　各委員會審議案件，須經初步審查者，由委員若干人輪流審查，必要時得由召集委員推定委員若干人審查。

第 8 條　各委員會開會時，應邀列席人員，得就所詢事項說明事實或發表意見。

第 9 條　各委員會會議，公開舉行。但經院會或召集委員會議決定，得開秘密會議。

在會議進行中，經主席或各該委員會委員五分之一以上提議，得改開秘密會議。

應委員會之請而列席之政府人員，得請開秘密會議。

第 10 條　各委員會之議事，以出席委員過半數之同意決之；可否同數時，取決於主席。但在場出席委員不足三人者，不得議決。

第 10-1 條　各委員會於議案審查完畢後，應就該議案應否交由黨團協商，予以議決。

第 10-2 條　出席委員對於委員會之決議當場聲明不同意者，得於院會依立法院職權行使法第六十八條第二項提出異議。但缺席委員及出席而未當場聲明不同意者，不得異議，亦不得參與異議之連署或附議。

第 11 條　各委員會審查議案之經過及決議，應以書面提報院會討論，並由決議時之主席或推定委員一人向院會說明。

第 12 條　各委員會會議結果，應製成議事錄，經主席簽名後印發各委員。

第 13 條　各委員會所議事項，有與其他委員會相關聯者，除由院會決定交付聯席審查者外，得由召集委員報請院會決定與其他有關委員會開聯席會議。

第 14 條　聯席會議，由主辦之委員會召集之。

第 15 條　聯席會議之主席，由主辦之委員會召集委員擔任之。

第 16 條　聯席會議之紀錄與其他事務，由主席於各該委員會職員中指定若干人擔任之。

第 17 條　（刪除）

第 18 條　各委員會各置專門委員一人，職務列簡任第十二職等至第十三職等，擔任議案及人民請願書之研究編撰及草擬事項。

第 19 條　各委員會各置主任秘書一人，職務列簡任第十二職等至第十三職等，處理各委員會事務。

第 20 條　各委員會置秘書十二人，職務列簡任第十職等至第十二職等；編審十二人，職務列簡任第十職等至第十一職等；科長十二人，職務列薦任第九職等；專員十二人，職務列薦任第七職等至第九職等；科員二十四人至三十二人，職務列委任第五職等或薦任第六職等至第七職等；辦事員八人，職務列委任第三職等至第五職等；書記八人，職務列委任第一職等至第三職等。

前項員額中秘書四人、編審四人、科長四人、專員四人出缺不補。

本法修正施行前依雇員管理規則進用之現職書記，其未具公務人員任用資格者，得占用第一項書記職缺繼續僱用至離職時止。

第一項人員，由院長視各委員會事務之繁簡配用之。

第 21 條　各委員會會議，除本法規定者外，得準用立法院組織法、立法院職權行使法、立法委員行為法及立法院議事規則有關條文之規定。

第 22 條　本法自公布日施行。

本法中華民國九十六年十一月三十日及十二月七日修正之條文，自立法

院第七屆立法委員就職日起施行。

本法中華民國九十八年一月十三日修正之條文，自中華民國九十八年二月一日起施行。

附錄四 立法院職權行使法（民國113年6月24日公布修正前條文）

1. 民國88年1月25日總統令制定公布全文77條條文
2. 民國88年6月30日總統令修正公布第19條條文
3. 民國89年5月24日總統令修正公布第18～24、28、75條條文
4. 民國89年11月22日總統令增訂公布第七章之一章名及第44-1條條文
5. 民國90年6月20日總統令修正公布第29、30條條文
6. 民國90年11月14日總統令修正公布第13條條文
7. 民國91年1月25日總統令修正公布第11、68、70、72、74條條文；並增訂第10-1、71-1條條文
8. 民國96年12月19日總統令修正公布第5、8～10、11、17、20、29、60、67、68、72、77條條文
9. 民國97年5月14日總統令修正公布第70、71-1條條文
10. 民國97年5月28日總統令增訂公布第二章之一章名及第15-1～15-5條條文
11. 民國99年6月15日總統令修正公布第42、44、70條條文
12. 民國107年11月21日總統令增訂公布第28-1、28-2條條文

第一章　總則

第　1　條　本法依立法院組織法第二條第二項制定之。
　　　　　　本法未規定者，適用其他法令之規定。

第　2　條　立法委員應分別於每年二月一日及九月一日起報到，開議日由各黨團協商決定之。但經總統解散時，由新任委員於選舉結果公告後第三日起報到，第十日開議。
　　　　　　前項報到及出席會議，應由委員親自為之。

第 3 條　立法院每屆第一會期報到首日舉行預備會議，進行委員就職宣誓及院長、副院長之選舉。

第 4 條　立法院會議，須有立法委員總額三分之一出席，始得開會。

前項立法委員總額，以每會期實際報到人數爲計算標準。但會期中辭職、去職或亡故者，應減除之。

第 5 條　立法院每次會期屆至，必要時，得由院長或立法委員提議或行政院之請求延長會期，經院會議決行之；立法委員之提議，並應有二十人以上之連署或附議。

第 6 條　立法院會議之決議，除法令另有規定外，以出席委員過半數之同意行之；可否同數時，取決於主席。

第二章　議案審議

第 7 條　立法院依憲法第六十三條規定所議決之議案，除法律案、預算案應經三讀會議決外，其餘均經二讀會議決之。

第 8 條　第一讀會，由主席將議案宣付朗讀行之。

政府機關提出之議案或立法委員提出之法律案，應先送程序委員會，提報院會朗讀標題後，即應交付有關委員會審查。但有出席委員提議，二十人以上連署或附議，經表決通過，得逕付二讀。

立法委員提出之其他議案，於朗讀標題後，得由提案人說明其旨趣，經大體討論，議決交付審查或逕付二讀，或不予審議。

第 9 條　第二讀會，於討論各委員會審查之議案，或經院會議決不經審查逕付二讀之議案時行之。

第二讀會，應將議案朗讀，依次或逐條提付討論。

第二讀會，得就審查意見或原案要旨，先作廣泛討論。廣泛討論後，如有出席委員提議，十五人以上連署或附議，經表決通過，得重付審查或撤銷之。

第 10 條　法律案在第二讀會逐條討論，有一部分已經通過，其餘仍在進行中時，如對本案立法之原旨有異議，由出席委員提議，二十五人以上連署或附議，經表決通過，得將全案重付審查。但以一次爲限。

第 10-1 條　第二讀會討論各委員會議決不須黨團協商之議案，得經院會同意，不須討論，逐依審查意見處理。

第 11 條　第三讀會，應於第二讀會之下次會議行之。但如有出席委員提議，十五人以上連署或附議，經表決通過，得於二讀後繼續進行三讀。

第三讀會，除發現議案內容有互相牴觸，或與憲法、其他法律相牴觸者外，祇得爲文字之修正。

第三讀會，應將議案全案付表決。

第　12　條　議案於完成二讀前，原提案者得經院會同意後撤回原案。

法律案交付審查後，性質相同者，得爲併案審查。

法律案付委經逐條討論後，院會再爲併案審查之交付時，審查會對已通過之條文，不再討論。

第　13　條　每屆立法委員任期屆滿時，除預（決）算案及人民請願案外，尚未議決之議案，下屆不予繼續審議。

第　14　條　立法委員提出之憲法修正案，除依憲法第一百七十四條第二款之規定處理外，審議之程序準用法律案之規定。

第　15　條　總統依憲法增修條文第二條第三項之規定發布緊急命令，提交立法院追認時，不經討論，交全院委員會審查；審查後提出院會以無記名投票表決。未獲同意者，該緊急命令立即失效。

總統於立法院休會期間發布緊急命令提交追認時，立法院應即召開臨時會，依前項規定處理。

總統於立法院解散後發布緊急命令，提交立法院追認時，立法院應於三日內召開臨時會，並於開議七日內議決，如未獲同意，該緊急命令立即失效。但於新任立法委員選舉投票日後發布者，由新任立法委員於就職後依第一項規定處理。

第二章之一　聽取總統國情報告

第 15-1 條　依中華民國憲法增修條文第四條第三項規定，立法院得於每年集會時，聽取總統國情報告。

第 15-2 條　立法院得經全體立法委員四分之一以上提議，院會決議後，由程序委員會排定議程，就國家安全大政方針，聽取總統國情報告。

總統就其職權相關之國家大政方針，得咨請立法院同意後，至立法院進行國情報告。

第 15-3 條　總統應於立法院聽取國情報告日前三日，將書面報告印送全體委員。

第 15-4 條　立法委員於總統國情報告完畢後，得就報告不明瞭處，提出問題；其發言時間、人數、順序、政黨比例等事項，由黨團協商決定。

就前項委員發言，經總統同意時，得綜合再做補充報告。

第 15-5 條　立法委員對國情報告所提問題之發言紀錄，於彙整後送請總統參考。

第三章　聽取報告與質詢

第 16 條　行政院依憲法增修條文第三條第二項第一款向立法院提出施政方針及施政報告，依下列之規定：

一、行政院應於每年二月一日以前，將該年施政方針及上年七月至十二月之施政報告印送全體立法委員，並由行政院院長於二月底前提出報告。

二、行政院應於每年九月一日以前，將該年一月至六月之施政報告印送全體立法委員，並由行政院院長於九月底前提出報告。

三、新任行政院院長應於就職後兩週內，向立法院提出施政方針之報告，並於報告日前三日將書面報告印送全體立法委員。

立法院依前項規定向行政院院長及行政院各部會首長提出口頭質詢之會議次數，由程序委員會定之。

第 17 條　行政院遇有重要事項發生，或施政方針變更時，行政院院長或有關部會首長應向立法院院會提出報告，並備質詢。

前項情事發生時，如有立法委員提議，十五人以上連署或附議，經院會議決，亦得邀請行政院院長或有關部會首長向立法院院會報告，並備質詢。

第 18 條　立法委員對於行政院院長及各部會首長之施政方針、施政報告及其他事項，得提出口頭或書面質詢。

前項口頭質詢分為政黨質詢及立法委員個人質詢，均以即問即答方式為之，並得採用聯合質詢。但其人數不得超過三人。

政黨質詢先於個人質詢進行。

第 19 條　每一政黨詢答時間，以各政黨黨團提出人數乘以三十分鐘行之。但其人數不得逾該黨團人數二分之一。

前項參加政黨質詢之委員名單，由各政黨於行政院院長施政報告前一日向秘書長提出。

代表政黨質詢之立法委員，不得提出個人質詢。

政黨質詢時，行政院院長及各部會首長皆應列席備詢。

第 20 條　立法委員個人質詢應依各委員會之種類，以議題分組方式進行，行政院院長及與議題相關之部會首長應列席備詢。

議題分組進行質詢，依立法院組織法第十條第一項各款順序。但有委員十五人連署，經議決後得變更議題順序。

立法委員個人質詢，以二議題為限，詢答時間合計不得逾三十分鐘。如

第 21 條　　以二議題進行時，各議題不得逾十五分鐘。

施政方針及施政報告之質詢，於每會期集會委員報到日起至開議後七日內登記之。

立法委員為前項之質詢時，得將其質詢要旨以書面於質詢日前二日送交議事處，轉知行政院。但遇有重大突發事件，得於質詢前二小時提出。

委員如採用聯合質詢，應併附親自簽名之同意書面。

已質詢委員，不得再登記口頭質詢。

第 22 條　　依第十七條及第十八條提出之口頭質詢，應由行政院院長或質詢委員指定之有關部會首長答復；未及答復部分，應於二十日內以書面答復。但質詢事項牽涉過廣者，得延長五日。

第 23 條　　立法委員行使憲法增修條文第三條第二項第一款之質詢權，除依第十六條至第二十一條規定處理外，應列入議事日程質詢事項，並由立法院送交行政院。

行政院應於收到前項質詢後二十日內，將書面答復送由立法院轉知質詢委員，並列入議事日程質詢事項。但如質詢內容牽涉過廣者，答復時間得延長五日。

第 24 條　　質詢之提出，以說明其所質詢之主旨為限。

質詢委員違反前項規定者，主席得予制止。

第 25 條　　質詢之答復，不得超過質詢範圍之外。

被質詢人除為避免國防、外交明顯立即之危害或依法應秘密之事項者外，不得拒絕答復。

被質詢人違反第一項規定者，主席得予制止。

第 26 條　　行政院院長、副院長及各部會首長應親自出席立法院院會，並備質詢。因故不能出席者，應於開會前檢送必須請假之理由及行政院院長批准之請假書。

第 27 條　　質詢事項，不得作為討論之議題。

第 28 條　　行政院向立法院提出預算案編製經過報告之質詢，應於報告首日登記，詢答時間不得逾十五分鐘。

前項質詢以即問即答方式為之。但經質詢委員同意，得採綜合答復。

審計長所提總決算審核報告之諮詢，應於報告日中午前登記；其詢答時間及答復方式，依前二項規定處理。

行政院或審計部對於質詢或諮詢未及答復部分，應於二十日內以書面答復。但內容牽涉過廣者，得延長五日。

第 28-1 條　立法院對於行政院或審計長向立法院提出預算案編製經過報告及總決算審核報告，其涉及國家機密者，以秘密會議行之。

第 28-2 條　追加預算案及特別預算案，其審查程序與總預算案同。但必要時，經院會聽取編製經過報告並質詢後，逕交財政委員會會同有關委員會審查，並提報院會處理。

前項審查會議由財政委員會召集委員擔任主席。

第四章　同意權之行使

第 29 條　立法院依憲法第一百零四條或憲法增修條文第五條第一項、第六條第二項、第七條第二項行使同意權時，不經討論，交付全院委員會審查，審查後提出院會以無記名投票表決，經超過全體立法委員二分之一之同意為通過。

第 30 條　全院委員會就被提名人之資格及是否適任之相關事項進行審查與詢問，由立法院咨請總統通知被提名人列席說明與答詢。

全院委員會於必要時，得就司法院院長副院長、考試院院長副院長及監察院院長副院長與其他被提名人分開審查。

第 31 條　同意權行使之結果，由立法院咨復總統。如被提名人未獲同意，總統應另提他人咨請立法院同意。

第五章　覆議案之處理

第 32 條　行政院得就立法院決議之法律案、預算案、條約案之全部或一部，經總統核可後，移請立法院覆議。

第 33 條　覆議案不經討論，即交全院委員會，就是否維持原決議予以審查。

全院委員會審查時，得由立法院邀請行政院院長列席說明。

第 34 條　覆議案審查後，應於行政院送達十五日內提出院會以記名投票表決。如贊成維持原決議者，超過全體立法委員二分之一，即維持原決議；如未達全體立法委員二分之一，即不維持原決議；逾期未作成決議者，原決議失效。

第 35 條　立法院休會期間，行政院移請覆議案，應於送達七日內舉行臨時會，並於開議十五日內，依前二條規定處理之。

第六章　不信任案之處理

第 36 條　立法院依憲法增修條文第三條第二項第三款之規定，得經全體立法委員三分之一以上連署，對行政院院長提出不信任案。

第 37 條　不信任案應於院會報告事項進行前提出，主席收受後應即報告院會，並不經討論，交付全院委員會審查。

全院委員會應自不信任案提報院會七十二小時後，立即召開審查，審查後提報院會表決。

前項全院委員會審查及提報院會表決時間，應於四十八小時內完成，未於時限完成者，視爲不通過。

第 38 條　不信任案於審查前，連署人得撤回連署，未連署人亦得參加連署；提案人撤回原提案須經連署人同意。

前項不信任案經主席宣告審查後，提案人及連署人均不得撤回提案或連署。

審查時如不足全體立法委員三分之一以上連署者，該不信任案視爲撤回。

第 39 條　不信任案之表決，以記名投票表決之。如經全體立法委員二分之一以上贊成，方爲通過。

第 40 條　立法院處理不信任案之結果，應咨送總統。

第 41 條　不信任案未獲通過，一年內不得對同一行政院院長再提不信任案。

第七章　彈劾案之提出

第 42 條　立法院依憲法增修條文第四條第七項之規定，對總統、副總統得提出彈劾案。

第 43 條　依前條規定彈劾總統或副總統，須經全體立法委員二分之一以上提議，以書面詳列彈劾事由，交由程序委員會編列議程提報院會，並不經討論，交付全院委員會審查。

全院委員會審查時，得由立法院邀請被彈劾人列席說明。

第 44 條　全院委員會審查後，提出院會以無記名投票表決，如經全體立法委員三分之二以上贊成，向司法院大法官提出彈劾案。

第七章之一　罷免案之提出及審議

第 44-1 條　立法院依憲法增修條文第二條第九項規定提出罷免總統或副總統案，經

全體立法委員四分之一之提議，附具罷免理由，交由程序委員會編列議程提報院會，並不經討論，交付全院委員會於十五日內完成審查。

全院委員會審查前，立法院應通知被提議罷免人於審查前七日內提出答辯書。

前項答辯書，立法院於收到後，應即分送全體立法委員。

被提議罷免人不提出答辯書時，全院委員會仍得逕行審查。

全院委員會審查後，即提出院會以記名投票表決，經全體立法委員三分之二同意，罷免案成立，當即宣告並咨復被提議罷免人。

第八章　文件調閱之處理

第 45 條　立法院經院會決議，得設調閱委員會，或經委員會之決議，得設調閱專案小組，要求有關機關就特定議案涉及事項提供參考資料。

調閱委員會或調閱專案小組於必要時，得經院會之決議，向有關機關調閱前項議案涉及事項之文件原本。

第 46 條　調閱委員會或調閱專案小組之設立，均應於立法院會期中為之。但調閱文件之時間不在此限。

第 47 條　受要求調閱文件之機關，除依法律或其他正當理由得拒絕外，應於五日內提供之。但相關資料或文件原本業經司法機關或監察機關先為調取時，應敘明理由，並提供複本。如有正當理由，無法提供複本者，應提出已被他機關調取之證明。

被調閱文件之機關在調閱期間，應指派專人將調閱文件送達立法院指定場所，以供查閱，並負保管責任。

第 48 條　政府機關或公務人員違反本法規定，於立法院調閱文件時拒絕、拖延或隱匿不提供者，得經立法院院會之決議，將其移送監察院依法提出糾正、糾舉或彈劾。

第 49 條　調閱委員會所需之工作人員，由秘書長指派之。

調閱專案小組所需之工作人員，由立法院各委員會或主辦委員會就各該委員會人員中指派之。

調閱委員會及調閱專案小組於必要時，得請求院長指派專業人員協助之。

第 50 條　立法院所調取之文件，限由各該調閱委員會、調閱專案小組之委員或院長指派之專業人員親自查閱之。

前項查閱人員，對機密文件不得抄錄、攝影、影印、誦讀、錄音或為其

他複製行為，亦不得將文件攜離查閱場所。

第 51 條　調閱委員會或調閱專案小組應於文件調閱處理終結後二十日內，分向院
　　　　　會或委員會提出調閱報告書及處理意見，作為處理該特定議案之依據。

第 52 條　文件調閱之調閱報告書及處理意見未提出前，其工作人員、專業人員、
　　　　　保管人員或查閱人員負有保密之義務，不得對文件內容或處理情形予以
　　　　　揭露。但涉及外交、國防或其他依法令應秘密事項者，於調閱報告及處
　　　　　理意見提出後，仍應依相關法令規定保密，並依秘密會議處理之。

第 53 條　調閱委員會或調閱專案小組未提出調閱報告書及處理意見前，院會或委
　　　　　員會對該特定議案不得為最後之決議。但已逾院會或各該委員會議決之
　　　　　時限者，不在此限。
　　　　　前項調閱專案小組之調閱報告書及處理意見，應經該委員會議決後提報
　　　　　院會處理。

第九章　委員會公聽會之舉行

第 54 條　各委員會為審查院會交付之議案，得依憲法第六十七條第二項之規定舉
　　　　　行公聽會。如涉及外交、國防或其他依法令應秘密事項者，以秘密會議
　　　　　行之。

第 55 條　公聽會須經各委員會輪值之召集委員同意，或經各委員會全體委員三分
　　　　　之一以上之連署或附議，並經議決，方得舉行。

第 56 條　公聽會以各委員會召集委員為主席，並得邀請政府人員及社會上有關係
　　　　　人員出席表達意見。
　　　　　前項出席人員，應依正反意見之相當比例邀請，並以不超過十五人為原
　　　　　則；其人選由各委員會決定之。
　　　　　應邀出席人員非有正當理由，不得拒絕出席。

第 57 條　舉行公聽會之委員會，應於開會日五日前，將開會通知、議程等相關資
　　　　　料，以書面送達出席人員，並請其提供口頭或書面意見。
　　　　　同一議案舉行多次公聽會時，得由公聽會主席於會中宣告下次舉行日
　　　　　期，不受五日之限制，但仍應發出書面通知。
　　　　　立法院對應邀出席人員，得酌發出席費。

第 58 條　委員會應於公聽會終結後十日內，依出席者所提供之正、反意見提出公
　　　　　聽會報告，送交本院全體委員及出席者。

第 59 條　公聽會報告作為審查該特定議案之參考。

第十章 行政命令之審查

第 60 條 各機關依其法定職權或基於法律授權訂定之命令送達立法院後,應提報
立法院會議。

出席委員對於前項命令,認為有違反、變更或牴觸法律者,或應以法律
規定事項而以命令定之者,如有十五人以上連署或附議,即交付有關委
員會審查。

第 61 條 各委員會審查行政命令,應於院會交付審查後三個月內完成之;逾期未
完成者,視為已經審查。但有特殊情形者,得經院會同意後展延;展延
以一次為限。

前項期間,應扣除休會期日。

第 62 條 行政命令經審查後,發現有違反、變更或牴觸法律者,或應以法律規定
事項而以命令定之者,應提報院會,經議決後,通知原訂頒之機關更正
或廢止之。

前條第一項視為已經審查或經審查無前項情形之行政命令,由委員會報
請院會存查。

第一項經通知更正或廢止之命令,原訂頒機關應於二個月內更正或廢
止;逾期未為更正或廢止者,該命令失效。

第 63 條 各委員會審查行政命令,本章未規定者,得準用法律案之審查規定。

第十一章 請願文書之審查

第 64 條 立法院於收受請願文書,應依下列規定辦理:

一、秘書處收受請願文書後,應即送程序委員會。

二、各委員會收受請願文書後,應即送秘書處收文。

三、立法院會議時,請願人面遞請願文書,由有關委員會召集委員代表
接受,並於接見後,交秘書處收文。

四、請願人向立法院集體請願,面遞請願文書有所陳述時,由院長指定
之人員接見其代表。

前項請願人,包括經我國認許之外國法人。

第 65 條 立法院收受請願文書後,應先由程序委員會審核其形式是否符合請願法
規定,其有不符或文字意思表示無法瞭解者,通知其補正。

請願文書之內容明顯非屬立法職權事項,程序委員會應逕行移送權責機
關處理;其屬單純之行政事項,得不交審查而逕行函復,或委託相關委
員會函復。如顯有請願法第三條、第四條規定情事,依法不得請願者,

由程序委員會通知請願人。

第 66 條　請願文書應否成為議案，由有關委員會審查；審查時得先函請相關部會於一個月內查復。必要時得派員先行瞭解，或通知請願人到會說明，說明後應即退席。

請願文書在審查未有結果前，請願人得撤回之。

第 67 條　請願文書經審查結果成為議案者，由程序委員會列入討論事項，經大體討論後，議決交付審查或逕付二讀或不予審議。

請願文書經審查結果不成為議案者，應敘明理由及處理經過，送由程序委員會報請院會存查，並通知請願人。但有出席委員提議，十五人以上連署或附議，經表決通過，仍得成為議案。

第十二章　黨團協商

第 68 條　為協商議案或解決爭議事項，得由院長或各黨團向院長請求進行黨團協商。

立法院院會於審議不須黨團協商之議案時，如有出席委員提出異議，十人以上連署或附議，該議案即交黨團協商。

各委員會審查議案遇有爭議時，主席得裁決進行協商。

第 69 條　黨團協商會議，由院長、副院長及各黨團負責人或黨鞭出席參加；並由院長主持，院長因故不能主持時，由副院長主持。

前項會議原則上於每週星期三舉行，在休會或停會期間，如有必要時，亦得舉行，其協商日期由主席通知。

第 70 條　議案交由黨團協商時，由該議案之院會說明人所屬黨團負責召集，通知各黨團書面簽名指派代表二人參加，該院會說明人為當然代表，並由其擔任協商主席。但院會說明人更換黨團時，則由原所屬黨團另指派協商主席。

各黨團指派之代表，其中一人應為審查會委員。但黨團所屬委員均非審查會委員時，不在此限。

依第六十八條第二項提出異議之委員，得向負責召集之黨團，以書面簽名推派二人列席協商說明。

議案進行協商時，由秘書長派員支援，全程錄影、錄音、記錄，併同協商結論，刊登公報。

協商結論如與審查會之決議或原提案條文有明顯差異時，應由提出修正之黨團或提案委員，以書面附具條文及立法理由，併同協商結論，刊登

公報。

第 71 條　黨團協商經各黨團代表達成共識後，應即簽名，作成協商結論，並經各黨團負責人簽名，於院會宣讀後，列入紀錄，刊登公報。

第 71-1 條　議案自交黨團協商逾一個月無法達成共識者，由院會定期處理。

第 72 條　黨團協商結論於院會宣讀後，如有出席委員提議，八人以上之連署或附議，得對其全部或一部提出異議，並由院會就異議部分表決。

黨團協商結論經院會宣讀通過，或依前項異議議決結果，出席委員不得再提出異議；逐條宣讀時，亦不得反對。

第 73 條　經協商之議案於廣泛討論時，除經黨團要求依政黨比例派員發言外，其他委員不得請求發言。

經協商留待院會表決之條文，得依政黨比例派員發言後，逕行處理。

前二項議案在逐條討論時，出席委員不得請求發言。

第 74 條　程序委員會應依各委員會提出審查報告及經院會議決交由黨團協商之順序，依序將議案交由黨團協商。

議案有時效性者，負責召集之黨團及該議案之院會說明人應優先處理。

第十三章　附則

第 75 條　符合立法院組織法第三十三條規定之黨團，除憲法另有規定外，得以黨團名義提案，不受本法有關連署或附議人數之限制。

第 76 條　立法院議事規則另定之。

第 77 條　本法自公布日施行。

本法中華民國九十六年十一月三十日修正之條文，自立法院第七屆立法委員就職日起施行。

附錄五 立法院職權行使法部分條文

1. 民國113年6月24日總統令增訂公布第29-1、30-1、46-1、46-2、50-1、50-2、53-1～53-3條條文、第九章之一章名、第59-1～59-9、74-1條條文；並修正第2、15、15-1、15-2、15-4、22、23、25、26、28、29、30、31、44條文、第八章章名、第45、46、47～50、51～53、57條條文（其中第15-4、25、29-1第3項、30第3項、30-1第1項、第2項、45、46-2第3項、47、48第2項、59-1第1項關於調查委員會與調查專案小組部分、59-3第2項、59-5第2項、第4項、第5項、第6項，經憲法法庭裁定自7月19日公告之日起，暫時停止適用）

第 2 條   立法委員應分別於每年二月一日及九月一日起報到，開議日由各黨團協商決定之。但經總統解散時，由新任委員於選舉結果公告後第三日起報到，第十日開議。

前項報到及出席會議，應由委員親自為之。

第一項開議日，黨團協商無法達成共識時，應由院長召開全院委員談話會，依各黨團所提之議程草案表決定之。

第 15 條   總統依憲法增修條文第二條第三項之規定發布緊急命令，提交立法院追認時，不經討論，交全院委員會審查；審查後提出院會以記名投票表決。未獲同意者，該緊急命令立即失效。

總統於立法院休會期間發布緊急命令提交追認時，立法院應即召開臨時會，依前項規定處理。

總統於立法院解散後發布緊急命令，提交立法院追認時，立法院應於三日內召開臨時會，並於開議七日內議決，如未獲同意，該緊急命令立即失效。但於新任立法委員選舉投票日後發布者，由新任立法委員於就職後依第一項規定處理。

第 15-1 條   依中華民國憲法增修條文第四條第三項規定之精神，立法院於每年集會

　　　　　時邀請總統至立法院進行國情報告。

　　　　　總統於每年二月一日前向立法院送交國情報告書，並於三月一日前赴立法院進行國情報告。

　　　　　新任總統於就職兩週內向立法院送交國情報告書，並於一個月內赴立法院進行國情報告。

第 15-2 條　立法院得經全體立法委員四分之一以上提議，院會決議後，由程序委員會排定議程，就國家大政方針及重要政策議題，聽取總統國情報告。

　　　　　總統就其職權相關之國家大政方針及重要政策議題，得咨請立法院同意後，至立法院進行國情報告。

第 15-4 條　立法委員於總統國情報告完畢後，得就報告不明瞭處，提出口頭或書面問題。

　　　　　立法委員進行前項口頭提問時，總統應依序即時回答；其發言時間、人數、順序、政黨比例等事項，由黨團協商決定。

　　　　　就立法委員第一項之書面問題，總統應於七日內以書面回覆。但事項牽涉過廣者，得延長五日。

第 22 條　依第十七條及第十八條提出之口頭質詢，應由行政院院長或質詢委員指定之有關部會首長答復；未及答復部分，應於十日內以書面答復。但質詢事項牽涉過廣者，得延長五日。

第 23 條　立法委員行使憲法增修條文第三條第二項第一款之質詢權，除依第十六條至第二十一條規定處理外，應列入議事日程質詢事項，並由立法院送交行政院。

　　　　　行政院應於收到前項質詢後十五日內，將書面答復送由立法院轉知質詢委員，並列入議事日程質詢事項。但如質詢內容牽涉過廣者，答復時間得延長十日。

第 25 條　質詢之答復，不得超過質詢範圍之外，並不得反質詢。

　　　　　被質詢人除為避免國防、外交明顯立即之危害或依法應秘密之事項者並經主席同意者外，不得拒絕答復、拒絕提供資料、隱匿資訊、虛偽答復或有其他藐視國會之行為。

　　　　　被質詢人非經立法院院會或各委員會之同意，不得缺席。

　　　　　被質詢人違反第一項至第三項規定，主席得予制止、命出席，並得要求被質詢人為答復。

　　　　　被質詢人經主席依前項規定制止、命出席或要求答復卻仍違反者，由主席或質詢委員提議，出席委員五人以上連署或附議，經院會決議，處被

質詢人二萬元以上二十萬元以下罰鍰。

前項情形，經限期改正，逾期仍不改正者，得按次連續課處罰鍰。

前二項罰鍰處分，受處分者如有不服，得於處分書送達之次日起二個月內，向立法院所在地之行政法院提起行政訴訟。

違反第一項至第三項規定之政府人員，由主席或質詢委員提議，出席委員五人以上連署或附議，經院會決議，移送彈劾或懲戒。

政府人員於立法院受質詢時，爲虛僞陳述者，依法追訴其刑事責任。

第 26 條　行政院院長、副院長及各部會首長應親自出席立法院院會，並備質詢。因故不能出席者，應於開會前檢送必須請假之理由及行政院院長批准之請假書。

各部會首長因故不能出席，請假時，非政務官之部會副首長不得上發言台備詢，必要時，得提供資料，由行政院院長答復。

第 28 條　行政院向立法院提出預算案編製經過報告之質詢，應於報告首日登記，詢答時間不得逾十五分鐘。

前項質詢以即問即答方式爲之。但經質詢委員同意，得採綜合答復。

審計長所提總決算審核報告之諮詢，應於報告日中午前登記；其詢答時間及答復方式，依前二項規定處理。

行政院或審計部對於質詢或諮詢未及答復部分，應於十五日內以書面答復。但內容牽涉過廣者，得延長十日。

第 29 條　立法院依憲法第一百零四條、憲法增修條文第五條第一項、第六條第二項、第七條第二項規定行使同意權時，不經討論，交付全院委員會審查，審查後提出院會以記名投票表決，經超過全體立法委員二分之一之同意爲通過。

立法院依法律規定行使前項規定以外之人事同意權時，不經討論，交付相關委員會審查，審查後提出院會以記名投票表決，經超過全體立法委員二分之一之同意爲通過。

前二項人事同意權案交付全院委員會或相關委員會審查，自交付審查之日起，期間不得少於一個月，且應於審查過程中舉行公聽會，邀集相關學者專家、公民團體及社會公正人士共同參與審查，並應於院會表決之日十日前，擬具審查報告。

第 29-1 條　被提名人之學歷、最高學歷學位論文、經歷、財產、稅務、刑案紀錄表及其他審查所需之相關資料，應由提名機關於提名後七日內送交立法院參考。

立法院各黨團或未參加黨團之委員，得以書面要求被提名人答復與其資格及適任性有關之問題並提出相關之資料；被提名人之準備時間，不得少於十日。

被提名人應於提出書面答復及相關資料之同時，提出結文，並應於結文內記載已據實答復，絕無匿、飾、增、減，並已提出相關資料，絕無隱匿資料或提供虛偽資料。但就特定問題之答復及資料之提出，如有行政訴訟法所定得拒絕證言之事由並提出書面釋明者，不在此限。

第 30 條　全院委員會或相關委員會就被提名人之資格及是否適任之相關事項進行審查與詢問，由立法院咨請總統或函請提名機關通知被提名人列席說明與答詢。

被提名人有數人者，前項之說明與答詢，應分別為之。

被提名人列席說明與答詢前，應當場具結，並於結文內記載當據實答復，絕無匿、飾、增、減等語。但就特定問題之答復，如有行政訴訟法所定得拒絕證言之事由並當場釋明者，不在此限。

全院委員會應就司法院院長副院長、考試院院長副院長及監察院院長副院長與其他被提名人分開審查。

第 30-1 條　被提名人拒絕依第二十九條之一第二項規定答復問題或提出相關資料，拒絕依該條第三項規定提出結文、或拒絕依前條第三項規定具結者，委員會應不予審查並報告院會。

被提名人違反第二十九條之一第三項或前條第三項規定，於提出結文或具結後答復不實、隱匿資料或提供虛偽資料者，委員會應不予審查並報告院會。經院會決議者，得處新臺幣二萬元以上二十萬元以下之罰鍰。

前項罰鍰處分，受處分者如有不服，得於處分書送達之次日起二個月內，向立法院所在地之行政法院提起行政訴訟。

第 31 條　同意權行使之結果，由立法院咨復總統或函復行政院院長。如被提名人未獲同意，總統或行政院院長應另提他人咨請或函請立法院同意。

第 44 條　全院委員會審查後，提出院會以記名投票表決，如經全體立法委員三分之二以上決議，向司法院大法官提出彈劾案。

第八章　調查權之行使

第 45 條　立法院為有效行使憲法所賦予之職權，得經院會決議，設調查委員會，或得經委員會之決議，設調查專案小組，對相關議案或與立法委員職權相關之事項行使調查權及調閱權。

調查委員會或調查專案小組得要求有關機關就特定議案涉及事項提供參考資料，並得舉行聽證，要求有關人員出席提供證言及資料、物件；聽證相關事項依第九章之一之規定。

調查委員會之名稱、調查事項、目的、方法及成員人數，由院會議決之。調查專案小組之名稱、調查事項、目的、方法及成員人數，由委員會議決之。

第　46　條　調查委員會或調查專案小組之設立，均應於立法院會期中為之。但行使調查權及文件調閱權之時間不在此限。

調查委員會及調查專案小組於議案調查完畢並提出調查報告、調閱報告及處理意見後即行解散，或於該屆立法委員任期屆滿時自動解散。

第 46-1 條　調查委員會之成員，由立法院各黨團依其在院會之席次比例推派之，並得視實際情況予以改派。

調查專案小組之成員，由各該委員會委員推派之。

調查委員會及調查專案小組應置召集委員一人，由所屬成員互選之。

第 46-2 條　立法院行使調查權，不得逾越調查目的、事項與範圍，並應尊重其他國家機關受憲法保障獨立行使之職權，及行政首長就特定機密決定不予公開之行政特權。

裁判確定前之訴訟案件就其偵查或審判所為之處置及其卷證，立法院不得行使調查權。尚未確定之訴願事件，或其他依法應獨立行使職權之機關本於職權處理中之案件，亦同。

調查委員會成立後，其他依法應獨立行使職權之機關亦本於職權進行處理相關案件時，調查委員會得停止調查。

第　47　條　調查委員會或調查專案小組為行使調查權，得要求政府機關、部隊、法人、團體或社會上有關係人員於五日內提供相關文件、資料及檔案。但相關文件、資料及檔案原本業經司法機關或監察機關先為調取時，應敘明理由，並提供複本。

調查委員會或調查專案小組為行使調查權於必要時，得詢問相關人員，命其出席為證言，但應於指定期日五日前，通知相關人員於指定地點接受詢問。

被調閱文件、資料及檔案之政府機關、部隊、法人、團體或社會上有關係人員在調閱期間，應指派專人將調閱資料送達立法院指定場所，以供參閱，由立法院指派專人負責保管。

第　48　條　政府機關或公務人員違反本法規定，於立法院調閱文件、資料及檔案時

拒絕、拖延或隱匿不提供者，得經立法院院會之決議，將其移送監察院
依法提出糾正、糾舉或彈劾。

法人、團體或社會上有關係人員違反本法規定，於立法院調閱文件、資
料及檔案時拒絕、拖延或隱匿不提供者，得經立法院院會之決議，處新
臺幣一萬元以上十萬元以下之罰鍰，並得按次處罰至改正為止。

前項罰鍰處分，受處分者如有不服，得於處分書送達之次日起二個月
內，向立法院所在地之行政法院提起行政訴訟。

第 49 條　調查委員會所需之工作人員，由秘書長指派之。

調查專案小組所需之工作人員，由立法院各委員會或主辦委員會就各該
委員會人員中指派之。

調查委員會及調查專案小組於必要時，得請求院長指派專業人員協助
之。

第 50 條　調查委員會所調取之文件、資料或物件，限由該調查委員會之委員或院
長指派之專業人員親自查閱之。

前項查閱人員，對依法應保密之文件、資料或物件不得抄錄、攝影、影
印、誦讀、錄音或為其他複製行為，亦不得攜離或傳輸至查閱場所外。

第一項查閱人員對依法應保密之文件、資料或物件內容或其存在，負有
保密之義務；其離職後，於解密前之期間內，亦同。

第 50-1 條　調查委員會或調查專案小組至少需三分之一以上委員出席時，始得依第
四十七條第二項規定詢問相關人員。

詢問須出以懇切之態度，不得有強暴、脅迫或以其他易導致心理強制的
狀態，並不得強迫證人為不利己之供述。

詢問前，應令其宣誓當據實答復，絕無匿、飾、增、減，告以立法院成
立本調查委員會或調查專案小組之任務，並告知其有拒絕證言之權利及
事由。

前項拒絕證言之事由，準用行政訴訟法相關規定。

接受調查詢問之人員，認為調查委員會或調查專案小組已逾越其職權範
圍或涉及法律明定保護之個人隱私而與公共事務無關者，應陳明理由，
經會議主席裁示同意後，得拒絕證言或交付文件、資料及檔案。

第 50-2 條　接受調查詢問之人員，經主席同意，於必要時得協同律師或相關專業人
員到場協助之。

第 51 條　調查委員會或調查專案小組應於調查、調閱終結後三十日內，分向院會
或委員會提出調查、調閱報告書及處理意見，作為處理該特定議案或與

立法委員職權相關事項之依據。

第 52 條　調查、調閱報告書及處理意見未提出前，其調查人員、工作人員、專業人員、保管人員或查閱人員負有保密之義務，不得對調查、調閱內容或處理情形予以揭露。但涉及外交、國防或其他依法令應秘密事項者，於調查、調閱報告及處理意見提出後，仍應依相關法令規定保密，並依秘密會議處理之。

第 53 條　調查委員會或調查專案小組未提出調查、調閱報告書及處理意見前，院會或委員會對該特定議案不得為最後之決議。但已逾院會或各該委員會議決之時限時，不在此限。

前項調查專案小組之調查、調閱報告書及處理意見，應經該委員會議決後提報院會處理。

第 53-1 條　調查報告或期中報告之內容，不受司法審查。

檢察機關、法院、訴願或其他行政救濟之先行程序審議機關對案件之偵查、審判或審議，不受調查報告或期中報告之拘束。

第 53-2 條　調查委員會之會議，本法未規定者，準用立法院組織法、立法院各委員會組織法、立法委員行為法及立法院議事規則相關之規定。

第 53-3 條　調查委員會之成員、專業人員、工作人員、保管人員、幕僚人員或其他相關人員，其利益迴避事項，準用立法委員行為法及公職人員利益衝突迴避法之規定。

第 57 條　舉行公聽會之委員會，應於開會日五日前，將開會通知、議程等相關資料，以書面送達出席人員，並請其提供口頭或書面意見。

同一議案舉行多次公聽會時，得由公聽會主席於會中宣告下次舉行日期，不受五日之限制，但仍應發出書面通知。

立法院對應邀出席人員，酌發出席費。

第九章之一　聽證會之舉行

第 59-1 條　各委員會、調查委員會、調查專案小組為審查院會交付之議案、全院委員會為補選副總統、彈劾總統副總統或審查行使同意權案，得依憲法第六十七條第二項之規定舉行聽證會。

涉及外交、國防或其他依法令應秘密事項者，以秘密會議行之。

除前項規定外，聽證會應公開舉行，但有下列情形，應部分或全部不公開：

一、個人隱私遭受不當侵害之虞。

二、個人生命、身體或其他自由遭受威脅之虞。

三、營業秘密遭受不當侵害之虞。

以秘密會議或不公開方式行之者，所有與會者對於應秘密事項負有保密之義務。

違反前項有關保密義務之規定者，適用國家機密保護法、刑法及其他有關法令之規定處罰。

第 59-2 條　聽證會須經全院委員會、各委員會、調查委員會或調查專案小組召集委員同意，或經前列委員會、專案小組全體委員三分之一以上之連署或附議，並經院會議決，方得舉行。

前項議案於院會審議時，不受本法第七十一條之一有關黨團協商逾一個月無法達成共識始能處理規定之限制。

第 59-3 條　由調查委員會、調查專案小組、委員會舉行之聽證會，以召集委員為主席，調查委員會、調查專案小組、委員會成員，得出席聽證會；由全院委員會舉行者，以院長為主席，全體立法委員均得出席。聽證會得邀請政府人員及社會上有關係人員出席表達意見與證言。

應邀出席人員非有正當理由，不得拒絕出席。

第 59-4 條　受邀出席之政府人員或與調查事件相關之社會上有關係人員於必要時，經主席同意，得由律師、相關專業人員或其他輔佐人在場協助。

第 59-5 條　出席人員有下列情形之一者，得拒絕證言或表達意見：

一、涉及國家安全、國防及外交之國家機密事項。

二、逾越聽證會調查之目的所提出之詰問或對質。

三、依行政訴訟法之規定得拒絕證言之事項。

四、涉及受法律明定保護之個人隱私或其他秘密事項。

無正當理由缺席、拒絕表達意見、拒絕證言、拒絕提供資料者，得經立法院院會決議，處新臺幣一萬以上十萬元以下之罰鍰，並得按次處罰。

前項罰鍰處分，受處分者如有不服，得於處分書送達之次日起二個月內，向立法院所在地之行政法院提起行政訴訟。

出席聽證會之政府人員為證言時，為虛偽陳述者，由主席或質詢委員提議，出席委員五人以上連署或附議，經院會決議，移送彈劾或懲戒。

出席聽證會之政府人員為證言時，為虛偽陳述者，依法追訴其刑事責任。

出席聽證會之社會上有關係人員為證言時，為虛偽陳述者，得經立法院院會決議，處新臺幣二萬元以上二十萬元以下之罰鍰。

前項罰鍰處分，受處分者如有不服，得於處分送達之次日起二個月內，向立法院所在地之行政法院提起行政訴訟。

第 59-6 條　舉行聽證會，應於開會日五日前，將開會通知、議程等相關資料，以書面送達出席人員，並請其提供口頭或書面意見。

同一議案舉行多次聽證會時，得由聽證會主席於會中宣告下次舉行日期，不受五日之限制，但仍應發出書面通知。

聽證會之通知應以書面載明下列事項，準用行政程序法有關送達之規定：

一、會議主題。

二、受邀出席之有關機關或人民之姓名或名稱及其住居所、事務所或營業所。

三、聽證會舉行之時間、地點。

四、聽證會之程序。

五、表達意見或證言之事項。

六、本章提及之相關權利及義務。

七、本章相關或其他應注意或遵行事項。

立法院對應邀出席之專業人員，得酌發出席費。

第 59-7 條　聽證會，應作成聽證會紀錄。

前項聽證會紀錄應載明出席人員所為陳述或發問之要旨及其提出之文書、電磁紀錄、證據，並記明出席人員於聽證會進行中聲明異議之事由及主席對異議之處理。

聽證會，應全程連續錄音錄影。

聽證會紀錄當場製作完成者，由陳述者及發問人當場簽名；未當場製作完成者，由主席指定日期、場所，供陳述者及發問人閱覽，並簽名。

前項情形，陳述者或發問人拒絕簽名或未於指定日期、場所閱覽者，應記明事由。

陳述者或發問人對聽證會紀錄之記載有異議者，得即時提出。主席認異議有理由者，應予更正或補充；無理由者，應記明其異議。

第 59-8 條　聽證會報告應於聽證會終結後十五日內提出，經主席核定簽名後，除不公開之部分外，送交本院全體委員，並將得公開之報告刊登公報。

第 59-9 條　聽證會報告作為審查該特定議案之重要參考。

前項報告有關出席受調查者，涉及違法或虛偽陳述應予載明。

第 74-1 條　依第八條所定逕付二讀之議案，應交付黨團協商，並由提案委員或所屬黨團負責召集，並適用本法第七十條至第七十四條之規定。

附錄六　立法院議事規則

1. 民國88年1月12日立法院第三屆第六次會期第十四次會議通過修正全文63條條文
2. 民國89年5月12日立法院第四屆第三會期第十五次會議通過修正第59條條文
3. 民國91年1月15日立法院第四屆第六會期第十三次會議通過修正第22、23、39條條文
4. 民國91年11月29日立法院第五屆第二會期第十二次會議通過修正第22條條文
5. 民國96年6月14日立法院第六屆第五會期第十七次會議通過修正第22條條文
6. 民國96年11月30日立法院第六屆第六會期第十三次會議通過修正第8、9、11、14、17、23、26、32、33、35、39、42、46、57、63條條文
7. 民國97年12月26日立法院第七屆第二會期第十五次會議通過修正第57條條文
8. 民國105年11月11日立法院第九屆第二會期第十次會議通過修正第61條條文

第一章　總則

第　1　條　　本規則依立法院職權行使法第七十六條規定訂定之。

第　2　條　　本院會議，除憲法、立法院組織法、立法院各委員會組織法、立法院職權行使法及立法委員行為法另有規定外，依本規則行之。

第　3　條　　立法委員席次於每屆第一會期開議三日前，由院長召集各黨團會商定之。席次如有變更時亦同。
　　　　　　　前項席次於開議前一日仍未商定者，由委員親自抽籤定之。

第　4　條　　立法委員因事故不能出席本院會議時，應通知議事處請假，未請假者列為缺席。

第　5　條　　本院會議，秘書長應列席，秘書長因事故不能列席時，由副秘書長列席，並配置職員辦理會議事項。

第　6　條　　本院會議出席者及列席者，均應署名於簽到簿。

第二章　委員提案

第　7　條　　議案之提出，以書面行之，如係法律案，應附具條文及立法理由。

第　8　條　　立法委員提出之法律案，應有十五人以上之連署；其他提案，除另有規

定外，應有十人以上之連署。

連署人不得發表反對原提案之意見；提案人撤回提案時，應先徵得連署人之同意。

第 9 條　出席委員提出臨時提案，以亟待解決事項爲限，應於當次會議上午十時前，以書面提出，並應有十人以上之連署。每人每次院會臨時提案以一案爲限，於下午五時至六時處理之，提案人之說明，每案以一分鐘爲限。

臨時提案之旨趣，如屬邀請機關首長報告案者，由主席裁決交相關委員會。其涉及各機關職權行使者，交相關機關研處。

法律案不得以臨時提案提出。

臨時提案如具有時效性之重大事項，得由會議主席召開黨團協商會議，協商同意者，應即以書面提交院會處理。

第 10 條　經否決之議案，除復議外，不得再行提出。

第 11 條　修正動議，於原案二讀會廣泛討論後或三讀會中提出之，並須經十人以上之連署或附議，始得成立。

修正動議應連同原案未提出修正部分，先付討論。

修正動議之修正動議，其處理程序，比照前二項之規定。

對同一事項有兩個以上修正動議時，應俟提出完畢並成立後，就其與原案旨趣距離較遠者，依次提付討論；其無距離遠近者，依其提出之先後。

第 12 條　修正動議在未經議決前，原動議人徵得連署或附議人之同意，得撤回之。

第三章　議事日程

第 13 條　議事日程應按每會期開會次數，依次分別編製。

第 14 條　議事日程應記載開會年、月、日、時，分列報告事項、質詢事項、討論事項或選舉等其他事項，並附具各議案之提案全文、審查報告暨關係文書。

由政府提出之議案及委員所提法律案，於付審查前，應先列入報告事項。

經委員會審查報請院會不予審議之議案，應列入報告事項。但有出席委員提議，十五人以上連署或附議，經表決通過，應交付程序委員會改列討論事項。

第　15　條　本院會議審議政府提案與委員提案，性質相同者，得合併討論。

前項議案之排列，由程序委員會定之。

第　16　條　議事日程由秘書長編擬，經程序委員會審定後付印；除有特殊情形外，至遲於開會前二日送達。

第　17　條　遇應先處理事項未列入議事日程，或已列入而順序在後者，主席或出席委員得提議變更議事日程；出席委員之提議，並應經十五人以上之連署或附議。

前項提議，不經討論，逕付表決。

第　18　條　議事日程所定議案未能開議，或議而未能完結者，由程序委員會編入下次議事日程。

第四章　開會

第　19　條　本院每屆第一會期首日舉行預備會議，依下列程序進行之：

一、委員報到。

二、就職宣誓。

三、推選會議主席。

四、院長選舉：

(一) 投票。

(二) 開票。

(三) 宣布選舉結果。

五、副院長選舉：

(一) 投票。

(二) 開票。

(三) 宣布選舉結果。

前項第四款及第五款之選舉，如第一次投票未能選出時，依序繼續進行第二次投票。

第一項會議之時程，由秘書長定之。

第　20　條　本院會議於每星期二、星期五開會，必要時經院會議決，得增減會次。

本院會議超過一日者，經黨團協商之同意，得合併若干日為一次會議。

第　21　條　本院舉行會議時，出席委員不得提出更正議事錄、臨時提案、會議詢問、權宜問題、秩序問題或其他程序之動議，但得以書面為之。

第　22　條　本院會議開會時間為上午九時至下午六時。但舉行質詢時，延長至排定委員質詢結束為止。

　　　　　　　出席委員得於每次院會時間上午九時起，就國是問題發表意見，時間不
　　　　　　　得逾一小時；依其抽籤順序，每人發言三分鐘，並應遵守立法委員行為
　　　　　　　法第七條第一項之規定。發言時間屆至，應即停止發言，離開發言台。
　　　　　　　前項委員發言之順序，應於每次院會上午七時至八時四十分登記，並於
　　　　　　　上午八時四十分抽籤定之。
　　　　　　　已屆上午十時，不足法定人數，主席得延長之，延長兩次，仍不足法定
　　　　　　　人數時，主席即宣告延會。

第 23 條　議事日程所列報告事項，按次序報告之。
　　　　　　　報告事項內程序委員會所擬處理辦法，如有出席委員提議，八人以上連
　　　　　　　署或附議，得提出異議，不經討論，逕付表決。如在場委員不足表決法
　　　　　　　定人數時，交程序委員會重新提出。
　　　　　　　前項出席委員提出異議時，不足連署或附議人數，依程序委員會所擬處
　　　　　　　理辦法通過。

第 24 條　報告事項畢，除有變更議程之動議外，主席即宣告進行討論事項。

第 25 條　院會進行中，主席得酌定時間，宣告休息。

第 26 條　議事日程所列之議案議畢，或散會時間已屆，主席即宣告散會。
　　　　　　　會議進行中，出席委員得提出散會之動議，經十五人以上連署或附議，
　　　　　　　不經討論，由主席逕付表決。

第 27 條　散會時間已屆而議事未畢，主席得徵詢出席委員同意，酌定延長時間。

第五章　討論

第 28 條　主席於宣告進行討論事項後，即照議事日程所列議案次序逐案提付討
　　　　　　　論。

第 29 條　出席委員請求發言，應親自向主席台議事處簽名登記，並依登記順序發
　　　　　　　言，如經雙方同意者，得互調發言順序。
　　　　　　　登記發言之委員，經主席唱名三次仍不在場者，視為棄權。
　　　　　　　主席得於討論適當時間，宣告截止發言之登記。

第 30 條　委員發言之時間，由主席於發言前宣告之。
　　　　　　　超過前項時間者，主席得中止其發言。

第 31 條　除下列情形外，每一委員就同一議題之發言，以一次為限：
　　　　　　　一、說明提案之要旨。
　　　　　　　二、說明審查報告之要旨。
　　　　　　　三、質疑或答辯。

第 32 條　預備會議時，出席委員提出權宜問題、秩序問題、會議詢問或其他程序之動議時，主席應爲決定之宣告。

院會時，出席委員提出權宜問題、秩序問題、會議詢問或其他程序之動議時，應以書面提出，由主席逕爲決定之宣告。

前二項宣告，如有出席委員提出異議，經十五人以上連署或附議，不經討論，主席即付表決。該異議未獲出席委員過半數贊成時，仍維持主席之宣告。

第 33 條　主席對於議案之討論，認爲已達可付表決之程度時，經徵得出席委員同意後，得宣告停止討論。

出席委員亦得提出停止討論之動議，經十五人以上連署或附議，不經討論，由主席逕付表決。

第六章　表決

第 34 條　討論終結或停止討論之議案，出席委員有異議時，主席得提付表決。如當場不能進行第三十五條第一項第二款至第五款之表決時，主席應即宣告定期表決及表決日期，並於表決前三日通知之。

第 35 條　本院議案之表決方法如下：

一、口頭表決。

二、舉手表決。

三、表決器表決。

四、投票表決。

五、點名表決。

前項第一款至第四款所列方法之採用，由主席決定宣告之。第五款所列方法，經出席委員提議，二十五人以上之連署或附議，不經討論，由主席逕付表決。但有關人事問題之議案，不適用記名或點名表決方法。

採用表決器記名表決，須經出席委員十五人以上之連署或附議。

第 36 條　表決，應就可否兩方依次行之。

用口頭方法表決，不能得到結果時，改用舉手或其他方法表決。

用舉手或表決器方法表決，可否兩方均不過半數時，應重行表決；重行表決時，以多數爲可決。

用投票或點名方法表決，可否兩方均不過半數時，本案不通過。

第 37 條　修正動議討論終結，應先提付表決；表決得可決時，次序在後之同一事項修正動議，無須再討論及表決。

修正動議提付表決時，應連同未修正部分合併宣讀。

第 38 條　主席宣告提付表決後，出席委員不得提出其他動議。但與表決有關之程序問題，不在此限。

第 39 條　出席委員對於表決結果提出異議時，經十五人以上連署或附議，得要求重付表決。但以一次為限。

用投票或點名方法表決，非有足以明顯影響表決結果之重大瑕疵者，不得要求重付表決。

第 40 條　表決之結果，應當場報告，並記錄之。

第 41 條　院會進行中，出席委員對於在場人數提出疑問，經清點不足法定人數時，不得進行表決。

第七章　復議

第 42 條　決議案復議之提出，應具備下列各款：

一、證明動議人確為原案議決時之出席委員，而未曾發言反對原決議案者；如原案議決時，係依表決器或投票記名表決或點名表決，並應證明為贊成原決議案者。

二、具有與原決議案不同之理由。

三、二十人以上之連署或附議。

第 43 條　復議動議，應於原案表決後下次院會散會前提出之。但討論之時間，由主席徵得出席委員同意後決定之。

第 44 條　對於法律案、預算案部分或全案之復議，得於二讀或三讀後，依前兩條之規定行之。

第 45 條　復議動議經表決後，不得再為復議之動議。

第八章　秘密會議

第 46 條　本院秘密會議，除討論憲法第六十三條所定各案，或經行政院院長、各部會首長請開者外，應於本院定期院會以外之日期舉行。但有時間性者，不在此限。

在公開會議進行中，有改開秘密會議之必要時，除法律另有規定外，得由主席或出席委員提議改開秘密會議，不經討論，逕付表決；出席委員之提議，並應經十五人以上之連署或附議。

第 47 條　本院舉行秘密會議時，除立法委員及由主席指定之列席人員暨會場員工

外，其他人員均不得入場。

立法委員憑出席證入場。列席人員及會場員工憑特別通行證入場。

秘密會議開始前，秘書長應將列席人員及會場員工人數、姓名、職別，一併報告。

第 48 條　秘密會議中之秘密文件，由秘書處指定專人蓋印、固封、編定號數，分送各委員簽收；其有收回必要者，當場分發，當場收回，不得攜出會場。

關於繕印、保管、分發秘密文件之手續，及指定負責辦理此等事項員工之管理，由秘書處另定辦法，嚴格執行。

第 49 條　秘密會議議事日程中，政府首長報告案，必要時得列入報告事項第一案。

第 50 條　秘密會議之紀錄及決議，立法委員、列席人員及本院員工，不得以任何方式，對外宣洩。

關於秘密會議，如須發表新聞時，其稿件應經院長核定之。

第 51 條　秘密會議文件，除法令另有規定者外，於全案通過，總統公布後，得予公開。但有關國防、外交及其他機密文件已失秘密時效者，得由院長於每會期終了前，報告院會解密之。

第 52 條　立法委員違反本規則第五十條規定者，應付紀律委員會議處；本院員工違反者，由院長依法處分之；列席人員違反者，由本院函各該主管機關依法辦理。

第九章　議事錄

第 53 條　議事錄應記載下列事項：

一、屆別、會次及其年、月、日、時。

二、會議地點。

三、出席者之姓名、人數。

四、請假者之姓名、人數。

五、缺席者之姓名、人數。

六、列席者之姓名、職別。

七、主席。

八、記錄者姓名。

九、報告及報告者姓名、職別，暨報告後決定事項。

十、議案及決議。

十一、表決方法及可否之數。

十二、其他事項。

第 54 條 每次院會之議事錄，於下次院會時，由秘書長宣讀，每屆最後一次院會之議事錄，於散會前宣讀。

前項議事錄，出席委員如認為有錯誤、遺漏時，應以書面提出，由主席逕行處理。

第 55 條 議事錄應印送全體委員，經宣讀後，除認為秘密事項外，並登載本院公報。

第 56 條 院會中出席委員及列席人員之發言，應由速記人員詳為記錄，並將速記錄印送全體委員。

第十章 附則

第 57 條 各種委員會會議關於連署或附議人數，應依本規則所定人數五分之一比例行之。

各種委員會會議得不適用本規則第三十一條之規定。

第 58 條 各種委員會會議列席委員得就議案發表意見或詢問。但不得提出程序問題及修正動議。

第 59 條 符合立法院組織法第三十三條規定之黨團，除法律另有規定外，得以黨團名義提案，不受本規則有關連署或附議人數之限制。

第 60 條 各種委員會委員發言之登記，由委員於開會前一小時起，親自登記於該委員會登記簿；該委員會委員在開會前登記者，得優先發言。

第 61 條 各種委員會開會時，除出、列席、會務工作人員及持本院核發採訪證人員外，其餘人員經會議主席同意後，始得進入旁聽。

第 62 條 本院會議旁聽規則、採訪規則，由院長訂定，報告院會後施行。

第 63 條 本規則由本院會議通過後施行。

本規則中華民國九十六年十一月三十日院會通過之條文，自立法院第七屆立法委員就職日起施行。

附錄七　立法委員行爲法

1. 民國88年1月25日總統令制定公布全文31條條文
2. 民國91年1月25日總統令修正公布第28條條文

第一章　總則

第　1　條　爲維護國會尊嚴，確立立法委員倫理風範及行爲準則，健全民主政治發
　　　　　　展，依立法院組織法第二條制定本法。
　　　　　　本法未規定者，適用其他法律之規定。

第　2　條　本法所稱立法委員關係人，係指下列人員：
　　　　　　一、立法委員之配偶及其直系親屬。
　　　　　　二、立法委員之公費助理。

第二章　倫理規範

第　3　條　立法委員代表人民依法行使立法權，應恪遵憲法，效忠國家，增進全體
　　　　　　人民之最高福祉。

第　4　條　立法委員應努力貫徹値得國民信賴之政治倫理。如有違反公共利益及公
　　　　　　平正義原則，應以誠摯態度面對民眾，勇於擔負政治責任。

第　5　條　立法委員從事政治活動，應符合國民期待，公正議事，善盡職責，不損
　　　　　　及公共利益，不追求私利。

第　6　條　立法委員對院會通過之決議，應切實遵守。

第　7　條　立法委員應秉持理性問政，共同維護議場及會議室秩序，不得有下列行
　　　　　　爲：
　　　　　　一、不遵守主席依規定所作之裁示。
　　　　　　二、辱罵或涉及人身攻擊之言詞。
　　　　　　三、發言超過時間，不聽主席制止。
　　　　　　四、未得主席同意，插言干擾他人發言而不聽制止。
　　　　　　五、破壞公物或暴力之肢體動作。

六、佔據主席台或阻撓議事之進行。

七、脅迫他人為議事之作為或不作為。

八、攜入危險物品。

九、對依法行使職權議事人員做不當之要求或干擾。

十、其他違反委員應共同遵守之規章。

違反前項各款情事之一者，主席得交紀律委員會議處。

第三章　義務與基本權益

第　8　條　立法委員應依法公開宣誓，並遵守誓詞，未經依法宣誓者，不得行使職權。

第　9　條　院會及委員會之會議主席主持會議應嚴守中立。

第　10　條　立法委員依法參加秘密會議時，對其所知悉之事項及會議決議，不得以任何方式，對外洩漏。

第　11　條　立法委員不得兼任公營事業機構之職務。

第　12　條　立法委員在院內依法行使職權所為之議事行為，依憲法規定，享有免責權。

第　13　條　立法委員待遇之支給，比照中央部會首長之標準。

第　14　條　立法委員因行使職權，而受他人強暴、脅迫或恐嚇，致其本人或關係人之生命、身體、自由、名譽或財產受有危害之虞時，得通知治安機關予以保護，治安機關亦應主動予以保護。

前項保護辦法，由行政院會同立法院定之。

第四章　遊說及政治捐獻

第　15　條　立法委員受託對政府遊說或接受人民遊說，在遊說法制定前，依本法之規定。

前項所稱對政府遊說，指為影響政府機關或公營事業決策或處分之作成、修正、變更或廢止所從事之任何與政府機關或公營事業人員之直接或間接接觸及活動；所稱接受人民遊說，指人民為影響法律案、預算案或其他議案之審議所從事之任何與立法委員之直接或間接接觸及活動。

第　16　條　立法委員受託對政府遊說或接受人民遊說，不得涉及財產上利益之期約或授受。

第　17　條　立法委員不得受託對進行中之司法案件進行遊說。

第 18 條　立法委員非依法律，不得收受政治捐獻。

立法委員收受政治捐獻，另以法律定之。

第五章　利益之迴避

第 19 條　本章所稱之利益，係指立法委員行使職權不當增加其本人或其關係人金錢、物品或其他財產上之價值。

第 20 條　立法委員行使職權所牽涉或辦理之事務，因其作為獲取前條所規定之利益者，應行迴避。

第 21 條　立法委員行使職權時，不得為私人承諾，或給予特定個人或團體任何差別對待。

第 22 條　立法委員行使職權就有利益迴避情事之議案，應迴避審議及表決。

第 23 條　立法委員應行迴避而不迴避時，利害關係人得向立法院紀律委員會舉發；紀律委員會亦得主動調查，若調查屬實者，得請其迴避。

第 24 條　立法院紀律委員會處理有關利益迴避情事時，應要求立法委員列席說明。

立法委員亦得主動向紀律委員會提出說明。

第六章　紀律

第 25 條　立法院紀律委員會審議本法所規定之懲戒案。

紀律委員會召集委員按月輪值。

第 26 條　立法院紀律委員會審議懲戒案件時，被移付懲戒之立法委員得提出說明。

紀律委員會委員對關係其個人本身之懲戒案，應自行迴避。

第 27 條　立法院紀律委員會應每月定期開會一次，必要時得召開臨時會議，處理下列事項：

一、院會主席裁示交付之懲戒案件。

二、院會議決交付之懲戒案件。

三、委員會主席裁決移送院會議決交付之懲戒案件。

紀律委員會召集委員或委員不依前項規定開會處理懲戒案件者，應停止其出席院會四次；本項之處分，報告院會即生效。

第 28 條　立法院紀律委員會審議懲戒案，得按情節輕重提報院會決定為下列之處分：

一、口頭道歉。

二、書面道歉。

三、停止出席院會四次至八次。

四、經出席院會委員三分之二以上同意，得予停權三個月至半年。

前項停權期間之計算及效力範圍如下：

一、停權期間自院會決定當日起算，不扣除休會及停會期間。

二、停權期間禁止進入議場及委員會會議室。

三、停權期間停發歲費及公費。

四、停權期間不得行使專屬於立法委員之選舉權與被選舉權。

第 29 條　立法院紀律委員會對應行審議之懲戒案，未能於三個月內完成審議並提報院會者，懲戒案不成立。

第 30 條　立法委員違反本法有關規定者，由立法院紀律委員會主動調查、審議，作成處分建議後，提報院會決定之。

紀律委員會不依前項規定進行調查、審議者，依第二十七條第二項之規定辦理。

第七章　附則

第 31 條　本法自公布日施行。

附錄八　預算法

1. 民國21年9月24日國民政府制定公布全文96條條文
2. 民國26年4月27日國民政府修正公布全文89條條文
3. 民國37年5月27日總統令修正公布全文64條條文
4. 民國42年6月20日總統令修正公布全文74條條文
5. 民國46年4月19日總統令修正公布第48～50條條文
6. 民國48年8月12日總統令修正公布第10條條文
7. 民國60年12月17日總統令修正公布全文79條條文
8. 民國87年10月29日總統令修正公布全文100條條文
9. 民國89年12月6日總統令修正公布第41、54條條文
10. 民國91年12月18日總統令修正公布第88條條文
11. 民國96年12月26日總統令修正公布第53條條文
12. 民國97年1月9日總統令修正公布第93條條文
13. 民國97年5月14日總統令修正公布第41條條文
14. 民國100年1月26日總統令增訂公布第62-1條條文
15. 民國100年5月25日總統令修正公布第67條條文
16. 民國102年12月18日總統令修正公布第28、63條條文
17. 民國105年11月30日總統令修正公布第28、29條條文
18. 民國110年6月9日總統令修正公布第62-1條條文

第一章　總則

第 1 條　中華民國中央政府預算之籌劃、編造、審議、成立及執行,依本法之規定。

預算以提供政府於一定期間完成作業所需經費爲目的。

預算之編製及執行應以財務管理爲基礎,並遵守總體經濟均衡之原則。

第 2 條　各主管機關依其施政計畫初步估計之收支,稱概算;預算之未經立法程序者,稱預算案;其經立法程序而公布者,稱法定預算;在法定預算範

　　　　　　　圍內，由各機關依法分配實施之計畫，稱分配預算。

第　3　條　　稱各機關者，謂中央政府各級機關；稱機關單位者，謂本機關及所屬機
　　　　　　　關，無所屬機關者，本機關自為一機關單位。

　　　　　　　前項本機關為該機關單位之主管機關。

　　　　　　　各級機關單位之分級，由中央主計機關定之。

第　4　條　　稱基金者，謂已定用途而已收入或尚未收入之現金或其他財產。基金分
　　　　　　　左列二類：

　　　　　　　一、普通基金：歲入之供一般用途者，為普通基金。

　　　　　　　二、特種基金：歲入之供特殊用途者，為特種基金，其種類如左：

　　　　　　　　　　(一) 供營業循環運用者，為營業基金。

　　　　　　　　　　(二) 依法定或約定之條件，籌措財源供償還債本之用者，為債務基
　　　　　　　　　　　　金。

　　　　　　　　　　(三) 為國內外機關、團體或私人之利益，依所定條件管理或處分
　　　　　　　　　　　　者，為信託基金。

　　　　　　　　　　(四) 凡經付出仍可收回，而非用於營業者，為作業基金。

　　　　　　　　　　(五) 有特定收入來源而供特殊用途者，為特別收入基金。

　　　　　　　　　　(六) 處理政府機關重大公共工程建設計畫者，為資本計畫基金。

　　　　　　　特種基金之管理，得另以法律定之。

第　5　條　　稱經費者，謂依法定用途與條件得支用之金額。經費按其得支用期間分
　　　　　　　左列三種：

　　　　　　　一、歲定經費，以一會計年度為限。

　　　　　　　二、繼續經費，依設定之條件或期限，分期繼續支用。

　　　　　　　三、法定經費，依設定之條件，於法律存續期間按年支用。

　　　　　　　法定經費之設定、變更或廢止，以法律為之。

第　6　條　　稱歲入者，謂一個會計年度之一切收入。但不包括債務之舉借及以前年
　　　　　　　度歲計賸餘之移用。

　　　　　　　稱歲出者，謂一個會計年度之一切支出。但不包括債務之償還。

　　　　　　　歲入、歲出之差短，以公債、賒借或以前年度歲計賸餘撥補之。

第　7　條　　稱未來承諾之授權者，謂立法機關授權行政機關，於預算當期會計年
　　　　　　　度，得為國庫負擔債務之法律行為，而承諾於未來會計年度支付經費。

第　8　條　　政府機關於未來四個會計年度所需支用之經費，立法機關得為未來承諾
　　　　　　　之授權。

　　　　　　　前項承諾之授權，應以一定之金額於預算內表達。

第　9　條　因擔保、保證或契約可能造成未來會計年度內之支出者，應於預算書中列表說明；其對國庫有重大影響者，並應向立法院報告。

第　10　條　歲入、歲出預算，按其收支性質分為經常門、資本門。

歲入，除減少資產及收回投資為資本收入應屬資本門外，均為經常收入，應列經常門。

歲出，除增置或擴充、改良資產及增加投資為資本支出，應屬資本門外，均為經常支出，應列經常門。

第　11　條　政府預算，每一會計年度辦理一次。

第　12　條　政府會計年度於每年一月一日開始，至同年十二月三十一日終了，以當年之中華民國紀元年次為其年度名稱。

第　13　條　政府歲入與歲出、債務之舉借與以前年度歲計賸餘之移用及債務之償還，均應編入其預算。並得編列會計年度內可能支付之現金及所需未來承諾之授權。

第　14　條　政府歲入之年度劃分如左：
一、歲入科目有明定所屬時期者，歸入該時期所屬之年度。
二、歲入科目未明定所屬時期，而定有繳納期限者，歸入繳納期開始日所屬之年度。
三、歲入科目未明定所屬時期及繳納期限者，歸入該收取權利發生日所屬之年度。

第　15　條　政府歲出之年度劃分如左：
一、歲出科目有明定所屬時期者，歸入該時期所屬之年度。
二、歲出科目未明定所屬時期，而定有支付期限者，歸入支付期開始日所屬之年度。
三、歲出科目未明定所屬時期及支付期限者，歸入該支付義務發生日所屬之年度。

第　16　條　預算分左列各種：
一、總預算。
二、單位預算。
三、單位預算之分預算。
四、附屬單位預算。
五、附屬單位預算之分預算。

第　17　條　政府每一會計年度，各就其歲入與歲出、債務之舉借與以前年度歲計賸餘之移用及債務之償還全部所編之預算，為總預算。

前項總預算歲入、歲出應以各單位預算之歲入、歲出總額及附屬單位預算歲入、歲出之應編入部分，彙整編成之。

總預算、單位預算中，除屬於特種基金之預算外，均為普通基金預算。

第 18 條　左列預算為單位預算：

一、在公務機關，有法定預算之機關單位之預算。

二、在特種基金，應於總預算中編列全部歲入、歲出之基金之預算。

第 19 條　特種基金，應以歲入、歲出之一部編入總預算者，其預算均為附屬單位預算。

特種基金之適用附屬單位預算者，除法律另有規定外，依本法之規定。

第 20 條　單位預算或附屬單位預算內，依機關別或基金別所編之各預算，為單位預算之分預算或附屬單位預算之分預算。

第 21 條　政府設立之特種基金，除其預算編製程序依本法規定辦理外，其收支保管辦法，由行政院定之，並送立法院。

第 22 條　預算應設預備金，預備金分第一預備金及第二預備金二種：

一、第一預備金於公務機關單位預算中設定之，其數額不得超過經常支出總額百分之一。

二、第二預備金於總預算中設定之，其數額視財政情況決定之。

立法院審議刪除或刪減之預算項目及金額，不得動支預備金。但法定經費或經立法院同意者，不在此限。

各機關動支預備金，其每筆數額超過五千萬元者，應先送立法院備查。但因緊急災害動支者，不在此限。

第 23 條　政府經常收支，應保持平衡，非因預算年度有異常情形，資本收入、公債與賒借收入及以前年度歲計賸餘不得充經常支出之用。但經常收支如有賸餘，得移充資本支出之財源。

第 24 條　政府徵收賦稅、規費及因實施管制所發生之收入，或其他有強制性之收入，應先經本法所定預算程序。但法律另有規定者，不在此限。

第 25 條　政府不得於預算所定外，動用公款、處分公有財物或為投資之行為。

違背前項規定之支出，應依民法無因管理或侵權行為之規定請求返還。

第 26 條　政府大宗動產、不動產之買賣或交換，均須依據本法所定預算程序為之。

第 27 條　政府非依法律，不得於其預算外增加債務；其因調節短期國庫收支而發行國庫券時，依國庫法規定辦理。

第二章　預算之籌劃及擬編

第 28 條　中央主計機關、中央經濟建設計畫主管機關、審計機關、中央財政主管機關及其他有關機關應於籌劃擬編概算前，依下列所定範圍，將可供決定下年度施政方針之參考資料送行政院：

一、中央主計機關應供給以前年度財政經濟狀況之會計統計分析資料，與下年度全國總資源供需之趨勢，及增進公務暨財務效能之建議。

二、中央經濟建設計畫主管機關應供給以前年度重大經濟建設計畫之檢討意見與未來展望。

三、審計機關應供給審核以前年度預算執行之有關資料，及財務上增進效能與減少不經濟支出之建議。

四、中央財政主管機關應供給以前年度收入狀況，財務上增進效能與減少不經濟支出之建議及下年度財政措施，與最大可能之收入額度。

五、其他有關機關應供給與決定施政方針有關之資料。

第 29 條　行政院應編製國富統計、綠色國民所得帳及關於稅式支出、移轉性支付之報告。

前項報告內容應於政府網站公開。

第 30 條　行政院應於年度開始九個月前，訂定下年度之施政方針。

第 31 條　中央主計機關應遵照施政方針，擬訂下年度預算編製辦法，呈報行政院核定，分行各機關依照辦理。

第 32 條　各主管機關遵照施政方針，並依照行政院核定之預算籌編原則及預算編製辦法，擬定其所主管範圍內之施政計畫及事業計畫與歲入、歲出概算，送行政院。

前項施政計畫，其新擬或變更部分超過一年度者，應附具全部計畫。

第 33 條　前條所定之施政計畫及概算，得視需要，為長期之規劃擬編；其辦法由行政院定之。

第 34 條　重要公共工程建設及重大施政計畫，應先行製作選擇方案及替代方案之成本效益分析報告，並提供財源籌措及資金運用之說明，始得編列概算及預算案，並送立法院備查。

第 35 條　中央主計機關依法審核各類概算時，應視事實需要，聽取各主管機關關於所編概算內容之說明。

第 36 條　行政院根據中央主計機關之審核報告，核定各主管機關概算時，其歲出部分得僅核定其額度，分別行知主管機關轉令其所屬機關，各依計畫，並按照編製辦法，擬編下年度之預算。

第 37 條　各機關單位預算，歲入應按來源別科目編製之，歲出應按政事別、計畫或業務別與用途別科目編製之，各項計畫，除工作量無法計算者外，應分別選定工作衡量單位，計算公務成本編列。

第 38 條　各機關單位補助地方政府之經費，應於總預算案中彙總列表說明。

第 39 條　繼續經費預算之編製，應列明全部計畫之內容、經費總額、執行期間及各年度之分配額，依各年度之分配額，編列各該年度預算。

第 40 條　單位預算應編入總預算者，在歲入為來源別科目及其數額，在歲出為計畫或業務別科目及其數額。但涉及國家機密者，得分別編列之。

第 41 條　各機關單位預算及附屬單位預算，應分別依照規定期限送達各該主管機關。

各國營事業機關所屬各部門或投資經營之其他事業，其資金獨立自行計算盈虧者，應附送各該部門或事業之分預算。

各部門投資或經營之其他事業及政府捐助之財團法人，每年應由各該主管機關就以前年度投資或捐助之效益評估，併入決算辦理後，分別編製營運及資金運用計畫送立法院。

政府捐助基金累計超過百分之五十之財團法人及日本撤退臺灣接收其所遺留財產而成立之財團法人，每年應由各該主管機關將其年度預算書，送立法院審議。

第 42 條　各主管機關應審核其主管範圍內之歲入、歲出預算及事業預算，加具意見，連同各所屬機關以及本機關之單位預算，暨附屬單位預算，依規定期限，彙轉中央主計機關；同時應將整編之歲入預算，分送中央財政主管機關。

第 43 條　各主管機關應將其機關單位之歲出概算，排列優先順序，供立法院審議之參考。

前項規定，於中央主計機關編列中央政府總預算案時，準用之。

第 44 條　中央財政主管機關應就各主管機關所送歲入預算，加具意見，連同其主管歲入預算，綜合編送中央主計機關。

第 45 條　中央主計機關將各類歲出預算及中央財政主管機關綜合擬編之歲入預算，彙核處理，編成中央政府總預算案，並將各附屬單位預算，包括營業及非營業者，彙案編成綜計表，加具說明，連同各附屬單位預算，隨同總預算案，呈行政院提出行政院會議。

前項總預算案歲入、歲出未平衡時，應會同中央財政主管機關提出解決辦法。

第　46　條　中央政府總預算案與附屬單位預算及其綜計表，經行政院會議決定後，交由中央主計機關彙編，由行政院於會計年度開始四個月前提出立法院審議，並附送施政計畫。

第　47　條　各機關概算、預算之擬編、核轉及核定期限以及應行編送之份數，除本法已有規定者外，由行政院定之。

第三章　預算之審議

第　48　條　立法院審議總預算案時，由行政院長、主計長及財政部長列席，分別報告施政計畫及歲入、歲出預算編製之經過。

第　49　條　預算案之審議，應注重歲出規模、預算餘絀、計畫績效、優先順序，其中歲入以擬變更或擬設定之收入為主，審議時應就來源別決定之；歲出以擬變更或擬設定之支出為主，審議時應就機關別、政事別及基金別決定之。

第　50　條　特種基金預算之審議，在營業基金以業務計畫、營業收支、生產成本、資金運用、轉投資及重大之建設事業為主；在其他特種基金，以基金運用計畫為主。

第　51　條　總預算案應於會計年度開始一個月前由立法院議決，並於會計年度開始十五日前由總統公布之；預算中有應守秘密之部分，不予公布。

第　52　條　法定預算附加條件或期限者，從其所定。但該條件或期限為法律所不許者，不在此限。

　　　　　　立法院就預算案所為之附帶決議，應由各該機關單位參照法令辦理。

第　53　條　總預算案於立法院院會審議時，得限定議題及人數，進行正反辯論或政黨辯論。

　　　　　　各委員會審查總預算案時，各機關首長應依邀請列席報告、備詢及提供有關資料，不得拒絕或拖延。

第　54　條　總預算案之審議，如不能依第五十一條期限完成時，各機關預算之執行，依下列規定為之：

　　　　　　一、收入部分暫依上年度標準及實際發生數，覈實收入。

　　　　　　二、支出部分：

　　　　　　　　(一) 新興資本支出及新增計畫，須俟本年度預算完成審議程序後始得動支。但依第八十八條規定辦理或經立法院同意者，不在此限。

　　　　　　　　(二) 前目以外計畫得依已獲授權之原訂計畫或上年度執行數，覈實

動支。

三、履行其他法定義務收支。

四、因應前三款收支調度需要之債務舉借，覈實辦理。

第四章 預算之執行

第 55 條　各機關應按其法定預算，並依中央主計機關之規定編造歲入、歲出分配預算。

前項分配預算，應依實施計畫按月或按期分配，均於預算實施前為之。

第 56 條　各機關分配預算，應遞轉中央主計機關核定之。

第 57 條　前條核定之分配預算，應即由中央主計機關通知中央財政主管機關及審計機關，並將核定情形，通知其主管機關及原編造機關。

第 58 條　各機關於分配預算執行期間，如因變更原定實施計畫，或調整實施進度及分配數，而有修改分配預算之必要者，其程序準用前三條之規定。

第 59 條　各機關執行歲入分配預算，應按各月或各期實際收納數額考核之；其超收應一律解庫，不得逕行坐抵或挪移墊用。

第 60 條　依法得出售之國有財產及股票，市價高於預算者，應依市價出售。

第 61 條　各機關執行歲出分配預算，應按月或分期實施計畫之完成進度與經費支用之實際狀況逐級考核之，並由中央主計機關將重要事項考核報告送立法院備查；其下月或下期之經費不得提前支用，遇有賸餘時，除依第六十九條辦理外，得轉入下月或下期繼續支用。但以同年度為限。

第 62 條　總預算內各機關、各政事及計畫或業務科目間之經費，不得互相流用。但法定由行政院統籌支撥之科目及第一預備金，不在此限。

第 62-1 條　基於行政中立、維護新聞自由及人民權益，政府各機關暨公營事業、政府捐助基金百分之五十以上成立之財團法人及政府轉投資資本百分之五十以上事業，編列預算於平面媒體、廣播媒體、網路媒體（含社群媒體）及電視媒體辦理政策及業務宣導，應明確標示其為廣告且揭示辦理或贊助機關、單位名稱，並不得以置入性行銷方式進行。

前項辦理政策及業務宣導之預算，各主管機關應就其執行情形加強管理，按月於機關資訊公開區公布宣導主題、媒體類型、期程、金額、執行單位等事項，並於主計總處網站專區公布，按季送立法院備查。

第 63 條　各機關之歲出分配預算，其計畫或業務科目之各用途別科目中有一科目之經費不足，而他科目有賸餘時，得辦理流用，流入數額不得超過原預算數額百分之二十，流出數額不得超過原預算數額百分之二十。但不得

流用爲用人經費，且經立法院審議刪除或刪減之預算項目不得流用。

第 64 條　各機關執行歲出分配預算遇經費有不足時，應報請上級主管機關核定，轉請中央主計機關備案，始得支用第一預備金，並由中央主計機關通知審計機關及中央財政主管機關。

第 65 條　各機關應就預算配合計畫執行情形，按照中央主計機關之規定編製報告，呈報主管機關核轉中央主計機關、審計機關及中央財政主管機關。

第 66 條　中央主計機關對於各機關執行預算之情形，得視事實需要，隨時派員調查之。

第 67 條　各機關重大工程之投資計畫，超過四年未動用預算者，其預算應重行審查。

第 68 條　中央主計機關、審計機關及中央財政主管機關得實地調查預算及其對待給付之運用狀況，並得要求左列之人提供報告：
一、預算執行機關。
二、公共工程之承攬人。
三、物品或勞務之提供者。
四、接受國家投資、合作、補助金或委辦費者。
五、管理國家經費或財產者。
六、接受國家分配預算者。
七、由預算經費提供貸款、擔保或保證者。
八、受託辦理調查、試驗、研究者。
九、其他最終領取經費之人或受益者。

第 69 條　中央主計機關審核各機關報告，或依第六十六條規定實地調查結果發現該機關未按季或按期之進度完成預定工作，或原定歲出預算有節減之必要時，得協商其主管機關呈報行政院核定，將其已定分配數或以後各期分配數之一部或全部，列爲準備，俟有實際需要，專案核准動支或列入賸餘辦理。

第 70 條　各機關有左列情形之一，得經行政院核准動支第二預備金及其歸屬科目金額之調整，事後由行政院編具動支數額表，送請立法院審議：
一、原列計畫費用因事實需要奉准修訂致原列經費不敷時。
二、原列計畫費用因增加業務量致增加經費時。
三、因應政事臨時需要必須增加計畫及經費時。

第 71 條　預算之執行，遇國家發生特殊事故而有裁減經費之必要時，得經行政院會議之決議，呈請總統以令裁減之。

第 72 條　會計年度結束後，各機關已發生尚未收得之收入，應即轉入下年度列為以前年度應收款；其經費未經使用者，應即停止使用。但已發生而尚未清償之債務或契約責任部分，經核准者，得轉入下年度列為以前年度應付款或保留數準備。

第 73 條　會計年度結束後，國庫賸餘應即轉入下年度。

第 74 條　第七十二條規定，轉入下年度之應付款及保留數準備，應於會計年度結束期間後十日內，報由主管機關核轉行政院核定，分別通知中央主計機關、審計機關及中央財政主管機關。

第 75 條　誤付透付之金額及依法墊付金額，或預付估付之賸餘金額，在會計年度結束後繳還者，均視為結餘，轉帳加入下年度之收入。

第 76 條　繼續經費之按年分配額，在一會計年度結束後，未經使用部分，得轉入下年度支用之。

第 77 條　總預算所列各附屬單位預算機關應行繳庫數，經立法程序審定後如有差異時，由行政院依照立法院最後審定數額，調整預算所列數額並執行之。

第 78 條　各附屬單位預算機關應行繳庫數，應依預算所列，由主管機關列入歲入分配預算依期報解。年度決算時，應按其決算及法定程序分配結果調整之，分配結果，應行繳庫數超過預算者，一律解庫。

第五章　追加預算及特別預算

第 79 條　各機關因左列情形之一，得請求提出追加歲出預算：
一、依法律增加業務或事業致增加經費時。
二、依法律增設新機關時。
三、所辦事業因重大事故經費超過法定預算時。
四、依有關法律應補列追加預算者。

第 80 條　前條各款追加歲出預算之經費，應由中央財政主管機關籌劃財源平衡之。

第 81 條　法定歲入有特別短收之情勢，不能依第七十一條規定辦理時，應由中央財政主管機關籌劃抵補，並由行政院提出追加、追減預算調整之。

第 82 條　追加預算之編造、審議及執行程序，均準用本法關於總預算之規定。

第 83 條　有左列情事之一時，行政院得於年度總預算外，提出特別預算：
一、國防緊急設施或戰爭。
二、國家經濟重大變故。

三、重大災變。

四、不定期或數年一次之重大政事。

第 84 條 特別預算之審議程序，準用本法關於總預算之規定。但合於前條第一款至第三款者，為因應情勢之緊急需要，得先支付其一部。

第六章 附屬單位預算

第 85 條 附屬單位預算中，營業基金預算之擬編，依左列規定辦理：

一、各國營事業主管機關遵照施政方針，並依照行政院核定之事業計畫總綱及預算編製辦法，擬訂其主管範圍內之事業計畫，並分別指示所屬各事業擬訂業務計畫；根據業務計畫，擬編預算。

二、營業基金預算之主要內容如左：

(一) 營業收支之估計。

(二) 固定資產之建設、改良、擴充與其資金來源及其投資計畫之成本與效益分析。

(三) 長期債務之舉借及償還。

(四) 資金之轉投資及其盈虧之估計。

(五) 盈虧撥補之預計。

三、新創事業之預算，準用前款之規定。

四、國營事業辦理移轉、停業或撤銷時，其預算應就資產負債之清理及有關之收支編列之。

五、營業收支之估計，應各依其業務情形，訂定計算之標準；其應適用成本計算者，並應按產品別附具成本計算方式、單位成本、耗用人工及材料之數量與有關資料，並將變動成本與固定成本分析之。

六、盈餘分配及虧損填補之項目如左：

(一) 盈餘分配：

甲、填補歷年虧損。

乙、提列公積。

丙、分配股息紅利或繳庫盈餘。

丁、其他依法律應行分配之事項。

戊、未分配盈餘。

(二) 虧損填補：

甲、撥用未分配盈餘。

乙、撥用公積。

丙、折減資本。

丁、出資填補。

七、有關投資事項，其完成期限超過一年度者，應列明計畫內容、投資總額、執行期間及各年度之分配額；依各年度之分配額，編列各該年度預算。

國營事業辦理移轉、停業，應依預算程序辦理。

第 86 條　附屬單位預算應編入總預算者，在營業基金為盈餘之應解庫額及虧損之由庫撥補額與資本由庫增撥或收回額；在其他特種基金，為由庫撥補額或應繳庫額。

各附屬單位預算機關辦理以前年度依法定程序所提列之公積轉帳增資時，以立法院通過之當年度各該附屬單位預算所列數額為準，不受前項應編入總預算之限制。

第 87 條　各編製營業基金預算之機關，應依其業務情形及第七十六條之規定編造分期實施計畫及收支估計表，其配合業務增減需要隨同調整之收支，併入決算辦理。

前項分期實施計畫及收支估計表，應報由各該主管機關核定執行，並轉送中央主計機關、審計機關及中央財政主管機關備查。

第 88 條　附屬單位預算之執行，如因經營環境發生重大變遷或正常業務之確實需要，報經行政院核准者，得先行辦理，並得不受第二十五條至第二十七條之限制。但其中有關固定資產之建設、改良、擴充及資金之轉投資、資產之變賣及長期債務之舉借、償還，仍應補辦預算。每筆數額營業基金三億元以上，其他基金一億元以上者，應送立法院備查；但依第五十四條辦理及因應緊急災害動支者，不在此限。

公務機關因其業務附帶有事業或營業行為之作業者，該項預算之執行，準用前項之規定。

第一項所稱之附屬單位預算之正常業務，係指附屬單位經常性業務範圍。

第 89 條　附屬單位預算中，營業基金以外其他特種基金預算應編入總預算者，為由庫撥補額或應繳庫額，但其作業賸餘或公積撥充基金額，不在此限，其預算之編製、審議及執行，除信託基金依其所定條件外，凡為餘絀及成本計算者，準用營業基金之規定。

第 90 條　附屬單位預算之編製、審議及執行，本章未規定者，準用本法其他各章之有關規定。

第七章　附則

第 91 條　立法委員所提法律案大幅增加歲出或減少歲入者，應先徵詢行政院之意
　　　　　見，指明彌補資金之來源；必要時，並應同時提案修正其他法律。

第 92 條　未依組織法令設立之機關，不得編列預算。

第 93 條　司法院得獨立編列司法概算。
　　　　　行政院就司法院所提之年度司法概算，得加註意見，編入中央政府總預
　　　　　算案，併送立法院審議。
　　　　　司法院院長認爲必要時，得請求列席立法院司法及法制委員會會議。

第 94 條　配額、頻率及其他限量或定額特許執照之授與，除法律另有規定外，應
　　　　　依公開拍賣或招標之方式爲之，其收入歸屬於國庫。

第 95 條　監察委員、主計官、審計官、檢察官就預算事件，得爲機關或附屬單位
　　　　　起訴、上訴或參加其訴訟。

第 96 條　地方政府預算，另以法律定之。
　　　　　前項法律未制定前，準用本法之規定。

第 97 條　預算科目名稱應顯示其事項之性質。歲入來源別科目之名稱及其分類，
　　　　　依財政收支劃分法之規定；歲出政事別、計畫或業務別與用途別科目之
　　　　　名稱及其分類，由中央主計機關定之。

第 98 條　預算書表格式，由中央主計機關定之。

第 99 條　本法修正施行後，因新舊會計年度之銜接，行政院應編製一次一年六個
　　　　　月之預算，以資調整。

第 100 條　本法自公布日施行。
　　　　　本法修正條文施行日期，由行政院於修正條文公布後兩個會計年度內定
　　　　　之。

附錄九　決算法

1. 民國27年8月9日國民政府制定公布全文32條條文
2. 民國37年5月27日總統令修正公布全文29條條文
3. 民國49年12月15日總統令修正公布全文38條條文
4. 民國61年12月21日總統令修正公布全文32條條文
5. 民國89年12月13日總統令修正公布第一章章名、第4～7、9、14、15、28條條文；增訂第26-1條條文；並刪除第10、13條條文
6. 民國97年5月14日總統令修正公布第22條條文
7. 民國100年5月25日總統令修正公布第7條條文

第一章　總則

第 1 條　中華民國中央政府決算之編造、審核及公告，依本法之規定。

第 2 條　政府之決算，每一會計年度辦理一次，年度終了後二個月，為該會計年度之結束期間。

結束期間內有關出納整理事務期限，由行政院定之。

第 3 條　政府之決算，應按其預算分左列各種：

一、總決算。

二、單位決算。

三、單位決算之分決算。

四、附屬單位決算。

五、附屬單位決算之分決算。

第 4 條　政府每一會計年度歲入與歲出、債務之舉借與以前年度歲計賸餘之移用及債務之償還，均應編入其決算；其上年度報告未及編入決算之收支，應另行補編附入。

當年度立法院為未來承諾之授權金額執行結果，應於決算內表達；因擔保、保證或契約可能造成未來會計年度內之支出者，應於決算書中列表說明。

第 5 條　決算之科目及其門類，應依照其年度之預算科目門類。但法定由行政院統籌支撥之科目、第一預備金及依中央主計機關規定流用之用途別科目，不在此限；如其收入為該年度預算所未列者，應按收入性質另定科目，依其門類列入其決算。

第 6 條　決算所用之機關單位及基金，依預算法之規定；其記載金額之貨幣，依法定預算所列為準。

第 7 條　決算所列各項應收款、應付款、保留數準備，於其年度終了屆滿四年，而仍未能實現者，可免予編列。但依其他法律規定必須繼續收付而實現者，應於各該實現年度內，準用適當預算科目辦理之。

第二章　決算之編造

第 8 條　各機關各基金決算之編送、查核及綜合編造，除本法另有規定外，依會計法關於會計報告之規定。

第 9 條　各機關或基金在年度內有變更者，其決算依左列規定辦理：

一、機關改組、基金改變或其管轄移轉者，由改組後之機關、改變或移轉後之基金主管機關一併編造。

二、機關或基金名稱更改者，由更改後之機關或基金主管機關編造。

三、數機關或數基金合併為一機關或一基金者，在未合併以前各該機關或基金之決算，由合併後之機關或基金主管機關代為分別編造。

四、機關之改組、變更致預算分立或基金先合併而後分立者，其未分立期間之決算，由原機關或原基金主管機關編造。

第 10 條　（刪除）

第 11 條　政府所屬機關或基金在年度終了前結束者，該機關或該基金之主管機關應於結束之日辦理決算。但彙編決算之機關仍應以之編入其年度之決算。

第 12 條　機關別之單位決算，由各該單位機關編造之。編造時，應按其事實備具執行預算之各表，並附有關執行預算之其他會計報告、執行預算經過之說明、執行施政計畫、事業計畫績效之說明及有關之重要統計分析。

特種基金之單位決算，由各該基金之主管機關依前項規定辦理之。

第 13 條　（刪除）

第 14 條　附屬單位決算中關於營業基金決算，應就執行業務計畫之實況，根據會計紀錄編造之，並附具說明，連同業務報告及有關之重要統計分析，分送有關機關。

各國營事業所屬各部門，其資金獨立，自行計算盈虧或轉投資其他事業，其股權超過百分之五十者，應附送各該部門或事業之分決算。

第　15　條　附屬單位決算中關於營業基金決算之主要內容如左：
一、損益之計算。
二、現金流量之情形。
三、資產、負債之狀況。
四、盈虧撥補之擬議。

前項第一款營業收支之決算，應各依其業務情形與預算訂定之計算標準加以比較；其適用成本計算者，並應附具其成本之計算方式、單位成本、耗用人工與材料數量，及有關資料，並將變動成本與固定成本分析之。

第一項第三款關於固定資產、長期債務、資金轉投資各科目之增減，應將其詳細內容與預算數額分別比較。

第　16　條　附屬單位決算中營業基金以外其他特種基金決算，得比照前二條之規定辦理。

第　17　條　國庫之年度出納終結報告，由國庫主管機關就年度結束日止該年度內國庫實有出納之全部編報之。

前項報告，應於年度結束後二十五日內，分送中央主計機關及審計機關查核。

第　18　條　各機關單位之主管機關編造決算各表，關於本機關之部分，應就截至年度結束時之實況編造之；其關於所屬機關之部分，應就所送該年度決算彙編之。

第　19　條　各機關之決算，經機關長官及主辦會計人員簽名或蓋章後，分送該管上級機關及審計機關。

第　20　條　各主管機關接到前條決算，應即查核彙編，如發現其中有不當或錯誤，應修正彙編之，連同單位決算，轉送中央主計機關。

前項彙編之修正事項，應通知原編造機關及審計機關。

中央主計機關彙編總決算，準用前兩項之規定。

第　21　條　中央主計機關應就各單位決算，及國庫年度出納終結報告，參照總會計紀錄，編成總決算書，並將各附屬單位決算包括營業及非營業者，彙案編成綜計表，加具說明，隨同總決算，一併呈行政院，提經行政院會議通過，於會計年度結束後四個月內，提出於監察院。

各級機關決算之編送程序及期限，由行政院定之。

第 22 條　特別預算之收支，應於執行期滿後，依本法之規定編造其決算；其跨越兩個年度以上者，並應由主管機關依會計法所定程序，分年編送年度會計報告。

政府捐助基金累計超過百分之五十之財團法人及日本撤退臺灣接收其所遺留財產而成立之財團法人，每年應由各該主管機關將其年度決算書，送立法院審議。

第三章　決算之審核

第 23 條　審計機關審核各機關或各基金決算，應注意左列效能：

一、違法失職或不當情事之有無。

二、預算數之超過或剩餘。

三、施政計畫、事業計畫或營業計畫已成與未成之程度。

四、經濟與不經濟之程度。

五、施政效能或營業效能之程度，及與同類機關或基金之比較。

六、其他有關決算事項。

第 24 條　審計機關審核政府總決算，應注意左列效能：

一、歲入、歲出是否與預算相符，如不相符，其不符之原因。

二、歲入、歲出是否平衡，如不平衡，其不平衡之原因。

三、歲入、歲出是否與國民經濟能力及其發展相適應。

四、歲入、歲出是否與國家施政方針相適應。

五、各方所擬關於歲入、歲出應行改善之意見。

第 25 條　審計機關審核決算時，如有修正之主張，應即通知原編造決算之機關限期答辯；逾期不答辯者，視為同意修正。決算經審定後，應通知原編造決算之機關，並以副本分送中央主計機關及該管上級機關。

第 26 條　審計長於中央政府總決算送達後三個月內完成其審核，編造最終審定數額表，並提出審核報告於立法院。

第 26-1 條　審計長應於會計年度中將政府之半年結算報告，於政府提出後一個月內完成其查核，並提出查核報告於立法院。

第 27 條　立法院對於審核報告中有關預算之執行、政策之實施及特別事件之審核、救濟等事項，予以審議。

立法院審議時，審計長應答覆質詢，並提供資料，對原編造決算之機關，於必要時，亦得通知其列席備詢，或提供資料。

第 28 條　立法院應於審核報告送達後一年內完成其審議，如未完成，視同審議通

過。

總決算最終審定數額表，由立法院審議通過後，送交監察院，由監察院咨請總統公告；其中應守秘密之部分，不予公告。

第 29 條　監察院對總決算及附屬單位決算綜計表審核報告所列應行處分之事項為左列之處理：

一、應賠償之收支尚未執行者，移送國庫主管機關或附屬單位決算之主管機關執行之。

二、應懲處之事件，依法移送該機關懲處之。

三、未盡職責或效能過低應予告誡者，通知其上級機關之長官。

第四章　附則

第 30 條　決算書表格式，由中央主計機關定之。

第 31 條　地方政府決算，另以法律定之。

前項法律未制定前，準用本法之規定。

第 32 條　本法自公布日施行。

家圖書館出版品預行編目資料

議案審議：立法院運作實況/周萬來著.－－
六版.－－臺北市：五南圖書出版股份有限
公司, 2024.09
面；　公分

SBN 978-626-393-717-8（平裝）

. CST: 立法　2.CST: 法律

73.664　　　　　　　　113012665

1Q80

議案審議—立法院運作實況

作　者 — 周萬來（113.2）

企劃主編 — 劉靜芬

責任編輯 — 黃郁婷

文字校對 — 楊婷竹、徐鈺涵

封面設計 — 姚孝慈

出 版 者 — 五南圖書出版股份有限公司

發 行 人 — 楊榮川

總 經 理 — 楊士清

總 編 輯 — 楊秀麗

地　　　址：106台北市大安區和平東路二段339號4樓

電　　　話：(02)2705-5066　　傳　　真：(02)2706-6100

網　　　址：https://www.wunan.com.tw

電子郵件：wunan@wunan.com.tw

劃撥帳號：01068953

戶　　　名：五南圖書出版股份有限公司

法律顧問　林勝安律師

出版日期　2000年12月初版一刷
　　　　　2002年 2 月二版一刷
　　　　　2008年 2 月三版一刷（共三刷）
　　　　　2015年10月四版一刷（共三刷）
　　　　　2019年11月五版一刷
　　　　　2024年 9 月六版一刷

定　　價　新臺幣600元

經典永恆・名著常在

五十週年的獻禮——經典名著文庫

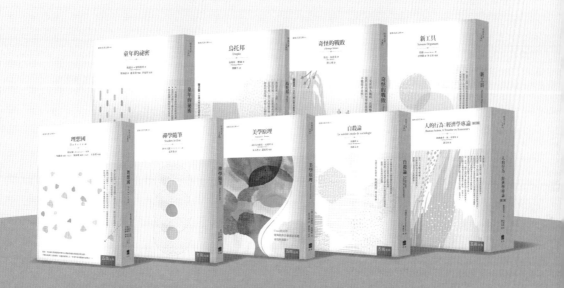

五南，五十年了，半個世紀，人生旅程的一大半，走過來了。

思索著，邁向百年的未來歷程，能為知識界、文化學術界作些什麼？

在速食文化的生態下，有什麼值得讓人雋永品味的？

歷代經典・當今名著，經過時間的洗禮，千錘百鍊，流傳至今，光芒耀人；

不僅使我們能領悟前人的智慧，同時也增深加廣我們思考的深度與視野。

我們決心投入巨資，有計畫的系統梳選，成立「經典名著文庫」，

希望收入古今中外思想性的、充滿睿智與獨見的經典、名著。

這是一項理想性的、永續性的巨大出版工程。

不在意讀者的眾寡，只考慮它的學術價值，力求完整展現先哲思想的軌跡；

為知識界開啟一片智慧之窗，營造一座百花綻放的世界文明公園，

任君遨遊、取菁吸蜜、嘉惠學子！